「地方創生」時代の
中小都市の挑戦

産業集積の先駆モデル・
岩手県北上市の現場から

関 満博

新評論

はじめに

　今から30年ほど前の1980年代の後半、日本産業及び地域は大きな構造転換の時を迎えていた。鉄鋼や造船の企業城下町は疲弊し、特定不況地域として大幅な構造改革を迫られていた。それまで、繊維地場産業や大都市工業の研究に従事していた私は、幾つかの工業地域に入っていった。北海道の室蘭、函館、苫小牧、釧路、帯広、岩手県釜石、秋田県能代、由利本荘、新潟県長岡、燕、三条、長野県諏訪、岡谷、伊那、静岡県浜松、兵庫県神戸、福岡県大牟田、熊本などの製造業を訪ねる日々を重ねた。私にとっては、地方の有力工業都市の内面に入っていく初めての経験であった。私の地方工業都市、工業集積研究は、ここからスタートしている。

　かつて繁栄したこれらの都市も、ニクソンショック（1971年）、第一次オイルショック（1973年）、さらに、1985年のプラザ合意後の円高に悩まされ、疲弊していた。そして、1987年2月には当時の新日鐵の歴史的ともいえる第4次合理化案が出された。それは、個別新日鐵だけの問題ではなく、日本産業全体の合理化案のようにみえた。日本産業は大きな転換期に直面していたのであった。

　その頃、中小企業大学校の中小企業診断士養成コース（1年制）の1年先輩であった岩手県庁の相澤徹氏（1948年生まれ）から盛岡に招かれた。私がまだ東京都庁職員として中小企業の経営診断指導にあたっていた頃であった。

　彼は「岩手県は貧しい。これまで県は産業振興のために多くの資金を投入してきた。だが、何の成果も上がっていない。もうこんなやり方は止めるべきだ。運動論の世界に『一点突破、全面展開』という言葉がある。弱小勢力が闘うためには勢力を分散させてはいけない。限られた力を集中し、一点突破から始めるべきだ。地域政策でそれをやりたい。岩手県では北上に興味深い動きがある。北上は岩手県内で貧しいところの一つだが、反発のエネルギーを蓄積している。県とすればこの北上を徹底支援し、一つの成功を作り上げたい。一つの成功ができれば、周辺に波及し、一点が二点、三点になっていく。関さん、北上に向

かってくれ」と熱く語るのであった。この動きは、その後、花巻、宮古と続き、私の長い地方工業研究の原点となっていった。

　当時、室蘭などの企業城下町の再生を手伝っていた私の北上への訪問は、1990年5月29日にまで延びてしまった。相澤氏から紹介された北上市商工課長補佐（当時）の加藤正武氏（1943年生まれ）は、まず、北上工業団地に案内してくれた。正直、驚いた。その頃にはすでに大学（東京情報大学）に移籍していたが、都庁時代は工業団地の開発は私の主たる仕事の一つであり、全国のケースもよくみていた。だが、目の前に拡がる北上工業団地は、全く異質のもののようにみえた。通常、市町村といった基礎自治体の開発する工業団地は10〜20ha程度であり、地元では使い道のない河川敷や崖の下などの条件の悪いところに造成をかけて、都会の企業を誘致するという場合が少なくなかった。北上工業団地は駅からも近く、なだらかな丘の上に壮大な127ha規模で開発されていた。遺跡の出そうな最も安全な土地のように思えた。

　次に案内されたのが、東北本線を挟んだ隣の飯豊西部中小企業工業団地であった。中小企業20社を集めた域内再配置型の工業団地であった。このような場合、資金的余力の乏しい中小企業に対して、国の中小企業高度化資金を提供することが多い。その場合、地元企業であることが条件とされていた。だが、そこには7社の東京、神奈川、仙台などの域外の中小企業が含まれていた。

　通常、地元での事業実績のない中小企業が参加してくる場合、中小企業高度化資金の提供は行わない。これに対し、岩手県庁は都会の企業を積極的に入れて地元企業に刺激を与えるべきと判断、独自に中小企業高度化資金の提供を行っていった。組合の設立は1980年、その頃には中小企業高度化資金による工業団地が全国に大量に生まれたのだが、その多くは現在疲弊している。だが、この飯豊西部中小企業工業団地は大きく成長していったのであった。ここには、岩手県庁の一点突破という戦略的な判断があったといってよい。

　そして、その夜、加藤氏に案内された北上の飲食街の充実ぶりにも驚いた。5軒ほどの店を回ったのだが、いずれの店もホスピタリティにあふれるものであった。座って10分もすると、10年は通っている常連さんの気分にさせられた。以来、27年、北上通いを重ねることになる。誘致企業を訪ねると、進出理由

として「工業団地の良さに加え、地元の熱意とホスピタリティ」が指摘される。

　私が入り始めた頃の課題は、知名度の高い企業の誘致に成功したものの、それを支える産業基盤が育っていないという点にあった。当方は、その後、しらゆり大使（2000年7月～2016年7月、1期満了）、工業振興アドバイザー（2002年3月～現在。2016年5月、産業振興アドバイザーに名称変更）の役に任じている。また、2002年には、次世代の若手経営者、後継者を組織して「一石塾」を開設、その塾頭にも任じている。「一石」とは、商工畑が長く、北上市教育次長として前線を切り拓いてきた石川洋一氏（1944年生まれ）が2001年8月に現職中に他界されたが、彼を偲んで命名された。

　北上市は1954年に成立したものの、当初1956年から1961年までの6年間は財政再建団体として苦難の道を歩み、その間、職員の採用は見送られていた。1962年に7年ぶりに再開された採用の21人のメンバーが、先の加藤正武氏であり、石川洋一氏であった。彼らの反発のエネルギーと思いの深さが、これだけの北上工業集積を作り上げたのであった。

　北上市成立以来、60数年を重ねるが、現在、工業団地は10カ所、約690haにも及び、進出企業は実質270社を超え、北上は北東北一の工業集積を形成することに成功した。地方の10万人弱の中小都市の中で、人口規模を維持し、現在も進出企業が絶えることもない希有な都市となった。また、地元からは優れた中小企業が育ち、工業集積の厚みも増している。現在では、全国の中小都市の中で最も工業集積の充実の度合いを深めている。戦前、戦後を通じる北上の人びとの努力の積み重ねにより、これだけの工業都市が形成されたのであった。

　私が北上に通い始めてから四半世紀余が経ち、この間、日本の人口は減少過程に入り、高齢化が急角度に進んでいる。特に、地方圏は圧倒的な人口減少、高齢化に見舞われ、時代は「地方創生」が課題になってきた。この間、北上の置かれている状況も大きく変わってきた。看板の半導体、電子部品は世界的な再編の中で大きな構造転換を迫られている。他方、次の時代を期待され、集積が開始されている自動車産業への地元の取組みは思うように進んでいない。そして、いつのまにか交通条件の改善の中で、北上の拠点性が高まり、北東北を見渡す物流関係の企業の集積が進んでいった。他方、北上市の中でも、発展す

る市街地と、人口減少、高齢化の進む郊外の中山間地域との格差も拡がっている。このような新たな枠組みと課題の拡がりの中で、北上の産業集積や地域産業社会のあり方が問われている。本書がこのような地域経済社会課題にどこまで迫れるか。そうした点を意識し、この転換期というべき時期に、四半世紀に及ぶ北上との付き合いの一つの報告、提言として本書の刊行を目指した。

　本書は2015年の秋口から準備され、この1年半ほどの間に現地調査を重ねた。ほぼ毎月北上に入り、企業訪問を重ねた。その数は70社（件）ほどになる。初めて訪問する企業から、何度も訪れている企業まで、新たな発見を重ねる日々であった。そして、改めて、戦前、戦後を通じて「工業立市」を目指し果敢に取り組んできた北上の人びと、特に、歴代の市長と担当の職員の人びとの思いの深さを感じることができた。今でこそ「北上は交通条件に恵まれている」とされるのだが、北上の人びととの取組みの積み重ねが、地域条件の良さを引き出してきたようにも思う。

　ここまできた北上市の次の課題は、工業集積の内面の高度化、内発的な展開力をつけることであり、そして、物流産業を含めた新たなあり方、北東北の中心に位置するものとして、幅の広いモノづくりネットワークの形成、さらに、人びとの暮らしを豊かにしていくための地域産業社会の形成となろう。それは、地域創生といわれる時代の先駆的な課題ということができそうである。

　なお、本書を作成するにあたっては、北上市にはたいへんなお世話になった。特に、石川明広企業立地課長、伊藤貴博工業振興課主任には訪問する企業のアレンジ、資料提供、作成など、こちらのわがままを聞いていただいた。髙橋敏彦北上市長、今野好孝商工部長、八重樫義正工業振興課長には、調査、執筆の環境を作っていただいた。市の協力なくしては、本書をとりまとめることはできなかった。北上市の皆様に深く感謝を申し上げたい。

　また、いつものように、編集の労をとっていただいた新評論の山田洋氏、吉住亜矢さんに、深くお礼を申し上げたい。まことにありがとうございました。

2017年3月31日

関　満博

目　次

はじめに……………………………………………………………………… 1

第 1 章　北上市の産業集積
——工業団地の形成と果敢な企業誘致／「北上モデル」……15

1. 戦略的な企業誘致を展開 ……………………………………………17
   - （1）戦前期／西和賀鉱山と国産軽銀工業、黒沢尻工業学校 ………18
   - （2）工業化に向けて北上市の成立（～1954 年）……………………24
   - （3）工業団地の形成と企業誘致の時代（1955～2000 年頃）………25
   - （4）新たな産業集積と産業支援インフラの充実（2000 年～）……36
2. 北上市の産業経済の輪郭 ……………………………………………37
   - （1）人口の推移と特徴…………………………………………………38
   - （2）岩手県各市、周辺町との比較……………………………………40
   - （3）経済センサスからみた産業の変化の方向………………………43
   - （4）北上市工業の推移と現状　………………………………………46
   - （5）タイトな人材調達…………………………………………………52
   - （6）北上の交通、物流条件 …………………………………………56
3. 新たな「北上モデル」の形成
   ——産業集積の特徴と可能性 ………………………………………60

第 2 章　北上市の工業団地の現状と可能性 ……………………………65

1. 北上市の工業団地 ……………………………………………………65
   - （1）約 690ha、10 団地を形成 ………………………………………66
   - （2）北上工業団地
     ——北上工業集積のランドマーク …………………………………70
   - （3）北上南部工業団地
     ——インターチェンジに接続する工業団地 ………………………70
   - （4）後藤野工業団地
     ——重量級の工場が集積 ……………………………………………77

（5）北上流通基地
　　　　――物流系、サービス系が集積 …………………………………… 80
　　（6）北上産業業務団地（オフィスアルカディア・北上）
　　　　――北上産業集積の核施設 ……………………………………… 81
　　（7）岩手中部（金ケ崎）工業団地と企業進出
　　　　――トヨタ自動車東日本と関連企業が集積 …………………… 86
　２．企業誘致と工業団地の次の課題と可能性 ……………………… 89

第3章　半導体、金型、電子部品の集積を形成 ……………………… 91

　１．日本を代表する半導体、電子部品メーカーの立地 …………… 93
　　（1）半導体生産前工程とファウンダリーを目指す
　　　　――北上工業集積の中心企業のこれから（ジャパンセミコンダクター／旧岩手東芝エレクトロニクス） ……………………………………………… 94
　　（2）東北に広く展開するコンデンサ・メーカー
　　　　――旧江釣子村進出の最大企業（ケミコン岩手） …………… 97
　２．日本のトップレベルの超精密金型、部品メーカーの集積 …… 101
　　（1）横浜から進出の半導体リードフレーム・メーカーの現在
　　　　――三菱伸銅の傘下に入る（後藤製作所） ………………… 102
　　（2）半導体封止金型の地場最有力企業
　　　　――北上と中国蘇州に展開（阿部製作所） ………………… 105
　　（3）長野県諏訪市から進出の精密プレス加工
　　　　――半導体関連から次に向かう（ミスズ工業） ……………… 108
　　（4）東京下町から進出、北上がマザー工場
　　　　――半導体を軸に、樹脂型、プレス型、装置にも展開（多加良製作所） …… 111
　　（5）釜石で津波被災し、北上に移転
　　　　――コネクタの一貫生産で行く（大村技研） ………………… 115
　　（6）金型部品の標準化で新たな可能性を切り拓く
　　　　――中国の売上額が日本を上回る（パンチ工業） …………… 119
　３．次世代型事業への転換の課題 ……………………………… 123

第4章　北上の自社製品、受託組立のメーカー ……………………… 127

　１．「自社製品開発型」の機械メーカー …………………………… 129

（1）東北の生産拠点を形成する東北北上工場
　　　——世界一優良なる時計製造工場の実現（シチズン時計マニュファクチャリング）
　　　……………………………………………………………………………… 129
　（2）日本最北の工作機械メーカー
　　　——自動旋盤のミヤノと合併して成立（シチズンマシナリー）……… 133
　（3）世界的精米機メーカーのマザー工場に向かう
　　　——進出以来、次第に領域を拡大（東北佐竹製作所）………………… 137
 2. 機械装置の OEM 生産の「受注組立型」企業 …………………………… 141
　（1）北上を代表する中堅機械メーカー
　　　——医療機器の受託開発、生産メーカーとして展開（谷村電気精機）……… 142
　（2）装置モノの EDMS を目指す
　　　——横浜から進出、さらに、花巻にも展開（ツガワ）………………… 146
　（3）日本の最有力半導体製造装置メーカーの協力企業として実力を着ける
　　　——自己破産企業から再出発、次世代を視野に入れる（東北精密）…… 150
　（4）花巻市起業化支援センターで創業し、北上に移転
　　　——特殊樹脂加工から装置モノにも向かう（WING）………………… 154
 3. 地域工業集積の充実の担い手 ……………………………………………… 158

第5章　北上工業集積を基礎づける基盤技術 …………………………… 161

 1. 機械金属工業の基盤技術 …………………………………………………… 162
　（1）機械金属工業の連関構造 ………………………………………………… 162
　（2）地方工業集積と基盤技術 ………………………………………………… 163
 2. 素形材部門の現状 …………………………………………………………… 164
　（1）北東北最大の銑鉄鋳物工場
　　　——戦後の復員者雇用のために木炭高炉メーカーとして出発（岩手製鉄）… 165
 3. 機械加工業種の拡がり ……………………………………………………… 169
　（1）古い形の鉄工所ながら、製缶と機械加工の一貫生産
　　　——後継者問題に苦慮（斎藤鉄工）……………………………………… 170
　（2）建機、トラックの鋳物切削部品加工に展開
　　　——建機から新たな分野を模索（平野製作所）………………………… 174
　（3）精密機械加工の非量産部分で歩む
　　　——金型部品、治具・工具、修理などに取り組む（市川製作所）……… 177

(4) 地域産業の発展と共に進化し、技術を深める
　　　　──ユーザーから技術・設備を受け継ぎ育ててきた（北上エレメック）…… 181
　　(5) CNC自動旋盤で、細くて長いものを得意に
　　　　──小回りの効く中～小ロット生産に向かう（ウスイ製作所）……… 185
　　(6) 東京三鷹から進出して50年の機械加工企業
　　　　──リーマンショック以降の構造変化にどう応えるか（大和製作所）……… 189
　　(7) 川崎から進出して定着した特殊加工企業
　　　　──北上工業集積の中で異彩を放つ（川崎ダイス工業）……………… 192
　4. 製缶、プレス、鈑金の中小企業 ………………………………………… 195
　　(1) 水輸送用大口径パイプ等の生産に従事
　　　　──仕事は縮小、更新需要がメインに（北上鐵工）………………… 196
　　(2) 製缶溶接業として多方面に展開
　　　　──機械設備等の基礎的部分を担う（富士善工業）………………… 200
　　(3) 金型・プレス企業が農業法人も兼営
　　　　──釜石市の津波被災地で菌床シイタケ栽培に乗り出す（オーテック）…… 203
　　(4) プレスから精密鈑金に転換し、能力を高める
　　　　──地場の加工業として展開（ナガソノ）………………………… 207
　　(5) 石川県から北上に第２工場を展開
　　　　──ステンレス継手から特殊塑性加工を究める（永島製作所）……… 211
　5. 表面処理、その他のサービス機能 ……………………………………… 214
　　(1) 仙台から進出してきたメッキ企業
　　　　──北東北のユーザーに対応（ケディカ）………………………… 216
　　(2) 全国730社のユーザーを抱えるメッキ企業
　　　　──川崎から創業者の故郷に近い北上に進出（薄衣電解工業）……… 220
　　(3) 工業集積地のエンジニアリング企業
　　　　──地域の生産現場の多様なニーズに応える（鬼柳）……………… 223
　6. 基盤技術部門の拡がりと課題 …………………………………………… 227

第6章　トヨタ自動車東日本の進出と自動車関連企業 ……………… 231

　1. トヨタの進出と東北・北上の自動車産業 ……………………………… 231
　　(1) 自動車生産をめぐる基本的条件 ……………………………………… 232
　　(2) 集積が進み始めた東北自動車産業 …………………………………… 234

（3）日本最北の完成車両工場の展開
　　　　——四半世紀をかけて地域に定着（トヨタ自動車東日本岩手工場）……… 236
　2．トヨタ自動車東日本に納入する企業群 ………………………………… 240
　　（1）トヨタが進出する1年前には進出
　　　　——自動車用ラベルからバスラッピングまで（北上槌屋デカル）……… 241
　　（2）トヨタ車の足回り、ボデーのプレス・溶接部品を供給
　　　　——北上で操業開始して24年の自動車部品メーカー（ケー・アイ・ケー）
　　　　　　………………………………………………………………………… 244
　　（3）トヨタの老舗部品企業が北上に進出
　　　　——部品企業を集め「チーム東北」を展開（東北KAT／小島プレス工業）
　　　　　　………………………………………………………………………… 248
　　（4）ばねからトヨタ紡織向け車載用シート金属部品に展開
　　　　——地場のばねメーカーから出発、日発グループ企業に（東北日発）……… 252
　3．トヨタ系以外の自動車部品関連メーカーの展開 ……………………… 255
　　（1）自動車タイヤ用スチールコードの生産
　　　　——北上工業団地に2番目に立地（東綱スチールコード）……………… 256
　　（2）いすゞ自動車のエンジン部品鋳造工場の展開
　　　　——技術センターも設置（アイメタルテクノロジー）…………………… 260
　　（3）自動車用アルミダイキャスト製品に展開
　　　　——国内外のメーカーに納入（日立オートモティブシステムズハイキャスト）
　　　　　　………………………………………………………………………… 264
　　（4）自動車内装部品メーカーの設計部門が北上に事務所を開設
　　　　——設計人材の育成が新たな可能性を（河西テクノ）…………………… 266
　　（5）FRP製品の製造と販売
　　　　——北上企業を宮城の企業家が引き継ぐ（ハイプラ化成）……………… 270
　4．北上自動車関連産業の今後 ……………………………………………… 273

第7章　多様な事業部門の展開 ………………………………………… 276

　1．先行的に進出してきた企業群 …………………………………………… 277
　　（1）北上地域における最初の有力誘致企業
　　　　——チップ、パルプ、製紙、加工品の一貫工場（北上ハイテクペーパー／三菱製紙）………………………………………………………………………… 277
　　（2）北上工業団地に第1号で進出した東京の企業
　　　　——バーコード事業のトップ企業（サトーホールディングス）……… 282

(3) 和賀川中流域で合金鉄（フェロアロイ）製造、その後、電力事業に
　　　　──構内企業4社に電力供給（日本重化学工業）……………………… 284
　2. 北上に独自に定着している中小企業………………………………………… 288
　　　(1) 装身具リーディング企業の国内生産拠点
　　　　──早い時期から北上に進出（中川装身具工業）……………………… 289
　　　(2) 中山間地域の口内町で特殊印刷業を展開
　　　　──環境保全、省資源化、作業性改善に取り組む（佐々木印刷）…… 292
　　　(3) 中山間地域でオーダーメイドのカシミヤ製品を製造
　　　　──人材を求めて進出（ユーティーオー）……………………………… 296
　　　(4) 嚙めない人に食事の楽しみを
　　　　──摂食回復支援食に展開（イーエヌ大塚製薬）……………………… 300
　3. 北上の立地条件の良さから新たに進出……………………………………… 303
　　　(1) 北上を中心に、北関東から東北、北海道に出荷
　　　　──1日約220万本を生産（岩手ヤクルト工場）……………………… 304
　　　(2) キユーピーの孫会社の惣菜メーカーが北上から東北全体に供給
　　　　──365日300品種に対応（キタカミデリカ）………………………… 307
　　　(3) 東日本大震災津波で被災、内陸の北上で新工場建設
　　　　──岩手県産材100%使用の合板工場（北上プライウッド）………… 310
　　　(4) 核医学診断薬のパイオニア
　　　　──およそ3時間圏内を意識し、全国各地にラボを展開（日本メジフィジックス）
　　　　　……………………………………………………………………………… 313
　4. 事業環境の良さがさらに高まる……………………………………………… 317

第8章　北上の「農」と「中山間地域」……………………………………………… 320

　1. 農業部門の新たな取組み／大規模受託と6次産業化……………………… 321
　　　(1) 約800haの農地を耕作する日本最大級の大規模経営
　　　　──どんな条件の悪いところでも引き受ける（西部開発農産）……… 321
　　　(2) 地区の総力を上げて桑茶に取り組む
　　　　──工業都市北上郊外の農村地帯（更木ふるさと興社）……………… 326
　　　(3) M&Aにより、事業展開を積極化
　　　　──本格的なドイツ風ハム、ソーセージに向かう（北上まきさわ工房）…… 330
　2. 北上市郊外の人口減少、高齢化の進展……………………………………… 333

(1) 口内町と農林産物直売所の設置
　　　　──住民の出資によりスタート（あぐり夢くちない） ············· 334
　　(2) 買い物弱者支援の取組み
　　　　──まちづくりに向かう（NPO法人くちない） ················ 339
　3. 工業都市北上郊外の課題と可能性 ······························ 342

第9章　北上の事業支援機関、人づくり、ネットワーク ·········· 348
　1. 地域産業振興の支援機関 ······································· 349
　　(1) 地方拠点法適用全国第1号のオフィスアルカディア
　　　　──研究開発支援、起業支援、交流促進（北上オフィスプラザ） ············ 350
　　(2) 基盤技術支援センターから産業支援センターへ
　　　　──農業、商・サービス業、観光も視野に入れる（北上市産業支援センター）
　　　　 ·· 354
　　(3) 北上市に設置された金型工学専攻の大学院
　　　　──21世紀型モノづくり人材の育成（岩手大学金型技術研究センター） ··· 357
　2. モノづくり人材の育成 ··· 361
　　(1) 地域に産業人材を供給する
　　　　──技能検定で優れた成果を上げ、専攻科も設置（黒沢尻工業高校） ········ 362
　　(2) 3次元モノづくり人材の育成に向かう
　　　　──日本最初の公的育成施設（いわてデジタルエンジニア育成センター） ··· 367
　　(3) 官民あげてモノづくり人材を育成
　　　　──小中学生から若者まで（北上川流域ものづくりネットワーク） ············ 371
　3. 事業者の協同組合、新たなネットワーク ······················ 374
　　(1) 50年で組合員は20社から5社に減少
　　　　──周辺の住宅化に苦慮（北上機械鉄工業協同組合） ··············· 375
　　(2) 有力中小企業が立地する工業団地
　　　　──35年が経過し、企業間の格差が発生（北上金属工業協同組合／飯豊西部中小
　　　　　企業工業団地） ··· 380
　　(3) 誘致企業と地場企業の交流を目的に
　　　　──テクノメッセで2万8800人を集める（北上工業クラブ） ············ 384
　　(4) 若手産業人が集結・連携し、全国ともつながる
　　　　──自立的、創造的企業を目指す（北上ネットワーク・フォーラム） ········ 387
　4. 事業活動インフラとしての課題 ································ 391

| 終 章 | 北上地域産業集積の未来 ………………………………… | 395 |

　1. モノづくり産業集積の次の課題 ………………………………… 396
　2. 豊かな地域産業社会の形成 ……………………………………… 400

巻末資料：北上市の工業の歩み（年表） ……………………………… 406

「地方創生」時代の中小都市の挑戦
―― 産業集積の先駆モデル・岩手県北上市の現場から ――

関　満博

第1章　北上市の産業集積
工業団地の形成と果敢な企業誘致／「北上モデル」

　岩手県北上市、東京駅から東北新幹線の「はやぶさ」に乗ると約2時間14分（最速）で到着する。和賀川と北上川の交流点を渡り、降り立つ度に、縮んでいるはずの地方圏の中で、現在でも新しいホテルやマンションが立ち上がっていることに意外な思いをさせられる。人口減少、高齢化に悩む疲弊する地方中小都市とはどこか違う。藩政時代には大藩の南部藩（盛岡藩）と伊達藩（仙台藩）との境界に位置し、周囲の小さな城下町に囲まれた農村地帯を背景にした奥州街道の小さな宿場町であった。だが、昭和の市町村合併期の1954年に黒沢尻町を中心に7町村が合併して成立、壮大な工業団地の造成と必死の企業誘致を軸に近代工業化に成功、全国の縮む地方中小都市にあって、ひとり人口を減らすこともなく次の時代に向かっている。

　その企業誘致と近代工業化は「北上モデル」といわれ、全国の中小自治体からは称賛の目でみられ、視察が絶えることもない。昭和の大合併時の市政施行（1954年）以来の約60年の間に造成された工業団地は10カ所、約690haに上り、北上市が独自に推進してきた200ha級、100ha級の大きな工業団地は、条件の良い小高い丘の上に設置され、落ち着いたたたずまいをみせている。当初の40年間ほどにわたる激しい企業誘致の時代を超え、まちの産業・生活インフラも整備され、魅力的な地方産業都市として次の時代に向かいつつある。

　本書は、東北のこのような際立った近代工業化によるまちづくりに成功している北上市のその足跡と、人びとの取組み、そして、その中で活動している企業群に光をあて、その意味するもの、次の課題と可能性をみていくことにする。時は人口減少、少子高齢化の動きの中で「地方創生」が叫ばれている時代、その一つのあり方を工業振興、産業振興により示している北上市からは、地域経済、地域産業の意味をくみ取ることができるであろう。そして、北上の産業振興は、また、次のステージに向かって新たな一歩を踏み出そうとしているので

図1—1 岩手県全図

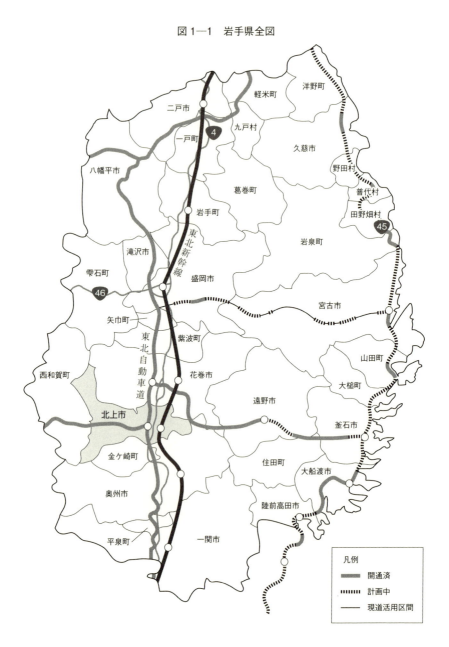

ある。

　なお、本書全体の序章的な位置にあるこの章では、これまでの取組みを振り返り、後の具体的な産業化の詳細な分析を重ねていくための前提となる歴史的な条件、人びとの思いを受け止めていきたいと思う。第1節では、語り草になっている工業化と工業団地の造成、戦略的な企業誘致の具体的な取組みにふれ、第2節では、北上市の産業経済の輪郭として、人口の問題、工業化を軸にした産業構造の特質、そして、近年際立ち始めた交通体系上の優位性など、企業活動の基本となる部分を明示していく。そして、第3節では、その「北上モデル」の特徴というべきものと、次の可能性をみていくことにしたい。北上は優れた企業を誘致し、事業活動の活発化を促し、さらに地元に刺激を与え、常に進化しながら、その産業経済社会は次の可能性に向かっているのである。

1. 戦略的な企業誘致を展開

　北上は「北上モデル」といわれる企業誘致を軸にする地域産業化、近代工業化を進めていくが、その背景には、藩政期における奥州街道の宿場町、北上川の舟運の拠点の形成、そして、近代以降の和賀川上流の奥羽山系の鉱山開発の後衛（物流拠点）としての役割の形成などが横たわっている。この間、強烈な企業家が登場し、大きな事業を展開、地域産業をリードしたという形跡はない。また、特定生産物の地場産業化を進めてきたということもない。むしろ、置かれた位置的環境などをうまく活用し、物流事業などを発展させてきた。このような点からすると、北上は外部の力を取り込みながら産業化を進め、地域経済をリードするプロデュース機能に長けていたようにみえる。

　明治〜昭和初期をリードした奥羽山系の西和賀の鉱山開発が事実上終了する昭和初期の頃から、早速、次の展開が必要になり、北上は新たな方向を模索していくことになる。それが「企業誘致」であった。そして、その頃から現在に至るまでの動きを観察すると、大きく四つの時代があったことが確認される。

　第1期は西和賀の鉱山が衰微し、新たな産業化に向けて動き出した「昭和戦前期」である。黒沢尻工業学校の誘致、そして、わずか数年で消え去ってしま

ったが、軍需工業の国産軽銀工業の誘致が象徴的であろう。第2期は戦後から北上市の成立する1954年頃までの時期である。黒沢尻町を中心に1町8カ村が結集し、工場誘致促進協議会の設置（1953年）とその取組みが象徴的であろう。第3期は北上市成立後の工業団地の開発、企業誘致の取組みとなるが、特に市町村レベルでは例外的ともいえる大型の工場団地を展開し、果敢に誘致に踏み込み、大きな成果を上げていった2000年頃までの時期である。そして、第4期としては、一定の近代工業化に成功し、次の内面の高度化が意識される現在から近未来まで、が指摘される。

　特に、この第4期というべき現在は、日本の内外における諸般の構造変化が意識される時代であり、対外的にはグローバル化、国内的には成熟化、人口減少、少子高齢化が基本にあり、地域産業の質的側面が問われる時代となっている。一つ前の時代の企業誘致で優れた成果を上げた北上は、内外の構造条件変化にどのように向かっていくかが問われているのである。

（1）戦前期／西和賀鉱山と国産軽銀工業、黒沢尻工業学校

　西和賀の鉱山開発は藩政時代から行われていたのだが、大きく動き出すのは1874（明治7）年、旧湯田町（現西和賀町）の卯根倉鉱山で銅が発見されて以来とされている[1]。以後、西和賀一帯に、大荒沢、松倉、赤石、土畑、和賀仙人、松川、鷲合森、鷲ノ巣、槻柳、草井沢、二双、大石、村井川尻、安久登沢、黄金沢、綱取などの鉱山が続々と開発されていく。銅を中心に金、銀、鉄を産出していった。例えば、鷲ノ巣鉱山は就業人員約500人、鉱山の総人口は1300人に達し、鉱山内には郵便局、小学校、鉱山医局、日用品供給所などがあったとされている。

　その後、大正にかけては三菱鉱業（現三菱マテリアル）、藤田組（現同和鉱業）などの大資本が入り、独自に水力発電所を設置、電力巻揚機による採鉱、軽便鉄道及び自動索道の設置などの近代化された鉱山として整備が進められた。特に、黒沢尻～仙人の軽便鉄道（1905［明治38］年開始）が効果的に働いたとされている。当然、黒沢尻は鉱山開発の後衛として物流、鉱業資材、生活物資の供給拠点として機能したことはいうまでもない。明治中期から昭和初期ま

での黒沢尻は鉱山景気に沸いたのであった[2]。

ただし、この西和賀の鉱山は、1918（大正7）年から1921（大正10）年の頃が最盛期であり、昭和初期の不況、鉱脈の状況の悪化、価格の下落、安価な輸入鉱の増加により経営が傾き、次々に閉山となっていく。早くも昭和初期にはかつての面影はなくなり、最終的には1971年の土畑鉱山の閉山で幕を閉じた[3]。この間、鉱山関係者で賑わっていた西和賀の温泉郷は、現在でも湯治客などを対象に30数軒が維持されているものの、静かなものになっていった[4]。

▶仙人製鉄所とその後

戦前の北上の工業化を論じる場合、和賀町（現北上市）の仙人製鉄所と黒沢尻の現常盤台に展開した国産軽銀工業にふれていく必要がある。

北上市街地から和賀川沿いに国道107号を遡り、クルマで30分ほどのところの西和賀町に入る少し手前に日本重化学工業が展開している[5]。現在はディーゼル発電事業と不動産管理などに縮小しているが、かつては旧和賀町を代表する工場であった。この和賀仙人のあたりは古くから鉄鉱石を産出していた。そうしたことを背景に、雨宮敬次郎氏の手により、1890（明治33）年、12トンの木炭高炉が設置され、低リン酸銑鉄を製造する仙人製鉄所が操業していった。第1号溶解炉は当初は薪を燃料とし、その後は木炭に変わっていった。さらに、溶解炉は2基になり、鍋、釜などの家庭用鉄器の生産のための鍋釜第1工場も設置していた。日露戦争の頃には好景気に沸いたのだが、その後、大正時代に入ってから低迷、1920（大正9）年で仙人製鉄所は幕を閉じた。

その後は、1937（昭和12）年、東北振興化学を設立、1940年には和賀川発電所（水力）をスタートさせ、低燐銑鉄、カーバイトの製造を開始している。さらに、1943（昭和18）年には東北電氣製鐵に社名を変更[6]、戦後は1967年に東北振興化学に戻り、1970年、日本重化学工業（本社富山県高岡市）と資本及び技術提携に入り、東北重化学工業に社名変更していった。そして、1975年には日本重化学工業と合併し、和賀川工場と改称している。1976年には3万2000kVAの合金鉄製造のための電気炉（11号炉）が完成している。この前後が和賀川工場の戦後の最盛期であった。電気炉が最大11基も設置されてい

た。

ただし、この製鉄用合金鉄生産は海外移管され、電気炉も廃止されていく。その後は、元々の敷地78haを利用し、雇用を守る目的で次々と合弁会社を設立していった。現在の主力事業は1995年にスタートしたディーゼル発電事業に再編され、日本重化学工業南岩手事務所と改称、従業員19人で敷地の中に立地してきた幾つかの企業に対してのインフラ（土地、電力、工業用水）供給がメインになっている。かつては1000人以上で賑わっていたのだが、現在はその面影はない。

▶国産軽銀工業／北上の事実上第1号の誘致企業

西和賀の鉱山が低迷期に入った昭和の初頭の頃から、黒沢尻町では次の時代を工業振興に置き、企業誘致と県立工業学校の誘致に腐心していく。

1929（昭和4）年には、三井系の肥料工業の誘致にかかり、昭和10年代には黒沢尻町を中心に黒沢尻振興会を設立、製紙工場、製糸工場、ゴム製品工場、製缶工場、アルミ工場、無水アルコール工場、電気化学工場などの誘致に向かっていった。だが、これらの取組みもみるべき成果を上げることはできなかった。

この間、1932（昭和7）～1933（昭和8）年頃、現在の北上市常盤台2～3丁目のあたりは荒地であったのだが、アルミニウム分の多い礬土であることが判明、「福ばん土」と命名された。この利用について、地元の事業家の法貫宗太郎氏が奔走し、軍用飛行機製造に欠かせないものとして、アルミナ製造の国策会社設立へと進んでいった[7]。当時の黒沢尻町も積極的に企業誘致に向かい、2000円を助成し民有地を買収していった（約40ha）。坪40～50銭とされた。この取組みが、北上が近代工業を誘致する最初の試みであった。

1939（昭和14）年12月、国産軽銀工業㈱が設立登記され、工場建設が進んでいった。関西電力の前身である日本電力㈱が全額出資する国策会社であり、本社は東京に置かれ、岩手工場として展開した。なお、「軽銀」とはアルミニウムのことであり、「銀のように美しく、銀よりも軽い」として命名され、戦後しばらくまでは「アルミニウム」という言葉の代わりに使われていた。従業

員1200人規模とされる黒沢尻における初めての誘致工場、大型工場であった。地元の福ばん土を採取し、アルミナ（アルミニウムと酸素の化合物）を生産し、それを富山のアルミニウム製錬工場に送り、電気分解してアルミニウムにしていく計画であった。

　太平洋戦争突入後は、国家総動員法によって軍需会社法が成立、岩手県では日本製鐵釜石製鐵所と共に国産軽銀工業が最初の軍需会社として指定された。戦局が進む中で、臨時軍事費を大量に投入して近代的な工場を建設、学徒（黒沢尻中学、現黒沢尻北高校）が動員されていった。ただし、「福ばん土」から国産のアルミニウムを製造することは、テスト段階では成功したものの、量産は実現されなかった。そして、終戦5日前の1945年8月10日にはグラマン戦闘機十数機の機銃掃射、空爆を受け、国産軽銀工業は大破した。これを黒沢尻空襲という。死者1人、負傷者1人と報告されている。戦後の1946年には国産軽銀工業㈱は廃止されていった。

　黒沢尻町の初めての大型誘致企業として期待された国産軽銀工業は消え去り、跡地（約40ha）は、国産軽銀工業の第2会社であった日本化学肥料、地元の新興不動産（谷村貞治氏）を経て、1955年、300万円で北上市が一括譲渡を受けて市有地となっていった。当時の北上市の年間予算額3億円からすると、かなりの負担であったとされている。北上市は土地利用に関し、国道の西側は住宅用地、東側は工場用地として計画していった。住宅用地（常盤台住宅団地）は当時湯田ダム建設の水没者が多数購入し移住してきた[8]。工場用地の利用計画は二転三転し、最終的には一部が北上機械鉄工業協同組合の工場団地（6.9ha）となっていったのであった[9]。

▶1939年の黒沢尻工業学校の設立

　西和賀の鉱山が衰退傾向をみせ始めた昭和初頭の頃から、地元では工業学校の設立に向けて動きが活発化していく。1936（昭和11）年11月、沢藤幸治黒沢尻町長が中心になって和賀郡16カ町村長の賛成と黒沢尻振興会の決議をもって「工業学校設立」の陳情書を岩手県に提出している。当時、岩手県内には県立工業学校は盛岡に1校（現盛岡工業高校）のみであり、県南への設置が検

表1—1　北上市工業化の歩み

年	主要な出来事
1874（明7）	旧湯田町で卯根倉鉱山（銅）発見　以後、西和賀地方で鉱山開発（銅、金）が進む
1890（明23）	東北本線開通、黒沢尻駅（現 JR 北上駅）開業
1900（明33）	仙人製鉄所開業（1920［大正9］まで）
1909（明42）	黒沢尻振興会により、県立工業学校分校設立の陳情書を岩手県に提出
1918（大13）	横黒線（現 JR 北上線）開通
1936（昭11）	和賀郡町村長会が岩手県に工業学校設立陳情書を提出
1937（昭12）	国産軽銀工業岩手工場（アルミナ製鋼）設立
1939（昭14）	県立黒沢尻工業学校（現黒沢尻工業高校）開校（機械科、電気科、採鉱冶金科）
1945（昭20）	8月10日の黒沢尻空襲で、国産軽銀工業岩手工場は壊滅。1946年廃止
1953	工場誘致促進協議会設置（1町8カ村）　西和賀町の湯田ダム着工
1954	北上市誕生（1町6カ村が合併）
1955	
1956	財政再建団体に指定（1962年3月末解除）
1957	北上市工業振興協議会設立
1958	
1959	工場適地調査の地域指定（8団地 717.9ha）
1960	
1961	㈶北上市開発公社設立　旧湯田町の湯田ダム完成
1962	低開発地域工業開発地区指定　**北上工業団地造成開始　北上鉄工業団地造成開始**
1963	三菱製紙立地
1964	東北開発促進法による中規模内陸工業地域指定　花巻空港供用開始（羽田便）
1965	**堅川目工業団地造成完了**
1966	
1967	北上工業団地にサトー立地
1968	
1969	北上工業団地に上尾精密、東京製綱スチールコード立地
1970	
1971	東北新幹線北上駅設置決定（岩手県内では盛岡、一関と合わせて3駅）
1972	北上地区広域土地開発公社設立　北上工業団地に岩手東芝エレクトロニクス立地
1973	北上流通基地用地交渉まとまる
1974	北上工業団地に岩手スリーエム、明治製菓立地
1975	
1976	**北上流通基地造成開始**　東北自動車道開通（一関〜盛岡）
1977	**飯豊西部中小企業工業団地造成開始**
1978	**北上流通基地完成**
1979	**北上流通基地分譲開始、飯豊西部中小企業工業団地分譲開始**（中小企業の立地進む）
1980	
1981	

1982	東北新幹線開業（大宮～盛岡）
1983	**飯豊西部中小企業工業団地分譲完了**
1984	**北上工業団地、飯豊西部中小企業工業団地完成記念式典**
1985	**後藤野工業団地分譲開始（旧和賀町）**
1986	
1987	北上川流域テクノポリス開発計画承認
1988	**北上工業団地分譲完了　南部工業団地事業着手　北上工業クラブ設立**
1989	**北上南部工業団地第1期造成開始　流通基地にミヤノ立地**
1990	
1991	新・北上市誕生（和賀町、江釣子村と合併）
1992	
1993	地方拠点都市地域に指定
1994	㈱北上オフィスプラザ設立
1995	**北上産業業務団地造成着手**　㈶北上市開発公社解散
1996	**北上南部工業団地造成完了**
1997	**北上産業業務団地造成完了**　秋田自動車道開通（北上～男鹿）
1998	北上南部工業団地に岩手ヤクルト工場立地
1999	北上産業業務団地に北上オフィスプラザ、北上市基盤技術支援センター開所
2000	北上ネットワーク・フォーラム設立
2001	
2002	
2003	北上オフィスプラザ内に岩手大学工学部附属金型技術センター開所
2004	北上産業業務団地内に北上高等職業訓練校完成
2005	北上産業業務団地内に北上市貸研究工場完成（4棟）
2006	岩手大学大学院工学研究科金型・鋳造工学専攻設置　3次元ものづくり革新プロジェクト開始
2007	黒沢尻工業高校に専攻科（2年制、機械・電気コース）設置
2008	
2009	北上オフィスプラザ内にいわてデジタルエンジニア育成センター開所
2010	北上市土地開発公社解散
2011	東日本大震災津波　北上産業業務団地に釜石で津波被災した大村技研立地
2012	
2013	北上南部工業団地にセブンイレブン・ジャパン、後藤野工業団地に北上プライウッド立地
2014	
2015	北上市地域産業振興基本条例を制定
2016	

注：1954年の北上市成立以来の市長は、及川顕司氏（在任期間1954年4月～1962年4月、2期8年）、八重樫長兵衛氏（1962年4月～1966年4月、1期4年）、斉藤五郎氏（1966年4月～1986年4月、5期20年）、髙橋盛吉氏（1986年4月～1999年4月、3期12年）、伊藤彬氏（1999年4月～2011年4月、3期12年）、髙橋敏彦氏（2011年4月～、現在2期目）である。

資料：北上市

討されていた。候補としては日本製鐵釜石製鐵所のある釜石が有力であった。この陳情は1938（昭和13）年まで続けられ、結果的に12月の県議会で黒沢尻町に1939年4月開校が決定されていく。

その際、県庁から割り当てられた金額は膨大なものであった。この点、釜石との競争もあり、黒沢尻町は設置経費90万円のうち、県側の希望通り、敷地1万5000坪（約5ha）と建設経費37万2500円の全額寄附を引き受けていった。なお、当時の黒沢尻町の歳出は20万2500円であり、その倍の規模の負担を受け入れていったのであった。また、敷地は前北上市長伊藤彬氏の祖父伊藤治郎助氏が寄贈している。次の時代を工業化と置き、そのための人材育成を意識した黒沢尻町と人びとの決意が読み取れる。

1939（昭和14）年4月、黒沢尻中学校（現黒沢尻北高校）の一角を仮校舎としてスタートした。機械科50人、電気科35人、採鉱冶金科25人の計110人の出発であった。同時に新校舎建設が始まり、翌1940（昭和15）年4月からは新校舎での授業が開始された。機械科、電気科に加え、採鉱冶金科が編成されていることは興味深い。西和賀の鉱物資源の関係が意識され、また、当時の軍需産業の要請も強く作用したとされている。このようにして、黒沢尻町には戦前期において、工業学校が設立されていったのであった[10]。

（2） 工業化に向けて北上市の成立（～1954年）

戦中、戦後の混乱期を経て、全国的に町村合併の動きが強まっていった。当時の全国の村は人口8000人以下の場合が多く、統合合併により諸経費の節減を図り、余剰経費を福利厚生にあて、小村分立から地方自治体の本来の機能を果たすべきとの考え方が強まっていった。これは全国的な動きになり、1955年前後に「昭和の大合併」といわれる市町村合併が推進された。この昭和の大合併により、1953年には全国で9868を数えた市町村は1961年には3472に統合されていった。

このような時代状況の中で、黒沢尻町周辺でも合併の機運が高まり、1952年頃には市制施行を望む声が実際的な運動として繰り広げられていった[11]。1952年8月、黒沢尻町と隣接各村による町村合併の本格的話し合いが

持たれ、9月には、地方振興策として1町8カ村（和賀郡黒沢尻町、藤根村、江釣子村、飯豊村、更木村、二子村、鬼柳村、胆沢郡相去村、江刺郡福岡村）が「工場誘致促進協議会」を結成、地区発展の要として工業振興を推進することを決定している。先にみたように、昭和10年代の頃から精力的な工場誘致を展開してきたものの、具体的な成果は得られなかったのだが、戦後、改めて推進されていく。その後、何度かの協議を重ね、まずは「市制施行」に向かっていった。

1953年8月から12月にかけて、各村で市制施行の構想説明を重ね、懇談会が再三行われ、住民の合意が得られなかった藤根村と江釣子村を除いた1町6カ村は、1954年1月に合併促進協議会を結成、岩手県と協議を重ね、1954年4月、1町6カ村で北上市を成立させた。なお、これより少し前の1953年には、町村合併促進法に基づいて和賀郡立花村との合併が本決まりとなり、1954年1月1日、立花村は黒沢尻町に編入合併されている。

なお、その後、しばらくは一部の旧町村の分離編入が行われた。1954年10月1日、元々合併反対の意見が強かった胆沢郡相去村六原地区が金ケ崎町に分離、飯豊村の成田地区は一部境界を変更して上成田地区が花巻市に分離していった。他方、1955年10月、江刺町稲瀬の一部が北上市に編入してきた。これによって、ようやく当時の北上市が確定した。特に、胆沢郡は旧伊達藩の範囲であり、南部藩地区主体の合併に反対意見も多かったようである。

なお、この昭和の合併の際に離脱した和賀町（藤根村）と江釣子村は、1991年4月1日、対等合併により北上市となり、現在の市域が確定されていった。南部藩と伊達藩という大藩にまたがる市町村合併が、工場誘致による工業振興という点でまとまっていったのであった。

(3) 工業団地の形成と企業誘致の時代（1955～2000年頃）

北上市成立当時の市職員青木善助氏の「工業振興を目指したころ」と題する小文が残されている。少し長いが引用すると、以下のように述べられている[12]。

「北上市が誕生した頃の産業構造は、第一次産業が圧倒的な座標値を示して

いた。一体この姿（構造）で本市の将来展望が期待できるのかに大きな疑問を抱いた。行往坐臥と言えばいささか誇張じみた表現かもしれないが、随分と模索したものである。当時の市長八重樫長兵衛氏（2代目市長、在任期間1962年4月～1966年4月、1期4年）とよく連日のように路線の設定で大激論を交わした。……その結果、……北上の基本構想を、農工併進の政策を推進して、本市の産業構造を再編することに帰結した。

　その後は機会をみては、先進県の厚木、長野、郡山、真岡の各市を訪れ、その実態、過程等の調査をした。その結果、企業が来るのなら迎える消極型の誘致方法を改めるべきことを知らされた。34年（1959年）に他に先がけて、北上市における工業適地調査を学問的専門の分野から調査、解析した北上市工業適地調査書を作成した。……これが的中し、企業誘致への大きなインパクトになった……。

　それと併行する如く、工業団地の造成に踏み切った。今日の北上工業団地がそれである。当時としては正に画期的（冒険的）なものであった。当時非難の声もしきりで……あった。何はともあれ、この挙を理解してくれた地元の人々、そして地権者の賜であり、また、熟慮し、断行する親父（故八重樫長兵衛）の郷土開発へのひたすらの精神なのである。」

　なお、八重樫長兵衛氏は、戦地から飯豊村への復員後、1946年5月に、当時の飯豊村の発展のためには、飯豊東部、西部地区に工業団地を形成していくという「建議書」を作成、村に提出しているが、八重樫氏は、その後、飯豊村長から北上市助役、2代目北上市長に転じ、この建議書を基本に北上工業団地形成をはじめとする工業振興策を推進していったのであった[13]。

▶開発公社と工業団地開発

　1954年4月に新生北上市になったものの、合併以来の赤字財政に苦しみ、1956年3月の市議会で地方財政再建促進特別措置法の適用を受けることを決議、4月1日、当時の自治省により財政再建団体の指定を受けている。当時を振り返って、関係者は「とにかく金がなかったのです。事務用品、例えば半紙を買っても6カ月は払えませんでしたし、鉛筆はどう持てば減り方が少ないか

と工夫したり……でした。あまりの払いの悪さに、市役所に物を売るなという噂も立ちました[14]」と語っている。この指定は1962年3月に解除されるが、その間の6年は特定の職種を除き、新規職員採用はストップしていた。ただし、この経験により、事務改善が進んだと評価されている。

この間、1959年には当時の通産省から東北地方内陸工業適地の指定を受け、8団地、約720haが適地とされた[15]。その頃までに、北上には東北石材工業（1954年）、東邦工業（1958年）、東洋化成（1954年）、ピー・エス・コンクリート工業（1954年）が立地していた。

この工業適地指定に関しては、以下のように指摘されている。

① 工場適地が多く、価格が安い。
② 既存誘致工場の生産が伸びている。
③ 輸送設備が整備拡充している。
④ 労働力が豊富であり、さらに地元に養成機関がある。
⑤ 工場誘致条例（1954年）など企業の受入態勢が整っている。

そして、1961年12月、財団法人北上市開発公社を設立している。岩手県では初めての土地開発を推進する第3セクターであった。この開発公社は「地域の総合計画に基づいて、工業用地、住宅等の造成や観光地の開発に必要な施設の整備拡充を重点的に行う事業体」とされている。発足後、即、1961年から1965年までの5カ年計画に基づき、工業適地のうち、国産軽銀工業の跡地の常盤台約4万坪（約13ha）と飯豊東部の約45万坪（約150ha）の土地を取得、工業用地の造成に踏み出していった。ここから、北上市の工業団地造成、企業誘致が開始されていく。

表1—1に示したように、1962年から工業団地の開発は急ピッチで進められていくのであった。

1962年　北上工業団地造成開始（127ha、飯豊東部地区）、北上機械鉄工業団地造成開始（6.9ha、国産軽銀工業跡地）
1976年　北上流通基地造成開始（94.1ha）
1977年　飯豊西部工業団地造成開始（19.7ha）
1985年　後藤野工業団地分譲開始（90.4ha、旧和賀町）

1989 年　北上南部工業団地造成開始（197.7ha）
1995 年　北上産業業務団地造成開始（36.9ha）
2012 年　後藤野工業団地拡張分造成開始（49.2ha）

　以上の工業団地開発の中で、北上流通基地は岩手県の第 3 セクターである岩手開発が担い、後藤野工業団地は旧和賀町が推進してきたものであった。さらに、北上産業業務団地は中小企業基盤整備機構（当時地域整備公団）が中心になって推進されてきた。その他は北上市の独自の取組みであった。市町村等の基礎自治体の工業団地は 10～20ha 程度のものが多いのだが、北上市の工業団地のスケールは桁外れなものであった。

▶企業誘致の実際

　北上の各工業団地の詳細については第 2 章でみていくが、表 1—2、3 は、北上の誘致企業、工業団地別の進出状況を整理してある。いずれの表も誘致企業数は 225 件とされている。だが、実際の北上への進出企業は 270 を下らない。先の表は企業誘致の主管課である北上市企業立地課がまとめたものだが、ある時期から誘致企業数の問い合わせが多くなり、その頃から作成してきたものとされている。

　この領域では、誘致企業、進出企業、立地企業という三つの概念がある。北上市の場合は、誘致企業は北上市が誘致に深く関わった企業とされる。進出企業はさらに広い概念であり、北上市役所とは関わりなく、自力で進出してきた企業を含む。また、立地企業とは、さらに広く、市内の企業が工業団地等に立地してきた場合なども含んでいる。したがって、これらの三つの言葉は、量的には誘致企業＜進出企業＜立地企業という拡がりになる。ただし、一部に曖昧なものもある。例えば、北上流通基地は岩手県の事業であり、岩手県の第 3 セクターの岩手開発が誘致活動、用地の販売を行ってきた。そのため、誘致企業にはカウントされていない。ただし、中には誘致に際して北上市と連携していく場合がある。このような場合は北上市の企業立地課は誘致企業としてカウントしていた。このようにみると、北上市への進出企業、立地企業は少なくとも 270 件は下らない。

表1—2 工業団地別誘致企業の年度別推移

年	企業数	北上	飯豊	村崎野	機械	和賀川	北上南部	後藤野	堅川目	流通	産業	その他
1954	1				1							
1955												
1956												
1957												
1958	3			1	2							
1959	2			1		1						
1960												
1961												
1962												
1963	2					1						1
1964												
1965	2			1					1			
1966	2	1										1
1967	6	1	1	1		1	2					
1968	3	2							1			
1969	5	2		2					1			
1970	1	1										
1971	7	2					2		1			2
1972	9	4					1		3			1
1973	1	1										
1974	3	3										
1975	2	1										1
1976												
1977												
1978	2						1					1
1979												
1980	1	1										
1981	2		1				1					
1982	3		1			1						1
1983	6	2	3							1		
1984	11	6								4		1
1985	3	1						1	1			
1986	3							1				2
1987	4	1	1							1		1
1988	12	2					1	1		5		3
1989	13						5	1		7		
1990	11						8	1		2		
1991	1									1		
1992	1						1					
1993	1						1					

年	企業数	北上	飯豊	村崎野	機械	和賀川	北上南部	後藤野	堅川目	流通	産業	その他
1994	3	1					1	1				
1995	2							1		1		
1996	9	1	1				3	2			1	1
1997	6						6					
1998	6						4				2	
1999	4						2				1	1
2000	6	1					2	1		1		1
2001	3	1					1			1		
2002	3						2	1				
2003	3						2				1	
2004	5	2					2	1				
2005	7						5			1	1	
2006	7						5				2	
2007	1						1					
2008	3	1					1				1	
2009	1											1
2010	4						4					
2011	4						3				1	
2012	6						3				3	
2013	6						3	1			2	
2014	7						6				1	
2015	4						1				3	
2016	2										2	
計	225	38	8	7	2	4	80	13	8	25	21	19

資料：北上市

表1―3　北上市への誘致企業／年別

	件数	累計	誘致企業名
1954	1	1	東北石材工業
1955			
1956			
1957			
1958	3	4	東邦工業、東洋化成、ピー・エス・コンクリート工業
1959	2	6	中川ヒューム管工業、昭和石油
1960			
1961			
1962			
1963	2	8	三菱製紙（現北上ハイテクペーパー）、大昭和製紙
1964			
1965	2	10	原産業、丸三ニット
1966	2	12	協同ライト商会、ケミコン岩手
1967	6	18	東光（現エレック北上）、サトー、東北佐竹製作所、東北ユーロイド工業、大和製作所、谷村電気精機

	件数	累計	誘致企業名
1968	3	21	朝比奈製作所、大川鋼板工事、東北樹脂
1969	5	26	上尾精密（現シチズン時計マニュファクチャリング）、関金属、東京製綱スチールコード（現東綱スチールコード）、東北ポール、雪印種苗
1970	1	27	東綱機械製作所
1971	7	34	岩手醬油協業組合、グリンクス、昭和コンクリート工業、昭和産業、日本パーカーライジング、富士商会、岩手森紙業
1972	9	43	岩手東芝エレクトロニクス（現ジャパンセミコンダクター）、北上鐵工、ケーデーケー、光栄工業、三甲、多加良製作所、中川装身具、西山家具工業、バンビ工業
1973	1	44	東北共英工業
1974	3	47	岩手スリーエム（現スリーエムジャパンプロダクツ）、日本電装、明治製菓
1975	2	49	サント工業、日本重化学工業
1976			
1977			
1978	2	51	北関東工業、日本太柄
1979			
1980	1	52	新開
1981	2	54	ケディカ、城南樹脂工業
1982	3	57	北日本酸素、三和工機、誠和
1983	6	63	アジアエレクトロニクス、阿部製作所、タムステクノロジー（現東北精密）、多摩化学工業、ツガワ、パンチ工業
1984	11	74	アジア東芝エレクトロニクス、天野精機工業、アルバックサービス、薄衣電解工業、エズリコエンジニアリング、東北小旗、後藤製作所、鈴木商館、東北化学薬品、成田製作所、アサヒスチール
1985	3	77	江本工業、コダマ、和賀プレシジョン（現カルソニックカンセイ）
1986	3	80	岩手ケミコン、カメヤマローソク、岩手電気工業
1987	4	84	東北新潟運輸、JHC、バウアコンプレッサー、サステック東北
1988	12	96	オーム電機、ホクスイ精工、ミズス工業、ニシキ、相ហ商会、第一運輸、アマタケ、栗田工業、田中産業、吉田ビニール、東北建設機械販売、セイコー電子工業
1989	13	109	ミヤノ（現シチズンマシナリー）、日本通販、佐川急便、川崎ダイス工業、キタカミスズヤス、関本組、ピップフジモト、コクヨ、シチズンテクノ、ニチウラ、岩手セキノ興産、明星電子工業、厚和工業（現日立オートモティブシステムズハイキャスト）、
1990	11	120	岩手ヤクルト販売、第一開明、三星金属、ライオン事務機、吉田産業、大喜鉄工、上田、関東シート製作所（現トヨタ紡織東北）、富士産業、北上槌屋デカル、いすゞキャステック（現アイメタルテクノロジー）
1991	1	121	横浜フォームラバー
1992	1	122	ケー・アイ・ケー
1993	1	123	東北交通機械
1994	3	126	互交産業、ジックマテリアル（現アイメタルテクノロジー）、大森クローム工業
1995	2	128	日立建機、北州ハウジング
1996	9	137	山耕、フレッシュハウス、いすゞライネックス、いすゞテクノサンド、キューソーティス、東邦特殊バルブ、水沢ボデー、田口型範、北上製作所
1997	6	143	ネクスコ・メンテナンス東北、服部コーヒーフーズ、ヤマガタ、北上工機、武蔵貨物自動車、第一物産、
1998	6	149	岩手ヤクルト工場、トータルシステム、マルモ通信商事、東北メタル、熊谷木材、バイタルネット

	件数	累計	誘致企業名
1999	4	153	ケー・エス、白金運輸、東陵総業、アグリシティ
2000	6	159	TDK-MCC、エバーグリーン、和泉陸運、日本金属、マルヤス・セキソー東北、アムコー岩手（現ジェイデバイス）
2001	3	162	ノード化水、グリーンリサイクル、明治商工
2002	3	165	栃木運輸、忍足研究所、クボタリテックス
2003	3	168	わかば食品、ダイワロイヤル、キタカミデリカ
2004	5	173	エフエムレーリング、倉元製作所、WING、井上金属、共栄テック
2005	7	180	佐藤商事、岩手河西（現東北KAT）、富士善工業、井上精工、遠藤運輸、三共運輸、カノークス北上
2006	7	187	日本メジフィジックス、メディセオ、トヨタ運送東北センター、エム物流、東北イノアック、富士化学塗装、北東北福山通運
2007	1	188	杉村塗装
2008	3	191	スペースエナジー、小田島、太陽日酸
2009	1	192	富士通アプリケーション開発
2010	4	196	アルプス物流、ハイナジー、イーエヌ大塚製薬、北日本環境保全
2011	4	200	サンケミカル、佐藤木材工業、大村技研、丸一鋼管
2012	6	206	日吉産業、武藤工業、山城陸運、司企業、ニシオティーアンドエム、三井食品
2013	6	212	北上プライウッド、高速、東邦ホールディングス、あらた、セブンイレブン・ジャパン、わらべや日洋
2014	7	219	ヒガシヤデリカ、フレッシュロジスティック、永島製作所、日本梱包運輸倉庫、日本郵便、日本郵便輸送、青森郵便自動車
2015	4	223	大橋紙器印刷、大和ハウス工業、オクモト、根津鋼材
2016	2	225	秋田郵便自動車、河西テクノ

注：① ここの「誘致企業」とは、北上市が造成した工業団地に他の地区から立地し、市の立地補助金を受け取っている企業。自力で北上の民地等に立地している企業はカウントされていない。この他に、誘致企業が新たに新会社を設立している場合も少なくない。実質的な北上への「進出企業」は270社を超える。
② 立地後、社名が変更になっている場合もあるが、本書で採り上げた企業以外は現社名を掲示。
③ 網かけは、本書で採り上げた企業。
資料：北上市

いずれにしても、表1—3にみるように、実に多くの企業が誘致されてきている。大企業から中小企業、電子から機械、さらに日用品、食品加工、物流などまで、業種の幅が広い。詳細は表1—3をみていただくにして、幾つかの特徴を指摘しておく。また、主要企業の詳細は、本書の第3章〜第8章の各章で採り上げている。

第1に、1967年から1972年に一つの山がある。サトー、東北佐竹製作所、シチズン時計マニュファクチャリング、東綱スチールコード、ジャパンセミコンダクター等、北上の現在の顔ともいえる有力企業がこの時期に進出している。これらの大半は北上工業団地に進出してきた。

第2は、1980年代であり、1990年頃までの間に進出してきた企業群がある。これらの場合、飯豊西部中小企業工業団地、北上工業団地への進出が多く、ど

ちらかといえば中小企業の進出が目立つ[16]。

　第3に、1990年代に入ると、隣の金ケ崎町に関東自動車工業（現トヨタ自動車東日本岩手工場）が1993年に進出してきたことから、その関連の企業が北上にも進出してきている。また、この頃には北上工業団地はいっぱいになり、新規の北上南部工業団地、また余力のあった北上流通基地への進出が目立つ。

　第4に、2000年代以降の傾向としては、物流、食品加工等が目立つ。この間、北東北の高速交通体系が整備され、北上の拠点性が高まり、北東北全体を視野に入れた企業の進出が目立ってきた。

　このように、この半世紀の間に実に多くの企業が北上に誘致され、進出、立地してきたのであった。

▶企業誘致は地元の熱意

　企業立地には地理的条件、立地優遇措置、労働力の状況等、多様なものがある。だが、最も重要なのは「地元の熱意」とされている。その熱意をどのように表現していくかは、それぞれだが、全国の市町村の中でも、北上市の取組みは際立っているように思う。

　誘致に本格的に取組み始めた頃の市長は斎藤五郎氏（在任期間1966年4月～1986年4月、5期20年）、市長就任の頃はまだ北上の交通条件は悪く、誘致は思い通りには進んでいなかった。このような事態に対し、斎藤五郎市長の取組みは並外れていた。商工関係の職員に対し、登庁後、『日経産業新聞』と『日刊工業新聞』を読ませ、見出しのない10行ほどのベタ記事を探させ、「企業の増産計画」に反応させた。「増産には、現在地での拡張と、新工場がありうる」。みた職員は9時前には庁舎を飛び出し、在来線の東北本線で東京に向かう。当時は7時間程度かかった。

　夕方までには記事を持って目的の会社を訪問する。面会してくれるのは、広報課長、総務課長あたりであり、記事の内容を照会しても、有益な回答はもらえなかった。市長からは3日は通えといわれており、翌日からは8時前には会社の前に立ち、前日の面会者を待つ。3日待っても反応がない場合が圧倒的に多かった。だが、中には、熱意に応え、中に入れてくれる場合があった。そこ

で「新工場」の情報を得ることがあった。その場合、職員は直ぐに市長に電話連絡すると、市長はその日の東北本線の夜行で東京に向かったとされている。

　市長が訪問してくるとなると、社長か専務といった幹部が面会せざるをえない。そこで何度も熱心に誘致を進めていく。あまりの熱心さに、一度現地をみようということになる。専務あたりが団長になり、表敬のつもりで北上を訪れると、案内される工業団地（北上工業団地）の立地条件の良さに驚く。他の地域の工業団地の場合は、地元では使い道のない河川敷とか崖の下に、造成というお化粧をかけて東京の企業に販売するという場合が少なくない。この点、北上工業団地は利便性が高く、小高い丘の上に拡がっていた。まさに、古代の遺跡の出る地形であった。最も安全な土地ということであろう。このあたりの状況も地元の熱意を表現するものの一つであろう。また、滞在中のホスピタリティは感動ものであり、一度訪問すると一気に誘致が決まっていったとされているのである。

　また、誘致後のアフターケアも優れていた。市長を中心に幹部が年間に100社は訪れ、コミュニケーションを密にし、状況の把握、要望の受け止めを重ねている。さらに、リタイアした赴任者に地元定住のための住宅の世話までしているのであった。誘致企業を大切にする「熱意」が市長以下職員に深く定着しているのであった。

▶時代に合った市長が続く

　私自身は斎藤五郎市長との直接的な付き合いはなく、その次の髙橋盛吉市長以後の、伊藤彬市長、髙橋敏彦市長と付き合ってきたが、1954年以来の「工業立市」の考え方は全くぶれず、一貫していることを痛感させられる。また、先に北上工業化の大きな流れを示したが、歴代の市長はその時代に適合的、先導的な取組みをみせてきたことに注目している。

　1990年代の中頃、当時の髙橋盛吉市長（在任期間1986年4月～1999年4月、3期12年）に「北上の誘致による工業化は見事なもので称賛に値する。だが、町のインフラは相当に脆弱」と指摘したところ、髙橋盛吉市長は「よくわかっている。市民には迷惑をかけている。北上は周辺の花巻や水沢に比べて貧しか

った。まずは経済力を付けることが最優先。ようやくその段階に入ってきた。これからやりますよ」との応えであった。以後、北上のまちづくりは一気に進んでいった。

　その次の伊藤彬市長（在任期間1999～2011年、3期12年）は地元の実業家であり、経済や経営に明るい。市長就任の直後にお目にかかり「日本企業の中国進出がこれだけ進んでいる現在、市長は中国の現場に行ったことがありますか」と尋ねると、即、中国への視察団を出し、現場では最も積極的に質問をしていた。一時期は毎年中国に視察団を出し、日本の場合、モノづくり人材育成の必要性を痛感、その後の岩手大学金型技術研究センター、岩手大学工学部金型専攻の誘致を実現させ、さらに、3D設計人材養成のためのいわてデジタルエンシニア育成センターを開設していった。振り返ると、2000年代に入り始めた伊藤彬市長の頃は、企業誘致ばかりでなく、人材育成が課題となっていたのである。市長を中心に幹部職員で年間100社を訪問するとスタイルは、この伊藤彬市長時代から定着していった。

　現在の髙橋敏彦市長（在任期間2011年4月～、2期目）は、建築家であり、NPO団体の理事長から市長に就任。近年の人口減少、少子高齢化、成熟化の中での新たな社会課題を深く認識しての就任となった。北上の工業集積、産業構造も大きな転換期を迎えている現在、北上の経済社会構造全体の中での産業、企業のあり方が問われている。例えば、地方中小都市の場合、人口減少に悩み、雇用の場がないことが指摘されているが、北上は人口を維持しながら、雇用の場は量的には大きくある。有効求人倍率は1.81（2015年度）にも達している。このことは、従来の量的確保の段階から質的な取組みの必要性が高まっていることを示唆するであろう。それは、北上ばかりでなく、日本の各地域の未来型産業集積形成の課題を示しているように思う。髙橋敏彦市長の登場は、北上に新たな可能性をもたらすことが期待されている。

　このように、1954年に「工業立市」を掲げた北上市が発足して60数年、歴代の市長は地域の経営を深くみつめ、時代に則した取組みを戦略的に推進してきたのであった。全国の地方中小都市が疲弊している現在、北上の取組みは一つの希望ということができそうである。

(4) 新たな産業集積と産業支援インフラの充実（2000年～）

　1990年頃をピークに北上の工業事業所数、従業者数は減少過程に入っている。それでも、2000年代に入っても北上への企業進出は続いている。表1—2をみても、2000年代に入って誘致企業数がゼロの年はない。年に3～4件の進出がある。多い年では7件（2005年、2014年）を数えている。進出企業も、従来の電子部品、機械金属系ばかりでなく、物流系、食品加工系などが目立ち始めている。

　特に、物流の重要性が高い領域の企業からすると、北東北の拠点性を高めている北上への関心はさらに高まっていくものとみられる。北東北のスーパーへのデリバリーを意識した惣菜のキタカミデリカ（2003年）、半減期の短い核医学診断薬の北東北の製造拠点を意識した日本メジフィジックス（2006年）、セブンイレブン・ジャパンの北東北を視野に入れた壮大な惣菜センター（2013年）、物流条件と岩手県産材による合板の製造を目指す北上プライウッド（2013年）などが、その先駆けとなっているように思う。

　このような事情を受け止めるならば、物流を焦点とした交通条件のよりいっそうの改善、操業環境の改善、物流向け人材の養成等も新たな課題になっていくように思う。また、工業集積に関しては、新規創業などが難しいという時代状況からして、北上だけで十分な集積が形成されていくとは考えにくい。後にみる高速交通体系等の整備を視野に入れ、北上川流域の花巻、奥州、一関ばかりではなく、由利本荘、横手、釜石、宮古等の北東北の工業集積地視野に入れた北東北全体の新たなネットワーク形成による広域型の集積をみていく必要がある。その場合、北上の中心性、拠点性は大きく、ネットワークのコアとして機能していくことが期待される。

　他方、これまでの北上の工業集積をリードしてきた半導体、電子部品の部門はグローバル化の中で、量的縮小、質的高度化を迫られている。また、今後の基幹産業を期待される自動車関連はやや足取りが重い。北上への自動車関連企業の新規立地があまり進まず、地元中小企業の取組みも鈍い。進出してきた自動車関連企業からは、北上に限らず、北東北では大物の金型をできるところが

ない、量産の考え方が形成されていない、などと指摘されている。

　このように、2000年頃までは一本調子の企業誘致を進めてきた北上も、時代状況が大きく変わり、大きな発想の転換が必要になってきているのであろう。

　この点、2000年前後以降、顕著になってきたのは、北上オフィスプラザ（1999年）、北上市基盤技術支援センター（1999年）、岩手大学工学部附属金型技術センター（2003年）、岩手大学大学院工学研究科金型・鋳造専攻（2006年）、いわてデジタルエンジニア育成センター（2009年）等の開設による技術支援、人材育成の取組みであった。この十数年で、多くの興味深い取組みが重ねられてきた。今後はますます、人材育成、研究開発・技術デザイン支援、さらに販売支援、さらに北東北全体を視野に入れた広域的なモノづくりネットワークの形成などの必要性は高まっていく。

　このように、2000年代以降、北上の置かれている条件はそれ以前とはかなり異なってきており、進出事業者ばかりでなく、地場の事業者においても、内面の高度化、質的高度化、そして、ネットワーク化が求められているのである。

2．北上市の産業経済の輪郭

　2010年代に入ってから目につく北上市の特徴は、世間、特に地方圏が人口減少、高齢化、地域産業の停滞、就業機会の欠如に呻吟している中で、人口規模を維持し、依然として企業立地が進み、旧来産業が停滞する反面、自動車産業などの地域の新たな産業に動きがあること、また、有効求人倍率が1を大きく超え（2015年度、1.81）、人手不足が深刻化していることであろう。企業立地により量的な就業機会はあるものの、求職者、特に若者に魅力的に映る仕事が乏しいのかもしれない。この点は、北上の工業集積、企業のあり方とも大きく関わってくる。北上の将来にわたる産業構造上の課題として受け止めていく必要がある。

　このような課題はあるものの、都道府県庁所在地に隣接している都市の場合、スプロール現象で人口が増加していることもあるが、人口10万人前後規模の地方都市で、人口を維持し、さらに企業立地がいまだに続いている都市は、北

海道千歳市とこの北上市以外には見当たらない。千歳の場合は新千歳空港を軸にする空港経済の発達と災害リスクヘッジを意識した企業の新規立地が進んでいる[17]。

以上のような点を受け止めながら、この節では、北上の産業展開、企業展開の基礎的条件として、人口の動態、主役である工業の動向、産業構造の特色、さらに、事業インフラの最大のポイントの一つである交通の事情をみていく。

（1）人口の推移と特徴

昭和の大合併期とされる1954年4月1日、北上市は和賀郡黒沢尻町、飯豊村、二子村、更木村、鬼柳村、胆沢郡相去村、江刺郡福岡村の3郡にまたがる1町6村の合併によって成立した。事前の近隣町村が集まった「工場誘致促進協議会」の段階では和賀郡藤根村（現和賀町）、和賀郡江釣子村も参加していたのだが、住民の合意が得られず合併から離脱していった。この和賀町と江釣子村の合併への参加は1991年4月1日まで待たねばならなかった[18]。1991年の北上市、和賀町、江釣子村の合併は2000年代中頃に全国的に推進された平成の大合併の15年ほど前に自主的に行われたものであり、平成の大合併へのモデルケースとして全国的に注目を浴びた。なお、1954年の合併時の北上市の人口は4万3149人であった（和賀町、江釣子村の人口を算入すると、1955年10月の国勢調査人口は6万9591人）。

日本の地方圏の中山間地域に属する中小都市の人口動態の特徴は[19]、1945年の終戦以降、大陸からの引揚者の増加、ベビーブームにより、人口は増大していくところから始まる。だが、1960年代に入ると、薪炭、石炭から石油への転換というエネルギー革命と、外洋材の輸入拡大により森林、木材資源に依存していた多くの中山間地域の町は急激な人口減少に直面していく。中国山地のあたりの町村は、1960年から1970年の10年間に人口の3分の1を失っていった場合が少なくない。

この点、北上市の西隣の奥羽山系の中心に位置する岩手県西和賀町（当時湯田町）は湯田ダム建設による立ち退きも加え、この間、人口は1万9364人から1万2667人へと6697人の減少（34.5%）を経験している。まさに10年間

で3分の1の減少であった。そして、このような地域では、その先の 1970 年から現在までの間にさらに半減し、1960 年のほぼ 3 分の 1 の人口規模になっている場合が少なくない。西和賀町（旧湯田町と沢内村との合併は 2005 年 11 月 1 日）の 2015 年の人口は 5800 人、1960 年の 30.0% 水準となっている[20]。

なお、北上市のような中山間地域の中にある中心都市（市街地）は、ダム効果があるとされ、周辺からの人口移動をある程度くい止める役割を演じていることも指摘される。人口減少問題は 2014 年の日本創成会議による『地方消滅』（増田寛也編、中公新書）により一気に国民的な話題となったが、地方圏の中山間地域では 1960 年代からの一貫したテーマであることに留意していく必要がある[21]。

▶人口は 1960 年比 33.5% の増加

表1—4 の北上市の人口動態をみると、まことに興味深い。北上市の戦後直ぐの頃の人口のピークは 1960 年（国勢調査）、7 万 0032 人（現在の市域の人口）を数えたが、やはり 1960 年代を通じて人口を減少させている。1970 年に

表1—4　北上市の人口推移と高齢化

区分	人口（人）	高齢人口（人）	高齢化率（%）	後期高齢人口（人）	後期高齢化率（%）	世帯数（戸）	世帯当たり人口（人）	全国高齢化率
1950	67,097							4.9
1955	69,591	2,996	4.3	729	1.0	12,167	5.72	5.3
1960	70,032	3,516	5.0	919	1.3	13,697	5.11	5.7
1965	68,349	4,071	6.0	1,103	1.6	15,345	4.45	6.3
1970	68,074	4,881	7.2	1,432	2.1	16,642	4.09	7.1
1975	71,383	5,735	8.0	1,781	2.5	18,792	3.80	7.9
1980	76,633	7,177	9.4	2,304	3.0	21,251	3.61	9.1
1985	80,248	8,924	11.1	2,983	3.7	22,820	3.52	10.3
1990	82,902	11,113	13.4	4,066	4.9	24,608	3.37	12.1
1995	87,969	14,132	16.1	5,414	6.2	28,247	3.11	14.6
2000	91,501	16,838	18.4	6,845	7.5	31,023	2.95	17.4
2005	94,321	19,274	20.4	8,986	9.5	33,623	2.81	20.2
2010	93,138	20,771	22.4	10,715	11.6	34,068	2.73	23.0
2015	93,511	23,546	25.3	12,151	13.1	35,861	2.61	26.6

資料：『国勢調査』

は 6 万 8074 人（2.8％ 減）と底を打っている。この間、当時、アーチ型ダムとしては日本最大とされた湯田ダム建設（1953～1961 年）[22] により西和賀町から北上市（旧和賀町も含む）への移住も相当数（約 1600 人）に上ることから、北上市固有の人口減少を補っていた可能性が高い。戦中に国策で設置された軍需工場の国産軽銀工業跡地（常盤台）の宅地化が、西和賀町からの移住の人びとを受け止めたとされている。

そして、1970 年以降は、北上の近代工業化により人口は増加基調に転じていく。2005 年にはピークの 9 万 4321 人を数えた。その後、2010 年にはいったん 9 万 3138 人へと 1183 人の減少を示したが（2005 年比 1.3％ 減）、2015 年には 9 万 3511 人と 373 人の増加（0.4％ 増）となっている。地方中小都市が軒並み人口を減らしている中で、北上市は相当に善戦しているといえそうである。1960 年からみると、2015 年までに人口は 2 万 3479 人増加（33.5％ 増）した。全国の地方中小都市としては希有な経験をしていることになる。

この間、高齢化率は全国の高齢化率を若干上回りながらも、全国の動向とほぼ軌を一にしていたのだが、2010 年以降は全国を下回り、2015 年は 25.3％（全国は 26.6％）となった。全国の地方中小都市の多くは 30％ を超えている場合が多いことからすると、北上市は相対的に若い人がいることになる。なお、世帯あたりの人口数は全国とほぼ同様の動きを示していた。北上市の世帯人口はこの 50 年の間に、5.11 人から 2.61 人とほぼ半分の規模になっているのであった。

(2) 岩手県各市、周辺町との比較

表 1—5 は、岩手県の全市に加え、北上市に接する西和賀町と金ケ崎町の基礎的なデータを示してある。

岩手県に限らず、2000 年代中頃の平成の大合併により全国の多くの市町の面積、人口は大きく変わった。特に、西日本で市町村合併が意欲的に行われた。岩手県は東日本の中では意欲的であり、宮古市、花巻市、奥州市、一関市あたりは合併により相当に広くなっている。宮古市（1259ha）、一関市（1256ha）、奥州市（993ha）、花巻市（908ha）、盛岡市（886ha）、八幡平市（862ha）あた

表1-5 北上市と岩手県内の市町の基礎的状況

区分	面積 (km²)	人口 (人)	全事業所 事業所 (件)	全事業所 従業者 (人)	工業 事業所 (件)	工業 従業者 (人)	工業 出荷額 (億円)	県民総生産 総額 (億円)	分配所得 総額 (億円)	分配所得 1人当り (千円)	財政力指数
岩手県	15,278	1,272,891	60,543	536,313	2,130	82,600	22,706	45,161	34,929	2,698	0.33
北上市	437	93,322	4,467	47,451	232	12,783	3,776	3,412	2,650	2,835	0.66
盛岡市	886	299,137	15,981	154,217	173	5,734	1,010	11,209	9,552	3,178	0.69
宮古市	1,259	55,017	2,697	20,742	110	2,816	747	2,307	1,467	2,597	0.32
大船渡市	322	38,024	2,254	15,813	99	2,526	756	1,897	1,071	2,771	0.42
花巻市	908	97,586	4,354	38,744	214	8,104	1,775	3,092	2,564	2,582	0.44
久慈市	623	35,106	1,920	14,657	74	2,499	380	1,232	949	2,644	0.38
遠野市	825	27,664	1,439	10,733	60	2,094	498	982	646	2,277	0.27
一関市	1,256	120,379	5,571	46,550	253	10,795	2,117	3,927	3,049	2,467	0.38
陸前高田市	231	19,097	755	5,774	32	905	187	809	463	2,373	0.23
釜石市	441	35,262	1,853	15,355	66	3,111	1,107	1,682	992	2,738	0.44
二戸市	420	27,659	1,402	11,883	50	2,278	374	1,023	747	2,618	0.34
八幡平市	862	20,401	1,276	10,355	58	2,018	282	874	650	2,380	0.30
奥州市	993	119,061	5,769	46,093	285	9,425	2,069	3,677	3,052	2,512	0.41
滝沢市	182	55,288	1,467	14,280	43	1,569	315	1,149	1,345	2,445	0.55
西和賀町	590	5,800	357	2,425	14	247	37	221	145	2,375	0.15
金ケ崎町	179	15,962	542	10,709	30	4,809	5,122	1,231	574	3,554	0.58

資料：人口は「岩手県人口移動報告」2015年、面積は「全国都道府県市区町村面積調」2014年、事業所は「平成26年経済センサス基礎調査」2014年7月1日現在、工場は「工業統計」2014年、県民総生産、分配所得は「平成25年度岩手県市町村民経済計算」、財政指数は岩手県市町村課。

りが大きい。北上市（437ha）はこれらの市の半分以下の面積であり、岩手県の市の中では10番目の面積となった。なお、北上市の西側に展開する西和賀町は590haと北上市より広い。人口（2015年）では、県都の盛岡市（29万9137人）が最大であり、以下、一関市（12万0379人）、奥州市（11万9061人）、花巻市（9万7586人）と続き、北上市（9万3322人）は5番目であった。

事業所数、従業者数（2014年）は県庁所在地であり、人口規模の大きい盛岡市（1万5981事業所、15万4212人）が突出しており、一関市（5571事業所、4万6550人）、奥州市（5769事業所、4万6093人）、北上市（4467事業所、4万7451人）までが抜けている。北上市の事業所の従業者規模が相対的に大きいことがわかる。

▶工業では北上市が県内で優越

工場数に関しては（2014年）、従業者4人以上規模のところが、奥州市（285事業所）、一関市（253）、北上市（232）、花巻市（214）と続くが、県都の盛岡市（173）はやや存在感が薄い。工業の従業者数については、北上市（1万2783人）が最大であり、以下、一関市（1万0795人）、奥州市（9425人）、花巻市（8104人）と続く。かつて岩手県最大の工業都市であり、1960年の頃には、当時の富士製鐵釜石製鐵所だけでも構内下請を含めて従業員1万2438人を数えた釜石市は66事業所、従業者3111人と大きく縮小している[23]。また、トヨタ自動車東日本岩手工場が立地する金ケ崎市の事業所数は30ほどだが、約2400人の従業員を抱えるトヨタ自動車東日本岩手工場に加え、デンソー岩手、アイシン東北等のトヨタ系有力企業が立地してきたことから、従業者数では4809人を数えている。製造品出荷額等は、やはりトヨタ効果は大きく、金ケ崎町が5122億円を数えて岩手県第1位となった。北上市は第2位の3776億円であり、以下、一関市（2117億円）、奥州市（2069億円）と続く。

県民総生産（2014年）では北上市（3412億円）は、盛岡市（1兆1209億円）、一関市（3927億円）、奥州市（3677億円）に次いでいる。1人当りの分配所得（2014年度）は最大が盛岡市（3178千円）であり、北上市（2835千円）は2番目となった。財政力指数は、岩手県平均では0.33だが、第1位は

盛岡市（0.69）、第2位に北上市（0.66）となった。このように、幾つかのデータをみていくと、北上市は岩手県内の市では工業部門が優越し、特に従業者数、製造品出荷額等はトップレベルにあることがわかる。そして、このような工業部門により1人当り分配所得は相対的に高く、また、財政力指数の高さにつながっている。

（3）経済センサスからみた産業の変化の方向

総務省は、従来から数年（ほぼ5年おき）に一度のペースで「事業所・企業統計」調査を実施してきたが、2009年からは「経済センサス」に名称が変わり、また、産業分類も大幅に変更になった。この調査は日本の事業所に関する唯一の包括的な調査であり、分類の変更は経年的な変化を把握することを難しくしている。そうした制約はあるものの、表1—6は北上市の産業大分類別の状況を指し示している。

全国の事業所数の近年のピークは1983年であり、以後、漸減を重ねているのだが、北上市の場合のピークは15年ほど遅れる2001年であり、4969事業所を数えた。また、従業者数のピークは次の調査が行われた2006年の5万3702人であった。1970年代から開始された企業誘致の成果が現れ、工業部門だけでなく、北上の全産業分野を活性化させたことがわかる。ただし、2000年代中頃以降は、事業所数、従業者数共に漸減している。2014年では事業所数4391となり、ピークの2001年比べて578事業所減（11.6%減）、従業者は4万7451人となり、ピークの2006年に比べ6251人の減（11.6%減）となった。日本全体の事業所数は1983年がピークとされ、現在はその60%水準であることからすると、北上は相当に善戦していることがわかる。

▶業種別の動向／2000年頃までは拡大過程

従業者が多く、北上の基幹産業となっている製造業の事業所数（全事業所）のピークはやはり2001年、481事業所を数えたが、2014年には402事業所に減少（減少率16.4%）、従業者数はピークの2006年の1万7465人から2014年には1万4658人と2807人の減少（16.1%減）となった。この点も、全国の工

表 1−6 北上市の産業（大分類）別事業所数、従業者数

産業大分類（事業区分）	事業所・企業統計調査 1986 事業所数（件）	1986 従業者数（人）	2001 事業所数（件）	2001 従業者数（人）	北上市 2006 事業所数（件）	2006 従業者数（人）	経済センサス 2009 事業所数（件）	2009 従業者数（人）	2014 事業所数（件）	2014 従業者数（人）
全産業（公務を除く）	4,457	36,910	4,969	52,081	4,894	53,702	4,609	48,654	4,391	47,451
農林漁業	33	562	25	270	32	387	36	455	34	383
非農林漁業										
鉱業、採石業、砂利採取業	6	64	9	99	4	27	4	23	3	9
建設業	382	4,167	481	5,216	446	4,228	440	3,944	402	3,695
製造業	435	12,368	490	17,016	454	17,465	418	13,885	402	14,658
電気・ガス・熱供給・水道業	13	172	13	221	11	204	4	164	6	158
情報通信業	122	2,713	162	3,257	34	203	38	196	32	318
運輸業、郵便業	x	x	x	x	127	3,706	138	3,972	131	3,538
卸売業、小売業	2,077	8,600	1,994	12,107	1,173	8,296	1,136	8,578	1,063	7,655
宿泊業、飲食サービス業	x	x	x	x	764	3,650	731	4,148	672	3,724
金融業、保険業	67	683	90	822	81	984	78	907	70	879
不動産業、物品賃貸業	110	199	148	335	168	427	196	687	192	710
学術研究、専門・技術サービス業	x	x	x	x	x	x	127	737	129	700
生活関連サービス業、娯楽業	x	x	x	x	228	1,705	527	2,121	487	1,966
教育、学習支援業	x	x	x	x	275	3,536	137	643	126	595
医療、福祉	x	x	x	x	275	3,212	281	3,212	314	3,803
複合サービス事業	x	x	x	x	48	747	34	355	33	544
サービス業（他に分類されないもの）	1,212	7,382	1,557	12,738	1,049	8,137	284	4,627	295	4,116

注1　「事業所・企業統計」と「経済センサス」では、事業区分が変更になっている。「運輸・通信業」が「情報通信業」と「運輸業、郵便業」に、「卸売・小売業、飲食店」が「卸売業、小売業」と「宿泊業、飲食サービス業」に分かれ、「サービス業」は「学術研究、専門・技術サービス業」以下に細分化された。

注2　事業区分の変更や分化により単純には時系列比較ができない側面がある。なお、xの表記は不明数値である。

資料：昭和61年事業所統計調査、平成13年及び平成18年事業所・企業統計調査、平成21年経済センサス−基礎調査、平成26年経済センサス−基礎調査、…は全て総務省 E-stat より

業系事業所数は1980年代中頃がピークで現状はその60%水準となっていることからすると、北上の製造業の現状が理解できる。2000年代以降も全国的に製造業の立地が増えているところは、人口10万人前後規模の市では北上市と千歳市を除くと皆無に近く、工業都市北上の存在感が伝わってくる。

　また、地方経済の主役の一人である建設業については、ピークは2001年であり、事業所数は481、従業者数は5216人であったが、その後、減少過程に入り、2014年は402事業所（16.4%減）、3695人（29.2%減）となった。この点、地方都市、中山間地域の場合は、1980年代中頃をピークに事業者数、従業者数共に半減という場合が普通なのだが、北上のこれまでの産業経済の発展により、相対的にはさほどの減少とはなっていないことも注目される。

　この点、卸売業、小売業は厳しい。事業所数のピークは1986年、2077事業所を数えたが、その後激減し、2014年にはほぼ半数の1063事業所（48.8%減）となった。従業者数のピークは2001年、1万2107人であったのだが、2014年には7655人と4452人の減少（36.8%減）となった。このあたりは、全国的にみられることだが、郊外に大型店が増え、商店街の小規模店舗が退出していったことを示している。北上の経済は製造業の健闘によりさほどの縮小にはなっていないのだが、特に小売業における構造変化は、日本全体の流れと軌を一にしているようにみえる。

　反面、この間、事業所数、従業者数が増加基調にあるのは、これも全国的な傾向なのだが、医療、福祉部門しかない。統計は2006年以降しかないが、北上の場合もやはり増加傾向にある。2006年の275事業所、従業者3536人から、2014年は314事業所（14.2%増）、従業者は3803人（7.6%増）となっていた。

　このように、北上市の場合、事業所数、従業者数共に全体的には漸減方向にあるものの、全国の動向と大きく異なるのは、全国はピーク時が1980年代中頃であるのに対し、ほぼ15年遅れの2000年代以降という点であろう。北上は一つ前の時代に企業誘致を活発に行い、発展的なプロセスに入っていったのだが、それでも、2000年代以降は日本全体が置かれている状況変化に規定され、縮小過程に入り始めているようにみえる。今後、基幹の製造業について、従来のような量的拡大発展を目指すのか、あるいは、日本全体の経済縮小を意識し、

量的には縮小しても、より付加価値の高い分野への転身を図っていくのかなどが問われていくように思う。

(4) 北上市工業の推移と現状

　表1—7は、工業統計表（従業者4人以上）であり、北上の近代工業化の歩みと現状を見事に示している。北上への有力企業の第1号進出は1963年の三菱製紙（現北上ハイテクペーパー）とされているが、誘致が本格化するのは1970年前後からであった。そうした点を受け止めて、表1—7は1963年から

表 1—7　北上市工業の事業所、従業者、出荷額等の推移

区分	事業所数（件）	増減	従業者数（人）	増減	製造品出荷額等（100万円）	増減	粗付加価値額（100万円）	増減	1人当り粗付加価値額（万円）
1963	116	34.9	2,958	21.5	4,542	1.7	1,918	1.4	64
1965	128	38.6	3,555	25.9	6,412	2.4			
1966	135	40.6	3,819	27.8	10,163	3.8	4,396	3.3	115
1969	146	43.9	5,280	38.4	17,264	6.5	7,335	5.5	138
1970	146	44.0	5,849	42.6	21,391	8.1			
1971	145	43.6	6,104	44.4	23,845	8.9	9,005	6.8	147
1973	187	56.3	8,098	58.9	46,132	17.4	19,377	14.6	239
1975	199	59.9	7,939	57.8	63,063	23.7	24,890	18.8	313
1980	251	75.6	8,739	63.6	112,349	42.4	42,617	32.2	487
1985	299	90.1	11,075	80.7	158,875	59.9	71,395	53.9	644
1990	332	100.0	13,731	100.0	265,046	100.0	132,269	100.0	963
1995	330	99.4	14,626	106.5	321,859	121.4	149,494	113.0	1,022
2000	307	92.5	14,684	106.9	367,398	138.6	169,422	128.0	1,153
2005	283	85.2	13,891	101.2	374,869	141.4	140,648	106.3	1,012
2006	283	85.2	14,876	108.3	414,985	156.5	143,868	108.7	967
2007	276	83.1	15,336	111.7	503,576	189.9	160,361	121.2	1,045
2008	279	84.0	14,923	108.7	502,482	189.5	159,110	120.2	1,066
2009	263	79.2	13,447	97.9	363,980	137.3	115,868	87.6	861
2010	252	75.9	13,909	101.3	430,147	162.3	134,353	101.5	965
2011	253	76.2	12,755	92.9	346,149	130.6	82,540	62.4	647
2012	254	76.5	12,679	92.3	347,682	131.1	96,691	73.1	762
2013	240	72.3	12,809	93.3	372,258	140.5	107,023	80.9	835
2014	232	69.9	12,783	93.1	377,676	142.5	111,733	84.4	874

注：従業者4人以上の統計。
資料：『工業統計』

の工業統計を可能な範囲でまとめてある。

　1963年段階での北上市の工業事業所数は116、従業者数は2958人、製造品出荷額は45億4200万円であった。事業所数は現在のほぼ半分、従業者数はほぼ4分の1、そして、製造品出荷額等は現在のほぼ100分の1の水準であった。そして、その後の果敢な企業誘致により、北上市の工業は大きく変貌していく。

　1990年までは、事業所数は一貫して増加して322事業所に達した。だが、その後、漸減過程に入り、2015年には232事業所となっている。この四半世紀で事業所数は110の減少（31.1％減）となった。従業者数のピークは2007年であり、1万5336人を数えた。1963年の2959人の約5倍となった。誘致企業による雇用吸収力のすさまじさがわかる。その後は一転して減少過程に入り、2014年の従業者数は1万2783人とピークの2007年に比べて2553人の減少（16.6％減）となっている。

　製造品出荷額等のピークは2007年であり、5035億7600万円に達した。東北でも有数の工業都市となっていた。だが、その後のリーマンショック（2008年）により停滞し、2009年には3639億8000万円と1395億9600万円の減少（27.7％減）となった。北上が得意とする半導体、電子部品に大きな影響があった。翌2010年には少し持ち直したのだが、2011年3月には東日本大震災津波に遭遇する。北上は直接的な被害は少なかったものの、物流が途絶えるなど混乱に直面した。製造品出荷額等はまた減少し、2011年は3461億4900万円と2000年の水準を下回った。その後は微増を重ね、2014年には3776億7600万円となっている。だが、いまだ、リーマンショック以前の水準に戻れていない。

▶リーマンショック後の1人当り粗付加価値額の低迷

　この問題をみていく場合、表1―7の粗付加価値額の推移が注目される。誘致企業進出前であった1963年の北上の工業の従業者1人当り粗付加価値額は64万円に過ぎなかった。なお、1964年の東京オリンピック前の高卒初任給は1万円以下であったことからすると、現在価値は10倍以上かもしれない点を留意していく必要がある。

その後、北上市の工業の1人当り粗付加価値額は鰻登りにあがっていく。ただし、物価上昇調整による部分が少なくない。北上市の工業化が一定程度進んだ1990年の1人当り粗付加価値額は1963年の15倍ほどの983万円に達していった。そして、2000年代前半の頃は1000万円台を続けていった。比較的物価水準の低い地方の工業地域としては、かなりの水準ということになる。
　だが、2008年のリーマンショック以後は厳しい。2009年には861万円に低下。翌2010年には回復の兆しがみえたものの、2011年は東日本大震災津波に遭遇、647万円にまで低下している。その後は回復過程に入っているものの、2014年は874万円にとどまっていた。いまだ1990年代から2000年代中盤頃のレベルにまで戻っていない。表1―7は1990年を基準年にして、その前後の指数を提示してあるが、2008年を境にして従業者数、製造品出荷額等、粗付加価値額は低下したままであり、ようやく2012年から回復の兆しがみえ始めた段階といえそうである。リーマンショックは象徴的な事象ではあるが、現状の北上工業は、得意とした半導体・電子部品等をめぐる世界的な構造変化に直面していることが指摘される。
　もちろん、個々の事業者によって置かれている位置は違う。また、産業によって獲得できる付加価値のレベルも違う。それでも工業統計に集約される粗付加価値額の意味するところは大きい。表1―7に示した北上市工業の粗付加価値額の推移は、北上工業の生産性のレベルを示すものであり、2008年のリーマンショック以後の置かれている位置を指し示していた。そうした点を受け止めながら、より付加価値の高い産業、企業に向かうためのあり方が模索されていかなくてはならない。

▶工業統計からみた北上市工業の現状
　表1―8、9は、北上市の工業統計（従業者4人以上）の2014年版と2009年版である。2009年はリーマンショックの状況が如実に現れており、さらに、5年を経過した2014年は、北上工業が置かれている構造的な特質を浮き彫りにしている。この2009年と2014の比較分析により、北上工業の今後の課題もみえ隠れするであろう。

表1―8 北上市工業の事業所、従業者、出荷額等（2014）

区分	事業所数（件）	（%）	従業者数（人）	（%）	製造品出荷額等（100万円）	（%）	粗付加価値額（100万円）	（%）	1人当り粗付加価値額（万円）
合計	232	100.0	12,783	100.0	377,676	100.0	111,733	100.0	874
食料品	23	9.9	859	6.7	10,958	2.9	4,759	4.3	554
飲料・たばこ	1	0.4	24	0.2	x	x	x	x	x
繊維工業	12	5.2	178	1.4	655	0.2	402	0.4	225
木材・木製品	8	3.4	164	1.3	4,528	1.2	1,044	0.9	636
家具・装備品	4	1.7	26	0.2	230	0.1	128	0.1	492
パルプ・紙	10	4.3	655	5.1	57,614	15.3	8,667	7.8	1,323
印刷	11	4.7	329	2.6	8,947	2.4	3,976	3.6	1,208
化学工業	6	2.6	173	1.4	10,431	2.8	2,985	2.7	1,725
石油・石炭	1	0.4	4	0.0	x	x	x	x	x
プラスチック製品	19	8.2	454	3.6	9,399	2.5	2,678	2.4	589
ゴム製品	―	―	―	―	―	―	―	―	―
なめし革・毛皮	1	0.4	4	0.0	x	x	x	x	x
窯業・土石	13	5.6	328	2.6	8,807	2.3	3,563	3.2	1,086
鉄鋼	7	3.0	809	6.3	20,841	5.5	6,381	5.7	788
非鉄金属	1	0.4	10	0.1	x	x	x	x	x
金属製品	31	13.4	1,006	7.9	27,663	7.3	8,879	7.9	882
はん用機械	4	1.7	126	1.0	1,324	0.4	603	0.5	479
生産用機械	37	15.9	1,829	14.3	39,931	10.5	13,508	12.0	738
業務用機械	1	0.4	264	2.1	x	x	x	x	x
電子部品	17	7.3	3,192	25.0	107,853	28.6	35,928	32.2	1,125
電気機械	6	2.6	309	2.4	7,331	1.9	2,263	2.0	732
情報通信機械	2	0.9	19	0.1	x	x	x	x	x
輸送用機械	12	5.2	1,298	10.2	49,073	13.0	12,249	10.9	943
その他	5	2.2	723	5.7	5,826	1.5	2,077	1.9	287

注：従業者4人以上の統計。
2008年から、機械工業の業種区分が現在の形に改定されている。2007年以前は、機械工業4業種（一般機械、電気機械、輸送用機械、精密機械）であったのだが、2008年以降は、7業種（はん用機械、生産用機械、業務用機械、電子部品、電気機械、情報通信機械、輸送用機械）に変更になっている。そのため業種によっては、2007年以前と2008年以降では比較ができない場合がある。
資料：『工業統計』

　まず、2009年から2014年のわずか5年の間に、事業所数が263から232へと31事業所減（11.8%減）となった。従業者数は1万3347人から1万2783人へと564人の減少（4.2%減）であった。製造品出荷額等は3639億8000万円から3776億7600万円へと若干の回復（3.8%増）をみせている。1人当り

表1―9　北上市工業の事業所、従業者、出荷額等（2009）

区分	事業所数（件）	（％）	従業者数（人）	（％）	製造品出荷額等（100万円）	（％）	粗付加価値額（100万円）	（％）	1人当り粗付加価値額（万円）
合計	263	100.0	13,447	100.0	363,980	100.0	115,868	100.0	861
食料品	24	9.1	752	5.6	8,238	2.3	4,224	3.6	561
飲料・たばこ	2	0.8	37	0.3	x	x	x	x	x
繊維工業	19	7.2	321	2.4	2,500	0.7	1,035	0.9	322
木材・木製品	10	3.8	166	1.2	4,362	1.2	1,057	0.9	637
家具・装備品	5	1.9	27	0.2	229	0.1	104	0.1	385
パルプ・紙	7	2.7	572	4.3	45,824	12.6	12,296	10.6	2,150
印刷	13	4.9	331	2.5	8,974	2.4	4,573	3.9	1,381
化学工業	7	2.7	164	1.2	9,555	2.6	2,319	2.0	1,412
石油・石炭	1	0.4	6	0.0	x	x	x	x	x
プラスチック製品	17	6.5	379	2.8	4,536	1.2	1,899	1.6	501
ゴム製品	3	1.1	99	0.7	1,156	0.3	653	0.6	660
なめし革・毛皮	2	0.8	15	0.1	x	x	x	x	x
窯業・土石	14	5.3	303	2.3	7,006	1.9	2,851	2.5	941
鉄鋼	7	2.7	169	1.3	6,034	1.7	1,411	1.2	835
非鉄金属	1	0.4	11	0.1	x	x	x	x	x
金属製品	40	15.2	1,407	10.5	29,144	8.0	8,127	7.0	578
はん用機械	6	2.3	110	0.8	1,106	0.3	498	0.4	453
生産用機械	33	12.5	1,487	11.1	22,033	6.1	9,784	8.4	658
業務用機械	4	1.5	312	2.3	4,153	1.1	1,521	1.3	488
電子部品	19	7.2	3,825	28.4	146,354	40.2	44,457	38.4	1,162
電気機械	6	2.3	246	1.8	3,817	1.0	938	0.8	381
情報通信機械	3	1.1	152	1.1	1,071	0.3	667	0.6	489
輸送用機械	14	5.3	2,029	15.1	51,866	14.2	14,080	12.2	694
その他	6	2.3	527	3.9	4,259	1.2	949	0.8	180

注：従業者4人以上の統計。
資料：『工業統計』

の粗付加価値額は、861万円から874万円に若干回復（1.5％増）している。

　事業所数の減少は、従業者4人以上規模の事業所が従業者規模3人未満に縮小していったという場合もありうるが、この時期では大半が退出していったものとみられる。減少の比較的多い業種は、金属製品（9事業所減）、繊維工業（7事業所減）であった。

　従業者数については、減少が著しい業種は、輸送用機械（731人減）、電子

部品（633人減）、金属製品（401人減）、繊維工業（143人減）、情報通信機械（133人減）であった。北上のこれからの産業として期待される輸送用機械とこれまでの看板であった電子部品で減少が著しい点が気になる。逆に、増加した業種は、鉄鋼（640人増）、生産用機械（342人増）、食料品（107人増）、パルプ・紙（83人増）、プラスチック製品（75人増）などであった。

　製造品出荷額等については、減少が著しい業種は、電子部品（385億円減）が特に目立つ。これは半導体系の有力企業の減産が影響している。逆に増加がみられる業種は、生産用機械（178億円増）、鉄鋼（148億円増）、パルプ・紙（117億円増）、プラスチック製品（48億円増）であった。輸送用機械については27億円の減少であった。

　粗付加価値額については、減少が著しい業種は、電子部品（85億円減）、パルプ・紙（36億円減）、輸送用機械（18億円減］であり、増加した業種は、鉄鋼（49億円増）、生産用機械（37億円増）であった。

　また、1人当りの粗付加価値額は、業種の生産性を示すが、2014年でみて高いところは、化学工業（1725万円）、パルプ・紙（1323万円）、印刷（1208万円）、電子部品（1125万円）、鉄鋼（1086万円）、輸送用機械（943万円）であった。逆にボリュームの大きいところで低い業種としては、食料品（554万円）、プラスチック製品（589万円）、生産用機械（738万円）、鉄鋼（788万円）あたりがあり、北上工業の2014年の平均の粗付加価値額の874万円を下回っていた。

▶成長部分への関心と生産性の向上の課題

　また、全体的には、これまでの基幹産業分野であった電子部品は、2009年から2014年の間に、事業所数は20件弱で変わらないものの、従業者が633人減、全産業に対する構成比は28.4％から25.0％に低下、製造品出荷額等は385億円減、構成比は40.2％から28.6％へと低下、粗付加価値額も85億円減、構成比は38.4％から32.2％へ低下している。電子部品の北上工業全体に対する存在感はかつては40％前後あったものだが、現状では30％程度に縮小しているとみてよい。

従来からもう一つの基幹産業とされていたパルプ・紙は、装置型産業であることから全業種に対する従業員数の構成比は5%前後だが、製造品出荷額等は2009年の12.6%から2014年は15.3%に上昇した。ただし、粗付加価値額では、この間、構成比は10.6%から7.8%に減少している。やや付加価値の低い製品が増えたものとみられる。それでも、北上工業の中では次第に拡大し、十数%の存在感を示している。

　今後を期待されている輸送用機械に関しては、この間、事業所数は14から12に減少、従業者数も731人の減少、全産業の従業員に対する構成比は15.1%から10.2%に減少、製造品出荷額等は27億円の減少、構成比は14.2%から13.0%に微減、粗付加価値額は18億円の減、構成比は12.0%から10.9%へと縮小した。輸送用機械は大きく期待されているものの、当面、北上市工業における10%産業といえそうである。

　なお、ここでの検討は、工業統計の2009年と2014年というわずか5年ほどの間の動きをみたに過ぎない。構造的な問題はもう少し長期でみる必要があるが、これまでの中心的な業種であった電子部品の低下傾向、これからを期待される輸送用機械の足踏み状態、パルプ・紙の拡大がみてとれた。現状はまだリーマンショックからの回復過程であり、また、次の時代のあり方を見定めていく懐妊期間でもある。各業種も新たな成長部分への関心を高め、生産性の向上に向かっていくことが求められているのである。

(5) タイトな人材調達

　有効求人倍率が2015年度には1.81にまで上昇している北上市、2016年に訪れた企業からは「人が採れるということでここに進出したのだが、最近は厳しい」という声が聞こえてくる。

▶採用の現場の声

　人材調達の厳しさを象徴する各社の言葉は以下のようなものであった。

　「雇用情勢は厳しい。2016年4月は5人の募集に対してゼロ」「高卒の採用が難しい。2016年4月はゼロ」「2015年は新卒（高校、大学）2人を採用でき

たが、2016年は採用できず」「2017年4月採用は、6人募集（高卒）に対して応募は3人」「思い通り採用になっていない。2016年4月は5人の予定に対し、3人の雇用にとどまった」。

また、比較的順調に採用できているケースもある。

「当方は50年もここにいることから、希望通り採れる。2017年4月の採用は希望通り8人」（ケミコン岩手）。「北上工場の中には保育所が設置されており、地元の女性たちから歓迎されている。2016年4月には高卒の採用が4人、2017年4月に向けては高卒5人に内定を出した（女性が多い）」（シチズン時計マニュファクチャリング）。「各人の子供の都合によるフレックスなパートタイム雇用にしている。休日に勤務するスーパーのレジよりも工場勤務を好む女性も少なくない」（ウスイ製作所）。「就業時間が8:15～17:00に決められており、正社員もパートタイマーも十分集まる」（中川装身具工業）。「従業員は80人。従業員が友達を連れてきてここまで増えた」（富士善工業）。「進出以来30年、地元の黒沢尻工高から毎年1人採用。その他の採用が難しい」（薄衣電解工業）。「厚和工業から日立オートモティブシステムズハイキャストに社名を変えたら、人が来るようになった」（日立オートモティブシステムズハイキャスト）。「定期雇用はできているが、かなり厳しい。2016年4月は6人（男性）を採用ができた」（ケー・アイ・ケー）。

さらに、この数年の間に北上に進出してきた企業の場合は、以下のようなものであった。

「釜石で津波被災し、ここに移ってきた。30人はついてきたが、80人は北上で新たに採用した。採用は釜石よりは楽だが、人手不足は厳しく、苦労している。2016年4月は10人採用予定が3人、2017年4月は9人募集に対して7人に内定を出している」（大村技研）。「操業開始にあたり、1年前の2014年に40人を採用したが、年齢を問わず正社員としたところ100人を超える応募があった。50代の人は正規採用に『涙していた』」（北上プライウッド）。「北上は汗をかくのに抵抗のない場所との認識で進出。工場竣工2年前に北上地区で11人採用、石川県の本社に研修に出した。2016年4月の操業開始に際しては新卒6人を採用した。従業員20人のうち大卒9人、女性6人（うち大卒3人）

（永島製作所）。

　現場の受け止め方は以上のようなものだが、企業の置かれた状況により、採用に対する考え方も違う。女性や高齢者が働きやすい環境を作ることにより、スムーズな採用を実現できている場合もある。また、長い付き合いで高校から定期的に採用できているケースもある。全国的に雇用情勢が厳しい中で、特に北上は有効求人倍率も高い。今後、人口減少、少子化の中で、事態が大幅に改善されるとは考えにくい。女性や高齢者に目を向け、また、都会に流出しがちな若者、UIターンの希望者あたりまでを視野に入れ、丁寧な求人活動が必要になっているようである。

▶北上の求人充足状況

　表1―10は、北上公共職業安定所の資料だが、年々、新規求人数に対する充足率は低下している。2011年の充足率は30.2%であったのだが、2014年度は23.3%に低下していた。採用できるチャンスは4分の1以下ということになろう。また、基幹の製造業については、この間、充足率は54.8%から42.5%に低下していた。

　業種別にみると、2014年度の求人数が比較的大きな業種の中で充足率が高いのは、窯業・土石（76.5%）、金属製品（64.9%）、プラスチック製品（58.0%）、教育、学習支援、公務（57.2%）、電子部品（51.8%）あたりであり、逆に低いのは、金融、保険、不動産（11.2%）、建設業（18.7%）、業務用機械（19.0%）、卸、小売、飲食、宿泊（21.7%）、精密機械（26.9%）、鉄鋼業（28.3%）などであった。

　以上からすると、工業都市である北上の場合、製造業の充足率は相対的に高く、建設業や伝統的なサービス業の充足率が低くなっている。雇用情勢がタイトであることは変わらないが、その中で北上の人びとは製造業を選好しているのかもしれない。就業の選択は個人に委ねるべきだが、雇用する側としては、イメージの改善に加え、働きやすい職場の形成に意を尽くしていくことが必要なのであろう。

　また、表1―10の（参考）には有効求人倍率を掲示しているが、全国的に近

表1—10 北上市の産業別求人数、充足状況

年度	新規求人数（人）				充足数（人）				充足率（%）	
	2011	2012	2013	2014	2011	2012	2013	2014	2011	2014
総計	8,656	7,929	9,212	10,259	2,615	2,531	2,207	2,388	30.2	23.3
農、林、水産業	56	54	75	37	20	28	31	21	35.7	56.8
鉱業	3	5	6	10	1	6	2	2	33.3	20.0
建設業	900	978	1,057	955	194	206	201	179	21.6	18.7
製造業	940	897	1,031	1,664	515	467	395	707	54.8	42.5
食料品	165	201	194	632	80	74	44	254	48.5	40.2
パルプ、紙	8	—	27	3	2	—	8	3	25.0	100.0
印刷、同関連	19	27	28	16	6	10	13	6	31.6	37.5
化学工業	—	2	1	4	—	—	—	1	—	25.0
プラスチック製品	41	67	56	88	39	40	31	51	95.1	58.0
ゴム製品	4	4	1	1	3	1	1	—	75.0	0.0
窯業・土石	15	16	26	17	9	16	11	13	60.0	76.5
鉄鋼業	44	27	33	53	14	11	5	15	31.8	28.3
金属製品	90	48	70	74	42	32	36	48	46.7	64.9
はん用機械	87	55	51	86	44	38	31	37	50.6	43.0
生産用機械	41	58	71	58	22	26	30	19	53.7	32.8
業務用機械	—	15	22	21	—	2	5	4	—	19.0
電子部品	76	109	110	197	57	65	46	102	75.0	51.8
電気機械	29	36	40	60	15	19	22	25	51.7	41.7
輸送用機械	189	84	75	100	117	62	39	37	61.9	37.0
精密機械	30	8	15	26	19	3	5	7	63.3	26.9
その他製造業	102	140	211	228	46	68	68	85	45.1	37.3
電気、ガス、水道	16	20	18	3	14	10	3	1	87.5	33.3
情報通信、運輸	673	614	694	835	287	251	258	261	42.6	31.3
卸、小売、飲食、宿泊	855	1,048	1,226	1,194	263	324	314	259	30.8	21.7
金融、保険、不動産	166	153	147	187	30	18	29	21	18.1	11.2
医療、福祉	719	721	783	1,057	241	278	242	295	33.5	27.9
その他サービス	4,081	3,219	4,037	4,172	874	823	635	559	21.4	13.4
教育、学習支援、公務	247	220	138	145	176	120	97	83	71.3	57.2
充足率（%）					30.2	31.9	24.0	23.3		

（参考）有効求人倍率	2011	2012	2013	2014	2015
北上市	0.87	0.94	1.25	1.56	1.81
岩手県	0.62	0.94	1.06	1.10	1.22
全国	0.68	0.82	0.97	1.11	1.23

注：有効求人倍率については、年度（各年4～3月）で統一。また、「原数値」と「季節調整値」があるが、「原数値」で統一した。
資料：北上公共職業安定所

年上昇傾向にあることがわかる。その中でも、北上市の上昇ぶりは著しく、2015年度は全国（1.23）、岩手県（1.22）に対して、1.81と突出している。それだけ、北上の求人が多く、雇用の場が拡がっていることを示している。立地企業の進出理由の一つは人を求めて北上に進出してきたというものだが、現状は非常に厳しいものになっている。人口減少、少子高齢化がさらに際立つ中で、この問題が全国的な問題になりつつあるが、北上においても事業者サイドからみれば最大の問題となっているのであった。

(6) 北上の交通、物流条件

事業活動において、交通、物流条件は最も基本的なものの一つであろう。和賀川と北上川が合流し、低位河岸段丘が拡がる北上盆地は農耕を基本としながらも、南部藩と伊達藩の境界という特殊な条件の中で、興味深い歩みを重ねてきた[24]。

▶藩政時代までの北上をめぐる交通

藩政時代（江戸時代）に入ると、幕命により1604（慶長9）年、国内道路整備が進められ、奥州街道（現国道4号）は現在の北上川寄りに切り換えられ、渡河地点であった和賀川北岸の南部藩領黒沢尻の原野を切り拓いて宿駅の機能を整備していく。南部藩は街道に沿って地割りを行い、近傍の村民を誘導し、市街地を形成していった。これが現在の北上市本町の成立となった。いわば、奥州街道の宿場町の形成ということになろう。

さらに、当時の大量輸送手段であった舟運の発展と共に、河岸（港）の設置が必要になる。北上の河岸には、北上川を通じて盛岡〜北上、太平洋側の石巻までの中継地として、通舟改御番所等の藩の施設が設置された。それが川岸集落であった。石巻までの舟運が開かれたのは1622（元和9）年のことであった。南部藩は大阪から船大工3人を招聘、川岸に造船所を設置している。この北上川の舟運に利用された舟は2種類。米350俵（約20トン）積みの鱧（ひらた）と、米100俵（約6トン）積みの小繰舟（おぐり）であり、黒沢尻から石巻は鱧が運行、盛岡には小繰舟が運行していた。明治初頭の頃には、黒沢尻の川岸に所属している鱧

が55艘、小繰舟が14艘であった。それ以外の途中の小さな港にも所属舟があり、中継点である黒沢尻は大いに繁栄したものと推測される。

　この北上川の舟運は、1980（明治23）年の日本鉄道（現JR東日本）の東北本線の開通、黒沢尻駅（現北上駅）の開業の頃までは重要な役割を演じていたのだが、東北本線の開通により衰微していった。江戸期から続いていた舟運による北上川と太平洋を物流ルートとしていた時代から、内陸の鉄道へと時代は大きく変わっていった。

▶近代以降／西和賀の鉱山開発と東北本線、横黒線の開設

　1874（明治7）年、奥羽山脈の西和賀町（旧湯田町）の卯根倉鉱山（銅）が発見され、西和賀の一帯は一時期、鉱山開発に沸き、交通基盤整備の必要から1882（明治15）年には秋田県横手方面と北上を結ぶ平和街道を開削、鉱産物、生活資材の物流の重要ルートとしていった。「平和」とは、秋田県「平」鹿郡と岩手県「和」賀郡をつなぐことから命名された。この道路が日本海側の由利本荘から、北上を経由して太平洋側の大船渡を結ぶ現在の国道107号（182km）となっていった。

　さらに、1907（明治40）年には、当時の鉱山関係の物資の大量輸送を意識し、馬車鉄道（和賀軽便鉄道）の黒沢尻〜和賀仙人の全線を敷設している。この馬車鉄道が、その後、1924（大正13）年全線開通の横黒線（北上線への改称は1966年）の基礎になっている。この時期に、北上を軸に東北本線、横黒線という鉄道による南北、東西の路線が形成された。近代における西和賀の鉱山開発が、当時の黒沢尻の拠点性を高めたということであろう[25]。

　この西和賀の鉱山は明治中期から昭和初期までは重要な役割を演じたが、その後、次々に閉山されていった。そして、1935年頃には、新たな地域産業を起こしていく必要性が生じ、それを工業化に置いて、先の節でみたように、企業誘致、県立工業学校の誘致などの活動を開始していくのであった。

▶高速交通体系の整備が進み、北上の拠点性が高まる

　戦時中は、先にみた軍需工場の国産軽銀工業（航空機向けアルミナ精製）が

黒沢尻の現常盤台に立地していたことから、1945年8月10日に米軍による黒沢尻空襲に遭遇している。そして、戦後を迎える。戦後日本の経済は、復興需要、朝鮮動乱特需などから開始され、米軍の艦砲射撃により壊滅していた釜石市の富士製鐵釜石製鐵所は一気に回復する。他方、内陸の北上川周辺は花巻の通信機メーカーの谷村㈱新興製作所以外に近代工業に乏しく、戦後しばらくは薪炭などの林業関係に特需が発生したもの、1960年代に入ると木炭・石炭から石油へのエネルギー転換が進み、岩手県は日本全体の高度経済成長から置き去りにされていった。東京から大阪・神戸といった太平洋ベルト地帯は、早くから高速大量輸送の東海道新幹線（1964年開業）、名神（1963年開通、日本最初の高速道路）・東名（1969年開通）といった高速道路の敷設により、高度成長をリードしたが、東北は長い間置き去りにされていった。

そして、ようやく高速道、高速鉄道が東北にも敷設されていく。

1964年　花巻空港開設（滑走路1200m、1983年に2000mに延長）
1968年　東北自動車道施行命令
1971年　東北新幹線北上駅停車決定（岩手県は盛岡、北上、一ノ関の3駅が決定）
1974年　東北横断道北上ジャンクション決定
1977年　東北自動車道開通（一関～盛岡間）、北上江釣子インター開設
1982年　東北新幹線開業（大宮～盛岡間）、新幹線北上駅開業
1994年　北上西インター開設（秋田自動車道）
1996年　北上金ヶ崎インター開設（東北自動車道）
1997年　秋田自動車道全線開通（北上～秋田県男鹿）

この結果、現在、北上市には新幹線北上駅の他には、高速道路関係では、北上ジャンクションに加え、インターチェンジが北上江釣子、北上西、北上金ヶ崎の3カ所設置されている。なお、三陸沿岸側に向けた高速道路（釜石自動車道）は、2002年に花巻ジャンクション～東和インター間は開通したものの、その後、延伸は遅れていた。だが、2011年3月の東日本大震災津波からの復興支援道路として位置づけられ、急ピッチで工事が進み、2015年までに遠野まで延伸済、さらに2018年度までには釜石までの全線の開通が予定されてい

図1−2 北上と北東北の主要交通手段

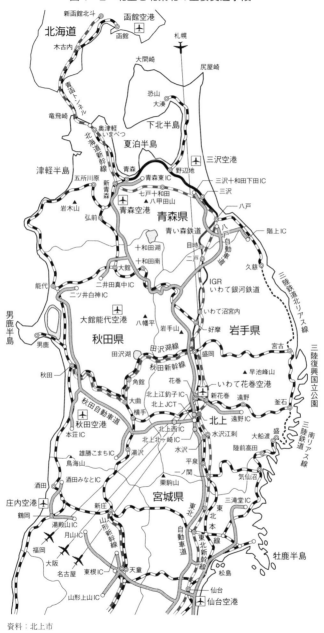

資料：北上市

る。釜石ジャンクションでは建設中の三陸自動車道（仙台〜宮古）と接続することになる。

このように、北東北の高速交通体系の整備は関東以西に比べて相当に遅れていたのだが、1977年の東北自動車道開通、1982年の東北新幹線開業のあたりから一気に変ってきた。特に、秋田自動車道の開通、そして、2018年の釜石自動車道の全線開通となれば、北東北の東西南北に展開する拠点は北上＝花巻ということになる。また、路線数、便数は少ないもののいわて花巻空港もあり、東京便はないが、札幌（新千歳）、名古屋（小牧）、大阪（伊丹）、福岡に定期路線がある。

北上―東京（新幹線）2時間14分、いわて花巻空港―札幌（航空機）55分、―名古屋1時間10分、―大阪（伊丹）1時間25分、―福岡2時間、北上金ヶ崎インター―仙台宮城インター（東北自動車道）1時間22分、―秋田中央インター（秋田自動車道）1時間36分とされている。北上を拠点とすると北東北の大半の地域は2〜3時間圏内に入る。このような高速交通体系の整備により、北上については北東北3県から宮城県、山形県あたりまでを含めた東北全体を見通した物流環境の良さが指摘されている。事実、後の本書第7章に登場する北上に立地する企業群は、北上の物流環境の良さに注目し、立地しているのであった。

3．新たな「北上モデル」の形成
―産業集積の特徴と可能性―

先にみたように、果敢な誘致活動により北東北随一の工業集積を形成した北上も、1990年頃を境に製造業事業所数、従業者数の減少過程に入っている。また、2000年代に入ってきたあたりから、進出してくる企業も様変わりを始めている。以前は電子部品や機械金属系事業所が多かったのだが、近年は自動車系、物流系、食品加工系など、北東北全体を視野（市場）に置く事業所の進出が目立つ。北東北の交通インフラの整備に伴い、北上の拠点性が高まっていることが、そのような状況を促しているのであろう。

他方、これまでの主力であった電子部品、機械金属系業種は、特に1990年代以降のASEAN、中国といった周辺諸国の工業化により質的な変化を迫られている。特に、半導体や電子部品の場合、国内は量的縮小傾向にあり、次世代に向けた研究開発機能重視の方向に向いている。なお、このような場合、高度人材が必要であり、また、量産工場と異なり、従業者の数はさほど必要としない。さらに、近年、中国の人件費高騰を受けて日本回帰も一部に始まっているが、自動化、省力化が著しく、雇用に貢献する部分は少ない。

　このように、北上の置かれている状況は大きく変わってきた。これまでの大型工業団地を用意し、果敢に企業誘致を進め、優れた事業環境を提供し、壮大な工業集積を形成するという「北上モデル」の今後が問われているのである。

▶「北上モデル」の次の課題

　企業誘致により成功したとされる「北上モデル」、現在、より大きく飛躍していくための転換点に踏み込んでいるようにみえる。これまでの「北上モデル」の特徴は、「工業立市」を意識した企業誘致にあり、歴代の市長はぶれることなくそれを推進し、職員もそれに応えてきた。誘致ばかりではなく、アフターケアも見事なものであり、企業誘致の世界に新た可能性をもたらしたものとして注目されてきた。

　工業団地造成と企業誘致による半世紀を重ね、当初の電子部品、機械金属系業種の集積に加え、2000年の頃からは自動車系、物流系、食品加工系の事業所をも集積させ、バラエティに富んだ一通りの産業集積を形成することに成功してきた。そして、新たな時代状況の中で、「北上モデル」は、現在、次のステージに向かうことを求められている。その場合の課題と可能性は以下のようなところにあると思う。

　第1は、かなりの集積を示す電子部品、機械金属系業種について、従来の生産の現場的なものから、研究開発、デザイン・技術開発的なものに重点を移していくことが求められる。この点は、グローバル化の中で、日本国内ではそのような方向に向かうことが課題にされているが、北上においてこそ、そのような取組みが重ねられていくことを期待したい。すでに、後のケーススタディで

みるように、マザー工場化している精米機の東北佐竹製作所、技術センターを設置したアイメタルテクノロジー、世界一優良なる時計製造工場の実現に向かうシチズン時計マニュファクチャリング、3次元設計技術者を集結させている河西テクノなど、新たな取組みも開始されている。こうした点に注目し、北上に進出し、定着してきた誘致企業がマザー工場化、技術センター化していく方向を模索していく必要がある。北上が各社の研究開発拠点となっていけば、流出しがちな若者に関心を持ってもらえることも期待される。

　第2は、北上にはかなりの数の誘致企業、進出企業があるものの、集積の効果が十分に発揮できているようにはみえない点に関連する。集積の効果とは、お互いに切磋琢磨し、技術レベル等を向上させ、新たな可能性を生み出していくところにある。現状では誘致企業も生産の現場である場合が多く、他の企業への関心は乏しい。地場の加工業者に対しても評価が低く、あまり関心を示していない。また、集積が高まると、新たな事業機会が拡がり、若者の新規創業も期待されるのだが、北上では目立った動きがない。このような点に注目し、内発的な展開力のある集積を目指していくことが必要と思う。誘致の次のテーマは、先の研究開発等への展開、集積の内発的な力の誘発等ではないかと思う。

　第3に、高速交通体系整備の中で、北上を焦点として、北東北の各地が3時間圏内となってきた点に関連する。この圏内には一定規模の工業集積のある北上川流域の花巻、奥州、一関に加え、TDKをベースにする金型、自動機等の機械金属工業を発達させた秋田県の由利本荘、自動車関連企業の集積が進む横手、新日鐵釜石製鐵所以来の重量級の金属加工業者が集積する釜石、さらに、金型、コネクタの集積する宮古などがあるが、これらは次第に距離感が近いものになってきた。拠点性を高める北上としては、これらとの濃密なネットワークを形成し、新たな広域ネットワーク型の工業集積を形成していく必要がある。これらの存在が浮かび上がり、濃密な関係を形成していくならば、北東北の工業集積は新たな色合いを帯びていくことが期待される。

　以上のような点を意識すると、北東北ばかりでなく、日本全体のモノづくり機能が低下している中で、北上の集積と広域的にみた拠点性の意味は大きい。そのような意味では、これまでの「北上モデル」を超えた次の可能性を求めて

いく必要がありそうである。

1) 以下の事情は、主として、『北上市の工業開発』財団法人北上市開発公社、1984年、による。詳細は、38〜41ページを参照。
2) なお明治期の北上の工業については、前掲『北上市の工業開発』によると、仙人製鉄所の他には、小田島工業所の氷嚢、氷枕、斎藤鉄工所の鉄器、山本製材所等の製材、成島製紙の製紙、瓦、陶器などがあった。さらに手工業としては、生糸、麻織物、漆器、陶器、レンガ、瓦、下駄、製氷、提灯、竹製品、笠、曲物、酒、醬油、味噌、麴、デンプン、缶詰などがあった。小田島工業所の従業員30数人が最大であり、大半は数人から10人前後の家内工業であった。
3) 以下の事情は、前掲書、及び、街・きたかみ編集委員会・㈲みちのく民芸企画編『写真帖・きたかみの今昔』社陵印刷内トリヨーコム、1980年、による。
4) 西和賀の温泉は現在でも38軒から構成されている。この温泉の事情、その他の西和賀町の産業の事情等は、関満博『「農」と「食」の農商工連携──中山間地域の先端モデル・岩手県の現場から』新評論、2009年、を参照されたい。
5) 日本重化学工業については、本書第7章1─(3)を参照されたい。
6) この間の事情は、『東北電氣製鐵株式會社二十五年史』東北電氣製鐵株式會社、1964年、が詳しい。
7) この国産軽銀工業については、ほとんど資料が残っていない。ここの項は、街・きたかみ編集委員会・㈲みちのく民芸企画編、前掲書、160〜165ページによる。
8) なお、湯田ダム建設による集落移転は565世帯（約3200人）、そのうちのほぼ半数の287世帯は北上市（旧和賀町を含む）に移住していった。この移住により、北上市の人口は約1600人は増加したものとみられる。また、多目的ダムの湯田ダム建設は、北上工業化への工業用水提供、また、北上川流域の灌漑に大きく貢献するものであった。
9) 北上機械鉄工業協同組合については、本書第9章3─(1)を参照されたい。
10) 黒沢尻工業学校のその後については、本書第9章2─(1)を参照されたい。
11) 以下の動き等については、北上市役所企画管理課『市制施行30周年記念誌』1984年、を参考にした。
12) 街・きたかみ編集委員会・㈲みちのく民芸企画編、前掲書、187ページ。
13) その後、飯豊村長、第2代目北上市長となる八重樫長兵衛氏の提出した1946年5月の「建議書」の全文は、前掲『北上市の工業開発』46〜47ページに掲載されてい

る。
14) 北上市役所企画管理課、前掲書、51ページ。
15) 以後の事情は、前掲書を参照した。
16) 1990年代初めの頃までの事情については、東京情報大学関満博ゼミナール『岩手県北上地域の産業振興の課題』1991年、関満博・加藤秀雄編『テクノポリスと地域産業振興』新評論、1994年、を参照されたい。
17) 北海道千歳市周辺の企業の立地事情等については、関満博『(仮題)北海道地域産業と中小企業の未来』新評論、近刊、を参照されたい。なお、千歳市の面積は594km²、人口は2005年9万1437人、2015年9万5648人（2005年比4211人増加、増加率4.6%）、2010年の工業統計では（従業者4人以上）、事業所数91、従業者数6759人、製造品出荷額等2207億円であった。また、工業団地は11カ所、総面積978ha、立地企業数は約250社に上る。
18) この間の事情については、岩手県北上市編『新「北上市」誕生——北上市・和賀町・江釣子村合併の記録』1991年、が詳しい。
19) 日本の中山間地域の人口動態の特徴については、関満博『中山間地域の「買い物弱者」を支える』新評論、2015年、を参照されたい。
20) 西和賀町については、前掲書、第5章を参照されたい。
21) 中山間地域問題、特に地域産業との関わりについては、関満博・長崎利幸編『市町村合併の時代／中山間地域の産業振興』新評論、2003年、関満博編『地方圏の産業振興と中山間地域——希望の島根モデル・総合研究』新評論、2007年、関満博・松永桂子編『中山間地域の「自立」と農商工連携——島根県中国山地の現状と課題』新評論、2009年、同編『「農」と「モノづくり」の中山間地域——島根県高津川流域の「暮らし」と「産業」』新評論、2010年、関満博編『6次産業化と中山間地域——日本の未来を先取る高知地域産業の挑戦』新評論、2014年、を参照されたい。
22) 湯田ダムについては、「錦秋湖50年——湯田ダムから考える①〜④」(『岩手日報』2014年9月17日〜20日)に興味深い記事が掲載されている。
23) 釜石の事情については、関満博編『震災復興と地域産業　2　産業創造に向かう「釜石モデル」』新評論、2013年、を参照されたい。
24) 以下の北上の藩政時代から明治中期頃までの事情については、街・きたかみ編集委員会・㈲みちのく民芸企画編、前掲書を参考にした。
25) この間の事情は、前掲『北上市の工業開発』を参考にした。

第2章　北上市の工業団地の現状と可能性

　「工業立市」を掲げて町村合併に踏み込み、大型の工業団地の造成、果敢な企業誘致をベースに近代工業化を成し遂げた北上市、日本の地方中小都市の中では企業誘致で最も成功したものとして知られている。戦後、北上市が1町6村の合併で成立したのが1954年、1956年には財政再建団体への転落を経験するものの（1962年3月末に解除）、その間、1957年には念願の「工業立市」を目指して「北上市工業振興協議会」を設立、1959年には当時の通産省による工場適地調査の指定を受け、8団地、717.9haを適地とされていった。

　これを受けて、1961年には岩手県で初めての土地開発系第3セクターの財団法人北上市開発公社を設立している。さらに、財政再建団体解除の1962年には、低開発地域工業開発地区指定を受け、このあたりから北上の工業団地開発が開始されていく。その後の歩みは、第1章の表1—1に示してあるが、1962年から北上工業団地と北上機械鉄工業団地の造成を開始していった。

　その後、次々と工業団地の開発を重ね、現在では10団地、総面積は688.9ha、立地企業は283社を数えている。地方中小都市でこれほど意欲的に工業団地を形成してきたところは、この北上市と北海道千歳市ぐらいであろう。この章では、北上の工業化の焦点になっている工業団地をみていくことにしたい。

1. 北上市の工業団地

　北上市の工業団地の特色は大型の団地が多いことに加え、大半の工業団地の実施主体、あるいは、土地開発に関しては北上市、ないし北上市土地開発公社が担ってきたこと、さらに、「企業誘致型」工業団地と、「域内再配置型」工業団地というべきものがあるという点にある。北上市の工業団地は、市の独自の政策により推進されてきたという色合いが強い。また、10の工業団地のサイ

ズは様々だが、100ha級、200ha級の工業団地をいくつも独自に開発してきたことは特筆される。

全国の地方中小都市の工業団地は、市町村独自の開発の場合、面積規模は10～20haほどである場合が少なくない。地方小都市で50～100ha級の工業団地がある場合、開発主体が都道府県か、あるいは中小企業基盤整備機構（旧地域整備公団、住宅都市整備公団）であることが一般的である。北上の工業団地は面積規模、団地数でも図抜けているが、最大の特徴はそれが市独自の開発であることが指摘される。

以下では、北上の工業団地の全体的な状況を把握し、さらに、主要な工業団地について、詳細にみていくことにしたい。なお、北上機械鉄工業団地と飯豊西部中小企業工業団地の二つは、後の第9章で扱っていることから、ここでの個々の検討からは外してある。また、参考として、隣の金ケ崎町のトヨタ自動車東日本岩手工場が進出している岩手県が開発主体の岩手中部（金ケ崎）工業団地も扱っていくことにする。

(1) 約690ha、10団地を形成

北上市の工業団地は、図2—1、表2—1に示すように、全体で10団地、面積688.9haを数える。造成・分譲は1960年前後から始まり、最終は後藤野工業団地の拡張分の造成開始となる2012年まで続いた。そして、この20年、新しい工業団地の開発はない。面積の最大規模は北上南部工業団地の197.7haであり。他に100ha級としては、後藤野工業団地（139.6ha）、北上工業団地（127.0ha）、北上流通基地（94.1ha）がある。北海道千歳市の千歳臨空工業団地（214.4ha）などを除いて、人口10万人弱の地方中小都市で100ha級の工業団地を持っているところはそもそも少ない。北上市は100ha級工業団地をほぼ自力で4カ所も抱えているのである。

▶工業団地の実施主体

これらの工業団地を類別するには幾つかのポイントがある。

一つは開発の実施主体の違いである。この10の工業団地のうち、北上市な

図2—1 北上市の工業団地の位置図

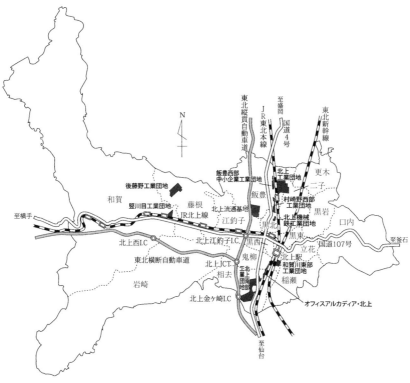

資料：北上市

表2—1 北上市の工業団地の概要

工業団地	面積（ha）	立地企業数	誘致企業数
北上工業団地	127.0	26	24
飯豊西部中小企業工業団地	19.7	15	5
村崎野西部工業団地	21.3	9	3
北上機械鉄工業団地	6.9	17	0
和賀川東部工業団地	18.3	3	2
北上南部工業団地	197.7	76	67
後藤野工業団地	139.6	13	7
堅川目工業団地	27.4	11	3
北上流通基地	94.1	81	18
北上産業業務団地	36.9	32	19
合計	688.9	283	148

資料：北上市

いし北上市開発公社が独自に土地開発し、個々の企業に分譲した工業団地は、村崎野西部工業団地、和賀川東部工業団地、北上工業団地、北上機械鉄工業団地、堅川目工業団地、飯豊西部中小企業工業団地、北上南部工業団地の7カ所である。ただし、村崎野西部工業団地と和賀川東部工業団地は、既に工業集積が進んだ既存集積を、後日、北上市が工業団地として認定したものである。北上流通基地は岩手県の第3セクターである岩手開発が土地の取得、造成、分譲を行った。後藤野工業団地は旧和賀町が土地取得、造成、分譲でスタートしたのだが、北上市との合併後は北上市開発公社に移管された。北上産業業務団地は中小企業基盤整備機構が土地を取得、造成して分譲した。スタート時に一部は北上オフィスプラザ建設のために北上市が取得している。なお、この北上産業業務団地で未分譲のところ（18区画、9万5687㎡）は、2014年2月、北上市が買い取っている。

　一般の工業団地の場合、土地を譲渡された企業は法令に従い自由に建物を建設していくが、上記の10団地のうち北上機械鉄工業団地と飯豊西部中小企業工業団地は少し性格が異なる。この二つは中小企業高度化資金等の借り入れを行ったものであり、協同組合を結成、組合員全体の連帯保証により協同組合が土地、建物等を所有し、原則的には一定の期間が過ぎた後、個々の企業に再譲渡されていくというものである。ただし、この二つの団地は既に高度化資金の償還は完了しており、現在はそうした縛りはない。また、この二つのような場合は、土地を市が分譲したとしても、資金の借入、償還等の一連のプロセスは岩手県が対応していくことになる。

▶企業誘致型と域内再配置型

　また、工業団地には企業を外部から誘致することを意識して形成される「企業誘致型」工業団地と、地域内の都市化の進展、宅地化の進行などにより事業継続のための条件が危うくなった場合、新たな場所に再配置していくための「域内再配置型」とでもいうべき工業団地がある[1]。北上の場合は大型の北上工業団地、北上南部工業団地、後藤野工業団地に加え、和賀川東部工業団地は明確に「誘致型」であり、北上流通基地、北上産業業務団地は「誘致型」を基

本にしながらも域内企業の立地も受け入れている。

　この点、村崎野西部工業団地、北上機械鉄工業団地、堅川目工業団地、飯豊西部中小企業工業団地は「域内再配置型」の色合いが濃い。なお、一般に域内再配置型の工業団地の場合、資金的な余力に乏しい中小企業が焦点とされ、中小企業基盤整備機構を通じる中小企業高度化資金を利用する場合が少なくない。北上機械鉄工業団地、飯豊西部中小企業工業団地がその典型であった[2]。また、飯豊西部中小企業工業団地の場合は、本来は域内再配置型として推進されていったのだが、メンバーが集まらなかったこと、さらに、岩手県の独自の判断もあり、誘致企業7社を交えての団地（組合）編成となった。岩手県では花巻市の花巻機械金属工業団地もそのような形態だが、全国的には稀なケースである。

▶都市計画上の用途指定の違い

　10の団地のうち、村崎野西部工業団地、北上工業団地、飯豊西部中小企業工業団地、後藤野工業団地、北上南部工業団地の5カ所は都市計画上の用途指定が工業専用地域であるため、工場以外の住宅や商業施設を建設することはできない。倉庫は建てられる。建ぺい率60％、容積率200％となっている。堅川目工業団地は工業専用地域より少し緩い工業地域であった。

　北上機械鉄工業団地、北上流通基地、北上産業業務団地は工業系用途指定の中で一番緩い準工業地域とされ、住宅、商業施設の建設も可能である。建ぺい率60％、容積率200％である。先行する全国のケースでは、建ぺい率、容積率共に一般の住宅系用途指定の場合に比べて有利なため、マンションなどに切り替わっていく場合があり、工業団地としての機能が失われてしまう懸念もある。北上機械鉄工業団地は現在そのような問題に直面している。北上流通基地の場合は商業機能の集積を意図しており、店舗を構えることは可能である。例えば、西和賀町に本店を構えるスーパーの小専商店は、この北上流通基地内にスーパー「オセン」を開業している[3]。また、北上産業業務団地も店舗等の建設は可能であり、実際、ホテル、北上まきさわ工房の店舗も開設されている。

　和賀川東部工業団地は、工業専用地域、工業地域、近隣商業地域の三つから構成されている。周辺地域との関係から、このようなことになる場合もある。

建ぺい率、容積率は、工業専用地域、工業地域部分は60%、200%だが、近隣商業地域は80%、200%となる。

日本全体の状況からすると、内陸の工業専用地域は少なく貴重な存在である。工業都市を目指す北上市としては、今後とも工業団地については工業専用地域を堅持していくことが望まれる。また、何でも建つとされる準工業地域の工業団地である北上機械鉄工業団地については、周辺からの住宅圧力も大きく、今後の動向に注目していく必要がある。

(2) 北上工業団地──北上工業集積のランドマーク

北上市のランドマークとなっている北上工業団地は北上市が成立する以前から構想されていた工業団地であり、北上開発公社設立直後の1961年に約40万坪(約130ha)の用地を取得している。1962年には造成を開始、1967年にはサトーが第1号企業として立地した。その後は1969年に上尾精密(現シチズン時計マニュファクチャリング)、東京製綱スチールコード(現東綱スチールコード)、岩手東芝エレクトロニクス(現ジャパンセミコンダクター)、1974年に岩手スリーエム(現スリーエムジャパンプロダクツ)、明治製菓(現Meiji Seikaファルマ)といった北上の誘致企業を代表する企業が立地を重ねていった。その他には北上鐵工(1972年)、中川装身具工業(1972年)、阿部製作所(1983年)、後藤製作所(1984年)、薄衣電解工業(1984年)、ミスズ工業(1988年)などの優れた中小企業も少なくない。20年をかけてようやく1988年6月には完売に至った。

その後、いくつか入れ替えが発生したが、現在は26社が立地する。北上工業団地は、北上ばかりでなく、岩手県を代表する完成度の高い魅力的な内陸の工業団地となった。団地総面積は127ha、工場用地面積は112.7haであり、東北自動車道北上江釣子インターに4km、東北新幹線北上駅に5km、いわて花巻空港に11kmという好位置にある。

(3) 北上南部工業団地──インターチェンジに接続する工業団地

北上南部工業団地は、北上工業団地の成功を受けて、1989年に造成を開始、

図2―2　北上工業団地の配置図

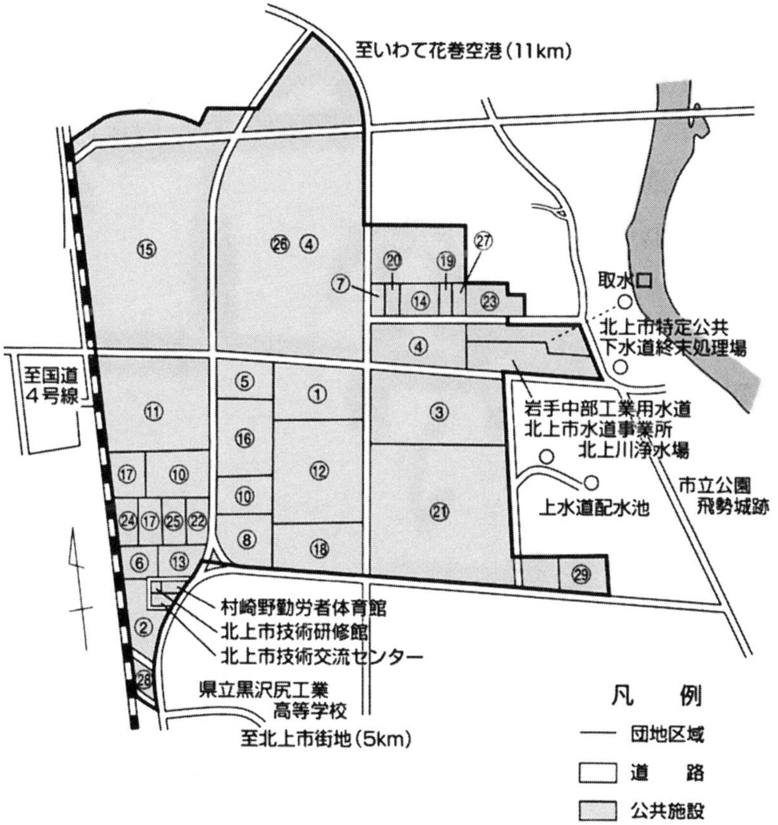

至いわて花巻空港(11km)

至国道4号線

取水口
北上市特定公共下水道終末処理場
岩手中部工業用水道
北上市水道事業所
北上川浄水場
上水道配水池
市立公園 飛勢城跡

村崎野勤労者体育館
北上市技術研修館
北上市技術交流センター
県立黒沢尻工業高等学校
至北上市街地(5km)

凡　例
―― 団地区域
□　道　路
▨　公共施設

資料：北上市

1996年に造成を完了させている。北上工業団地は北上市の北部に立地しているが、北上南部工業団地は市域の南に設置された。2016年末の立地企業数は76社、誘致企業が67社を占めている。有力企業としては、トヨタ紡織東北(1993年)、ケー・アイ・ケー(1993年)、東北KAT(2005年)、岩手ヤクルト工場(2007年)、日本郵便(2014年)、セブンイレブン・ジャパン(2015年)などである。

団地造成以前から立地している企業もあるが、本格的には1990年代の中頃

表2-2　北上工業団地の立地企業

事業所名	操業開始	親会社所在地	主要製品	従業員数
①サトーホールディングス(株)北上工場	1968	東京都目黒区	電子プリンター、ハンドラベラー、ラベル	200
①シチズン時計マニュファクチャリング(株)東北北上工場	1970	東京都西東京市	腕時計部品、メッキ、金型	385
⑤東鋼スチールコード(株)北上工場	1970	東京都中央区	自動車タイヤ用スチールコード	400
⑤岩手森紙業(株)北上事業所	1972	京都市	ダンボール製品	29
⑧北上鐵工(株)	1972	千葉県松戸市	塗装機鋼管、水圧鉄管	47
④(株)ジャパンセミコンダクター	1973	東京都港区	半導体集積回路	719
⑫三甲(株)東北第一、第三工場	1973	岐阜県瑞穂市	プラスチックコンテナ、パレット	99
⑧中川表身具工業(株)北上工場	1973	東京都台東区	装身具用チェーン	100
㉕小松金属(株)	1975	本社	伸線機部品等	15
㉑Meiji Seika ファルマ(株)北上工場	1976	東京都中央区	医薬品原末	87
⑬(株)新開トランスポートシステムズ北上営業所	1981	東京都江東区	木箱等梱包資材、輸送	39
⑥(株)薄衣電解工業北上工場	1985	川崎市	電気メッキ、その他加工組立	72
⑯後藤製作所	1985	東京都千代田区	半導体リードフレーム	163
⑭(株)鈴木商館東北支店岩手事業所	1986	東京都板橋区	産業用高圧ガス等	
⑦東北小旗(株)東北大崎事業所	1986	宮城県大崎市	包装材料製造販売	45
③スリーエムジャパンプロダクツ(株)岩手事業所	1987	東京都品川区	粘着テープ	
②(株)阿部製作所	1988	本社	半導体用金型、半導体アッセンブリー	100
㉒(株)サイテック東北	1988	大阪市	ステンレス、アルミ、伸鋼品、特殊鋼	59
⑲(有)ホクス井精工	1989	本社	精密小型歯車	18
⑰(株)ミスズ工業岩手工場	1990	長野県諏訪市	電子部品、情報機器部品及び精密機械部品	75
㉓大森クローム工業(株)東北工場	1995	東京都大田区	一般機械部品、印刷機ロール、FRP樹脂金型	23
㉔(株)北上製作所岩手工場	1998	神奈川県厚木市	通信機器用ラック等製作	36
㉖ジェイデバイス(株)北上地区北上センター	2001	大分県臼杵市	半導体の組立	766
㉙(株)WING	2004	本社	半導体製造装置用関節部品等	41
㉖エフェムレーリング(株)北上工場	2004	福岡市	橋梁用防護柵	17
㉗東北精密(株)	2006	北上市	半導体装置、周辺機器の設計、製造	

注：①まる数字は、図2-2の図の中の所在地。空欄は不明。
②事業所名は現在の社名
③従業員数は、①取材時の情報②北上市企業データベース③北上市企業一覧表2010〜2011の優先順位で記載。
①雇用対策協議会『北上市企業一覧表』2010〜2011 他

資料：北上市・北上雇用対策協議会『北上市企業一覧表』2010〜2011 他

図2―3　北上南部工業団地と北上産業業務団地の配置図

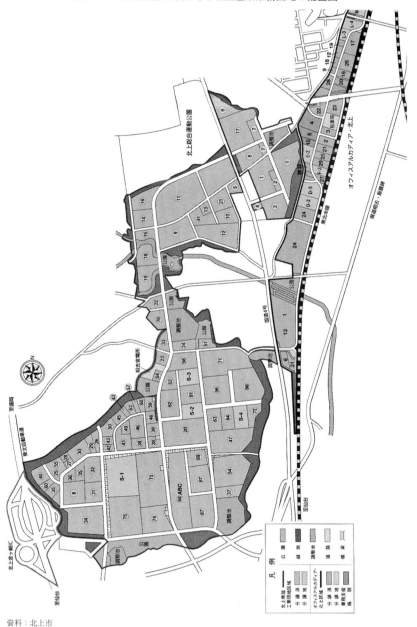

資料：北上市

表2-3 北上南部工業団地の立地企業

事業所名	操業開始	親会社所在地	主要製品	従業員数
①㈱エレック北上	1967	本社	チップインダクター加工、金型設計製作等	108
②㈲大和製作所	1968	本社	自動車部品	32
④㈱北栄機工	1971	本社	林業機械、建設機械等の修理	9
㉑日本パーカライジング㈱（現在太陽光パネル設置）	(1971)	東京都中央区	表面処理剤の開発・製造・販売	
③いわて醤油㈱	1972	大阪府摂津市	醤油醸造	
⑩㈱北関東工業東北支店	1978	栃木県下野市	コンクリート2次製品製造販売	21
⑤城南樹脂工業㈱北上工場	1984	神奈川県座間市	メッキ用バレル、工業機器の生産	27
⑪シチズン時計㈱（現在太陽光パネル設置）	(1989)	東京都西東京市	腕時計製造	
⑦川崎ダイス工業㈱北上工場	1990	神奈川県川崎市	超硬工具、磁性材の加工	41
⑥日本キャタピラー東北支店北上営業所	1990	東京都中野区	建設機械の販売	10
⑫㈱セノン興産北上工場	1991	富山市	カラー鋼板、ステンレス鋼板、雨樋等	9
㈱セノワークス北上工場	1991	富山市	鋼板製屋根、壁材加工販売	7
⑬岩手ヤクルト販売㈱北上支店	1991	東京都港区	ヤクルト等飲料の販売	60
⑨シチズン時計マニュファクチャリング㈱東北北上南工場	1991	東京都西東京市	腕時計部品、メッキ、金型	44
⑯上田㈱北上営業所	1992	東京都港区	塗料、溶剤、剥離剤、塗装機器の販売	9
⑲北上軽自アカル㈱	1992	名古屋市	自動車装飾ストライプテープ、シール、ラベル	72
㈱榎屋北上営業所	1992	名古屋市	自動車用品の販売	5
⑰トヨタ紡織東北㈱本社・北上工場	1993	愛知県刈谷市	トヨタ系乗用車の座席、内装等	
⑳㈱ケー・アイ・ケー本社・北上営業所	1993	宮城県大衡村	自動車用板金部品	315
⑭第一開明㈱北上営業所	1993	東京都品川区	高圧ガス、溶接棒、溶接溶断機器の販売	20
⑱富士産業㈱北上工場	1993	神奈川県平塚市	自動車用防音材、燃料系部品製造等	21
㉓亘金産業㈱北上営業所	1996	東京都荒川区	鋳造工場の省力機械、修理、メンテナンス	6
⑧JR東日本メカトロニクス㈱盛岡支店北上営業所	1996	岩手県奥州市	運搬装置	109
㉒JR東日本メカトロニクス㈱盛岡支店東北工場	1996	東京都渋谷区	融雪装置、空調機設備工事、メンテナンス	18
⑮㈱ニッセ電気材料事業部東北工場	1996	佐賀県鳥栖市	電子部品搬送資材の製造販売	
㉕キューソーティス㈱北上営業所	1997	東京都調布市	加工食品の配送	18

74

(株)キユーソー流通システム北上営業所	1997	東京都調布市	食品全般の輸送	4
26(有)水沢ボデー	1997	奥州市	自動車鈑金塗装	10
28リックス(株)	1997	本社	廃棄物処理業	17
53第一物産(株)北上支店	1998	山形県酒田市	化学工業品、工業用高圧ガス等の販売	2
27(株)ネクスコ・メンテナンス東北	1998	東京都千代田区	高速道路の維持、修繕、清掃	23
29服部コーヒーフーズ(株)北上営業所	1998	仙台市	コーヒー、チューブ等、食材の販売	15
32武蔵貨物自動車(株)北上支店	1998	埼玉県川越市	運送業	50
30ヤマタネ(株)北上営業所	1998	茨城県日立市	運輸業	28
31北上工機(株)岩手工場	1998	埼玉県さいたま市	金型部品、一般産業機械	20
38マルヤス・セキソー東北	2000	愛知県岡崎市	樹脂成形品、樹脂塗装品、チューブ曲加工	15
白金運輸(株)北上流通加工センター	2000	岩手県奥州市	プレス等の加工	8
35(株)YAMANAKA北上工場	2000	神奈川県川崎市	スクラップ等の廃棄物処理業	29
39グリーンリサイクル(株)北上工場	2002	宮城県富谷町	伐採木リサイクル業	18
36(株)バイタルネット北上支店	2002	仙台市	医薬品、試薬、医療用機器、衛生機材の販売	
41(株)忍足研究所北上工場	2003	埼玉県狭山市	放電加工用、医療機器用フィルター	40
40梅島運送(株)北上営業所	2003	東京都江戸川区	運輸業	255
42わかがば食品(株)岩手工場	2003	岡山県倉敷市	お好み焼き	112
43(株)キタカミデリカ	2004	東京都調布市	サラダ、惣菜、カット野菜	
デリア食品(株)東北支店	2004	東京都調布市	サラダ、惣菜等の営業	9
47東北KAT(株)	2005	愛知県豊田市	樹脂成形、プレスの自動車部品	20
45井上金属(株)	2005	東京都新宿区	ステンレス等金属材料販売	7
46佐藤商事(株)岩手支店	2006	名古屋市	鉄鋼、非鉄金属の販売	13
50(株)カノークス東北	2006	名古屋市	自動車部品	114
49(株)東北三共運輸	2006	東京都	鉄鋼関連材料の卸売	20
54トヨタ輸送東北(株)センター(株)	2006	愛知県豊田市	運輸業	119
48富士普工業(株)南工場	2006	北上市	自動車用品取付、新車配送	
34(株)岩手ヤクルト工場	2007	東京都港区	製缶、鈑金	34
55サンマシナリー(株)	2007	埼玉県三郷市	飲料(ヤクルト)の生産	14
54(株)東北イノアックス	2007	名古屋市	運送業	
52日本メジフィジックス(株)東北ラボ	2007	東京都江東区	自動車内外装プラスチック部品 PET検査業	

事業所名	操業開始	親会社所在地	主要製品	従業員数
㊸エバークリーン㈱北上営業所	2008	東京都千代田区	産業廃棄物処理、再製重油精製	
㊾杉村塗料㈱北上営業所	2008	宇都宮市	塗料、溶剤、塗料設備の販売	
㊽イーエス大塚製薬㈱北上工場	2011	花巻市	摂食回復支援食品製造	45
㊿アルプス物流㈱北上営業所	2011	神奈川県横浜市	電子部品の輸送	
⑩サンケミカル東北工場	2011	静岡県富士市	自動車内外装部品製造	
⑪岩手雪運㈱北上営業所	2011	花巻市	運送業	
⑫㈱北日本環境保全北上南部工業団地RPF工場	2012	北上市	RPFの製造	
㊽㈱オーム電機東北事業所	2012	東京都豊島区	電気用品等の販売	
㊽佐藤木材工業㈱東北支店	2012	北海道函館市	木造住宅用のプレカット部材	44
㊽丸一鋼管㈱北上加工センター	2012	大阪府大阪市	鋼管の加工	
丸一鋼販㈱北上営業所	2012	大阪府大阪市	鋼管の販売	
㊽司企業㈱岩手営業所	2012	愛知県豊田市	自動車部品の輸送	
㊽ニシナティーアンドエム㈱東北営業所	2012	大阪府大阪市	トンネル施工機械、採石機械の賃貸等	
㊽三井食品㈱常温北上センター	2013	東京都中央区	食品の卸売業	
㊽東邦ホールディングス㈱（未立地）	(2013)	東京都世田谷区	医薬品等卸売業	
㊽日本郵便㈱（建設中）	(2014)	東京都千代田区	郵便事業、運送業	
㊽日本郵便輸送㈱	(2014)	東京都千代田区	郵便物等運送事業	
㊽大和ハウス工業㈱（建設中）	(2015)	大阪府大阪市	テナント式倉庫	
㊽㈱セブン-イレブン・ジャパン	2015	東京都千代田区	（コンビニエンスストア）	
わらべや日洋㈱岩手工場	2015	東京都小平市	弁当、おにぎり等の製造販売	
㈱ヒガシヤデリカ岩手工場	2015	東京都板橋区	調理麺、パン等の製造販売	
㈱フレッシュ・ロジスティック	2015	東京都中央区	食品の運送業	
㊽㈱フレッシュ・ロジスティック	2015	東京都中央区	食品の運送業	
㊽㈱永島製作所東北事業部北上工場	2016	石川県羽咋市	ステンレス配管、継手等加工	
㊽日本梱包運輸倉庫㈱	2016	東京都中央区	運送業、倉庫業	20

注：①まる数字は、図2−3の図の中の所在地。空欄は不明。
②業所名は現在の社名。
③従業員数は、①取材時の情報②北上市企業データベース③北上市企業一覧表『北上市企業一覧表』2010〜2011の優先順位で記載。

資料：北上市・北上雇用対策協議会『北上市企業一覧表』2010〜2011年他

から立地が進み、現在、残された用地は4区画になっている。ほぼ完売状態といえそうである。

　大きな特徴は、一つに、首都圏や仙台あたりの企業の営業所等が多いこと、二つに、運輸関係の企業が多いこと、三つ目には、わかば食品（2003年）、キタカミデリカ（2004年）、セブンイレブン関係のわらべや日洋（2015年）、ヒガシヤデリカ（2015年）などのように、北東北全体を視野（市場）に入れた食品加工企業が多いことが指摘される。さらに、四つ目は、南隣の金ケ崎のトヨタ自動車東日本岩手工場に近いことから、トヨタのティア1（1次協力企業）の槌屋（北上槌屋デカル、1992年）、トヨタ紡織（1993年）、ケー・アイ・ケー（1993年）、小島プレス（東北KAT、2005年）が進出していることが注目される。

　団地総面積は197.7ha、工場用地面積は130.4ha、2016年末の段階で未分譲地は4区画、分譲可能面積は約7.8haであった。道路関係は、東北自動車道北上金ヶ崎インターと直結しており、その利便性は極めて高い。また、秋田自動車道北上西インターとは、北方3kmの北上ジャンクションの分岐で接続する。東北新幹線北上駅まで3km、いわて花巻空港には20kmとされていた。北上市としては製造業の立地を期待していたのだが、結果的に物流系、営業所、サービスセンター等の立地が優越した。北上南部工業団地の高速交通体系上の優位性が注目される。

（4）後藤野工業団地──重量級の工場が集積

　後藤野工業団地は、1991年の北上市との合併以前の和賀町が独自に開発したものであり、北上市街地からは10kmほど西に入る中山間地域にある。農地を買収して工業団地を造成した。当初の開発面積は約90haであり、1985年には分譲を開始している。セイコーインスツル（1988年、未操業）、日立オートモティブシステムズハイキャスト（1989年）、アイメタルテクノロジー（1990年）、TDK-MCC（2000年）、北上プライウッド（2013年）等13社が進出している。重量級の工場が多い。とりわけ、日立オートモティブシステムズハイキャスト（アルミダイキャスト）とアイメタルテクノロジー（エンジンブロック

図2—4　後藤野工業団地の配置図

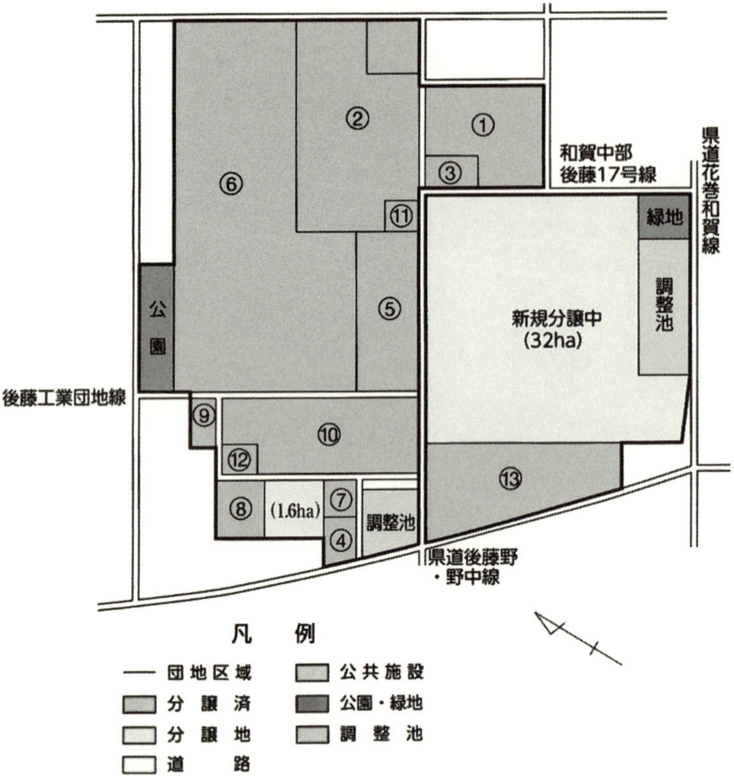

凡　例
――　団地区域
　　　分　譲　済
　　　分　譲　地
　　　道　　路
　　　公共施設
　　　公園・緑地
　　　調整池

　の銑鉄鋳造）の2工場は北上を代表する重量級の工場である。
　初期の約90haのうち未分譲は1カ所（1.6ha）となったことから、隣地を買収して2012年に49.2ha拡張し、現在、32haの大区画を分譲中であった。その結果、後藤野工業団地の団地総面積は139.6ha、工場用地が119.0haに拡大した。北上に限らず、岩手県内で30haを超える工場用地は期待することは難しく、新規造成し、現在分譲している32haの大区画は大型工場向けの貴重な用地となりそうである。
　北上市市街地からはやや離れてはいるものの、東北自動車道北上江釣子イン

表2-4 後藤野工業団地の立地企業

事業所名	操業開始	親会社所在地	主要製品	従業員数
①大通運送㈱		北上市	運送業	
②セイコーインスツル㈱（未立地）	(1988)	東京都中央区	時計、半導体、電子デバイス	
③㈱ダイヤ・スペース	2008	北上市	倉庫等の賃貸、アウトソーシング	16
④北良㈱	1996	本社	LPガス、産業用ガス、医療用ガス	
⑤日立オートモティブシステムズハイキャスト㈱	1990	東京都千代田区	自動車向けアルミダイキャスト部品	516
⑥㈱アイメタルテクノロジー北上工場	1994	東京都港区	ディーゼルエンジンのシリンダーブロック	643
⑦大陽日酸㈱北上ガスセンター		東京都品川区	産業用ガス	
⑧㈱北洲 マテリアル工場	1996	宮城県富谷市	建築資材	
⑨日重建設㈱		東京都中央区	土木工事	
⑩TDK-MCC㈱北上工場	2001	東京都港区	積層セラミックチップコンデンサ	38
⑪㈱共栄テック	2005	本社	精密部品（ゲーム機、医療機器等）	
⑫佐藤化学工業㈱北上工場		秋田県にかほ市	溶剤の生産、販売、リサイクル	
⑬北上プライウッド㈱	2015	東京都文京区	合板	43

注：①まる数字は、図2-4の地図の中の所在地。空欄は不明。
②事業所名は現在の社名
③従業員数は、①取材時の情報②北上市企業データベース③北上市企業一覧表』2010～2011の優先順位で記載。
資料：北上市・北上雇用対策協議会『北上市企業一覧表』2010～2011 他

ターまで7.5km、秋田自動車道の北上西インターには4kmとされていた。また、東北新幹線北上駅までは11km、いわて花巻空港までは16kmであった。北上市街地から西に向かう中山間地域であることからなかなかみえにくいが、大型の重量級の工場が立ち並び、工場集積を実感させる雰囲気を形成している。

(5) 北上流通基地――物流系、サービス系が集積

　北上流通基地は岩手県の県勢発展計画に基づき、北上市を中心に展開する北上中部地区内陸工業団地群の物流の円滑化、また、北上市を核とする商圏の卸売業、運送業、倉庫業等の近代化を促し、さらに、三陸沿岸地区、及び、日本海側の秋田臨海工業団地の物流促進を図る目的で形成された。事業着手は早く、1973年には用地取得の交渉はまとまり、1976年には造成を開始している。都市計画上の用途指定は準工業地域であり、立地の幅は広い。

　立地企業は81社、運輸、物流関係、メーカーの営業所、サービスセンターなどが多い。進出企業の親会社所在地をみると、北上24社（29.6%）、東京21社（25.6%）、東京を含む関東で26社（32.1%）、東海以西の大阪までで7社（8.6%）、岩手県内が10社（12.3%）、それら以外の東北地方14社（17.3%）であった。岩手県八戸市や三陸の山田町の運輸業も立地していた。岩手県内、東京方面ばかりでなく、東日本を中心に関西にまで拡がっていることが目を引く。

　団地の総面積は94.1ha、基地用地面積は63.9haであり、都市計画上の用途指定は準工業地域とされていた。商業系、サービス系の立地も可能であるなど、土地利用の選択の幅は広い。位置関係は、東北自動車道北上江釣子インターへ3km、新幹線北上駅まで6km、いわて花巻空港まで15kmであった。

　なお、この北上流通基地は岩手県の事業であり、元々は第3セクターの㈱岩手開発が事業主体であったのだが、1995年に岩手開発が解散し、その後は北上流通サービス㈱が引き継いでいる。このような事情から、北上市が直接誘致活動を行っているわけではない。案件によっては北上市も岩手県と連携して対応していた。

図2―5　北上流通基地の配置図

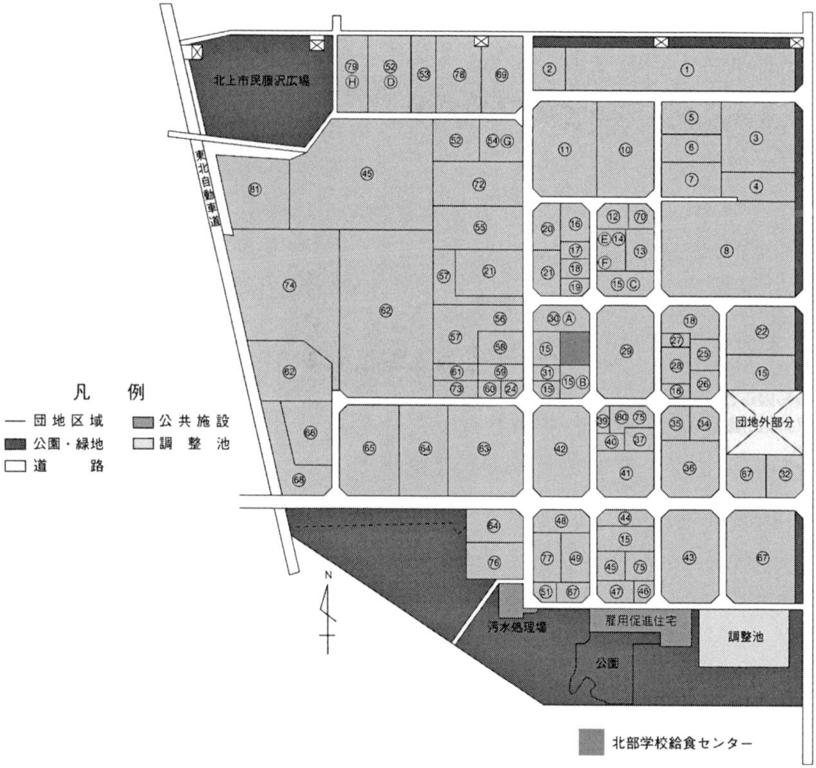

資料：北上市

（6）北上産業業務団地（オフィスアルカディア・北上）
――北上産業集積の核施設

　北上産業業務団地の36.9haの用地は、元々はJR東日本の操車場であったのだが、1986年に閉鎖になっていた。1993年に北上市は全国約80の地方拠点都市の一つに指定され、さらに、全国8カ所の産業業務団地（オフィスアルカディア）設置の第1号として指定された。北上市としてもこれだけの工業都市を形成しながらも、拠点的な施設がないことから積極的に対応していく[4]。

　事業主体は中小企業基盤整備機構（当時地域整備公団）であり、機構がJR

表2-5 北上流通基地の立地企業

事業所名	親会社所在地	主要製品	従業員数
⑫シチズンマシナリー(株)北上事業所	東京都西東京市	工作機械の製造	116
③(株)アジテック	北上市	各種たれ、スープ、スパイス等の販売	73
⑯(有)アセス	本社	環境測定、建物環境管理等	13
㉒(株)天野精機工業 岩手営業所	横浜市	精密機械部品、鈑金等	13
㉔アルバックテクノ(株)岩手CSセンター	神奈川県茅ヶ崎市	真空装置メンテナンス	19
㊾岩手基礎工業(株)	本社	土木工事	32
㊱岩手八戸流通(株)北上支店	八戸市	運輸業（特別積合わせ運送	70
Ⓕ上野興業(株)北上支店	東京都文京区	産業機械部品の販売	9
㉚(株)エス・エヌ・テック	本社	活性炭の開発、製造、廃棄物中間処理	4
⑯青弘(株)北上支店	青森市	土木用品全般の販売	120
㊺北上運輸(株)	本社	運輸業（一般貨物）	2
㊹北上トラック事業協同組合	本部	運輸業（協同組合）	20
㊽大虎運輸(株)東北	大阪府四条畷市	運輸業（食品、自動車部品）	2
㊾日本環境保全藤沢リサイクルセンター	北上市	廃棄物処理業	25
㊵共栄運輸(株)花巻北上営業所	岩手県花巻市	運輸業（食料品等）	25
⑤近物レックス(株)北上営業所	静岡県清水市	運輸業（雑貨、貸切り荷）	100
㉑クリテックサービス(株)東日本事業所	大阪市	半導体製造設備部品の洗浄	22
㊳佐川急便(株)北上支店北上営業所	京都市	運輸業	4
㊽佐藤自動車工業(株)	本社	自動車整備	16
Ⓔ三和シャッター工業(株)北上営業所	東京都板橋区	シャッター施工販売	7
㊼(ゝ)ミネ運輸(有)	本社	運輸業（コンクリート2次製品、建設資材等）	
㊷(有)小専商店	岩手県西和賀町	スーパーマーケット	12
㊲セイノースーパーエクスプレス(株)北上営業所	岐阜県大垣市	集配業務、主に法人関係	37
㊾西和運送㈲	本社	運輸業（重量物運送）	20
⑳(株)関本組北上事業所	東京都港区	運輸業（農機、食品、建材、合板）	87
㊷ニコン物流(株)北上営業所	仙台市	運輸業（鋳造原料、製鋼原料）	
㊵相互運輸(株)北上営業所	東京都大田区	運輸業	
㊱第一貨物(株)北上支店	山形市	運輸業	

82

	会社名	所在地	業種	従業員数
⑮	大通運送㈱	本社	運輸業（建設機材、液化ガス等）	65
⑥	大和物流㈱北上営業所	大阪市	運輸業	9
⑱	多摩化学工業㈱北上工場	神奈川県川崎市	半導体用現像液原料製造	14
⑩	東鉱商事㈱北東北支店北上営業部	茨城県日立市	半導体関連薬品の販売	8
⑭	東貝㈱	本社	内装等工事	11
㉕	東北化学薬品㈱岩手支店	青森県弘前市	半導体製造用薬品類の販売	7
⑬	㈱丸運北上営業所	東京都中央区	運輸（スチールコード等）	13
㉖	㈲内外テック㈱北上営業所	東京都世田谷区	空圧機器等の販売	9
㉜	㈲中野商店北上流通センターSS	北上市	ガソリンスタンド	
㊶	日通南岩手運輸㈱	本社	運輸業	34
㊳	日本通運㈱北上営業所	東京都港区	運輸業	16
㉞	バウアーコンプレッサー㈱	本社	高圧ガス設備	112
⑧	花巻農協同組合北上統括支店	岩手県花巻市	農協	11
④	日立建機㈱東北支店北上支店北上統括センター	東京都台東区	建機の販売	70
㊸	ビッグ東北物流センター	東京都千代田区	運輸業（衛生用品等）	12
⑲	㈱富士塗料興業㈱北上営業所	仙台市	塗料販売	5
㊹	フジメタルリサイクル㈱北上工場	東京都大田区	鉄鋼原料リサイクル	16
㉖	フルサト工業㈱岩手営業所	大阪市	鉄・金属製品の販売	6
㉘	㈱マンメー北上営業所	八戸市	工具、機械等の販売	11
Ⓐ	丸力運送㈱岩手営業所	福島県南相馬市	運輸業（鉄骨、建設資材等）	11
㊶	丸大運輸㈱北上支店北上営業所	盛岡市	運輸業（菓子、食品、酒類）	8
㉘	マルコ産業運送㈱北上営業所	岩手県山田町	運輸業（食品、家畜の餌）	12
⑦	みちのくコカ・コーラボトリング㈱花巻営業所	岩手県矢巾町	飲料販売	42
㊴	明治商工㈱北上支店	東京都大田区	建築資材の販売・リース	26
㉛	㈲山口紙器	本社	ダンボール、クラフト箱製造	11
㉙	ヤマト運輸㈱北支社岩手主管支店	東京都中央区	運輸業（宅急便）	373
㊻	ヤマトボックスチャーター㈱岩手支店	東京都中央区	一般貨物（雑貨）	54
㉟	ヨコウン㈱北上営業所	秋田県横手市	運輸業（部品、学校給食、食品等）	36
㉒	横浜フォームラバー㈱岩手工場	横浜市	自動車シートカバーパッド材料	27
①	㈱吉田産業北上鉄鋼センター	青森県八戸市	鋼構築物	

第2章　北上市の工業団地の現状と可能性　83

事業所名	親会社所在地	主要製品	従業員数
㉕吉田ビニール㈱北上営業所	秋田市	塩ビダクト工事等	15
㊵ヨシノヤ・オーエーシステム㈱	本社	事務用機器等の修理・メンテナンス	12
②いわて生活協同組合共同購入花北センター	滝沢市	共同購入事業	
⑪ピップ㈱（未立地）	東京都千代田区	医療衛生用品等の卸販売	
⑫㈱アマタケ（未立地）	大船渡市	鶏肉の生産、加工、販売	
㉚田中産業㈱（未立地）	新潟県上越市	建設業、運送業	
㉟住友重機械イオンテクノロジー㈱東北サービスセンター	東京都品川区	イオン注入装置の販売、サービス	
㊺鈴久興業㈱（未立地）	北上市	砂利・採石採取業	
㊾いすゞ自動車㈱セス	東京都品川区	トラック・バスの製造	
㊻㈱日本アクセス	東京都品川区	運輸業（食料品等）	
㊿㈲モチコムジャパン	本社	食品等の配送	
⑯三八五通運㈱	青森県八戸市	運輸業	
㊔岩湘ロジスティックス㈱	北上市	飲食店経営	
㊓㈱ケーワイコーポレーション（未立地）	北上市	リサイクル資源の加工	
㊔㈱マルサ（未立地）	岩手県西和賀町	建設業	
㊕㈱近藤設備北上営業所	本社	運送業	
㊖㈱ベストラン	東京都中央区	運送業	
㊗日立鉄住金物流北上営業所	本社	運送業	
㊘北日本重機㈲	東京都中央区	建設機械レンタル	
㊙㈱アクティオ東北支店北上営業所	東京都中央区	建設機械レンタル	
⑪㈱岩手二三㈱北上営業所	盛岡市	防火・防災設備の工事・保守	
㊑㈱坂本セメント岩手営業所北上工場	福島県柳津町	コンクリート二次製品製造販売	

注：①まる数字は、図2-5の図の中の所在地。空欄は不明。
②事業所名は現在の社名
③従業員数は、①取材時の情報②北上市企業データベース③北上市企業一覧表2010〜2011の優先順位で記載。
資料：北上市、北上市雇用対策協議会『北上市企業一覧表』2010〜2011年他

84

表2-6 北上産業業務団地の立地企業

事業所名	操業開始	親会社所在地	主要製品	従業員数
①(有)マライネックス(株)東北部品センター	1997	東京都品川区	自動車補修部品	19
⑪(有)メディケアエコネット	1998	本社	医療機器、福祉用具の販売・レンタル	12
④(株)北上オフィスプラザ	1999	北上市	産業支援	7
③東陵総業(株)(フラワーホテル)	2001	釜石市	ホテル経営	53
⑤マルモ通信商事(株)	2003	奥州市	情報通信設備の設計・施工	13
⑥ダイワロイヤル(株)(ファミリーマート)	2003	東京都千代田区	賃貸業(コンビニのファミリーマートが入居)	
⑤北上高等職業訓練校	2004	北上市	職業訓練	
⑦(有)テクノオート北上	2004	本社	自動車整備業	3
⑧美和電気工業(株)北上営業所	2005	東京都新宿区	産業関連機器の販売	5
⑨富士化学塗料(株)北上営業所	2006	東京都目黒区	塗料、溶剤の販売	5
⑩北上市貸研究工場棟	2006	北上市	貸研究工場	
⑬北東化福山通運(株)北上支店	2006	広島県福山市	運送業	22
⑫(株)スペック	2007	本社	ハードクロムメッキ、コールドスプレー処理	9
⑭(有)ほっと交通	2007	本社	タクシー業	10
⑯(株)小田島 岩手中央支店	2008	花巻市	医療品卸売業	23
⑰大村技研(株)岩手工場	2012	神奈川県横浜市	電気・電子部品製造	110
⑱日立産業(株)北上工場	2012	愛知県名古屋市	自動車部品製造	
⑲武藤工業(株)東北事業所	2012	神奈川県大和市	金属熱処理加工	
⑳仙山城陸運 北東北営業所	2012	神奈川県川崎市	運送業	
㉑(株)上神田歯研	2013	本社	歯科技工物	33
㉒(株)リードコーナン北上支店	2013	盛岡市	ソフトウェア開発	22
㉔(株)高速 北上営業所	2014	宮城県仙台市	食品包装、容器	
㉓(株)あらた 北東北支店北上センター	2014	東京都江東区	化粧品、日用品等の卸売業	
⑮西大日工業	2016	本社	金属工事	
㉖大橋紙器印刷(株)北上事業所	2016	栃木県小山市	梱包資材の製造	
㉗(株)北上まるさと工房	2016	本社	ハム、ソーセージの製造・販売	25
㉘(株)オクモト	2016	広島県尾道市	米穀卸売、倉庫業	
㉙青森郵便自動車(株)	2017	青森県青森市	郵便物等運送事業	
㉛秋田郵便自動車(株)	2017	秋田県秋田市	郵便物等運送事業	
㉝根津鋼材(株)北上物流センター	2017	東京都荒川区	鋼板の加工・販売	
㉜河西テクノ(株)	2017	神奈川県綾瀬市	自動車部品の設計	
㉚(有)黄金製麺所		北上市	麺類の製造	

注：①まる数字は、図2-3の地図中の所在地。空欄は不明。
②事業所名は現在の社名
③従業員数は、①取材時の情報②北上市企業データベース③北上市企業一覧表2010～2011の優先順位で記載。
資料：北上市・北上雇用対策協議会『北上市企業一覧表』2010～2011 他

東日本から用地を買い上げて、造成、分譲を進める方向で進んだ。この中で北上市は中心部の9949㎡を取得し、北上オフィスプラザ、北上市基盤技術支援センターを設置していった。1999年に北上オフィスプラザ、北上市基盤技術支援センターは開所している。エリア全体の都市計画上の用途指定は準工業地域であり、利用の可能性の幅は広い。核施設の北上オフィスプラザの向かいに、早い時期にホテル（フラワーホテル）も建っている。

　総面積は36.9haだが、業務用地面積は24.9ha、既に立地企業は32社を数える。立地企業は運輸、倉庫系が多いが、製造業では釜石で津波被災した大村技研（2011年）などが進出していた。なお、立地企業32社の内には北上オフィスプラザも含まれているが、この北上オフィスプラザの中には、賃貸オフィス（22社）、インキュベータ室（3社）、SOHO（9ブース）の計34社分が埋まっている。これらを含めると、オフィスアルカディア・北上には66社が立地していることになる。

　2016年末の段階で未分譲地は9区画、5.8haとなっていた。なお、この未分譲地は2014年2月に、18区画、9.5haを北上市が買い取っている。今後の事業主体は北上市ということになる。そして、既に2015年には北上まきさわ工房、2016年には河西テクノに事業用地を分譲している。

　北上産業業務団地は北上南部工業団地に隣接していることから、団地の配置図は先の図2—3に掲載してある。北上南部工業団地を通り過ぎれば東北自動車道北上金ケ崎インターに直結、東北新幹線北上駅まで3km、いわて花巻空港まで20kmの距離であった。

(7) 岩手中部（金ケ崎）工業団地と企業進出
——トヨタ自動車東日本と関連企業が集積

　北上市の南に展開する金ケ崎町、面積179㎢、2015年の人口は1万5962人であるが、1990年にトヨタ系完成車両メーカーの関東自動車工業（現トヨタ自動車東日本岩手工場）が進出してきたことを契機に、関連する企業群が一斉に進出、その受け皿となった岩手中部（金ケ崎）工業団地には、有力企業が集積していった。

図2−6 岩手中部（金ケ崎）工業団地

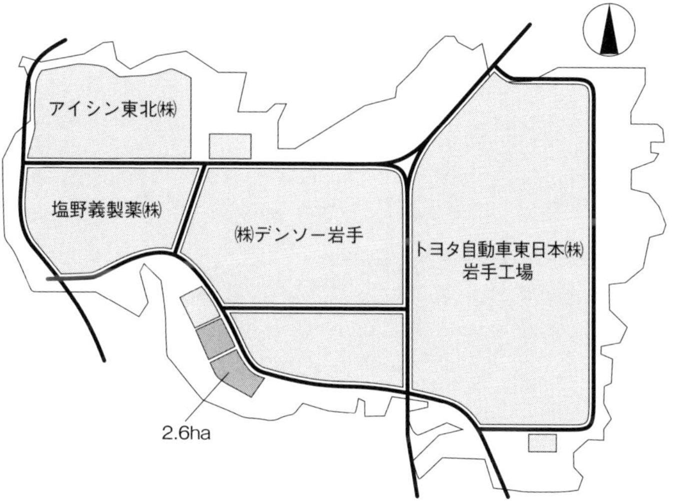

注：2.6haは未分譲地。
資料：岩手県

　この岩手中部（金ケ崎）工業団地は岩手県の第3セクターの岩手開発が開発、分譲を進めてきたものであり、団地総面積は312ha、1974年に造成工事に着工していった（造成完了は1992年10月）。最初の進出企業は造成完了以前の塩野義製薬（1976年）であり、関東自動車工業が進出する前までは6社ほどが進出していた。関東自動車工業は1990年1月に立地調印、1993年10月に操業開始している[5]。

　2016年末現在の岩手中部（金ケ崎）工業団地への進出企業数は24社（1社は未操業）、そのうち、トヨタ自動車東日本のティア1は、アイシン東北（1981年）、豊田合成岩手工場（2002年）、豊和繊維岩手製作所（2008年）、トヨタ紡織東北金ケ崎工場（2002年）、FTS岩手工場、ケー・アイ・ケー岩手事業所サテライトショップ（2010年）、デンソー岩手（2012年）から構成されている。その他に物流を担当するトヨタ輸送岩手営業所（1993年）、関商ネットワーク（2000年）なども岩手中部（金ケ崎）工業団地へ進出していた。

　岩手中部（金ケ崎）工業団地は、トヨタ系完成車両メーカーのトヨタ自動車

表2-7 岩手中部(金ケ崎)工業団地の立地企業

事業所名	立地	操業開始	親会社所在地	主要製品
塩野義製薬㈱金ケ崎工場	1976.11	1979.8	大阪市	医薬品製造
㈱やまびこ	1979.7	未操業	東京都青梅市	林業機械、農業用管理機械（旧共立）
アイシン東北㈱	1981.3	1992.10	愛知県刈谷市	自動車部品（電子・駆動・機関・車体系部品製造）
大陽日酸㈱東北支社岩手ガスセンター	1981.4	1981.10	東京都品川区	工業用ガス（窒素、酸素、水素、アルゴン）
東数商事㈱北上営業所金ケ崎倉庫	1985.3	1985.8	茨城県日立市	半導体製造用薬品
㈱サンツール岩手工場	1989.1	1989.7	東京都世田谷区	電着ダイヤモンド工具製造
トヨタ自動車東日本㈱岩手工場	1990.1	1993.10	宮城県大衡村	乗用車車体製造
関東商事㈱岩手営業所	1991.3	1992.4	神奈川県横須賀市	自動車部品加工、鉱油類・日用品販売
㈱EJサービス岩手営業所	1991.3	1991.12	宮城県大衡村	自動車部品（旧関東自動車関連企業）
ビューテック㈱岩手営業所	1991.3	1992.11	愛知県豊田市	自動車部品（旧中部工業と関西工流が統合）
トヨタ輸送㈱岩手営業所	1993	1993.9	愛知県豊田市	完成車・部品輸送
センコン物流㈱岩手営業所	1994.3	1994.6	仙台市	農業機械組立、保管
㈱共同物流サーバー	1994.12	1996.10	青森県八戸市	物流センター
㈱関商商事サードパック	2000.6	2000.6	神奈川県横須賀市	自動車生産資材の運搬（関東商事系）
東北電力㈱北上技術センター	2002.1	2002.3	仙台市	電気機器
豊田合成㈱東北岩手工場	2002.8	2003.4	愛知県清須市	自動車部品（樹脂成型、ゴム製品）
㈱豊和繊維岩手製作所	2002.8	2003.4	愛知県春日井市	自動車部品（プレス加工）
トヨタ紡織東北㈱金ケ崎工場	2002.8	2003.5	愛知県豊田市	自動車部品（シート）
㈱FTS岩手工場	2005.8	2005.9	愛知県豊田市	自動車部品
美豊商事㈱岩手営業所	2005.10	2005.11	神奈川県横須賀市	塗料卸・倉庫
㈱名東技研東北第一工場	2007.6	2007.11	仙台市	ファインセラミックス製品（日本ファインセラミックスの子会社、旧堀江金属工業）
㈱ケー・アイ・ケー岩手事業所中テライトショップ	2010.8	2010.8	宮城県大衡村	自動車部品（プレス加工、ガソリンタンク）トヨタ自動車東日本の100％子会社
㈱アンジュー岩手	2012.10	2012.10	愛知県刈谷市	車載用半導体製造
大友輸送㈱北上営業所	2012.11	2013.8	東京都江東区	自動車・建機部品の輸送

資料：金ケ崎町、その他

東日本岩手工場を中心に、新たな自動車産業集積を形成しつつある。北上南部工業団地からすれば、クルマで10分ほどの距離に過ぎず、自動車産業集積の波は、確実に北上に及んで来ることが予想される。

2. 企業誘致と工業団地の次の課題と可能性

　北上のこの60数年の産業発展を基礎づけたのは、人びとの工業化への熱い思いをベースに、良質な工業団地を大量に用意し、企業誘致に戦略的に取り組んできたことにある。その結果、北上は北東北随一の工業集積を形成することに成功した。工業団地は10カ所に上り、総面積は約690haにも及ぶ。人口10万人弱の地方中小都市としては、見事な成果を作り上げたということであろう。

　10カ所の工業団地を眺めると、未分譲の用地は残りが少なくなってきている。このような状況の中で、北上の基本であった良質な工業団地の造成、果敢な企業誘致といった取組みはどのようになっていくのか。この先も新たな工業団地を造成し、限りなく企業を誘致しようというのであろうか。あるいは、何か別の方向に向かおうとするのか。新たな事業用地がみつかりにくい中で、また、完成度が高まり、成熟化してきた北上の工業団地、工業集積をみる限り、なかなか明確な次の方向を指し示しえない。

　先の第1章でみたように、人口をそれなりに維持している北上においても、近年の構造的ともいうべき人手不足は深刻な問題になっている。新たな工業団地の造成に向かっても、人材を確保できるのかどうかが問われている。まさに、人材育成が鍵になってこよう。優れた人材を次々に送り出し、また、その受け皿としての企業のボリュームを増やしていく仕組みを作るのか、あるいは、限られた人材の育成を通じて、地域産業、地域中小企業の内面の高度化を進める方向に向かうのかが問われてこよう。

　北上が企業誘致に本格的に取り組んで半世紀、人びとの努力で見事な工業団地、工業集積を形成したが、次の時代は量的拡大の有無は別にして、その内面の高度化が課題になっているのである。

1) このような域内再配置型の工業団地については、関満博『地域産業の開発プロジェクト』新評論、1990年、を参照されたい。
2) 北上機械鉄工業団地、飯豊西部中小企業工業団地の詳細は、本書第9章を参照されたい。
3) 西和賀町の小専商店及びスーパー「オセン」については、関満博『中山間地域の「買い物弱者」を支える』新評論、2015年、第5章を参照されたい。
4) なお、北上産業業務団地(オフィスアルカディア・北上)の詳細については、本書第9章1—(1)を参照されたい。
5) この関東自動車工業(現トヨタ自動車東日本岩手工場)については、本書第6章1—(3)で採り上げている。

第3章　半導体、金型、電子部品の集積を形成

　戦後日本の産業発展を振り返ると、戦後復興期には繊維、石炭産業が活躍し、1950年代の中頃からは鉄鋼、造船、電機などが登場、そして、その後は自動車、さらに、1980年代は半導体が主役の位置にいた。わずか40年ほどの間に主役は大きく交代していった。この間、1970年代の初頭にはニクソンショック（1971年）、第一次オイルショック（1973年）を経験したものの、1980年代中頃までは、対米輸出を中心としてほぼ一本調子の経済発展を続けていた。この間、1960年代の石炭から石油への転換というエネルギー革命の際に炭鉱の大規模な閉山という事態が生じたものの、それ以外には、リーディング産業の交代に伴う深刻な社会的な摩擦は起こらなかった。経済の拡大による事業機会、就業機会の量的拡大と拡がりがそのような問題の発生を吸収していくことができた。

　そして、半導体産業の登場は1970年代の後半の頃。この領域は化学的な性格の強い前工程と物理的な性格の強い後工程から構成され、いずれの工程においても、複雑で精密度の高い製造装置群を構成した。この点、特にこの半導体製造装置群において、日本の機械金属工業の果たした役割は大きい。工作機械の充実、精密機械加工（切削、研削）、精密鈑金、溶接、表面処理など、日本の機械金属工業の拡がりとレベルの高さが、世界最高レベルの半導体製造装置群を生み出し、他方で、電気機械、精密機械、通信機等のメーカーが一斉に半導体生産に向かい、一時代を謳歌することができた。

　東芝、日立、三菱電機といった総合電機メーカーをはじめ、パナソニック、ソニー、シャープ、NEC、富士通といった家電、通信機メーカーなども参入、さらに、中堅の企業群も参入していった。一時期は「半導体王国」とでもいうべき状況を作り上げた。

　だが、1980年代の後半になると韓国のサムソン電子、1990年代中盤なると

台湾の台積電（TSMC）、聯華電子（UMC）、日月光（ASE）等が登場、受託専門の企業として大きな飛躍を遂げていく。特に台湾勢は、1990年代の末の頃になると一斉に中国上海周辺に進出、巨大な生産力を形成、半導体生産の世界に重大な影響を与えていった[1]。当初は台湾当局も台湾企業に対して後工程の大陸進出を認めていたのだが、2000年代中頃以降になると、前工程も解禁していった。その結果、現在では、大陸における受託専門の台湾企業が世界の半導体生産の主軸になっているのである。

　そのような状況の中で、日本勢は苦戦を強いられていく。当初は後工程の撤退から始まり、台湾勢への依存が大きなものになっていった。日本企業による半導体の海外生産はほぼ無くなり、国内的にも後工程からの撤退、また、国内で唯一善戦している後工程の受託専門のジェイデバイスへの生産移管が続いている。さらに、近年は前工程においても受託専門の台湾企業への依存が高まっている。日本国内で、半導体関連の世界で現在忙しい思いをしているのは、大陸における台湾勢の大投資に応えようとする東京エレクトロン、日立国際電気等の半導体製造装置メーカー群だけであろう。ただし、この大陸での大投資もいずれ完了する。その後、日本の半導体装置産業も冬の時代を迎えることが懸念される。

　このように、この十数年の半導体をめぐる国際的な環境変化は実に劇的なものであり、日本の半導体メーカーは新たな対応を求められている。それは半導体工場が立地する地域にも重大な影響を及ぼすことになる。この点はコンデンサ、コネクタ、液晶といった電子部品部門でもあまり変わらない。シャープを買収した鴻海精密工業（Hon-Hai、Fox Conn）などの台湾勢の大規模な中国生産、さらに近年のベトナム等のASEANへの展開が主軸になり、日本国内においては研究開発が中心になり、具体的な生産は特殊なもの、難度の高いもの、小ロットなものなどに限定されつつある。

　振り返ると、これら半導体、電子部品は2000年の頃までは日本のメーカーが世界を席巻したものだが、その頃から韓国勢、台湾勢、さらに、その後は華為（HUAWEI）、中興（ZTE）などの中国勢が激しく追い上げ、日本の担う部分は限られたものになりつつある。このような大きな構造変化の中に、半導体、

電子部品生産の拠点を形成してきた日本の各地は揺り動かされていく。現在は、そのような大きな構造変化の時期なのである。

1. 日本を代表する半導体、電子部品メーカーの立地

　北上には半導体メーカーとしては、ジャパンセミコンダクター（旧岩手東芝エレクトロニクス、1972年進出、半導体の製造、従業員719人）、ジェイデバイス（旧アムコー岩手、2000年進出、2014年にジェイデバイスに売却）が立地し、電子部品メーカーとしては、ケミコン岩手（江釣子、1966年進出、アルミ電解コンデンサの製造、340人）、エレック北上（旧東光、1967年進出、セラミック電子部品の製造、108人）が立地している。これらの立地は、1960年代末から1970年代の初めに集中している。この時代は大都市圏の地価の高騰、人手不足が深刻化し始めた頃であり、労働集約的であった電子部品メーカーの地方圏への進出が旺盛な時期でもあった。

　この中でも特に岩手東芝エレクトロニクスの存在感は大きく、1990年前後には従業員約2900人を抱え、北上ばかりでなく、岩手県最大規模の工場でもあった。岩手県の過去の最大企業は新日鐵住金釜石製鐵所であり、最盛期の1960年の頃には従業員8372人（その他構内に4066人）を数えたものだが、1990年の頃は約1600人、そして、東日本大震災津波の2011年には約250人（構内には真空装置のSMC、金属製家具の岡村製作所等の進出企業がおり、その従業員数は約1600人を数える）に減少していた[2]。

　なお、この岩手東芝エレクトロニクスは、2000年にアメリカの半導体受託専門のアムコーに後工程を売却、さらに、アムコーは2014年にはジェイデバイスに売却している。そして、岩手東芝エレクトロニクスは事業再編を意識し、2016年4月にはジャパンセミコンダクターに社名変更している。現在、かつての岩手東芝エレクトロニクスの北上工業団地の敷地31.3haの中には、ジャパンセミコンダクターとジェイデバイスが同居している。二つ合わせて従業員数は1990年の頃の半数以下になっているのであった。

　もう一つの有力電子部品メーカーであるケミコン岩手は、日本のアルミ電解

コンデンサのトップ企業である日本ケミコンの現地法人であり、北上の中に4事業所を展開している。現在の従業員は350人弱だが、構内に協力企業数社（約500人）を入れている。4事業所のいずれも工業団地内ではなく、郊外に個別立地しており、周辺の雇用に大きく貢献していた。

（1）半導体生産前工程とファウンダリーを目指す
—— 北上工業集積の中心企業のこれから（ジャパンセミコンダクター／旧岩手東芝エレクトロニクス）

現代産業の「米」ともいわれてきた半導体。家電、OA機器、自動車、産業機器、情報通信機器等、ほとんど全ての産業分野の基礎的存在となっている。1990年代の頃は日本メーカーが世界をリードしていたものの、2000年代に入る頃からは韓国勢、台湾勢の躍進が著しい。特に、前工程といわれるウエハ処理工程はファウンダリー（Foundry）企業とよばれる専門企業、後工程といわれるダイシング以降の組立工程はOSAT（Outsourced Semiconductor Assembly & Test）企業といわれる台湾、アメリカの専門企業が担い、世界的な製造の分業化が進んだ。

このような事情の中で、日本の有力半導体メーカーは設計、製品開発に主軸を移しており、製造は専門企業への委託が進んでいる。北上の工業集積をリードしてきたジャパンセミコンダクター（旧岩手東芝エレクトロニクス）も、ここに来て大きな事業再編を進めつつある。

▶半導体と東芝

東芝は国内最大手の半導体メーカーとして様々な半導体を生産している。主に情報をコントロールする「アナログ／ロジック」といわれるものであり、マイコン、ASIC、CISCなどが提供され、PC、家電、自動車等に使われている。情報を保存するFlashメモリは、PC、スマートフォン、メモリーカード等に用いられる。また、画像を情報に変換するCCDイメージセンサは、デジタルカメラ、コピー機などに用いられる。

半導体の基本的な製造工程は、設計から始まり、マスク製作、シリコン基板

への酸化膜の形成、多結晶シリコン膜の形成（薄膜形成）、フォトレジスト（写真触刻）、ドライエッチング、イオン注入、配線、ウエハテストと重ねていく。ここまでが「前工程」といわれる。このようにして形成されたウエハをダイシング（切断）してICチップを作り、リードフレーム等の基板へのマウンティング、ボンディング、モールディング、検査と重ねていく工程を「後工程」という。前工程は化学的な処理が基本であり、後工程は物理的な処理となる。

現在、東芝の国内生産部門は、産業機器、家電等に対応するディスクリート半導体事業部（姫路半導体工場［前・後工程］、加賀東芝エレクトロニクス［前・後工程］、豊前東芝エレクトロニクス［後工程］）、車載、音響、無線等に対応するミックスドシグナルIC事業部（ジャパンセミコンダクター［前工程］）、そして、メモリ事業部（四日市工場［前工程］、東芝メモリアドバンスドパッケージ［後工程］）から構成されている。東芝の国内の半導体工場は以上の6カ所ということになる。かつてはアメリカ（前工程）、ドイツ（前工程）、中国無錫（後工程）、マレーシア（後工程）にも工場を展開していたのだが、現在ではタイ（後工程）のみである。

▶再編とジャパンセミコンダクターの設立

このような枠組みの中で、2016年4月1日、ジャパンセミコンダクターがスタートした。北上の岩手東芝エレクトロニクスと大分県の東芝大分工場を統

ジャパンセミコンダクター

ジャパンセミコンダクター全景

提供：以下2葉、ジャパンセミコンダクター

合するものであり、以後、前者はジャパンセミコンダクターの本社・岩手事業所、後者は大分事業所となった。大分事業所の設立は1970年7月、汎用ロジック生産から開始し、CPU、DRAM、システムLSIの生産などに従事してきた。敷地面積31.3ha、再編以前は従業員約2400人を数えた。なお、再編時に製造ラインの一部をソニーに譲渡している。その際の人員のソニーへの移籍は約800人を数えた。2016年10月現在、大分事業所の人員は1261人となっている。

岩手東芝エレクトロニクスのスタートは1973年5月、北上工業団地の中心部の33haに立地した。川崎市の東芝多摩川工場の後工程であるパワートランジスタの組立から出発した。1984年には5インチウエハの前工程生産を開始し、以後、6インチ製造ライン（1989年）、8インチ製造ライン（2004年）と拡大した。この間、2001年にはアメリカの後工程専門のOSAT企業であるアムコーに後工程ラインを売却している。これに伴って従業員約800人が出向し、3年後には転籍となった。そして、このアムコー岩手は2014年6月、ジェイデバイス（本社大分県臼杵市）に売却されている[3]。なお、ジェイデバイスの株の60%はアムコーが保有している。

この間、2011年3月の東日本大震災時には、建物、機械設備に被害があり、復旧ロスが多いことと将来のコスト競争力強化のため、6インチ製造ラインの生産を停止し、以後、8インチ製造ラインでの生産に集中している。当時、北上には従業員1600人が在籍していたのだが、その後、8インチ製造ラインの生産拡大のトレーニングのために800人が四日市工場に出向し、再編時には転籍となった。その結果、2016年10月現在、岩手事業所の従業員は719人となっている。なお、川崎に営業のための分室（8人）を置いている。2016年10月現在のジャパンセミコンダクターの従業員数は全体で1988人となる。

▶前工程ファウンダリーへの展開

世界的にみて、半導体産業は大きな再編の時期を迎えている。特に、製造は専門企業への委託が進んでいる。前工程では台湾等のファウンダリー企業、組立が中心となる後工程は、台湾、アメリカのOSAT企業が成長し、生産の現

場は台湾、中国本土、ASEAN となってきた。国内ではジェイデバイスが、国内最有力の OSAT 企業として積極的に各半導体メーカーの後工程部分を引き受けている。

　ジャパンセミコンダクターの次の課題は、8インチの前工程に関してファウンダリー（受託生産）部分を 30% 程度に伸ばしたいというものである。化学的な処理をベースにする前工程において、長年蓄積してきた生産技術、品質等の強みを活かしながら、半導体事業の新しい可能性を追求していこうとしている。自社製品の一貫生産に終始してきた企業にとって、受託は全く新しい世界であり、生産技術、製品開発、そして顧客に向けたサービスの必要性は大きい。そのような新たな経験を重ねながら、新たな事業として育てていくことになろう。

　北上の工業化、工場集積にとっての看板企業であるジャパンセミコンダクターの今後は、地域産業経済全体に大きな影響を与えていく。半導体産業の世界的な構図の中で、製品開発、設計、生産技術等の基幹的な部分を担うものとして、ジャパンセミコンダクターがマザー工場的なものに進化していくことを期待したい。

(2) 東北に広く展開するコンデンサ・メーカー
──旧江釣子村進出の最大企業（ケミコン岩手）

　コンデンサといえば、電子部品の代表選手であり、アルミ電解コンデンサ、フィルムコンデンサ、タンタル電解コンデンサ、セラミックコンデンサ等があり、電子機器に多様に利用されている。汎用品は東アジアを中心とした海外メーカーによっても供給されているが、高機能品、重要部品の市場では日系メーカーの存在感が大きい。主力のアルミ電解コンデンサについては日本ケミコン、ニチコン（本社京都）、ルビコン（本社長野県伊那市）等の日本勢が強く、セラミックコンデンサは村田製作所（本社京都府長岡京市）が世界のトップメーカーとして知られている。

　このコンデンサの機能は、電気を蓄積したり、放出したりするものであり、電圧を安定させる、ノイズを取り除くなどの機能を備えている。

日本ケミコンの製品群

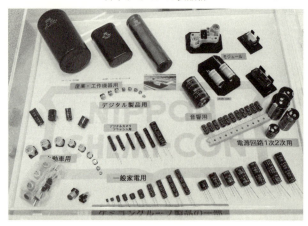

▶東日本に展開する日本ケミコンとケミコン岩手

　日本ケミコンの創業は1931（昭和6）年、故佐藤敏雄氏が日本で初めて電解蓄電器の製品化に成功するところから始まる。同年、品川区に合資会社佐藤電機工業所を設立している。戦後は1958年に東京郊外の青梅に新工場を竣工させ、その後本社も青梅に移した。工場の地方展開は早く、1966年に宮城工場（田尻町）、1969年に岩手工場（江釣子村）等を展開、海外も1972年韓国、1975年シンガポール、1977年ドイツ、1979年台湾、1980年香港、1992年にアメリカ、1993年インドネシア、1994年中国等に展開してきた。また、国内的には1995年、東芝資本のマルコン電子（山形県長井市）を買収したことでも注目された。

　現在の国内製造拠点は、ケミコン岩手（北上市下江釣子）、ケミコン宮城（大崎市田尻）、ケミコン福島（矢吹町）、ケミコン米沢（川西町）、福島電気工業（喜多方市）、ケミコン山形（長井市、旧マルコン電子）、マルコンデンソー（山形県飯豊町）、ケミコン長岡（長岡市）、そして、生産設備製造のケミコン精機（東京都青梅市）となっている。全体として東日本への進出が目立つ。なお、2004年には本社を青梅市から東京都品川区に移転させている。1970年には東証第二部に上場、1977年には東証第一部に付け替えになった。2016年3

月期の連結売上額は1184億円、従業員数は連結で6743人を数えている。

　ケミコン岩手の主力製品は自動車や音響用に使われるリードタイプ、チップタイプのアルミ電解コンデンサのほか、チョークコイル、モジュール組立などであり、ケミコン宮城はチップタイプ、リードタイプのアルミ電解コンデンサ、導電性高分子コンデンサ、ハイブリッドコンデンサ、ケミコン山形は電気二重層キャパシタ、セラミックコンデンサ、セラミックバリスタ、ケミコン米沢は導電性高分子コンデンサ、電気二重層キャパシタ、ケミコン福島は基板自立タイプ、ネジ端子タイプのアルミ電解コンデンサなどとされている。

　ケミコン岩手については、1969年4月、日本ケミカルコンデンサ（現日本ケミコン）の直営工場（岩手工場）として、当時の岩手県和賀郡江釣子村に設立された。江釣子村としては初めての大型進出企業となった。2003年10月には分社化により、ケミコン岩手㈱となり、さらに、2014年10月には、北上地区の関連4社であるケミコン岩手㈱、岩手電気工業㈱（アルミニウム電極箔の製造、現和賀工場）、日栄電子㈱（アルミケースの製造、現江釣子工場）、岩手エレクトロニクス㈱（チョークコイルの設計製造、現コイル技術部）が合併し、垂直統合型の工場として新たにケミコン岩手㈱としての事業を開始した。和賀工場は元々、日重マルコン（東芝系）であったのだが、日本ケミコンが1995年にマルコン電子を買収した際に日本ケミコンの傘下に入った。また、江釣子工場は元々、協力工場であった日栄電子であり、20年ほど前に合併していた。これらの4工場は15kmの範囲に収まっている。

▶北上地区4社合併による一貫体制の形成

　江釣子のケミコン岩手の敷地面積は5万2594㎡、建屋面積は2万7349㎡に上る。ケミコン岩手の出荷先（2015年度）は、60%以上が海外である。特に、近年はヨーロッパ向けが増えている。また、近年、車載関係が増えている。2011年度は一般向け約70%、車載向け約30%であったのだが、2015年度は一般向け約60%、車載向け約40%となっていた。車載向けは設計段階から加わり、材料取り、構造も難度が一桁違うとされていた。例えば、振動に耐えるために二重加締めなどの製品が要求されていた。

日本ケミコングループの基礎研究は神奈川研究所で行われているが、製品開発については研究開発本部が中心になって行われる。リピート品に関しては、研究開発本部とケミコン岩手の設計グループが一緒になって行う体制となっていた。一方、かつて本社のあった青梅での事業は縮小し、生産設備の開発製造を行うケミコン精機のみが事業を行っている。このように、日本ケミコングループとしては、基礎研究、材料の開発と製造、製品開発、組立、機械設備の生産までの一貫体制をとっている。さらに、ケミコン岩手だけをみても、アルミニウム電極箔の製造（和賀工場）、アルミケース（江釣子工場）、コイル生産のコイル技術部（岩手工場内）、アルミ電解コンデンサの設計開発、組立等を行う岩手工場というトータルな体制になっているのであった。

▶50年の歴史を重ねて、次に向かう

　1969年に旧江釣子村への初の大型企業の進出としてスタートし、ケミコン岩手は約50年の歴史を重ねてきた。従業員のうち90～95%は地元出身者で構成されている。日本ケミコングループからの転勤者は10%程度であった。「50年も経つと、地場の企業」との受け止め方であった。事実、新入社員の中には祖父、父がケミコン岩手に勤めていたケースも少なくない。また、現在においても、親子、兄弟で勤めているケースもある。それだけ地域に定着してきたということであろう。

　近年、北上地域では求人難が深刻だが、ケミコン岩手の場合はほぼ希望通り採用できているようであった。2017年4月採用は希望通り8人であった。地元の黒沢尻工業高校、専修大学北上高校、北上翔南高校、水沢商業高校等から採用予定であった。ただし、正社員ではない構内にいる請負業者の人材獲得はなかなか難しいようであった。

　また、近年、北上川流域ではトヨタ自動車東日本関連の事業所も増えてきた。そのような関係から自動車関連メーカーへの販売が増加している。金ケ崎のアイシン東北にも製品が採用されている。その他、基板に組み込まれて自動車関連メーカーに納入されていく場合も少なくない。先にみたように、車載関係の製品は作り方が一般の民生機器以上に気を遣うことが少なくないが、ケミコン

岩手としては今後の重要なテーマとして積極的に取り組んでいるのであった。

　広大な敷地と安価で豊富な労働力を求めて東北、岩手に進出してきたケミコン岩手も、50 年の歴史を重ねる中で、地域の産業構造の変化による車載用部品市場の拡がりや労働力構造の変化も意識し、新たな取組みを重ねているのであった。

2．日本のトップレベルの超精密金型、部品メーカーの集積

　このような半導体、電子部品メーカーの立地に加え、1980 年代に入ってからは、半導体関連等の精密金型、プレスを主体とする優れた中小企業の立地が進んでいった。最初の進出は多加良製作所（1972 年、本社東京都葛飾区、旧和賀町堅川目）、以後、阿部製作所（1983 年、花巻市から進出、北上工業団地）、パンチ工業（1983 年、本社東京都港区、飯豊西部中小企業工業団地）、後藤製作所（1984 年、横浜市から進出、北上工業団地）、ミスズ工業（1988 年、長野県諏訪市から進出、北上工業団地）、そして、東日本大震災津波に被災した大村技研（2011 年、本社横浜市、震災後に釜石市から移転、北上産業業務団地）が進出してきた。これらの中で、阿部製作所は地場の有力企業である新興製作所から独立したものであり、隣の花巻からの進出だが、その他の企業全て首都圏、中部圏の企業であった。

　これらの中小企業は半導体関係、コネクタ関係の精密金型、プレス、そして金型部品の領域において日本でもトップレベルのものであった。東芝の半導体の主力工場であった岩手東芝エレクトロニクスの存在、そして、優れた工業団地、さらに、人材を求めて進出してきた。先の岩手東芝エレクトロニクスと優れた精密金型、プレスをメインとする中小企業の集積は、一つ前の時代の北上工業集積の象徴といえるものであった。だが、リーマンショック（2008 年）を経て 2010 年代に入り、半導体、電子部品の世界は大きく変化している。その新たな枠組みの中で、半導体、電子部品メーカーも、そして、それを支えてきた金型、プレスの中小企業も新たな取組みを求められているのであった。

(1) 横浜から進出の半導体リードフレーム・メーカーの現在
　　──三菱伸銅の傘下に入る（後藤製作所）

　現在のハイテク産業化の中で、半導体（IC）の果たす役割は極めて大きい。この半導体の生産は、ウエハの作成までの前工程とウエハを切断し、リードフレーム等にチップを搭載、封止して完成品にする後工程から構成されている。この一連の流れの中で、リードフレームはチップの高密度化に従い、精緻なものが必要とされてきた。当初はエッチングによって製造されていたのだが、精密プレス技術の高まりによりプレスで打ち抜くことができるようになっていく。そして、この領域は日本企業の得意とするものとなり、三井ハイテック（北九州市）、キツダ（埼玉県入間市）、エノモト（山梨県上野原市）、そして、ここで検討する後藤製作所などがリードフレーム生産のトップ企業として、半導体産業を支えてきた。

　ただし、半導体生産の後工程に関しては、2000年前後から中国上海周辺への台湾企業の大量進出・拡大により、一気に中国生産が主流になっていった。そのため、日本国内の半導体工場のうち、後工程の工場は閉鎖を余儀なくされている場合が少なくない。国内では、新興のジェイデバイスが半導体各社の後工程の工場を買収し、新たにOSAT企業としての再興を目指している。地球上から半導体が消滅するとは考えにくいが、明らかに半導体生産の重心は、台湾、韓国企業、そして、主たる生産地は中国、ASEANということになってきた。日本国内の半導体後工程に関わる企業は、新たな枠組みの中で次の時代を考えていくことが求められている。

▶東芝を中心にリードフレームに展開
　日本を代表する半導体リードフレーム・メーカーの一つである後藤製作所の創業は1925（大正14）年、東京新宿の牛込矢来町であり、伊豆出身の創業者が後藤商会として製糸用「後藤浸透液」の製造販売からスタートしている。創業者の伊豆の生家は製糸工場を営んでいた。この間、製糸用機械の製造販売にも取り組んでいた。戦後は1946年、管球製造機械等の製造に入り、東芝向けに供給していった。その縁から、東芝の電子部品生産に入っていった。1956

| フープ材の高速プレス加工 | フープメッキ工程 |

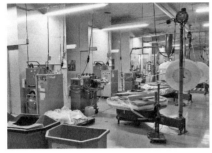

年にはトランジスタ部品及びブラウン管部品の製造を開始している。1973年にはパワートランジスタ用リードフレームの製造開始、1976年にはIC用リードフレームの製造を始めている。日本の半導体産業の発展と歩調を合わせるものであった。そして、このIC用リードフレームが、その後の後藤製作所のメイン商品となっていった。この間の主力のユーザーは神奈川県川崎市の東芝多摩川工場、堀川町工場であった。

　半導体リードフレームは、精密な順送金型の生産、高速プレス、フープ材のメッキ、切り離し、洗浄という工程を経るが、後藤製作所は1985年には北上に進出、一貫生産体制を築いていった。それまでの後藤製作所は、JR横浜駅西口の横浜市西区に本社を置き、生産の主力は横浜市神奈川区西寺尾の寺尾工場と港北区新吉田の綱島工場であったのだが、いずれも工場周辺の宅地化等により操業維持が困難になっていた。また、主力の東芝が北上に岩手東芝エレクトロニクス（現ジャパンセミコンダクター）を設置していたことから、北上に東北事業所を進出させることになった。この東北事業所の場合、先行的に従業員を募集し、20～30人を横浜の寮に入れて実習を重ね、1987年にオープンさせている。また、この間、東芝が兵庫県姫路に半導体工場を設置したことから、後藤製作所も姫路工場を展開していった。

　1990年代前半の頃には、後藤製作所東北事業所の生産力は飛躍的に拡大し、主力の岩手東芝エレクトロニクスの比重は20％ほどになり、その他は東芝（多摩川、大分、北九州）、日本電気（関西、山形）、パナソニック（大阪）、日

順送金型の製作	完成品になっていく

立(高崎)などの各社の有力工場にも納入、海外もモトローラ(マレーシア)、ナショナル・セミコンダクター(マレーシア)などにも納入していった。日本の半導体産業全盛期の頃のことであった。1996年にはフィリピン工場も設置している。2000年の頃には東北事業所の従業員は440人を数えていた。

▶半導体をめぐる新たな局面への対応の課題

だが、2000年代に入ると、台湾、韓国勢が躍進し、さらに、生産拠点を中国上海市周辺に集結させ、また、欧米勢はASEANに深く展開していった。特に、後工程については台湾勢が一挙に中国に展開していった。そして、これら台湾勢はEMS(Electronics Manufacturing Service)企業として、世界の半導体メーカーからOEM受注していくという体制が一般的になっていった。そして、半導体リードフレームも多層化、高密度化を重ねてはいるものの、台湾、中国企業がその領域に入り、低コスト生産を重ねているため、日本のリードフレーム・メーカーの活動する場が狭くなっていった。

この点は、後藤製作所だけの問題ではなく、リードフレーム、その他の半導体関連部門に重大な影響を与えている。ライバルである多部門に展開する三井ハイテックは半導体組立部門の清算を発表、エノモトはコネクタの比重を増やし、キツダは住友金属鉱山傘下となり、リードフレーム生産を著しく縮小しているなど、大きな構造変革期を迎えている。このような状況の中で、後藤製作所は2001年に素材からの一貫を目指して三菱伸銅グループに参加し、現在で

は資本の100%は三菱伸銅となっている。この間、1998年に姫路工場、横浜地区工場は全て閉鎖、また、2015年には本社登記を品川（三菱伸銅本社を登記上の本社としていた）から北上に移転し、「地域社会との調和を図り、住みよい社会づくりに貢献する」とした経営方針の一つを実現しようとしている。その結果、現在の従業員は北上工場（本社）163人、フィリピン工場177人（日本人4人）となっている。

　現在の国内のユーザーは、サンケン電気、富士電機、三菱電機、ジェイデバイス、海外は北米（FAIRCHILD、ON Semi）、韓国（FAIRCHILD）、台湾（VISHAY）、中国（FAIRCHILD、STMicro）、フィリピン（ON Semi、NXP、ROHM、SDP、INTER）、マレーシア、シンガポール（STMicro、INFINEON、RENESAS Malaysia、TI、ON Semi）、ヨーロッパ（STMicro、INFINEON）などとなっており、主力製品をパワー半導体用リードフレーム、ディスクリート用リードフレーム、複合型リードフレーム（カシメ技術を応用した熱放散型リードフレーム）とし、供給各社の車載、省エネルギーを用途とする基幹部品となっている。また、国内外の主要半導体メーカーからベストサプライヤー、サプライヤーアワードなど数々の表彰を毎年受賞しており、後藤製作所の技術、品質、供給力は世界の半導体メーカーから一目置かれる存在である。

　1980年代から2000年代初めにかけて一世を風靡した日本の半導体産業は、その後、冬の時代を迎えている。超精密のリードフレームの最有力メーカーの一つとしてとして歩んできた後藤製作所とすれば、蓄積された技術をベースに、半導体産業の中で新たな進化が求められているのである。

(2) 半導体封止金型の地場最有力企業
　　——北上と中国蘇州に展開（阿部製作所）

　かつて一世を風靡した半導体産業、東芝、日立、三菱電機、富士通、NEC、ソニーなどのメーカーに加え、その周辺には優れた企業群が成立していった。前工程装置群の東京エレクトロン、日立国際電気、ステッパーのニコン、ウエハ切断装置のディスコ、ワイヤーボンディングの新川などが特に著名だが、さらに、金型の周辺には中小の企業がキラボシのごとく登場していった。そのよ

うな領域の一つに半導体封止用金型で興味深い足取りを重ねてきた中小企業が北上市に存在している。

▶半導体産業の発展と共に歩む

北上工業団地に立地する阿部製作所は、阿部頼人氏（1935年生まれ、2006年没）によって1973年に創業されている。阿部氏は花巻市生まれ。花巻農業高校を1954年に卒業、当時、東北を代表する通信機メーカーであった新興製作所に入社している。当時の新興製作所は従業員2000人を数えた。新興製作所からは優れた中小企業が大量に生まれているが、阿部製作所もその一つであった。1963年の頃には新興製作所を退職し、花巻の自宅で1人で創業、1973年には㈱阿部製作所として法人化している。機械加工、治工具の設計製作を開始した。その後、手狭になり別工場を模索するが、東芝の勧めもあり、1988年、現在地の北上工業団地に誘致企業として着地している。その頃の従業員数は約30人であった。

その少し前には出身の新興製作所が危ういことになり、1976年には新興製作所から北上工業団地の岩手東芝エレクトロニクス（現ジャパンセミコンダクター）の紹介を受け、取引を開始していった。半導体用精密金型部品製作をスタート、さらに、1983年には東芝多摩川工場との取引も開始している。また、阿部製作所のもう一つの事業として半導体の組立・テストという部門があるが、岩手東芝エレクトロニクスからの受託事業であり、機械設備を貸与され、1988

阿部文三社長（左）と阿部京子会長

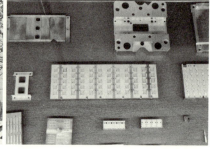

阿部製作所の製品群

機械加工職場　　　　　　Leitz（ドイツ）の三次元測定器

年からリード成形、テスト及び外観検査に携わるものであった。この受託事業は 2001 年からは岩手東芝エレクトロニクスから切り離され、東芝から移行されたアムコーからの受託の形となった。2007 年の頃には、金型製造部門が約 50 人、半導体組立の部門が約 60 人の計 110 人規模であった。

▶中国蘇州工場を展開

　2002 年の頃には IT バブルが弾け、当時 80〜90％ 依存していた東芝の仕事が激減、売上額は 8 億円から半分に低下した。このような事情から、阿部頼人氏は「外に目を向ける必要がある」として、中国に注目、友人に紹介されて中国の各地を回り、その足で蘇州郊外に進出を決めている。2002 年 7 月には阿貝精密電子有限公司を資本金 390 万ドル（独資）で設立する。建設工事の時から、阿部氏が単身で赴任し、建設工事を監督、2003 年 8 月には操業を開始している[4]。

　当初から日本並みの品質、管理を求め、4 億 5000 万円ほどをかけて機械設備は日本と同等のものを導入していた。安田工業やマキノの MC、マキノ、三菱電機の放電加工機・ワイヤーカット放電加工機、また、ツアイスの大型三次元測定器などが目を惹いた。また、当初の従業員の採用に関しては、定着の良さを考えて蘇州から 100 km ほど離れた田舎の工業高校に着目、上海の書店で求めた問題集から出題し、自ら採用にあたった。創業後 3 年ほどは阿部氏は通訳も置かず単身で対応していく。この第 1 期生約 10 人は順調に育ち、現在でも

蘇州工場の基幹的な技術者になっているのであった。

　現在の蘇州工場の日本人駐在は1人、48歳の単身者がすでに7年ほど駐在している。蘇州工場の品物の90%は半導体メーカーの中国工場、マレーシア工場等に直納、10%ほどは日本の阿部製作所の仕事を手伝ってもらっている。この蘇州工場は現在のところ順調に進んでおり、再投資を実施し、配当も受け取っている。

　これらの結果、阿部製作所は、北上の製造部金型製造課、半導体製造課（2課で約100人）、そして、蘇州工場（50人）という三つから構成されてきたのであった。

(3) 長野県諏訪市から進出の精密プレス加工
　——半導体関連から次に向かう（ミスズ工業）

　半導体やコネクタの世界で、超精密なプレス加工という領域がある。金型技術と精密プレス技術が結合し、ハイテク産業の製品化に大きく寄与してきた。特に、この領域、日本の中小企業の得意とするものであり、多くの優れた企業を生み出してきた。北上地域でいえば、多加良製作所（半導体）、後藤製作所（半導体）、阿部製作所（半導体）、大村技研（コネクタ）に加え、ミスズ工業（半導体）がその代表的な存在であろう。

　だが、半導体関連は次第に国内から中国、ASEAN諸国などの地域に生産移管され、また、台湾系、韓国系、中国系企業の躍進も大きく、圧倒的存在感を

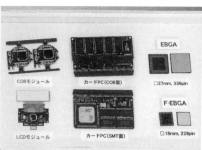

ミスズ工業の半導体実装製品

プレス工場

示していた日本の半導体関連事業は苦しいところに追い込まれている。超精密なプレス加工を軸にしたこのような領域が、次にどのようにしていくかが問われているのである。

▶長野県諏訪市から北上市に進出

　精密機械工業の盛んな諏訪市の企業であるミスズ工業、前身は1964年設立の山崎精器㈱にさかのぼる。セイコーの腕時計のムーブメントの組立からスタートしている。創業者は山崎壮一氏であった。山崎壮一氏の父は山崎久夫氏、クオーツの開発者として知られている。山崎久夫氏は服部時計店に勤めた後、諏訪市で時計店を営んでいた。1942年に大和工業を設立、セイコーの腕時計の部品生産に入っていった。この大和工業が母体となり、諏訪精工舎が生まれ、クオーツ時計の開発につながっていった。いわば、現在のセイコーエプソンをたどると山崎久夫氏、大和工業に行き着くことになる。

　他方、山崎壮一氏は1965年、商号をミスズ工業に改めている。その後、精密プレス加工を視野に入れ、1967年にメッキ工場、1968年にプレス工場を設置、1978年からは半導体事業に向かっていった。1970年代後半から1980年代は日本の半導体事業の黄金時代であり、各種半導体実装製品を軸にミスズ工業は大きく発展していった。1980年代末には長野県の人手不足が深刻になり、安定的な人材調達可能な場所として岩手県に着目していく。北上市長の熱心な勧誘、さらに、セイコーグループの事業所が東北に多いこと、半導体産業が東

フープ材のメッキ

フープ材の巻取り

北に多いことが北上進出の決め手となった。1990年、北上工業団地に敷地面積2万1252㎡、建物面積6759㎡の㈱東北ミスズを設立している。当初は腕時計のムーブメントの加工組立が80％、半導体関連が10％、その他10％でスタートしている。

▶半導体、時計部門の低迷

その後、2002年には、東北ミスズを合併、ミスズ工業岩手工場となり、フィルムにチップを乗せるCOF（Chip on Film）を主力とするようになっていった。このCOFは液晶パネル駆動用、インクジェットプリンターのインクヘッドコントロール用、あるいは医療機器のDR（デジタルラジオグラフィ）パネルコントロール用等に用いられていった。だが、2010年代以降、半導体部門の縮小、また、時計部門も縮小という事態の中で、ミスズ工業の事業規模も縮小を重ねている。

最大300人を抱えていた岩手工場は、2016年10月現在、75人（正社員14人）となっている。現在の主力事業は、従来からのCOF事業である。このCOFは液晶TVに多用されていたのだが、その後、台湾、韓国勢が登場し、2008年を境に激減している。現在はFox Connをメイン受注先としているものの、最盛期の3分の1の水準であった。最近は液晶TV用よりも、インクジェットプリンター、医療用に採用されることが多い。

もう一つは、時計部品生産で培った精密金属部品加工であろう。金型は設計から製造まで諏訪工場が担っており、岩手工場はプレス、メッキ、熱処理等を行っている。プレス機械は150トンから10トンまでの16台、金型関係はメンテナンス等に携わっている。この部分の90％は時計関係であり、セイコーエプソン製腕時計の金属部品の70％は岩手工場から供給されている。現在では減少傾向であり、医療機器の内視鏡部品、情報機器部門へ関心を抱いていた。

▶自動車、医療の世界に新たな可能性を

半導体部門が拡大した頃には女性型の組立部門が大きかったのだが、現状ではプレス加工を軸にした時計関係の比重が高い。現状75人の従業員は3分の

2がプレス部門、3分の1が半導体部門とされていた。女性は15人に減少している。現在の主力の時計部門も減少が著しく、今後回復していく見通しは乏しい。半導体部門ではライバルが次々と退出し、残存者利益を得られる状態だが、今後も縮小が避けられそうもない。

このような状況の中で、ミスズ工業全体として、また岩手工場としても新たな領域に踏み込んでいくことが不可欠となっている。ミスズ工業全体としては、「自動車関係」「センサー関係」「編み機関係」を視野に入れていた。これらは既に諏訪工場で取り組まれており、その一部が岩手工場に移管されることになっていた。ミスズ工業全体としては自動車関係の仕事は売上額の8％程度であり、今後の取組みが課題とされていた。

長野県は愛知県に近く、諏訪で受注して岩手に持ち込むことが期待されていた。岩手から宮城にかけてはトヨタ系完成車両工場が2カ所、さらに、関連の協力企業が集積を開始している。岩手工場もそれらにアプローチをかけているのだが、現状、取引にまでは至っていない。電子関連と自動車関連とでは洋食と和食ほどに違うとされる。当面は諏訪経由の仕事を通じて自動車に向かうための基礎的条件の整備が必要なのであろう。岩手工場が自動車関連に着手し始めたのは2016年6月から、今後の取組みが期待される。

2000年代に入ってから大きな構造調整に直面しているミスズ工業は、人員を大きく減らし、この5年ほどは新規採用を控えていた。ようやく2017年4月から採用再開に入り、1人の内定者を出している。半導体、時計生産で超精密の世界の経験を重ねてきたミスズ工業、及び岩手工場は、自動車、医療といった、これまであまり経験のなかった世界で新たな可能性を掘り起こしていくことが期待されている。

（4）東京下町から進出、北上がマザー工場
──半導体を軸に、樹脂型、プレス型、装置にも展開（多加良製作所）

1990年代までの日本の半導体産業は世界を席巻していたものだが、近年は台湾勢、韓国勢主体となり、特に後工程といわれるシリコンウエハの切断からパッケージまでの後工程の部門は海外勢の時代になっている。だが、半導体製

　　　　北上工場の機械加工職場　　　　　　ラッピングのサンプル

 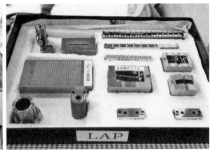

造装置、あるいは半導体関連の金型部門では依然として日本勢の存在感は大きい。特に、半導体金型（モールドによる封止金型、プレスによるリードフレーム金型）は、日本の中堅・中小企業の得意とするものであり、全国の各地に優れた企業がある。そうした中堅・中小企業の一つとして岩手県に3工場、北上市にマザー工場を展開する多加良製作所が注目される。

▶東京葛飾区から岩手県、ベトナムに展開

　多加良製作所は、1961年、町工場の集積する葛飾区四つ木でプレス金型及びプレス加工企業として創業する。1967年には、その後の主力の一つとなる半導体用モールド金型（封止用）の製作を開始し、翌1968年には半導体用リードフレーム金型（プレス）の製作を開始している。その後、1970年代に入ると葛飾区の操業条件が悪化したことから、1973年には岩手県北上市（旧和賀町）竪川目に進出した。岩手県に進出したことについては、当時、有力得意先の一つであった山形日本電気（米沢市）の人と多加良製作所の創業者が懇意であったこと、さらに、東和町（現花巻市）の高校教諭と懇意であり、従業員も岩手県から来ている場合も多かったことによる。なお、多加良製作所の名称は「多くの良いアイデアを加えて」というフレーズから取り出して付けられていた。

　その後、北上工場の拡大を進めるが、さらに拡充のために、1981年、岩手県二戸市に二戸工場、1989年には大船渡市に大船渡工場、さらに、1997年に

| 金型の仕上げ加工 | ラップ工程には女性が |

は宮古市（旧新里村）に宮古工場（旧新里工場）を展開、岩手県は4工場体制としていった。なお、このような岩手県での複数工場の展開については、従業員の年齢が上がると帰郷する傾向があり、むしろ、従業員の出身地を意識して配置されていった。なお、大船渡工場は東日本大震災で被災したため閉鎖された。当時の大船渡工場の従業員約40人は、他の岩手県内の工場に移籍させた。現状、多加良製作所の各事業所の従業員数は、東京本社25人、北上工場170人、宮古工場30人、二戸工場25人の総勢約250人となっている。なお、宮古工場、二戸工場は金型の部品生産に従事している。

　さらに、海外展開としては、ベトナムに焦点を絞り、2005年にハノイ郊外に進出している[5]。受注先の目処のないままの進出であったとされるが、たまたま同じ工業団地（第一タンロン工業団地）にはインクジェットプリンターのキヤノンが進出しており、早速オファーがかかり、一気に主力になっていった。その他の受注先も増えていった。従業員数は2016年現在、115人前後となっている。途上国への進出の場合、家電、電子部品の組立系の企業の進出は活発にみられるものの、金型、プレス等の機械金属系の要素技術の中小企業の進出は少ない。そのような事情の中で、多加良製作所は興味深い足取りを重ねているのであった。

▶半導体関連金型を焦点に総合的な力量を備える

　2005年の頃には、東京の生産を停止し、生産は岩手に集約された。金型か

ら成形までを行っているが、半導体関連の「売り型」がメインであった。なお、日本の金型企業の場合、プレス金型か、あるいは樹脂金型のいずれかで専業化している場合が多いのだが、多加良製作所は半導体を焦点に樹脂封止用のモールド金型と、リードフレームのプレス生産用金型の両方を手掛けていた。

半導体の製造は、ウエハの製造に関わる「前工程」と、それ以後のウエハのスライス、チップ化（ダイシング）、マウンティング（チップをリードフレームに乗せる）、ワイヤーボンディング（金線でチップとリードフレームをつなぐ）、モールド（チップを保護するために樹脂で覆う）、トリム＆フォーム（T＆F型、トリミング、フォーミング）、検査、マーキングといった「後工程」を経て、半導体デバイスとして完成される。

多加良製作所の事業部門は金型部門と成形部門に分かれ、金型部門は半導体用金型（樹脂封止用のモールド金型、リードフレーム生産用のプレス金型）、一般のインジェクション金型、プレス金型、特殊金型であり、成形部門はインジェクション、金属プレス、金属部品との一体成形、さらに金型を載せる装置までを手掛けていた。

▶海外展開と技術の内面の高度化の課題

最近の多加良製作所の主力の受注先は、半導体関連ではパナソニック（伊勢、門真、長岡京、中国蘇州、フィリピン）、東芝（姫路、石川県能美）、ジェイデバイス（大分、福井県坂井）、シャープ（中国珠海、インドネシア）であり、電子部品関係ではアルプス電気（宮城県北原）、村田製作所（京都、小松、横浜）、NECトーキン（宮城県白石、フィリピン）、新電元（飯能、由利本荘、フィリピン）などとされていた。全体的には国内から海外移管が進んでいる。近年の中国、フィリピン、その他のASEAN対応として、香港に1人駐在させていた。日本国内の半導体生産が今後とも縮小していくとしても、世界では中国、ASEANを焦点に半導体の生産は拡大し、さらに内容が高度化していく。そのような流れを受け止めながら、岩手の地で新たな取組みを重ねていくことが求められている。多加良製作所のライバルとしては、京都のTOWA、長野のアピックヤマダ、福岡の第一精工、東北では山形のエムテックスマツムラと

されていた。いずれも日本を代表する半導体金型の中堅企業ということになる。

　北上川流域の雇用情勢は厳しいものがあり、多加良製作所としては採用担当を3～4人置き、東北6県の大学、高校等を回っている。営業職は東京本社対応だが、現場関係は北上が担っている。2016年4月の採用実績は9人、大卒3人（日本大学、弘前大学、秋田大学）、短大2人、高専、高卒3人であった。高卒についてはもう少し欲しかった。2017年採用もほぼ同じような見通しであった。

　今後の課題としては、国内の半導体関連のユーザーが縮小していること、岩手の工場が分散しており効率が悪いことが指摘されていた。このような事態に対して、当面、2016年3月に営業拠点として台湾タカラを設立、台湾の受注拡大を目指していた。台湾には半導体後工程、さらには電子部品関連の世界的な有力企業がある。これらからの受注は必至であろう。現状、台湾への売上額は10％程度になってきたが、30％が目指されていた。

　多加良製作所の北上工場の現場を観察すると、年齢の分布も良く、女性が検査などの工程で目立った。女性の起用、技能の継承も意識的に取り組まれているようにみえた。この半導体金型、装置モノの世界は、市場の世界的な拡散、技術の内面の高度化が課題とされる。そのような取組みが北上の地で重ねられているのであった。

（5）釜石で津波被災し、北上に移転
　　——コネクタの一貫生産で行く（大村技研）

　2011年3月11日の東日本大震災により岩手県沿岸の一帯は大津波に襲われた。沿岸部に立地していた漁業、水産加工業は壊滅的な被害を被った。また、岩手県沿岸の各都市には精密機械加工系の中小企業も数多く立地していたのだが、多くは高台にあったため被災を免れることができた。それでも、臨海部に立地していた幾つかの中小企業は被災した。その一つのケースとして釜石市唐丹の大村技研が知られる。この大村技研、その後、北上市に移転し、再開していくことになった[6]。

　大村技研は東京オリンピックの前年の1968年、大村次郎氏によって横浜市

流失した大村技研東北工場（釜石市）

提供：大村技研

で創業されている。当初は線バネのメーカーとしてスタートした。その後、次第に金型部門を充実させ、電子部品、特に精密さを要求されるコネクタへと展開していった。大田区から川崎、横浜にかけては、このような足跡をたどった中小企業が少なくない。

▶国内有数のコネクタの一貫工場を展開

1987年9月には、その後の主力工場となる東北工場を岩手県釜石市唐丹町のJR山田線唐丹駅の近くに設置する。釜石進出については、多くの従業員を岩手県、熊本県から採用しており、当時の営業部長が釜石市の出身であったことが強く影響したとされている。当時、新日鐵釜石製鐵所が合理化を重ねており、従業員を確保し易いこと、また、釜石市が積極的に誘致活動を展開していたことも強く働いた[7]。

震災前には横浜の本社工場は総務、営業、金型の設計製作で従業員70人、主力の東北工場（釜石）はコネクタの一貫生産、自動機等の製作で従業員230人（うち正社員140人）を数えていた。事業内容としては、高速プレス金型設計・製作・プレス、プラスチック成形金型の設計・製作・成形、自動機設計・製作、自動組立・電子部品製作というものであった。なお、主力の釜石の東北工場は唐丹の敷地に第5工場まであり、敷地面積2万㎡、建物面積7050㎡で

現在の岩手第1工場（北上市）

あった。基幹的な機械設備としては高速プレス機51台、成形機28台、自動組立機140台を装備していた。国内のコネクタの一貫工場としては有数なものであった。

▶被災とその後。長野、北上で再開

　3月11日の地震は棚が少し倒れた程度であった。直後に大津波警報が出て、従業員全員を三陸鉄道南リアス線唐丹駅前の駐車場に集めた。そこで待機していると、15時20分、川が逆流し始め、津波が防潮堤（11.7m）を超えるのがみえ始めた。全員で山の方向に逃げた。高台からは、津波で五つの工場（2階建）の屋根しかみえなかった。昼勤の従業員180～190人は全員無事であった。しばらくして解散したが、その日は工場には近づけなかった。人的被害は夜勤のために自宅にいた従業員2人、従業員の家族10～12人を数え、自宅を流失してしまった従業員が10～20％にのぼった。

　横浜の本社サイドも被災の状況がつかめず、3日後から様子を見に来て、3月28日頃から金型を取り出す作業に入った。機械設備は全て修理不能であった。金型は横浜の本社工場で修理していった。

　なお、大村技研の場合、長野県上伊那の飯島町に工場を一つ保有していた。

この工場は1989年3月に取得したものであり、コネクタの自動組立機を生産していた。ただし、2008年のリーマンショック以降、閉鎖していた。震災後、電力環境の良い中部電力管内であること、立ち上げ環境ができていることから、再開することにし、2011年5月1日に長野工場として再スタートさせている。当初、長野工場は釜石の従業員6人で開始し、一時期48人規模にまでなったが、その後、北上の岩手工場が稼働したことから、現在では長野工場は27人になっている。射出成形、コネクタの組立に従事している。

　この間、岩手工場は幹部を含め、従業員を全て解雇し、失業保険を受給できる環境を整備した。岩手県内での再開をイメージして県内の各地を歩き、仮工場を探し、結果的に北上市の北上産業業務団地（オフィスアルカディア・北上）内の北上市の貸研究工場（100坪）に入居、7月1日に操業開始している。主要な機械設備は高速プレス機8台であった。その他に金型補修用のフライス1台、研磨機2台、プロファイルグラインダー1台が設置された。従業員は24人、うち20人は釜石から来ていた。貸工場の所有者は北上市であり、家賃は復興支援として1年間無料であった。

　その後、大村技研は岩手県で本格的な工場再建を考え、いくつかの候補地を模索していった。釜石市の場合は仙人峠付近の山中を造成する方向で進んでおり、2～3年はかかる。それだけの時間を待つことはできず、現在の貸研究工場の近くの北上産業業務団地内に進出することを決定する。2011年10月11日には北上市と立地協定を結んだ。敷地面積5249㎡、延床面積（2階建）2914㎡、投資総額は11億円にのぼった。生産能力は釜石工場の半分ほどが計画されていった。なお、この投資に対しては、震災後に設置されたグループ補助金の適用になり、実質的には投資額のほぼ4分の3が対象になった。人員は40人からスタートしていった。この岩手工場（1階プレス工場、2階組立工場）は2012年4月にオープンした。

▶被災から5年半、新たな体制を形成

　それから4年半が経過した2016年10月、岩手工場を再訪した。この間、2014年11月に敷地内に岩手第2工場（自動機の製造）、2016年9月には岩手

第3工場（組立）を設置していた。従業員は110人を超え、次第に増加していた。精密なコネクタの金型（製造は横浜）、プレス、成形、組立までの一貫生産であり、自動組立機も社内で製作されていた。受注先は国内の有力コネクタメーカー数社であり、被災前と変わらない。プレス品と組立成形品の比重は点数では50：50だが、金額では40：60程度になっていた。

　被災後、一般的に他社に転注されるケースが多かったのだが、大村技研の場合の取引先は継続されていた。ただし、機械設備を全て流失してしまったため、従来事業はゼロになり、新しい受注に合わせて機械設備を整えていった。コネクタの世界の技術革新は激しく、常に新たな製品が求められていく。現在では、コネクタは狭ピッチコネクタの製造がメインになってきた。大村技研の特色は、①多品種・多様に対応できる金型づくり、②標準品を除くプレス金型パーツは全て社内加工、③24時間稼動体制で金型仕上げ、④自動組立機は内作、というものであろう。

　釜石で被災後、結果的に30人は北上に付いてきたが、80人は北上で新たに採用した。釜石より採用は楽ではあるが、人手不足は厳しく、苦労を重ねている。2016年4月は10人採用を予定していたのだが3人（黒沢尻工業高校2人、専攻科1人）にとどまった。2017年4月に向けては9人の募集に対して7人（短大2人、高卒5人［黒沢尻工業高校2人、水沢工業高校2人、釜石工業高校1人］）の内定を出していた。ようやく、内陸の北上で大村技研の知名度が高まってきたようであった。

　北上地域には半導体関連の加工業者は多いものの、コネクタ関連の加工企業はいない。海外移管が急速に進んだ半導体に比べて、コネクタ生産はまだ国内で維持されている。当面、スマートフォン、タブレット等で市場が拡大してきたが、今後、予断は許さない。コネクタ製造から次の展開が求められているように思う。被災から5年半、大村技研は北上の地で蘇ってきたのであった。

(6) 金型部品の標準化で新たな可能性を切り拓く
　　――中国の売上額が日本を上回る（パンチ工業）

　金型は近代工業技術の象徴的なものであり、技術革新の焦点とされてきた。

金型自身は量産を支えるものだが、その製作プロセスは際立った個別性があり、職人的技能と先端技術が組み合わされていく独特の領域である。日本の場合は、戦前期からの職人的技能の伝統に加え、工作機械群のマイクロ・エレクトロニクス化の進展により、金型技術は世界一といわれてきた。現場の職人的技能のノウハウが工作機械メーカーの開発に吸い上げられ、工作機械、金型技術が独特の発展を遂げていった。

特に、近年は金型部品の標準化と金型部品メーカーの活躍が目を惹く。日本国内ではこの30〜40年の間に、金型部品の専業メーカーが登場している。最有力企業は金型部品全般に展開しているミスミ（東京都文京区）、そして、モールドベースの双葉電子工業（千葉市）、そして、モールド金型の押し仕出しピン、鋼板を打ち抜くパンチの領域に向かったパンチ工業がある。

▶金型部品の標準化に向かう

パンチ工業の創始者の森久保有司氏（1943年生まれ、現名誉会長）は機械商社の工具部門の営業職の頃に、金型部品に関心を抱き、1975年、品川区の自宅で創業している。その後、次第に製造に向かい、部品の標準化に努め、併せて金型部品の寿命延長に取組み、特に熱処理技術に深い関心を寄せていった。そして、事業の基本を、①製造直販体制をとる、②標準化しながらも、ユーザ

モールド金型用エジェクターピン（押出ピン）　　　　ワイヤーカット放電加工機

提供：パンチ工業

ーニーズに対応した量産体制を築く、③独自に熱処理技術を獲得する、に置き、従来の金型の「職人の世界に、新たな供給システムを築く」を目指していった。この点は現在においても変わらない[8]。

　この間、東京の人材確保難から地方展開を検討し、1983年には北上市に北上工場、さらに、岩手の2次展開として、1989年には宮古パンチ工業（現宮古工場）をスタートさせている。2016年10月現在、北上工場（従業員382人）はエジェクターピン（押出ピン）を中心としたプラスチック射出成形用金型部品、特に、半導体封止用金型に多用されている。宮古工場（254人）は、プレス金型打ち抜き用パンチをメインにしている。この間、本社は2004年に創業の地品川区から港区に移転し、さらに、2016年3月に品川区大井町に移っている。また、2006年には山形市のピンテック（82人）をM&A、さらに、2011年には兵庫県加西市に西日本対応を意識して兵庫工場（127人）を設置している。国内4工場、14販売拠点を形成している。国内のユーザーは約6000社とされている。パンチ工業はカタログ品をベースに、特注品に対応しているが、北上工場の製品の70％は特注品、宮古工場も60％は特注品であった。

▶時代の動きを見通した中国展開

　この間、海外展開にも意欲的であり、特に、中国には1990年10月、大連経済技術開発区の標準工場に独資（100％出資）で進出している[9]。日本の金型関連企業では異例の早さであった。当初は粗加工を期待していたのだが、意外に習得が早く1990年代の後半には日本とほぼ同じものが作れるようになっていった。1995年には大連郊外の瓦房店にも工場を展開していった。2000年の頃には、大連と瓦房店を合わせて2000人を超える規模となっていった。

　中国は、当初、100％独資で進出した場合、国内販売は事実上閉ざされていた。国内販売を希望する場合は、中国企業との合弁が条件とされていた。パンチ工業の進出した頃は中国国内市場展開のことは考えてもいなかった。だが、1990年代の外資導入を通じて劇的な経済発展を実現した中国は、2002年春に大きな政策転換をしてくる。一定の条件の下で「独資でも、国内販売自由」とされた。

放電加工用の電極

研修中の大連パンチ工業の中国人従業員

　このような動きに対して、パンチ工業の動きは鋭く、2002年8月、広東省東莞市に販売拠点を設置、2003年11月には上海市に販売拠点を設置している。中国の金型等の機械工業の集積地は広東省の深圳から東莞のあたりと、もう一つは上海から無錫にかけてのあたりである。そのような事情を察知しての進出であった。大連は日本に戻す（輸出）には最適な位置だが、中国市場を視野に入れるならば不利といわざるをえない。このような事情から、2003年12月には無錫に分工場、2004年5月には東莞に分工場を設置している。大連工場で粗加工したものを無錫と東莞の分工場に在庫しておき、地域の要請に即応できる体制を築いたのであった。パンチ工業は、2002年春の「独資でも、国内販売自由」という政策転換を最も効果的に受け止めたということができる。

▶海外売上額が国内を上回る

　1990年代の末の頃から、日本の電子系、機械系企業の中国移管が進んでいく。国内の縮小傾向が明らかになっていった。他方、中国はその後も一本調子の経済発展を突き進んでいった。無錫周辺、東莞周辺はいっそう機械工業集積の密度を高め、技術的にも高度なものになってきている。金型部品の標準化は中国でも受け入れられ、中国のユーザーが一気に増えていった。現在では8000社ほどになっている。売上額の増大は著しく、日本よりも大きなものになってきた。2015年3月期をみると、パンチ工業の約350億円の売上額のうち、日本は43％であるのに対し、中国は48％となったのであった。その他の

7％はアジア諸国であった。

　この間、2012年8月にはマレーシアに進出（従業員168人）、2015年12月にはベトナムに会社設立、2016年10月末に稼働させた。当面、50～60人規模でスタートし、100人規模を予定していた。また、海外販売拠点は中国の32カ所を筆頭に、韓国、台湾、フィリピン、タイ、インドネシア、オーストラリア、シンガポール、インド、トルコ、ドイツ、イギリス、アメリカ等に自社販売拠点及び代理店を設置している。

　売上額の推移をみると、1990年頃は約50億円、2000年前後が120億円、リーマンショックの直前の頃は約240億円、その後いったん減少するが、2010年以降、海外売上額の急拡大に伴い、2016年3月期は過去最高の連結売上額は367億円となった。従業員数も連結で3836人、単体で927人となった。なお、パンチ工業は2012年12月に東証第二部に上場、2014年3月には東証第一部に付け替えになっている。

　なお、北上工場については、パンチ工業全体の拠点工場であり、設備改善等に意欲的であり、しばらく訪問しないと見違えてしまうほどである。良質な職場が形成されている。

　このように、パンチ工業は金型部品の標準化の流れを先導し、押出ピン、プレス用パンチを主軸に、カタログ品をベースに特注に応えるというビジネスモデルを日本で成功させ、さらに、中国、アジアで興味深い展開を重ねているのであった。

3. 次世代型事業への転換の課題

　日本の精緻なモノづくりの象徴とされた半導体産業には、総合電機メーカー、家電メーカー、通信機器メーカーの有力企業の大半が参入し、1980年代から1990年代にかけて際立った発展を示した。だが、その頃から韓国、台湾勢が登場し、低価格量産、受託生産に乗り出し、さらに、台湾勢は一斉に中国上海周辺に展開、巨大な工場を建設、一気に存在感を高めていった。当初は半導体の後工程に従事するものであったが、その後、前工程にも参入、現在では、前

工程はファウンドリー企業と呼ばれる専門企業、後工程は OSAT 企業と呼ばれる台湾、アメリカ企業が担い、日本企業は後退を余儀なくされてきた。

　日本企業の海外工場の大半はすでに撤退し、国内でも大きな再編が進んでいる。現状では、特に半導体各社は後工程の撤退に踏み出し、日本国内では新興のジェイデバイスがそれを受け止め、日本製 OSAT 企業として存在感を高めてきた。だが、そのジェイデバイスもアメリカの有力 OAST 企業であるアムコーの傘下に入っていった。半導体後工程の世界は、台湾勢と幾つかのアメリカ企業が先導するものになってきた。この点、前工程については、日本企業は踏みとどまっているが、後工程と同様にファウンドリーな受託のスタイルが次第に本流になりつつある。日本最大の半導体企業である東芝も、後工程の部分を縮小し、前工程のファウンドリー事業に向かいつつある。

　このような中で、半導体の後工程を支えてきたリードフレーム等の精密金型、プレス部門を担ってきた中小企業は、新たな対応を迫られている。

▶オープン・イノベーションと世界への視野

　金属部品の半導体のリードフレームやコネクタは、PC やスマートフォンの高性能化の中で、小型化、細密化が要求され、極度に小型精密なものが求められてきた。この点は樹脂成形も同様であり、スマートフォンに搭載される電線を巻くボビンなどは極小部品となってきた。このような課題に日本の精密金型メーカー、プレス、成形部門は見事に対応を重ねてきたのだが、この間、アジア、中国の技術レベルも上昇し、量産的なもの、中低級品的なものはそちらに移管されていった。このプロセスは限りなく、仕事の海外流出、国内ではより細密なもの、高難度なものに向かっていった。

　こうした流れが、日本の関連中小企業の技術レベルを上げてきたのだが、仕事量全体は縮小するというジレンマに陥っている。そして、縮小する半導体に代わりうる領域を国内でみつけ出していない。次世代産業としては、自然エネルギー、航空宇宙、あるいは医療・福祉などといわれても、半導体やコネクタほど市場が大きく、汎用的で、量の出るものは考えにくい。この量産の世界で成功したことが、むしろ、障害になっているのかもしれない。

この状況を突破していくためには、幾つかの課題があるように思う。一つは、半導体やコネクタ等は今後とも世界的には市場が拡がることから、本格的な海外生産に踏み込み、世界のユーザーに向けてハイエンドな部分で海外企業と競争していくという視点である。このような取組みは、本章でみたパンチ工業のケースが参考になろう。海外の拡大が国内の減少をカバーし、国内はより高度なものに向かうという循環が形成されている。

　二つ目は、精密金型で培った精密加工技術、金型に昇華されている製品の構想力を他の先端的な領域に活かすという視点である。宇宙、航空、高度医療などに、そのような余地があるように思う。ただし、その場合、量的拡大は期待しにくい。事業規模を縮小し、付加価値の高い方向を求めるということであろう。また、この延長にはヨーロッパなどの先端市場がみえてくる。日本、アジアに身を置いているとヨーロッパ市場はみえにくいが、近年、ヨーロッパでの日本の中小企業の技術に対する評価は非常に高く。小さな世界企業になりうる可能性は拡がっている。

　三つ目は、モノづくりの高度加工の場としての北上の工業集積を適切に公開し、オープン・イノベーションの場を提供し、世界の加工技術のセンターに向かうという考え方も必要であろう。そのためには、地域工業全体をうまくまとめ上げ、世界に情報発信し、可能性の幅を受け止められるものにしていく必要がある。本来、このような機能は東京の大田区のようなところで期待されたのだが、首都圏は工業機能の縮小、人材不足に加え、職人の高齢化が著しく、難しいものになってきた。この点、北上の場合は集積の密度は大田区あたりに比べて薄いものの、この十数年の間に半導体やコネクタの世界で先端を経験してきたことの意味は大きい。日本に残りうる最後の優れた工業集積地としての北上を展望していく必要がある。

　このあたりは、木製家具の旭川の取組みが参考になる。家具製造としてはわずか100年強の歴史しかない後発の旭川家具は、人材育成に努め、世界の家具産地が崩壊していく中で、現在は世界の木製家具生産の焦点になってきた。世界の家具デザイナーを集める３年に１度の「国際家具デザインフェア旭川」を開催しているが、近年は世界的なものとなり、100カ国、1200～1300人のデザ

イナーが参集してくる。現在では、原木市場、研究教育機関、人材調達等の木製家具生産のためのインフラが世界で最も整っているとされ、海外から工場を進出させてくる場合もある。機械金属工業における、新たなあり方を構想し、次に向かっていくことが求められているのである。

1) 台湾の半導体受託企業の大陸展開等については、水橋佑介『電子立国台湾の実像』ジェトロ、2001年、関満博編『台湾IT産業の中国長江デルタ集積』新評論、2005年、を参照されたい。
2) 新日鐵住金釜石製鐵所については、関満博編『震災復興と地域産業 2 産業創造 向かう「釜石モデル」』新評論、2013年、を参照されたい。
3) ジェイデバイスについては、伊東維年「日本の半導体産業の凋落下で飛躍を遂げるOSAT企業——大分県臼杵市に本社を置くジェイデバイス」(『商工金融』第64巻第5号、2014年5月)が詳しい。
4) 阿部製作所の蘇州進出の状況等については、関満博編『台湾IT産業の中国長江デルタ集積』新評論、2005年、補論Iを参照されたい。
5) 多加良製作所のベトナム進出の状況については、関満博『地域産業の「現場」を行く 第10集』新評論、2017年、第300話を参照されたい。
6) 東日本大震災で被災した機械金属系の中小企業については、関満博『東日本大震災と地域産業復興 II』新評論、2012年、第7章を参照されたい。
7) このような釜石市の事情については、関編、前掲『震災復興と地域産業 2 産業創造に向かう「釜石モデル」』を参照されたい。
8) パンチ工業の初期の事情については、関満博・加藤秀雄編『テクノポリスと地域産業振興』新評論、1994年、第5章を参照されたい。
9) パンチ工業の中国展開については、関満博編『メイド・イン・チャイナ』新評論、2007年、第2章を参照されたい。

第4章　北上の自社製品、受託組立のメーカー

　機械金属工業は、大きく製品企画、設計、部品加工、完成品の組立、販売までから構成されている。当然、このプロセスの中には、デザイン、検査・試験、広告宣伝、据付、メンテナンスなども含まれている。これらの全てを行う企業もあれば、幾つかの工程を行うという場合もある。特に、製品が高度化し、各工程の機械設備負担が大きく、また、各設備が高額化している場合、さらに、各工程の専門的な技術等が高まっていくと、これら全てを内部化することは難しく、専門化と分業化が進められていくことが少なくない。

　日本各地の産業集積地の歴史を振り返ってみると、発展の中で事業者数が増加し、必要とされる技術水準が高度化し、産業集積の厚みが増していくと、専門化と分業化が進んでいくことが観察される。例えば、機械金属工業の壮大な集積を示した東京大田区周辺の場合、このような専門化と分業化、そして、その組織化が進められていった[1]。

　その場合、地域工業にとって、最も注目されるべきは、製品企画・開発、そして販売力を保有する「製品開発型企業」という存在であろう。彼らが地域産業集積を牽引し、周辺の多様な機能の事業者に仕事を提供していく。そして、その製品メーカーの要求する技術レベルが高まり、周辺の事業者がそれに応えることによって、全体の技術水準が上昇し、地域産業集積の力が強まっていく場合が少なくない。そのような意味で、このような「製品開発型企業」が地域工業全体のリーダー的存在ということになろう。

　これら「製品開発型企業」は、先の一連の工程の大半を内部化している場合を一つの極とし、他方で、ファブレスといわれる製造・加工・組立機能を一切持たない場合もある。また、このようなファブレスが成り立つためには、それを受け止めてくれる優れた加工機能、組立機能が拡がり、あるいは完成品までまとめてくれる「受託組立型企業」というべき存在が必要となろう。半導体や

PCなどで顕著にみられたEMS（Electronics Manufacturing Service）[2)]、あるいは、多様な産業分野でよくみられる販売リスクを背負わずに生産に特化するOEM（Original Equipment Manufacturing）などはその典型となろう。これらのいずれも製品をまとめ上げるにあたって、多様な機能を組織化していくことから、地域産業集積にとって重要な役割を演じていくことになる。

なお、伝統的な繊維産地、木工産地などでは、独特の機械を開発・生産する製品メーカーが登場する場合も少なくないが、北上のように後発の地方の産業集積の場合、製品企画・設計力を身に着ける「製品開発型企業」は地場からはなかなか登場しない。事実、北上には機械金属関連の製品企画・開発から完成品の生産までを行う地場の「製品開発型企業」は存在していない。北上の場合、製品企画・開発から完成品組立てまでの一通りの機能を備えている企業は、幾つかの進出企業に限られている。また、これらの企業も、進出当初は企画・開発機能は都会の本社等にある場合が少なくなかった。現在でも、完成品の組立を行うものの、企画・開発機能を保有していない場合も多い。

このような事情の中で、リスクの大きい企画・開発までは担えないものの、製品にまでまとめ上げようとする「受託組立型」中小企業が登場してくる。その多くは鈑金・溶接加工など最終工程に近い機能を担っていた場合が少なくない。ユーザーとの距離が近く、ユーザーがファブレス化していく中で、製品にまとめることを求められ、OEMの経験を重ねながら、一通りの機能を身に着けていく場合が顕著にみられる。そして、このような存在は、一つには企画・開発能力を身に着け、「製品開発型企業」に転じていく場合と、もう一つはリスクの小さい「受託組立」専業に向かう場合もある。さらに「受託組立」専業の場合でも、企画・開発力を身に着け、ユーザーに提案していくODM（Original Design Manufacturing）、EDMS（Electronics Design Manufacturing Service）という形もある。

産業集積が進んできた北上では、一方で「製品開発型」は当面進出企業にしかみられないが、地場からは「受託開発型」のOEM、ODM、EDMSに向かっている中小企業が登場しつつある。この章では、これら二つに注目し、その具体的な姿と今後の可能性等をみていくことにする。

1.「自社製品開発型」の機械メーカー

　北上の機械金属系事業所の中で、企画・開発から完成品生産、販売までを行っている企業は非常に限られている。進出企業の中には、当初の加工、組立てから次第に企画・開発機能までを一定程度身に着けていく場合もあるが（企画・開発機能の地方工場への移行）、多くは都会の本社から指示されたものを生産していく場合が少なくない。地方の事業所が企画・開発、さらに販売機能まで備えていくことはほとんどない。

　現在の北上の機械金属工業集積の中で、そうした機能を一定程度身につけている事業所は、精米機の東北佐竹製作所、腕時計生産のシチズン時計マニュファクチャリング、工作機械のシチズンマシナリー以外にみあたらない。腕時計生産の場合は、ムーブメント生産、精密機械加工、樹脂成形、メッキ等の工程が基幹になり、シチズン時計マニュファクチャリングの場合は、大半は内部化（グループ内）している。東北佐竹製作所の場合は、当初は組立工場であったのだが、その後、本社工場からの生産移管も進み、次第に企画・開発を含めてマザー工場的な性格に変ってきた。シチズンマシナリーの場合は、工作機械のミヤノを合併したものであり、当初から企画・開発機能を保有していた。

　これらはいずれも進出企業であり、国内市場の縮小を受けた事業所の再編の中で、次第に企画・開発機能を備え、マザー工場的なものに変ってきつつあることも注目される。このような存在は地域工業集積にとってリーダー的なものとなり、集積全体に大きな影響を与えていくことになる。

(1) 東北の生産拠点を形成する東北北上工場
――世界一優良なる時計製造工場の実現（シチズン時計マニュファクチャリング）

　腕時計はかつては精密機械の代表的な存在であったが、1969年にセイコーによるクオーツ腕時計「アストロン」の発売以降、従来の機械式から一気にクオーツ時計の時代となっていった。当初のアストロンの市販価格は約45万円

北上工場の針職場	北上工場の金型職場

であったのだが、基幹部品の水晶振動子の劇的な価格低下により、70年代後半には、1万円を切る液晶表示のクオーツ腕時計まで登場していった。そして、このクオーツ効果により、国内的にはシチズン、セイコーで二分されていた腕時計の世界に新規にカシオが参入、その後、国内的には3社体制となっていく。なお、このクオーツショックにより最大の影響を受けたのはアメリカの時計メーカーとされ、壊滅していった。

　その後、市場が成熟していくにしたがい、液晶表示のデジタル腕時計はあまりみられないものになり、近年はソーラー電波時計、あるいは高級機械式腕時計が好まれるものになっている。このような中で、シチズンは腕時計の世界で興味深い歩みを重ねてきた。発祥の地は東京都新宿区（高田馬場）であり、主要工場は東京から埼玉、そして、山梨、長野、さらに、東北地方に展開している。その他には鹿児島日置市、北海道夕張市、新潟県妙高市、そして、海外工場は中国広東省広州市、タイに展開している[3]。現在、それらはシチズン時計の下に統合され、連結の売上額は3482億円（2015年度）、従業員数は連結で2万1665人（2015年3月時点）とされる。

▶東北工場の展開

　シチズン時計の創業は1918（大正7）年であるが、地方工場進出が活発化した1960年前後に東日本の各地に部品工場等を展開していった（図4—1）。東北の工場に関しては、当初、時計バンドと針をメインとし、後にエボージュ

図4―1　シチズン時計マニュファクチャリングの沿革

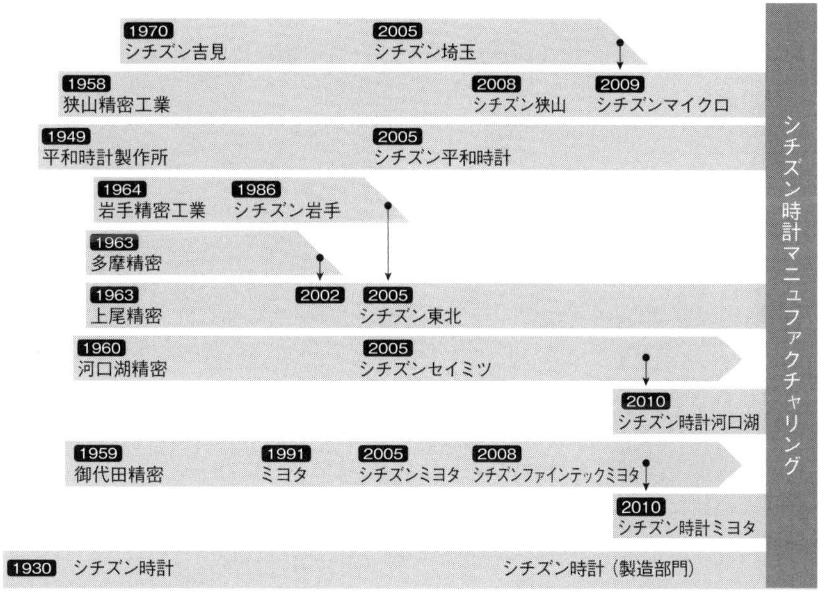

1970 シチズン吉見		2005 シチズン埼玉		
1958 狭山精密工業			2008 シチズン狭山	2009 シチズンマイクロ
1949 平和時計製作所		2005 シチズン平和時計		
	1964 岩手精密工業	1986 シチズン岩手		
	1963 多摩精密			
	1963 上尾精密	2002	2005 シチズン東北	
1960 河口湖精密		2005 シチズンセイミツ		
				2010 シチズン時計河口湖
1959 御代田精密	1991 ミヨタ	2005 シチズンミヨタ	2008 シチズンファインテックミヨタ	
				2010 シチズン時計ミヨタ
1930 シチズン時計			シチズン時計（製造部門）	

→ シチズン時計マニュファクチャリング

資料：シチズン時計マニュファクチャリング

（プレス、切削によるムーブメントのベース）も手がける上尾精密（北上工業団地）、ケースの多摩精密（福島県新地町）、関連会社の北上宝飾（西和賀町沢内）が展開している。その後、幾多の再編が行われてきたが、2013年7月1日、国内製造力の再強化を目指し、時計製造グループ5社とシチズン時計製造部門が統合され、新たにシチズン時計マニュファクチャリング㈱が設立されている。本社は埼玉県所沢市に置かれ、資本金3億円、全体の従業員数は2350人となった。

　シチズン時計マニュファクチャリングの事業領域は、基幹のムーブメント部品製造・組立、外装製造、完成時計組立となる。ムーブメント部品製造には、エボージュ、プレス、歯車・輪列類（切削）、精密プラスチック成形、回路基板、表面処理（熱処理、メッキ）、金型・治工具が必要とされる。外装製造には、文字板製造、ケース製造（鍛造プレス、切削）、時計用針（プレス、研磨）、

第4章　北上の自社製品、受託組立のメーカー　131

印刷加工、表面処理（湿式・乾式メッキ、蒸着）が必要とされる。さらに、電波時計にはアンテナ（巻線）、太陽光利用の場合はソーラーモジュール、蓄電池等が不可欠となる。腕時計生産には機械金属工業の基盤技術の全てが必要になる。

　このような事情を背景に、シチズン時計マニュファクチャリングの東北工場は、ムーブメント（プレス部品、アンテナ、材料化工、工機）、針（メッキ）を担う北上工業団地の北上工場（従業員385人）を中心に、相去町の北上南工場（エボージュ、44人）、福島県新地町の相馬工場（ケース完成品、97人）の3工場に加え、関連の西和賀町の北上宝飾（針完成品、90人）から編成されていた。そして、これらの部品の大半は長野県の工場（飯田工場、ミヨタ工場）と一部は中国広州工場に送り込まれ、腕時計として組立てられていくことになる。

▶シチズン時計の生産拠点の一つ

　なお、現在、東北北上工場とされる旧上尾精密は、1963年に埼玉県上尾市にシチズン時計100％出資企業としてスタートし、1970年に北上工業団地に進出してきた。2002年には多摩精密と合併、さらに、2005年にはシチズン岩手（旧岩手精密工業）と合併してシチズン東北となっていた。この間、上尾精密は本社も北上に移しており（1987年）、上尾市の工場は土地だけが残されている。

　北上工場には、旧来からの針、歯車等のメッキ工場に加え、2008年に新設になった新工場では金型、針、アンテナ（巻線）が展開されている。従業員385人の構成は、男性70％、女性30％であった。この北上工場の中には保育所が設置されており、地元の女性たちからは歓迎されていた。従業員の採用も男女の区別はない。2016年4月の採用は高卒が4人、大卒は本社採用で北上工場には2人配置された。2017年4月に向けては、高卒5人の内定を出した（女性が多い）。

　シチズングループの売上額に占める腕時計の比重は52％と圧倒的に高いが、幾つか他の業種にも展開している。工作機械（長野県御代田町、北上市）、

LED（山梨県富士吉田市）、自動車部品（山梨県富士河口湖町）、プリンター、健康機器（体温計、血圧計、西東京市）などである。このうち、北上の工作機械（シチズンマシナリー）は、1991年に北上流通基地に立地していたミヤノと2011年に合併したものである。北上とシチズンの関係は深い。

また、シチズンをめぐる最近のトピックスは、タイ工場を完成させたことであり（2013年）、シチズン時計の管轄の下で運営されている。このタイ工場の立ち上げにあたっては、北上工場からも人員を出していた。シチズン時計マニュファクチャリングは2013年の統合により、「世界一優良なる時計製造工場の実現」に踏み出している。統合各社の製造の再編はまだ完了していないが、クオーツ時計の登場と家電、OA機器、モバイル機器等に時計が搭載されるなどにより、業界は激動したが、ここに来て、ようやく落ち着いてきた。先進国市場では機械式の高級腕時計、また、高級ソーラー電波時計やGPS衛星電波時計に関心が高まっており、その製造拠点の一つとして、東北北上工場に期待される点は大きい。

（2）日本最北の工作機械メーカー
——自動旋盤のミヤノと合併して成立（シチズンマシナリー）

機械を製作する機械、いわばマザーマシンとして工作機械がある。旋盤、フライス盤をはじめとして横中グリ盤、研削盤などがあるが、最も基本的な工作機械が旋盤であろう。その旋盤の領域の中に小物量産を得意とする自動旋盤がある。時計産業などの中で発達し、棒材の精密加工、連続加工していくものとして独特な領域を形成している。現在日本の自動旋盤のメーカーとしてはシチズンマシナリー（2014年の自動旋盤のシェア約33％）、ツガミ（長岡、約24％）、スター精密（静岡、約19％）、滝澤鉄工所（岡山、約15％）、高松機械工業（石川、約10％）とされている。このシチズンマシナリーは、2011年4月にシチズンマシナリー（長野県御代田）とミヤノ（福島県矢吹）が合併して成立したものであった（当初、シチズンマシナリーミヤノ、2015年4月に現社名に変更）。

組立中のミヤノブランドの NC 自動旋盤

安田工業の最新鋭 MC が入っていた

▶シチズンマシナリーの歩みと特色

シチズンマシナリーの母体は 1918（大正 7）年創業の尚工舎機械研究所（のちのシチズン時計）であり、自社の時計部品製造を担うものとして自動旋盤を自社開発していた。1960 年には社内開発の自動旋盤の一部外販を開始していたが、1970 年に世界初の NC 自動旋盤を開発し、「シンコム（Cincom）」ブランドで本格的に販売に入っていった。シチズングループは、シチズン時計㈱（本社西東京市）を統括会社とし、大きく四つの事業から構成されている。2015 年度のシチズン時計の売上額は 3481 億円であり、時計事業（1812 億円、構成比 52.1％）、水晶振動子、LED 等のデバイス事業（806 億円、23.2％）、工作機械事業（515 億円、14.8％）、小型プリンターなどの電子機器事業（233 億円、6.7％）、その他事業（115 億円、3.3％）から構成されている。

シンコムブランドの工作機械の特徴は、主軸台が移動する主軸台移動形（スイス型）の自動旋盤といわれるものであり、細くて長い棒材の加工を得意とし、細密な加工が可能とされる。加工棒材の直径は 2～32mm までのものまでをカバーしている。工場は元々長野県御代田にあり、現在のシチズンマシナリーの本社（軽井沢）もそこにある。海外工場は、シチズンマシナリー自体としては、2001 年にタイ工場（アユタヤ）、2005 年に中国工場（山東省淄博）、2006 年にベトナム（ハイフォン）、またミヤノは、ミヤノ時代の 1987 年にフィリピン工場を設立している。海外生産拠点は 4 カ所ということになる。

御代田の本社工場はボールネジ、スピンドルといった基幹部品の製造、シン

コムブランドの部品加工、完成機生産、北上事業所はミヤノブランドの部品加工、完成機生産、中国工場は中国市場向けシンコム、ミヤノの両ブランドの完成機生産、フィリピンは鋳造、加工、キサゲ工場であり、日本と中国に供給とミヤノブランドの完成機生産、タイはシンコムブランドの生産、ベトナムは鋳造、加工工場であり、日本、中国、タイに供給している。シチズンマシナリーの従業員数は連結で約1630人を数え、国内だけでは約650人となる。

▶北上に着地していたミヤノ

　他方、ミヤノは1929（昭和4）年、東京の亀戸で工作用ヤスリ製造業として創業している。戦時期の1941（昭和16）年に長野県坂城町に疎開していった[4]。戦後はライター用ヤスリを製造していたのだが、その加工設備としてカム式自動旋盤を自社開発したところ自動車関連企業に売れていった。1977年にはNC自動旋盤を開発し、世の中に送り出している。この間、1953年、東京都三鷹市に三鷹工場を設置、1959年には坂城の本社工場を上田に移転させる。さらに、1981年には福島工場を設置し、三鷹工場を移転させる。また、1979年には対米自主規制に応える形でアメリカ工場も設置していた。

　その後、福島工場が手狭になり、長野にも拡大余地がないことから福島工場の近辺に進出を考えていたのだが、北上市の熱心な誘致活動に応え、1991年、北上工場をスタートさせている[5]。日本の最北の工作機械工場となった。当時、企業誘致に熱心に取り組んでいた北上市にとって、幅の広い工作機械メーカーの誘致は最大の課題になっており、ミヤノには造成中のインターチェンジに隣接する北上流通基地を割り当てた。進出にあたり、ミヤノ側からは「北上川流域程度の範囲で、協力企業となりうる基盤技術の中小企業100社を紹介して欲しい」として調査票を渡されたが、市が提出した調査票をみた購買担当からは「ウチのレベルに合うところは10社もない」といわれた。このことが、その後の北上市の誘致活動に重大な影響を与えたとされている。以後、北上市は誘致の焦点を基盤技術を備える中小企業に絞っていった。

　2007年にはシチズングループとの資本業務提携、2009年には上田を引き揚げて福島に本社を移転、製造拠点を北上に集約していった。そして、2010年

にはシチズンホールディングスの完全子会社となった。2011年にはミヤノとシチズンマシナリーが経営統合し、シチズンマシナリーミヤノに商号変更、さらに、2015年に現在のシチズンマシナリーに商号変更し、北上工場はシチズンマシナリーの北上事業所となった。

　先のシンコムブランドが主軸台移動形であったのに対し、ミヤノブランドは主軸台固定形である。加工可能な棒材は32〜64mmというものであり、むしろ、中径短尺ものの加工を得意とし、剛性が強く自動車部品等の加工に向いている。このように、この統合により、小物はシンコム、大物はミヤノの二つの補完的な自動旋盤を供給していく体制が整っていった。

▶北上事業所の現状

　ミヤノの北上工場を引き継いだシチズンマシナリー北上事業所は、現在の敷地面積6万7938㎡、建物面積1万8519㎡、2016年10月現在の従業員数は116人（男性102人、女性15人）の他に派遣社員20数人の140人規模で運営されていた。基本的に北上事業所はミヤノブランド機の製造であり、機械加工、組立が行われている。工場内には安田工業、オークマの大型加工機械が目立った。また、キサゲ加工（社内3人、社内外注3人）も行われていた。

　鋳造品のベッドは4トンまではフィリピン工場から調達、大きなものは工作機械工場の集積する新潟県長岡の鋳物屋から入れていた。フィリピン工場にはキサゲ師が30数人いて、中小型機のスライドベースは摺合せをして北上事業

国内調達の鋳物のベッド　　　　　　キサゲ加工も行われている

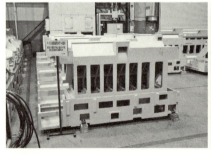

所に納入している。基幹部品のスピンドルは粗加工までを長岡の業者に依頼し、最終仕上げは御代田本社で行い入荷していた。鈑金は地元のエヅリコエンジニアリングと秋田の業者に依存していた。進出して四半世紀が経つが、全体的に北上周辺では電子関係は別にして、工作機械向けの高精度加工の協力工場を得られないとしていた。また、国内ユーザーの場合、ほぼ必ず改造を求められ、塗装もユーザーの希望する色に対応していた。塗装のブースは8基用意されていた。日本最北の工作機械工場として良質な空気が流れていた。

　2014年度のシチズンマシナリー全体の工作機械売上額517億円に対し、2018年度の目標は600億円、生産台数650台が掲げられていた。国内が200台、中国200台、タイ200台、フィリピン50台が期待されていた。また、国内市場は縮小している中で、70％は輸出とされていた。国内では自動旋盤を大量に並べる企業をみることは少ない。このような事業は、中国、ASEANが中心になっているのである。

　ミヤノの進出当時は、最北の工作機械メーカーということで、地元の工業系の人材が集まったものだが、近年は機械、電気の要員を確保することはなかなか難しい。2016年4月は全国（御代田、北上、所沢）で16人を採用した（本社採用）。大学、短大で9人、高卒7人であった。2017年4月も同規模を想定していた。2016年4月入社の高卒の若者が1人、希望してキサゲの職場に就いていた。工作機械は機械産業の最も基本的なものであり、基盤技術の全てを必要とする。最北の工作機械工場として良質な仕事を重ねられているのであった。

（3）世界的精米機メーカーのマザー工場に向かう
──進出以来、次第に領域を拡大（東北佐竹製作所）

　サタケ（広島本社）といえば、精米関連の機械メーカーとしては世界的なものであり、日本国内ばかりではなく、世界の米生産国に機材を提供している。事業領域としては「食品産業総合機械、プラント設備及び食品の製造販売」とされているが、主力は農家用の精米機から業務用の大型精米機、カントリーエレベーターなどまでであろう。生産拠点としては国内は東広島、岩手県北上の

2拠点、海外は中国蘇州（従業員約250人）、タイ（450人）の2拠点を展開している。サタケ本体の従業員は約1000人、グループ企業を含めると約2700人を数える。2015年2月期の売上額は約374億円に達している。

国内の市場占有率は大型精米工場で70％、カントリーエレベーター40％、ライスセンター35％、農家用乾燥機25％、農家用籾摺機50％を数え、国際市場占有率も、近代的精米プラントについて、アジア70％、北米98％、中南米50％。中近東・アフリカ60％を占めるなど、世界の140国地域以上に輸出している。そのサタケグループのマザー工場が北上市に展開している。

▶サタケの輪郭と東北佐竹製作所

サタケの創業は1896（明治29）年、佐竹利一氏が日本初の動力精米機を考案、製造販売を開始している。1962年にコンパス精米機を発売、精米の工場化を促し、サタケの発展の契機となっていった。さらに、1964年には日本初のカントリーエレベーター（国内3カ所のモデルプラント）を独占供給していった。このような中で稲作地帯である東北への進出が模索され、当初は宮城県北部を探していたのだが、現在地の北上市和賀川東部工業団地の約8万㎡（その後、東北新幹線用地として一部を提供、現在は7万9800㎡）を取得、1968年に量産機種の専門工場として東北佐竹製作所を設立している。当初は小型の乾燥機から出発、その後、精米機、米選機などに展開していった。当初は広島の親会社で溶接した部品を受け取り、塗装、組立てして完成品にしていた。

1990年に東北佐竹製作所を訪問したことがあるが、当時は広島の親会社で企画した小型の乾燥機、籾摺機、選別機を生産していた。鋳物は水沢、鶴岡、プレス・鈑金加工は大半が内作、機械加工の半分ほどは外注（北上、花巻中心）、メッキは北上に出していた。当時は大物機械加工のできるところが地元にないことが指摘されていた。従業員約300人、売上額45億円ほどであった。その頃は北上には営業機能はなく、親会社から受注し、親会社に販売する「受託組立」の形をとっていた。

この間、日本及び日本農業を取り巻く状況は大きく変化していく。減反による稲作の減少、集落営農、大規模受託経営など大規模農業の浸透などにより、

東北佐竹製作所のプレス工場　　　　　１個流しの組立工程

　農業関連の機械の市場が縮小、逆に大型機械への移行が進んでいく。また、海外、特にアジア、アフリカ、中南米等の農業近代化の動きの強まり、さらに、趨勢的な円高傾向により生産の海外移管も進んでいく。このような中で、対外的には 1987 年にタイ最有力の CP 集団との合弁によるタイ工場を、2004 年に中国蘇州工場を展開していった。なお、大型の精米設備は東北佐竹製作所で生産し、EU やインドに供給していたのだが、2000 年代中頃の円高の中でタイ工場に移管されている。

　この間、国内では北上の東北佐竹製作所の存在感が大きなものになり、2000 年前後以降から国内の乾燥機市場の縮小を受けて生産の集約が行われ、現在では乾燥機は全て東北佐竹製作所に移管されている。さらに、選別機に関しても、かつては広島で生産していたのだが、2000 年代末の頃以来、小型機から順次東北佐竹製作所に移管され、現在では 100％ 移管されている。全体的な傾向として、北海道から東日本全体は東北佐竹製作所がカバーし、九州から中四国は広島工場（佐竹鉄工）がカバーする形になっている。また、大型機は東北佐竹製作所、中小型機は広島工場となり、事実上、現在では東北佐竹製作所がオールサタケのマザー工場としての機能を高めつつある。海外工場への治具の供給、研修の受け入れも東北佐竹製作所が受け持っていた。

▶マザー工場に向かう東北佐竹製作所

　このような歩みの中で、東北佐竹製作所は大型乾燥施設、カントリーエレベ

農家用光選別機と籾摺選別機（右）

大型乾燥機

ーターから、農家用のものまで幅広い領域をカバーしていた。東北佐竹製作所の主力は乾燥機、籾摺機、選別機とされていた。特に、ヒット商品の農家用小型光選別機「ピカ選」は、フルカラー CCD カメラを内蔵し、玄米中に混入しているガラスなどの異物を高精度に選別するものとして広く受け入れられている。また、近年の集落営農、大規模受託経営の拡がりに対して[6]、耕作面積 20ha 程度を意識した 2000 万円ほどの「モデルプラント（乾燥機、籾摺機、選別機、ホッパー等）」を開発していた。工場内はプレス・鈑金といった部品工場に加え、大型設備を生産する工場、さらに、小型機の量産ラインから編成されていた。東北佐竹製作所の従業員数は正社員約 150 人、準・臨時社員約 100 人、派遣社員約 30 人の計約 280 人体制であった。2013 年の売上額は約 70 億円を数えたが、農家戸数の減少を反映して 2015 年は約 65 億円とされていた。

　当初、農家用の小型機の塗装、組立から出発した東北佐竹製作所は、国内外の環境変化の中で大きく変わってきた。農家向け小型機の量産システムから 1 個流し生産方式への転換、さらに、カントリーエレベーター、ライスセンターなどの大型機械までの総合的な内容になり、オールサタケのマザー工場的なものへと進化している。また、北上地域は意欲的な工業化を進め、さらに近年は自動車工場も進出してきたことから機械加工、鈑金加工の事業者も増えている。基軸の鈑金・塗装・組立は内作が原則だが、機械加工は特殊なものは内作、一般的なものは北上から花巻の外注に依存している。鋳物は水沢、メッキは北上で対応していた。現状、近くで対応できないものは大物のダイキャスト（プー

リー、排出口など）ぐらいであり、それらは広島、新潟に出していた。

▶進出 50 年、次の 50 年に向けた課題

このように、国内外の農業をめぐる大きな構造変化の中で、市場環境は厳しいものの、東北佐竹製作所は着実に力をつけてきた。ただし、雇用情勢は厳しい。2016 年 4 月については、5 人の募集に対して 1 人も採れなかった。北上進出以来の初めての事態であった。そのため、中途採用 3 人で対応した。なお、トヨタ自動車東日本は宮城県大衡村に技能工養成の「トヨタ東日本学園」を展開している。1 年制で定員 20 人（20 歳未満）とされている。この 20 人のうち 5 人の枠を東北地方の企業に開放している。東北佐竹製作所はその枠を 1 人分確保し、2015 年 4 月採用の若手を派遣していた。

今後、日本の農業をめぐる状況はさらに大きく変わる。米消費量の趨勢的減少、農家数の減少と高齢化、大規模経営の浸透、他方でアジア等の途上国地域での農業の高度化、近代化が進む。このような構造変化の中で、サタケ自身は事業分野を拡大しつつある。従来の「米」に加えて「小麦粉」「食品」「環境」「産業機械」が掲げられている。オールサタケのマザー工場的なものに高度化してきた東北佐竹製作所の次の課題は、先の新たな事業分野への挑戦に加え、人材育成、研究開発能力の高度化であろう。北上に進出して 50 年、現在は次の 50 年に向かう大きな転換点にあるように思う。

2. 機械装置の OEM 生産の「受注組立型」企業

半導体、PC 等で発達した OEM、EMS の場合は、受託組立専門で大規模生産に応えるものであり、台湾系企業が得意とするものであった。自動機を並べ、あるいは大量の若い女性を動員して低価格量産を引き受けるものであった。これに対し、多品種少量、個別生産の専用機、産業機械の領域で、「受託組立」専業メーカーが登場している。特に、複雑で個別的な機械装置の場合、製品メーカー自身が全てを行うことは容易でない。このような事情の中で、大規模機械装置などの完成品組立に従事することになる。

大規模機械装置の場合は、鋳造、鍛造、製缶、鈑金、溶接、機械加工、熱処理、メッキ、樹脂・ゴム成形、プリント基板、電子部品等の機械金属工業の基盤技術の全てを必要とする。これらの機能を全て内部化することは考えにくい。そのような事情の中で、それらをまとめ上げる機能が求められていく。実際に多くのこのような「受託組立」を行う完成品組立メーカーをみていくと、鈑金・溶接出身である場合が大半を占めている。中には、機械加工から転じてきた場合もある。鈑金加工で筐体などを溶接していくうちに、内部の電気的な配線を請負い、さらに、金属部品も調達するなどを通じて、機械装置全体の構想力、組立能力を身に着けていく場合が顕著にみられる。

　このような軌跡をたどった場合、次は自社製品に向かおうとするのだが、ここには大きな壁がある。企画・開発力は当然のこととして、販売機能がなければ具体化していかない。多くの中小企業は「自社製品」を持ちたいと願い、一部は成功していく場合もあるが、現実にはなかなか難しい。このような中で、北上には「受託開発」を基軸に据え、EDMS企業を目指そうとする中小企業が登場してきた。それらの企業が「受託開発」にとどまっていくのか、企画・開発力を強めて「製品開発型企業」に向かっていくのか、その行き先は不明だが、機械金属工業の中の新たなあり方として注目される。

（1）北上を代表する中堅機械メーカー
──医療機器の受託開発、生産メーカーとして展開（谷村電気精機）

　北上の飯豊西部中小企業工業団地に本拠を構える谷村電気精機の創業は1967年、東京からの戦時疎開企業であり、通信機器メーカーの谷村㈱新興製作所[7]（通称：谷村新興、現新興製作所、花巻市）のリーダーであった谷村貞治氏により、資本金2350万円で創設された。当時の谷村新興は従業員約2000人を数える東北を代表する企業の一つであった。当初、谷村電気精機は谷村新興からの受託で郵政省の為替預金窓口会計機及び国際電信電話の国際テレックスなどの製造に従事していた。その後はアルプス電気（盛岡）関連の部品加工、プロッター、プリンター等の受託生産、さらに、タバコ自販機等の自社製品開発、そして、1990年代末の頃からは医療機器の受託開発生産と重ねてきた。

この間、1983年には北上市村崎野に建設された飯豊西部中小企業工業団地に1万8912㎡の敷地を取得、1986年には本社も飯豊西部中小企業工業団地に集約している。創業者の谷村貞治は1968年に逝去、夫人の谷村貞子氏が2代目社長に就く。現在は8代目（実質第3世代）となる谷村康弘氏（1973年生まれ）が2014年6月に社長に就任している。この間、実質第2世代の谷村久興氏（1942年生まれ）が1988年から1998年までの10年ほど社長に任じ、その後は現在に至るまで代表取締役会長を継続している。

　谷村久興氏は北上ばかりでなく、岩手県を代表する企業の経営者として、現在、岩手県中小企業団体中央会会長、岩手県機械金属工業協同組合連合会会長、北上川流域ものづくりネットワーク代表、社団法人岩手県工業クラブ会長、北上工業クラブ会長などの要職にも就いているのである。

▶谷村電気精機の歩み

　設立当初は谷村新興から受託し、部品加工、組立部門を担っていたのだが、1970年代に入ってからはオイルショック等の影響で谷村新興の仕事は減少していく。その頃（1977年）、アルプス電気が盛岡に進出（盛岡事業部）してくるが、岩手県中小企業振興公社の紹介を受けて早くも1978年にはOA機器のシャフトの切削加工、プレス部品の加工に入っていった。このアルプス電気との関係はさらに深まり、1982年にはプロッターの製造、1983年からはシリアルドットプリンターの設計支援・製造、1987年からはアルプス電気横浜事業部より、オフコン、パソコン、中文ワープロの生産受託、1989年には盛岡事業部からラップトップコンピュータ、1990年にはインクジェットプリンターの受託生産と続けていった。

　この間、東芝精機（銀行券帯封機）、東京自動機製作所（タバコ製造年月日プリンター）、日本コインコ（現日本コインラックス、紙幣識別機）、日本電信電話（警報ランプ監視システム）、岩手東芝エレクトロニクス（現ジャパンセミコンダクター、半導体製造装置）、ソニー千厩（組立ライン）、寺岡精工（ラッピングプリンター）、三洋電機（現パナソニック、自販機フリーコンベアラック）、ディスコ（半導体製造装置）等の受託生産に従事し、また、1993年に

谷村久興会長（左）と谷村康弘社長

谷村電気精機の社屋

は携帯電話用普通紙ファクシミリ、1995年にはタバコ自販機、2003年にはシリアルドットプリンターなどを自社製品として開発、世に送り出してきた。

この1980年代から1990年代初めにかけての主力であったアルプス電気との交流の中で、谷村電気精機は機械加工、鈑金加工といった部品加工、開発設計技術、さらに組立技術を高めていった。ただし、自社製品に関しては思うような成果を出していくことはできなかった。そして、1990年代に入りアルプス電気はドットプリンターから撤退していく。このあたりからしばらく、谷村電気精機は試練の時期を重ねていく。アルプス電気からプリンターの金型その他の技術を譲り受け、事業継続を模索し、当時まだ銀行、病院等でシリアルドットプリンターを使用していた中国北京にも向かっていった[8]。だが、こうしたプリンター事業は思うような成果を上げることはできなかった。なお、現在は中国事業からは撤退している。谷村電気精機は、一時期までは従業員350人超を数えるものであった。

▶プリンターから医療機器への転換

アルプス電気からの受託生産が停止され、試行錯誤を重ねている1990年代中頃、千葉県の医療機器ベンチャー企業のDNA抽出装置製造を間接的に受託する。医療機器分野への最初の取組みであった。以降、医療機器の領域が開け始め、医療機器各社との取引が重なっていった。現在では売上額約45億円の約70％は医療機器分野となっている。残りの30％は従来からの各種現金積算

機や発券機などの情報端末機器分野となっている。明らかに、1990年代中頃までのアルプス電気依存、プリンター依存の形態とは全く異なってきた。

医療関係に本格的に踏み込んだ2000年以降、その比重は大きく増え、2005年の頃には売上額の50％を超えるところまで来ていた。2008年夏にはリーマンショックとなり、産業界には激震が走ったが、医療機器分野の比重が高まっていたことが功を奏し、同社の売上はほとんど落ち込みはなかった。この経験から、医療機器分野へのより積極的な取り組みが意識されていった。

現在の谷村電気精機の主要な事業領域は、「医療分析・医療機器」「情報端末機器」「各種製造・検査機器」「プリンター・搬送ユニット」の四つとなる。特に、今後も拡大が期待される「医療機器」関係では、2003年には国内での医療機器製造を可能にする「医療機器製造業」の許可を取得、2006年には「医療機器の国際標準規格：ISO13458」の認証も取得し現在も継続している。さらに、アメリカのFDA（米国食品薬品局）から一部の製品において製造業としての認定を受けている。今後、さらにこの領域で発展することが期待される。

▶医療機器受託メーカーとして向かう

現社長の谷村康弘氏は、NTTドコモを経て2005年5月に入社、9年を経験

鈑金加工機械

した 2014 年 6 月に社長就任、医療機器への劇的な事業転換を目の当たりにしてきた。その間、リーマンショック、東日本大震災もあった。この 20 年で谷村電気精機は大きく変わってきた。次の 20 年に向けて、谷村康弘氏は、目指す方向を次の二つに置いていた。

　第 1 は、20 年の医療機器への取り組みから、その市場は安定的で事業性の高い領域と確信でき、今後は伸びしろの大きいアメリカ市場を含めて「医療機器受託製造会社」として歩む、としていた。特に、この医療機器領域では現在の日本の実態として欧米からの輸入が大きく、国産化の必要性が問われている。また、次世代産業の一つとして医療機器が注目されているが、その幅は広く、さらに、奥行きも深い。現状、国内では総合的な「受託組立」専門の製造会社は数多くは見当たらない。そのような意味では、20 年の年月を重ね、幅の広い経験を先行的に積んだ谷村電気精機の可能性は大きい。

　第 2 に、従業員規模 230 人余を備え、開発設計から取り組み、第一級の機械設備を備えた部品加工、そして、組立・調整までの一貫能力を備えていることの意味は大きい。現状、外部依存は樹脂加工、メッキ、塗装であり、その他は内部で対応できる体制が形成されている。部品加工部門での付加価値も大きい。

　このような点を視野に入れ、第 3 世代の経営者に任ずる谷村康弘氏は、次に向かおうとしているのであった。

(2) 装置モノの EDMS を目指す
　――横浜から進出、さらに、花巻にも展開（ツガワ）

　1990 年代の末から 2000 年代を通じて、半導体、ノート PC の世界に相手先ブランドによる生産の EMS（Electronics Manufacturing Service）という事業形態が一世を風靡した。特に、台湾系の企業がこのような形態をとり、中国上海から蘇州にかけて大規模工場を建設、世界の半導体メーカー、ノート PC メーカーから受託していった。そして、その当時から、単なる受託生産ではなく、開発までを引き受ける EDMS（Electronics Design Manufacturing Service）というあり方が模索されていた。そして、このようなあり方は当初は一定の量の出る半導体、ノート PC などで拡がったが、現在では、金融端末、医療機器、

アミューズメント、交通機器関連、自販機、環境機器などの装置モノの領域にまで発展してきている。開発型のファブレス企業が増える中で、それを支えるものとして一通りの開発能力と設計、加工、組立能力が求められる「受託組立」型企業ということになろう。そのような方向を明確に意識し、興味深い取組みを重ねている中小企業が北上市に立地していた。

▶ツガワの歩み──鈑金、塗装を軸にする一貫体制

　ツガワの創業は1953年、神奈川県川崎市中原区で駒田与吉氏が親子4人の鈑金加工業として出発している。電話機の受話器を保持する金属製のフックハンガーの製作から入っていった。社名の「ツガワ」は、駒田氏の出身の富山県魚津市の「津」と、創業の地である川崎市の「川」から取った。受注は富士通の孫請けというものであり、次第に富士通の一次協力企業になっていった。1970年代から80年代は金融の第1次オンライン化の時代であり、富士通の発展と共に事業も拡大していった。

　1980年代に入ると手狭となり、地方工場を模索する。当初の候補地は魚津、徳島県、岩手県北上であった。北上には駒田氏の知人がいた。当初から従業員100人ほどが必要であったのだが、北上市は協力的であり北上への進出を決めていく。1984年4月には飯豊西部中小企業工業団地に工場を建設、従業員100人規模で精密プレスから精密鈑金、塗装処理、完成品組立までの一貫生産ラインを展開していった。

　また、1985年には本社を横浜市港北区新羽に移転させている。筆者は1988年の頃に横浜の本社、1990年に北上工場を訪れたことがある。横浜工場は従業員200人規模で富士通の金融端末などの鈑金加工に従事していた。また、1990年の北上工場は従業員180人体制であったが、鈑金から塗装、組立までの一貫体制をしき、日本電気関連の仕事が主流になっていた。全体的には富士通の比重は15%に減少し、日本電気関連が30%、エプソン関係が30%の比重を占めていた。この頃から、富士通1社依存ではなく、受注先が30社ほどまでに拡がり始めていた。

　1993年には岩手県二戸市に二戸工場を建設、従業員80人規模でプレス、鈑

駒田義和氏

アマダの最新鋭の鈑金加工機

金加工を行っていた。この間、1991年には飯豊西部中小企業工業団地に立地していた塗装業の北上金属塗装㈱に資本参加（96.6％）し、社名を㈱ツガワ・シー・アンド・エーに改称している。1994年には岩手県の㈲岩手中央運輸と資本提携し、物流システムを強化している。そして、2006年には岩手県花巻市で空いていた松下通信工業の土地（1万5000坪）、建屋（6000坪）を買収し、MS開発事業部花巻工場を竣工させ、さらに、2008年には塗装設備の充実を目指して花巻工場コーティングセンターを竣工させているのであった。

　その結果、売上額規模は約100億円、2016年7月現在、横浜本社は従業員約40人、総務と開発・設計・試作、営業・貿易業務となり、北上工場は従業員110人＋派遣人員で鈑金、塗装、組立に従事している。そして、むしろ現在では生産の主力は花巻工場となり、従業員180〜190人＋派遣人員が200〜300人を数え、塗装から完成品組立までを担っていた。特に、塗装工程に関しては構内外注5社を入れていた。また、二戸工場は約120人規模でプレス、鈑金加工に従事している。生産人員の変動大きいものの、全体で正社員320〜330人、パートタイマー約150人の約500人をベースに、構内外注を含め多いときには1000人を数えていた。

最新鋭のロボット付プレスブレーキ　　　　　プレスは女性が

▶開発力に優れる EDMS を目指す

　当初、富士通の1次協力企業として出発したものの、現在は初期の主力であった企業からの仕事はゼロとなっている。当初の受注先で残っているのは日本電気だけであり、現在の主要な受注先は NEC グループ、グローリー、アドバンテスト、大日本印刷、富士フィルムグループ、日立グループ、パナソニックグループ、小森マシナリー、オリンパスグループ、新電元工業等であった。3代目社長の駒田義和氏（1967 年生まれ）は、「時代を反映して変わってきた。例えば、某アミューズメント企業などは一時期数十億円もあったのだが、現在はゼロ。現在は半導体関係、社会インフラ関係、道路交通関係が中心で、これからは介護関係が増える」と語っていた。現在は駅設置の転落防止用ホームドア、マンション用宅配ボックスシステムなどの仕事が目立っていた。

　駒田義和氏は 20 代前半にアメリカ留学（2 年）、アメリカの EMS 企業を注視し、将来的にはメーカーはファブレスになることを痛感、装置ものの EMS の可能性を確信してきた。1993 年に日本に戻り二戸工場に 6 年、その後は本社の営業に就いてきた。社長に就任したのは IT バブル崩壊後の 2003 年、その頃から事業形態を大きく変えてきた。ツガワの場合、鈑金加工から出発しており開発力を備えていなかった。この点に注視し、開発力を高め、従来のEMS のスタイルから EDMS の方向を目指していく。開発、設計、エンジニア、管理者を充実させ、現在では正社員の 40％ はこのような間接人員から構成されている。駒田氏は「利益の 80％ は間接人員が生み出している。今後、もっ

と増員する」としていた。なお、ツガワでは独自に「F—EDMS」という言い方をしている。この場合の「F」は、Fabless、Flexible、Free、Future、Forward、Fast の六つを意識していた。

　全国に鈑金加工を軸にした従業員 400 人前後の企業は十数社ある。ツガワは営業人員が 22～23 人ほどを抱え、仕事が取れる。あるいはできない仕事もとってくる。そして、それもこなしていく。同様のスタイルをとっているツガワと同規模の企業は全国に数社ある。ただし、それらは特定企業への依存という場合が少なくない。それらに対し、ツガワの最大の特徴は受注先が多く、「柔軟性に富んでいる」ということであろう。当面は金融、交通などの社会インフラの装置ものの仕事が大半だが、今後は自社開発の自動システム、ロボットなども視野に入れていた。駒田氏は「メーカーが作れなくなっている。その分、当方に来る」と語っていた。

　現在の拠点工場は花巻工場、モノづくりに関しては「塗装」を重視し、鈑金、組立に影響を与える形を模索していた。2015 年 8 月には、北上市郊外の江釣子の空いていた日本ケミコンの工場（約 1000 坪）を借りて、50 人規模の金融端末、歯科用機器の組立を行っている。このように、開発力に優れる付加価値生産性の高い開発力に優れた EDMS を目指し、モノづくりにおいては「塗装」を軸に鈑金、溶接等の機能を充実させ、新たな可能性に向かっているのであった。

(3) 日本の最有力半導体製造装置メーカーの協力企業として実力を着ける
——自己破産企業から再出発、次世代を視野に入れる（東北精密）

　1990 年代の中頃、北上の飯豊西部中小企業工業団地でタムステクノロジーという中小企業に巡りあった。半導体製造装置の精密部品加工と装置の組立を行っていた。東北地方では他にみたことがない、最先端の仕事にみえた。だが、その後、タムステクノロジーの姿はみえなくなっていった。2016 年 12 月、北上の地場の最有力装置メーカーの東北精密を訪れた。話を聞いているうちに、タムステクノロジーが新たに衣替えして東北精密になっていることがわかってきた。この十数年の関係者の努力により、新たに蘇り、次に向かっているので

精密機械加工部品の生産　　　　　　　　組立部門

あった。

▶自己破産企業からの再生

　東北精密の会社案内をみると、「ニーズに応じてこれまでの経験をもとに適切な提案を行い、資材調達、部品加工、組立、品質保証までの一貫生産に対応しております」と掲げ、事業内容としては「半導体製造装置の設計」「接合品の開発、試作、製造」とされていた。具体的には半導体関係では「搬送系ユニット」や「ガス系」の設計、「テストハンドラー装置設計」、接合品関連では「水冷構造、ガス系構造品の設計開発及び接合技術の提案／試作」「水冷ジャケット品、ガス系マニホールド」「水冷構造チャンバー」「その他、溶接、Niロウ付け、拡散接合などの提案試作」とされていた。半導体、真空関係の先端の仕事をしていた。

　現在の社長は花巻出身の安藤修一氏（1952年生まれ）、従業員数は164人、売上額は約30億円であった。この東北精密は1974年に北上に設立されていた東北精密と、1981年に神奈川県伊勢原市に設立されていた宏栄電子（後のタムステクノロジー）の2社を源流として存在している。この宏栄電子は、ガス器具のイワタニと日商岩井（現双日）関連で半導体の後工程の封止装置の製造を行っていた。1989年には北上に完全移転し、1992年には社名をタムステクノロジーに変更している。北上では地場企業の東北精密に部品加工と組立の仕事を依頼していた。

ところが、2001年にタムステクノロジーは自己破産ということになり、従業員110人が解雇となった。このような事態に対し、営業担当であった安藤氏が雇用を守ることを最優先に考え、従業員40人と共に東北精密に移籍した。タムステクノロジーの自己破産により、なんとか東北精密を残すべく、事業の継承を図った。安藤氏自身、営業として岩手県奥州市（江刺）の半導体製造装置の最有力企業であるT社との付き合いがあり、その仕事を軸に東北精密をベースに再建を図っていった。取引先や銀行（東北銀行）からも支援を受けた。2001年の移籍当初から、安藤氏が東北精密の社長となり、数億円の負債を抱えての再出発であった。

　従業員4人の旧東北精密の工場（現第1工場、資材関係）は狭く、40人が加わり、あふれる状況からの再出発であった。T社をほとんど唯一の取引先として、少ない経営資源の全てを投入、機械加工、溶接、組立、設計技術を高めながら、半導体製造装置の一貫生産のできる企業に成長していったのであった。

▶ユーザーにとって、地域中小企業にとっての重要企業

　当初は、近くの工場をいくつか借り、2002年には旧タムステクノロジーの工場であった現在の東北精密第3工場（飯豊西部中小企業工業団地、実質本社、加工工場）を取得、そして、2006年には北上工業団地内の工場跡地（1000坪）を取得、第2工場（組立）としている。さらに、第3工場の隣地を2011年に取得、2016年12月に次世代を意識した「技術開発棟」を開設している。

　再建当初から主力のユーザーはT社と見定め、加工、接合、組立、設計技術を高めていった。なお、現在、東北、九州に機械加工、鈑金加工、溶接加工等をベースにする優れた中小企業が成立しているが、その大半は半導体製造装置のT社、真空装置のアルバック（旧日本真空技術）に育てられた場合が少なくない。東北精密もT社との取引の中で、成長していた。

　現在の受注先は数十社となるが、80％はT社グループの各工場（江刺、宮城県大和町、山梨県韮崎市）、つくば市の研究所等であった。その他としては、北上のS社、横浜市のH社等であった。主力のT社の仕事は、先方から設計

図が届き、社内で加工図に落とし、部品加工、組立、納品となり、Ｔ社（主として江刺）でシステムに組み上げられる。現在では大半が海外に輸出されるが、ユーザーの海外工場の立ち上げに対して、東北精密の技術者が現地で１カ月半程度の立ち上げに従事している。

なお、主力のＴ社（江刺）に対しては、設計部隊 11 人が常駐、また、組立部門も 30 人が常駐しており、Ｔ社にとって、東北精密は重要な協力企業という立場になった。また、東北精密のような装置メーカーは地域工業全体に重要な役割を演じている。部品の機械加工、精密鈑金加工、表面処理等の領域で地域の中小企業に発注している部分も少なくない。

▶次世代型技術開発棟の設置

この東北精密には、タムステクノロジー時代に再建のために東北銀行から出向した総務部長が加わり、安藤社長と共に、二人三脚でここまでの企業にしてきたのであった。当面する最大の課題は「後継者」としていた。企業の成立の経緯からして、安藤氏の縁戚関係は入っていない。技術集団として歩んできたために管理人材、次の経営者が育っていない。この問題は社内でなんとか後継者を育成していくか、あるいは主力ユーザーのＴ社との関係で新たな可能性を模索するかが課題になっているように思う。

このような中で、2016 年 11 月、第３工場の隣地に「技術開発棟」が完成した。安藤氏の発想は、今後、高齢化、少子化の中で従業員の確保が難しくなり、

安藤修一社長（左）と吉田利之総務部長

技術開発棟の内部

最新鋭の AI、IoT 技術、通信技術等を駆使した次世代型の工場が必要ということから、機械装置メーカーと共同で特注 MC4 台と自動倉庫を連結し、無人で 24 時間稼動、スマートフォンから操作可能な仕組みを作り上げていた。まさに、次世代型の取組みであるようにみえた。

　日本の機械金属工業は、対外的にはグローバル化、国内的には少子高齢化により大きく変っていく。自動化、ロボット化、AI 化が進み、国内はそれら仕組みの中枢的な部分を担うということになろう。その一つの象徴的な部分である半導体製造装置、真空などの領域をベースに東北精密は興味深い取組みを重ねているのであった。

（4）花巻市起業化支援センターで創業し、北上に移転
　——特殊樹脂加工から装置モノにも向かう（WING）

　機械金属工業は実に幅の広い加工技術、組立技術等から構成されている。ただし、その多くは鉄、ステンレス、アルミ等の金属素材を対象にしている。このような状況に対し、戦後になってから化学工業の発展の中で樹脂の世界が大きく開けてきた。樹脂による成形部品が機械金属工業の中で重要な位置を占めていった。射出成形、真空成形、押出成形など、金型を使った大量生産の世界が拡がっていった。

　これに加え、樹脂素材を切断・切削し、曲げ、接着・熔接して形状を作っていく領域も拡がっていった。特に、試験装置など内部がみえる必要のあるもの、また、金属素材では不都合な場合などに用いられていく。ただし、この領域、市場規模が小さく、特殊な能力を必要とされる場合が多いため、全国的に専業で行っているところは少ない。そのような樹脂加工に特化した中小企業が北上工業団地に接するところに立地していた。

▶花巻市起業化支援センターで独立創業

　㈱WING の創業社長である高橋福巳氏（1963 年生まれ）は、北上市の出身、水沢商業高校を卒業し、当時、北上に進出予定であった城南樹脂工業（本社神奈川県座間市）に進出前提採用の 3 人のうちの 1 人として採用された。城南樹

高橋福巳氏

WINGの新工場

脂工業は樹脂の射出成形を中心に樹脂の切削加工も行っていた。2年ほど座間の本社工場で研修し、1983年、10人ほどのメンバーの1人として北上の新工場立ち上げにあたった。当初は真空成形機1台、トリミング機械1台からのスタートであり、その後、射出成形機も導入されていった。主要な製品はバレルメッキに用いられる樹脂のバレルを生産していた。高橋氏は当初はモノづくりの現場に入り、その後、品質管理、そして、28～29歳の頃からは営業職として東北地方一帯を回っていった。

　高橋氏は早い時期から独立創業を考えており、1999年12月、隣の花巻市に設置されていたインキュベーション施設の花巻市起業化支援センターの貸工場（50坪）に入居し、そこで独立創業している。フジ産業のCNCルーター、ファナックのロボドリル（MC）各1台、メンバー6人の旅立ちであった。当初の社名は㈲ウイング・プラであったが、2009年12月に株式会社化する際に㈱WINGとした。WINGは「翼」を意味する。なお、花巻市起業化支援センターとは1994年に設立されたインキュベーション施設であり、貸研究室、貸工場から構成され、多くの独立創業者を育て、送り出した施設として知られている[9]。

　50坪の貸スペースでスタートしたものの、直ぐに手狭になり、2000年6月

平安コーポレーションの同時 5 軸 CNC ル
ーター

樹脂の溶接技術

には倍の 100 坪の施設に移り、さらに、2000 年 11 月には新たに 50 坪の施設を借りるという展開になっていった。ただし、2001 年には IT バブルがはじけ、一気に資金繰りに苦慮するなども経験している。その後、1 年ほどで回復していった。

▶創業 5 年で自前の工場を設置

受注先も次第に増加し、岩手東芝、荏原製作所、シチズン、JUKI 電子工業、セイコーグループ、大日本スクリーン製造、TDK、日本マイクロニクスなどに拡がっていった。特に、荏原製作所、大日本スクリーン製造、TDK、日本マイクロニクスが 4 本柱となり、売上額も増加していった。

独立当初は 6 年ほどで自前の工場を持つことを考えていたのだが、創業して 5 年ほど経った 2004 年頃になると、ユーザーから「拡大して欲しい。新工場を建てて欲しい」との要望が重なっていく。そのため、花巻から北上にかけての土地を探し、北上市役所の斡旋で北上工業団地に隣接する現在地（1500 坪、準工業地域）を取得、2004 年 12 月に新工場を竣工させている。同時に、シンクス製の CNC ルーター、ファナックの MC を導入していった。2007 年には大型複合加工分野への進出を意識し、平安コーポレーションの同時 5 軸 NC ルーターを導入している。さらに、2008 年には碌々産業の高精度微細加工 MC、ミツトヨの CNC 画像測定器を導入、2014 年にはミツトヨの大型 CNC3 次元

測定器、2016年1月には庄田鉄工のMCも導入していった。機械設備は木工機械に実績のある平安コーポレーション、庄田鉄工の機械設備が基軸になり、精密加工、精密測定器が配置されるという布陣になっていた。

　2008年にはリーマンショックの影響で一時期売上額は半分になるが、これも1年ほどで80％まで回復している。当時は液晶が好調であった。また、2011年3月の東日本大震災では、直接的な被害はなかった。ただし、物流条件が悪化するなどにより、1割程度の仕事が国内の他企業に転注されていった。このように、リーマンショック、東日本大震災といった非常事態が起こったものの、事業全体は順調に推移しているのであった。

　2016年6月末現在の従業者は、役員4人、正規従業員30人、派遣社員7人の約41人から構成されている。売上額も5億円強となっている。受注先は全体で100社ほどであるが、現在の主力は半導体関連分野であり、半導体製造装置の筐体などを供給している。その他としては医療機器分野、漁業分野、農業分野等の新分野で売上の拡充をしていく。かつてかなりの比重を占めた液晶関連分野は、現在では数パーセントに減少していた。

▶従業員のレベルを上げ、他に負けないものを作る

　WINGの会社案内には、得意とする領域として「曲げ」「接着」「切削」「樹脂溶接・溶着」「各種成形・モデル製作」が示されている。これらの中で、WINGが最も強みとしているのは「樹脂溶接」であり、熟練の手作業で行われていた。樹脂材料の表面と溶接棒を熱し、ガンの距離、角度、位置等を微調整しながら丁寧に溶接していた。曲げ、切削された樹脂素材を溶接、溶着、接着などを重ね、モデル製作にまで踏み込んでいるのであった。

　このような状況の中で、人材調達、育成が課題とされていた。近年の北上の事情では、高卒の採用は難しい。2016年4月の採用はゼロであった。ただし、北上川流域の中小企業には珍しく、30人の従業員の中うち大卒は6人を数えている。岩手大学工学部4人（男性3人、女性1人）、神奈川工科大学1人、青森中央学院大学1人（女性）からなっていた。

　1999年にインキュベーション施設で創業して17年、この間、全国的にみて

も、機械金属工業の領域で独立創業のケースはゼロに近い。さらに、5年でインキュベーション施設を卒業し、自前の工場を設置し、発展軌道に向かっていった機械金属系のケースはさらに少ない。高橋氏は「2016年12月にヤマザキマザックの同時5軸加工・高精度多面加工マシニングセンタ（VARIAXIS i-800）を導入するが、これで生産現場のイメージは完成する。その先はまだみえないが、従業員のレベルを上げ、特に溶接、切削に磨きをかけていきたい」と語っていた。1990年代の中頃から、日本の機械金属工業、モノづくり産業は空洞化に呻吟している。そのような中で、登場してきたWINGは新たな可能性に向かっているのであった。

3. 地域工業集積の充実の担い手

　本章では、機械装置の企画・開発、完成品を作る「製品開発型企業」と、それらのメーカーからの受託生産に従事している「受託組立型企業」に注目してきた。その大きな違いは、前者は企画・開発能力を備え、販売も自社の責任の下に行いリスクを背負っていることに対し、後者は販売上のリスクは背負わず、受託により完成品組立を行うという点にある。なお、後者については単なる完成品組立だけではなく、企画・開発を行い前者のような存在に提案していく場合もある。このように、この二つはリスクを媒介にその意味するところは決定的に異なる。また、「受託組立型企業」から「製品開発型企業」へと進化していく場合もあるが、そのハードルはかなり高い。

　また、この二つのいずれにおいても、機械金属工業に関わる基盤技術の大半を必要としていることでは共通している。工業集積の密度の薄い地方圏などに進出していく場合、地元に基盤技術の中小企業の集積がみられないことから、その企業自身が大半の工程、基盤技術を内部化せざるを得ない。このような事情から、少し前の時代には、そのような大掛かりな機械装置の生産は東京の大田区、関西の東大阪市等の機械金属工業の集積の密度の高いところで行われていた。そのような地域では、基盤技術に特化した専門的な加工企業が重層的に積み重なっており、「必要な時に、必要な基盤技術を調達できる」とされてい

たのであった。

　だが、近年、大都市工業地域は立地環境上の問題に直面し、急速に集積の密度を薄いものにしてきている。このような事情の中で、製品開発型企業の地方移転、また、受託組立型企業の地方での成立がみられ始めている。ただし、基盤技術の集積の薄い地方では、このような企業は一連の工程のかなりの部分を内部化していかざるをえない。

▶集積全体を厚みのあるものに

　ただし、このようなまとめ上げる力のある中堅・中小企業が地方圏で成立、発展していくことの意義は大きい。それは地方の中小企業を刺激し、基盤技術の狭い範囲での専門化と技術の高度化を促すであろう。また、装置ものを手掛けている「製品開発型企業」や「受託組立型企業」からは独立創業者が期待され、集積全体の厚みの形成を促すであろう。かつての大田区や東大阪市では、そのような流れの中で、活発な独立創業が行われ、一時期までは厚みのある、展開力に優れる地域工業集積を形成してきたのであった。

　本章でみたように、限られた数の企業とはいえ、北上には進出してきた機械金属系の製品開発型企業が存在する。それらも当初は受託組立の部分であったが、次第に力を付け、各社のマザー工場的なものに進化している。さらに、地域中小企業の中から、複雑かつ大掛かりな機械装置を受託組立するところも出てきた。こうした存在が力を付け、周囲に刺激を与えていくことが、産業集積全体に厚みをつけていくことはいうまでもない。機械装置をまとめ上げる力を備えている企業自身の次への課題と共に、その存在と活動の活発化は、地域産業集積を次のステージに押し上げていく力となることが期待される。

1） このような点については、関満博・加藤秀雄『現代日本の中小機械工業——ナショナル・テクノポリスの形成』新評論、1990年、関満博『空洞化を超えて——技術と地域の再構築』日本経済新聞社、1997年、を参照されたい。
2） EMSの具体的な姿については、水橋祐介『電子立国台湾の実像』ジェトロ、2001

年、関満博編『台湾 IT 産業の中国長江デルタ集積』新評論、2005 年、を参照されたい。

3） シチズン（旧上尾精密）の中国広東省の工場については、関編、前掲書、補論Ⅲを参照されたい。

4） 坂城の工業化等については、関満博・一言憲之編『地方産業振興と企業家精神』新評論、1996 年、を参照されたい。

5） ミヤノの北上進出の頃の事情については、関満博・加藤秀雄編『テクノポリスと地域産業振興』新評論、1994 年、第 4 章を参照されたい。

6） 近年の集落営農、大規模受託経営の動きについては、楠本雅弘『進化する集落営農』農山漁村文化協会、2010 年、関満博『「農」と「食」のフロンティア』学芸出版社、2011 年、関満博・松永桂子編『集落営農／農山村の未来を拓く』新評論、2012 年、を参照されたい。

7） 谷村貞治氏と谷村㈱新興製作所については、笠井雅直「谷村貞治と地域工業化」（『顕彰谷村貞治Ⅲ』谷村貞治先生遺徳顕彰会、1994 年）、が有益である。

8） この当時の谷村電気精機の事情については、関満博編『現代中国の民営中小企業』新評論、2006 年、第 7 章を参照されたい。

9） 花巻市起業化支援センターについては、佐藤利雄「インキュベータの運営ノウハウ――花巻市起業化支援センターの取り組み」（関満博・関幸子編『インキュベータと SOHO』新評論、2005 年、第 9 章）を参照されたい。

第5章　北上工業集積を基礎づける基盤技術

　早い時期から、メッキなどの機械金属工業の基盤技術企業の誘致を意識的に進めてきた北上市、北東北最大の工業集積を形成することに成功した。後発の産業集積地であるにも関わらず、半導体、電子部品といった1980年代から1990年代の日本産業を彩った産業領域で有力メーカーを呼び込み、また、関連する金型、精密プレスなどの中小企業を集積させた。だが、半導体、電子部品の多くはグローバル化の中で次第にアジア、中国に移管され、縮小を余儀なくされている。

　他方、自動車不毛地帯とされた東北には、1993年に関東自動車工業（現トヨタ自動車東日本岩手工場）、2011年にセントラル自動車（現トヨタ自動車東日本宮城大衡工場）が進出し、ここに来て、新たな自動車産業集積を形成しつつある。また、東日本大震災以来、日本産業のベクトルは、自然エネルギー関係、航空宇宙産業、あるいは医療・福祉産業等の私たちの生活の豊かさを高めるものに向かっている。

　このような時代的な流れの中で、従来型の発展を基礎づけた産業集積のあり方が問われ始めている。特にその場合、これまで集積してきた機械金属工業の基盤技術の部門が、そのような時代に対応できるのかが問われてこよう。すでに、自動車産業関連では、「自動車と電気・電子では、洋食と和食ほどに違う」と指摘されている。そのような意味では、これまで形成されてきた北上の基盤技術がそれに対応できるのか、あるいは、北上の基盤技術を構成する中小企業がどのように対応していくのかが問われている。半導体、電子部品で一つの時代を作った北上の産業集積が、新たな時代に直面し、今後が問われている。その基本的な部分に基盤技術のあり方が横たわっているのである。

1. 機械金属工業の基盤技術

　機械金属工業は、図5—1に示すように、実に多くの機能から構成されている。素材を提供する鉄鋼メーカー、非鉄金属メーカー、化学メーカー、樹脂メーカーも含まれる。それらの原材料が専門商社などから届けられ具体的な加工・組立に入っていく。その大きな流れは、成形工程、除去工程、仕上工程、組立工程の深い専門化と分業化から構成される連関構造を形成している[1]。

（1）機械金属工業の連関構造

　「成形工程」の一つは、大きく切断、折り曲げ、溶接、圧接等の「溶融結合加工」とされ、具体的な加工としては「製缶」「溶接」「鈑金」「小組立」などがあり、それらは専業化されている場合が少なくない。さらに、同じ成形工程でも、「塑性加工」「溶融成形加工」があり、前者は熱間成形、冷間成形、特殊

図5—1　機械金属工業の相互関係概念図

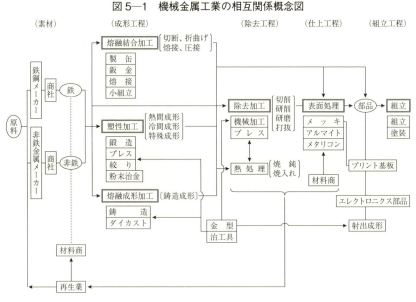

成形などから構成され、「鍛造」「プレス」「絞り」「粉末冶金」などとなり、後者は「鋳造」「ダイキャスト」などとなる。当然、これらも専業化が進み、それぞれの中でさらに専門化が進んでいる。

　以上の塑性加工、溶融成形加工には金型等が不可欠な場合が多い。その金型製作には機械加工、放電加工等を軸にした「除去工程」があり、「切削」「研削」「研磨」「熱処理」などの加工が必要とされる。そして、また、「金型」によって「プレス加工」、さらに「樹脂やゴムの成形加工」等が行われる。

　次の「仕上げ工程」では、「メッキ」「アルマイト」「メタリコン」「塗装」などの表面処理が付加され、エレクトロニクス部門からもたらされた半導体などの「電子部品」が用意され、「プリント基板」に搭載され、これらが「組立」られていく。そして、この一連の流れの中で品質保証のための「検査」等が適宜重ねられていく。これら要素技術の集合体が機械金属工業の基盤技術となる。

　このように、機械金属工業は多様な機能の深い連関構造を形成している。何か一つ欠けても、コトはうまく進まないであろう。さらに、大型の機械装置などの場合は、「設置」「試運転」、適切な「メンテナンス」が不可欠である。このように、機械金属工業は、これら要素技術の多段階にわたる加工・組立工程が基礎になり、それらが有機的に結合することによって具体的なモノになっていくのである。

(2) 地方工業集積と基盤技術

　中国、ソ連のような社会主義国の国有企業、例えば、自動車工場の場合は、先の一連の工程のほとんど全てを内部化するフルセット構造になっていた。各要素技術には最適生産（加工）規模があるのだが、それらは無視され、過剰な機械設備体制を築いている場合が多かった。この点、市場経済の場合は、技術の専門化、高度化、機械設備の高額化などの中で、一つの工場が全ての機能を抱えることは合理的ではなく、分業と専門化が進み、要素技術が必要に応じて組み合わされていくことが目指される。

　こうした点に興味深いあり方を提示していたのが、東京都大田区、神奈川県川崎市あたりの中小企業による機械金属工業集積であろう[2]。特に、産業用機

械、専用工作機械(専用機)製作などの場合、必要とされる機能はその時々によって異なる。それらがタイムリーに編成されていくことが好ましい。この点、大田区、川崎市の場合は、戦後の復興とその後の高度経済成長の中で事業規模の拡大、事業所数の増加、要求の多様化、高度化により、専門化した中小企業の活動する場が拡がっていった。そのような時代状況の中で、際立った専門性を備えた中小企業が拡がり、それらを柔軟に組織化することが可能になっていったのであった。

だが、1985年のプラザ合意を過ぎる頃から、日本の事業所数は減少局面に入ってきた。また、新規創業も難しいものになってきた。約1万を数えた大田区の製造業事業所は現在では3分の1ほどになっている。そのような中で、狭い地域的な範囲の中で高密度に集積していた基盤技術は次第に希薄化し、機動力に優れる組織化が難しいものになっている。そのような事情の中で、力のある製品開発型企業や加工企業は「一貫生産」として多機能の内部化に向かっているのである。

このような点は、元々、集積の薄かった地方圏の工業集積では当たり前のことになりつつある。北上においては、後発の工業都市であることから、基盤技術部門での専門化は進まず、個々の企業の多機能の内部化によって集積が形成されてきた。むしろ、地域の工業構造からして、専門的な加工機能が育つ条件は乏しいのかもしれない。それでも、特殊な樹脂加工に向かうWING(第3章2—(4))や特殊材料の加工に向かう川崎ダイス工業(本章3—(7))のような専門性に際立つ中小企業も登場している。このように、北上の場合は、多機能の内部化と一方における専門化が折り重なって新たな集積構造に向かっている。その向かうべきは、独自の北上型産業集積というべきものになりそうである[3]。

2. 素形材部門の現状

機械金属工業の中の「素形材」部門とは、鋳造、鍛造を示している。鋳造は大きく分けて、木型をベースにした砂型鋳造、金型によるダイキャスト、同じ

金型を使用するものの、圧入しないグラビティ鋳造（低圧鋳造）がある。さらに、金属別に銑鉄鋳物、銅合金、亜鉛、アルミ等の非鉄金属鋳物がある。これらは、それぞれ専門化されている場合が少なくない。鍛造は、文字の通り金属を鍛えるものであり、金属に剛性、靭性を付け、鍛造することにより不純物等を除去していく。また、この鍛造は自由鍛造と量産の型鍛造があり、もう一つの要素技術の「熱処理」が加わる。さらに、この鍛造には熱間と冷間の場合がある。

このように、鋳造、鍛造、熱処理といった素形材部門は、機械金属工業の最も基礎的な要素技術であり、機械金属工業の基盤技術としてその重要性は高く、不可欠な技術部門とされる。ただし、高温の中の作業であり、いわゆる3K（キツイ、キタナイ、キケン）職種の典型とされ、従事者、後継者不足が深刻なものとなり、近年、企業数の減少は著しい。

そして、このような素形材部門は、比較的近代的なダイキャストを除いて東北の集積は薄い。一部には南部鉄器（盛岡、水沢）、山形鋳物等の産地はあるものの、伝統工芸的なものが多く、産業用鋳物、鍛造部門は希薄である。そのような中で、北上市には岩手製鉄という北東北では最大の銑鉄鋳物工場が展開している。その他、北上市にはいすゞの銑鉄鋳物のシリンダーブロック専用工場のアイメタルテクノロジー、自動車用アルミダイキャスト製品の日立オートモティブシステムズハイキャストがあるが、それらは特定企業向けであり、汎用性のある大物鋳物工場はこの岩手製鉄以外は存在していない。

(1) 北東北最大の銑鉄鋳物工場
――戦後の復員者雇用のために木炭高炉メーカーとして出発（岩手製鉄）

戦前、及び戦後しばらくの間、各地で地元に雇用を作るために地元有力者を中心にして新たな事業を起こしていった場合が少なくない。豪雪地帯では若者の出稼ぎを防ぐために男性型事業を起こし、あるいは女性の仕事のない地域では繊維産業などの女性型事業を起こしていった。北上市にはこれとほぼ同じ文脈で、戦後の復員者（男性）を雇用するために新たな事業が起こされていった。

▶岩手製鉄の歩み

　岩手製鉄の前身である岩手木炭製鉄㈱は、日本鋼管の取締役工場長に任じていた中田義算氏が、復員者に雇用の場を提供しようとして内陸型の小型製鉄所の建設を意識してスタートしている。富士製鐵（現新日鐵住金）、三井物産、岩手県、藤根村（現北上市）が出資し、資本金300万円で1949年6月に設立されている。翌1950年4月には木炭銑高炉（第1高炉、月産能力1500トン）を建設、木炭銑の製造を開始している。原料の鉄鉱石は釜石鉱山から調達し、石炭コークスの替わりに岩手特産の木炭を使用した。戦後の頃には、全国に小型高炉メーカーは5社ほどあったのだが、いずれも閉鎖され、現在では岩手製鉄のみが残っている。岩手木炭製鉄は圧延部品の原料を圧延工場に販売するものであった。

　1963年には木炭銑の他に、鋳物用コークス銑も併用生産していく。1966年には木炭銑専用高炉（第2高炉、月産能力600トン）を建設したが、1967年には木炭銑を廃止し、コークス銑に生産を一本化していった。この時点で木炭銑の時代を終えた。1970年には第1、第2高炉を廃止し、当時の新日鐵八幡製鐵所から移設された第3高炉（月産7000トン）を建設した。ただし、この第3高炉は1994年に操業休止し、2009年に設備は廃棄された。

　この間、1984年には大型鋳物工場（月産能力300トン）を新設、鋳物製品の製造販売を開始している。銑鉄70％にスクラップ30％の配合で溶解している。1991年には機械加工部品事業を開始、1994年にはエンジニアリング工場

広大な敷地の岩手製鉄　　　　　　大物鋳物の手込め工程

を新設、景観製品等の製造販売を開始している。2003年には、コネクタのモレックスを対象に精密機械、半導体製造装置等の製作に入っていった。この結果、現在は銑鉄鋳物（普通鋳鉄、ダクタイル鋳鉄）、鋳鋼、アルミ鋳物、ステンレス鋳物等の鋳造、メカトロ装置（開発、設計、製作、施工、据付）の生産、メンテナンス業務、景観材料、機械加工部品の製造となっている。

▶北東北最大の銑鉄鋳物メーカー

かつては高炉メーカーであったことから、原料ヤード（鉄鉱石、木炭、コークス等）が大きく拡がっていた。北上市和賀町藤根の敷地面積は6万4827㎡にも及ぶ。建物面積は鋳物関係9031㎡、電機機械関係1485㎡、原材料関係1052㎡、その他1909㎡を合わせて1万3477㎡となる。敷地の利用率は20.8％にすぎない。半分以上が余剰の敷地となっていた。会社側は「買手がいない」としていた。

平成の初めの頃には、ヤマザキ、オークマ、ミヤノ、池貝鉄工等の工作機械のベッドなどの鋳造をメインにし、月に300トンほどを出していたのだが、現在では工作機械関係はほとんどない。現在の鋳造品は回転軸装置、送風装置、ベアリングケース、風力発電用部品、基板装置、シリンダ部品、水道配管、建築用部品、車両部品などとなっている。この鋳物関係のラインは二つ。一つは単発ものの「手込め」であり最大10トン（半導体露光装置のベースなど）のものを製造している。もう一つは造形機を使った「生型ライン」であり、小ロットの50～1000個程度のものに対応している。これらは水道部品などが多い。なお、木型は埼玉県川口、新潟県から調達していた。同業者としては東北では八戸港臨海の高周波鋳造があるが、北関東以北では岩手製鉄が最大規模であった。装置ものは受注生産であり、設計、加工、製作を重ねていく。

ユーザーは多岐にわたるが、地元ではシチズンマシナリー、東綱スチールコードなどがあり、1993年に関東自動車工業（現トヨタ自動車東日本岩手工場）が進出してきた際には製造ラインの一部を手掛けたが、現在はほとんど対応していない。

女性は小物の検査など　　　　　　　　大物の鋳造品

▶若手人材の不足と情報の不足

　なお、この間、資本金は8000万円に拡大しているが、かつて岩手製鉄の経理部門にいた地元の小原康司氏が新日鐵、岩手県等の保有していた株式を買い取ってオーナー（代表取締役会長）となっている。なお、北上市は旧藤根村が所有していた株を依然として継承している。

　現在の岩手製鉄の従業員は60人、女性が11人を占める。女性の中には現場で検査に携わっている人もいる。平均年齢は周辺よりもやや若いが、40歳程度であった。ただし、近年若い人を集めることは難しくなっていた。2015年は新卒（高校、大学）2人を採用できたが、2016年は採用できなかった。従業員には岩手大学、秋田大学、東北学院大学等の卒業生も少なくない。近年はインターンを近隣の大学、短大、高校に申し入れているが、人材の募集は厳しい。北上周辺の雇用状況はまことにタイトである。

　また、このような鋳造工場の場合、バリ取りなどは社内外注を利用していることが多いが、岩手製鉄もバリ取り、一部の成形に利用していた。入構している業者は3社、人員で12〜13人ほどであった。

　岩手県北上市の郊外に立地している岩手製鉄としての問題点、課題は、一つは先にみた若い人が集まらないこと、もう一つは立地的に不利であり、安定的に仕事がつながるための情報が集まらないことが指摘されていた。現状、岩手製鉄では営業マン8人を関東から関西にかけてローラー的に向かわせているが、思い通りの成果は必ずしも上がっていない。また、全国的に鋳造業は減少気味

であり、事業者は最盛期の半数程度に減少している。鋳物から製缶ものへの転換、中国等の海外への依存などが進んでいる。特に、大型鋳物を製造する事業者が減少している。むしろ、一定の生産能力のある岩手製鉄にとっては、今後、残った優位性が出てくるのではないかと思う。今後、新たな鋳造工場が登場してくることは考えにくく、ここしばらくは情報発信を重ね、北東北の地で確実に仕事をしている大型鋳造工場としての存在感を主張していくことが求められているように思う。

3. 機械加工業種の拡がり

　機械金属工業の中で、機械加工部門は特別の位置にある。基本は切削、研削とされ、金属等を必要な形状に削り出していく。基本的な工作機械は旋盤とフライス盤であり、MC（マシニングセンター）、NC旋盤、自動旋盤、正面旋盤、ターニング（立旋盤）、横中ぐり盤、ジグボーラー、プラノミラー、シェイパー、スロッターなどの切削系のものと、平面研削盤、円筒研削盤、内面研削盤、プロファイル研削盤など研削系のものがあり、それぞれNC（数値制御）が付いているものも少なくない。また、近年は、放電加工機やレーザー加工機なども機械加工企業の中に採り入れられ、多様な切研削の要求に応えてきた。日本の機械加工技術者の職人的な技と工作機械メーカーの取組みにより、この領域は日本が世界最高レベルとされている。

　特に、1970年代の頃から開始されたME（Micro Electronics）化により、工作機械のNC化が進み、この領域では日本の工作機械メーカーは世界の追随を許さない。キラボシのごとく優れた工作機械メーカーが拡がっている。

　このような状況の中で、機械加工業種のあり方がかなり変わってきた。戦後から1970年代の頃までは、汎用旋盤、汎用フライス盤などが主流であり、機械加工業種は工業集積地では独立創業の焦点とされていた。東京都大田区のあたりでは、東北地方から集団就職でやってきた若者が幾つかの機械加工工場で働き、一定の技術を身に着け、50万円ほどの中古の旋盤1台を購入、小さな貸工場でスタートするなどがごく普通に行われていた。その後、工作機械を増

やし、従業員を入れ、より大きな貸工場に移り、そのうち自前の工場を持つ、という流れが形成されていた。いわゆる「大田区町工場物語」という世界が拡がっていた。この節でみる北上の機械加工業種の企業も、ほぼそれに近い軌跡を描いている。

　だが、1970年代以降、技術革新の急展開の中で、工作機械の高性能化、高額化が著しいものになり、機械加工業種の初期投資が巨額なものになってきた。現在では30歳前後の若者が背負えるレベルをはるかに超えている。このような事情から、この十数年、機械加工業種での独立創業は全国的にみても皆無に等しい。機械金属工業の集積の度合いを高めている北上においても、第4章―2―(4)でみたWING以外に見当たらない。意欲的な若者が独立創業し、技術レベルを高め、そして、工業集積を豊かなものにしていくという流れは期待しにくいものになっている。

　そして、現在、全国の工業集積地の基礎を築いている機械加工業種は、2代目、3代目の時代となり、高額の工作機械を装備し、それぞれの企業が内面の高度化に向かうことが主流となっている。ただし、全国的な傾向なのだが、いずれの企業においても後継者難が懸念されている。この点、北上の有力な機械加工企業の多くには、以下のケースでみるように、若い後継者が存在している場合が少なくない。北上の機械加工業種の各企業は非常に個性的な方向に向いており、それを究めながら、さらに、お互いに連携し新たな可能性を切り拓いていくことが求められている。

(1) 古い形の鉄工所ながら、製缶と機械加工の一貫生産
　　――後継者問題に苦慮（斎藤鉄工）

　機械金属工業において通称「鉄工所」といわれる事業所がある。その多くは鍛冶屋から出発し、製缶・溶接、あるいは旋盤などの機械加工部門に展開している場合が少なくない。また、戦後、鍛冶屋から出発する場合、一つの方向としてはその後に軽量鉄骨、さらにH鋼などをベースにする重量鉄骨部門に展開し、鋼構築物製造業に向かう場合と、製缶・溶接による架台、フレームなどに向かう場合、あるいは旋盤などによる機械部品に向かう場合が顕著にみられ

る。また、機械部品に向かう場合、製缶物と機械加工部品の両方に向かう場合も少なくない。

　北上市の古い工業団地である北上機械鉄工業協同組合の中に、製缶・溶接と機械加工をベースに一貫加工に従事する斎藤鉄工が立地していた。なお、この北上機械鉄工業協同組合は、第8章3—(1)でみるように、北上市の工場集団化事業として1965年に建設されたものであり、初期の組合員は20名であったのだが、周辺の住宅化に伴い操業環境が悪化し、現在では組合員5名に縮小していた。

▶斎藤鉄工の歩み

　斎藤鉄工の創業者は現社長斎藤一雄氏（1950年生まれ）の父である斎藤重雄氏であった。斎藤重雄氏は北海道生まれで大学は関西大学工学部を卒業している。戦後は大阪の大丸の機械整備に従事していた。その頃、大学時代の友人が北上で鉄工所を開いており「来ないか」と誘われた。斎藤重雄氏は北上に来たものの友人は事業を閉鎖していった。そのため、1952年、斎藤重雄氏はやむなく北上市内で工場を借り、従業員数人、ベルト掛けの旋盤数台で創業していった。

　斎藤重雄氏は開明的な人物で、東京、仙台に出向き、周囲の工場にいろいろな部品を買ってきてやり、地元で注目されていた。戦後の北上の工業化の担い手の一人ということになろう。1960年代に入る頃には、北上市街地で住工混在問題が生じ、工場の郊外移転、集団化事業が推進されていく。斎藤鉄工もその流れに乗り、1965年に現在地に進出している。

　他方、現社長の斎藤一雄氏は地元の高校から関東学院大学経済学部に進学、当時の富士銀行（現みずほ銀行）に勤めようと考えていたのだが、母からは「建築系の専門学校進学」を求められ、中央工学校（東京都北区）に2年間通い、その後は修業のために江東区平井の鉄工所に入った。その鉄工所は建築物の鉄骨を手掛けており、その設計、原寸、溶接などに従事した。そこには5年ほど世話になり、北上に戻った。

　斎藤氏が戻った30歳の頃は、斎藤鉄工は従業員15人ほどで建物用軽量鉄骨

斎藤一雄氏

北上鉄工業協同組合の中の斎藤鉄工

の溶接、あるいは市内企業の機械のメンテナンスを手掛けていた。以来、35年、あまり大きな変化を経験していない。斎藤氏45歳の頃に、北上に進出してきた企業から「金型をやらないか」と持ちかけられ、金型部門にも進出していった。製缶・溶接からスタートしたが、この頃に機械加工分野にも展開していくことになる。

▶製缶工場と機械加工工場

　現在の機械設備は、機械加工部門はNC旋盤（オークマ）、汎用旋盤（大日金属工業）、万能フライス盤（新潟鉄工）、正面旋盤（福茂機械）が各1台、旋盤2台、ボール盤数台などであり、製缶部門はNCカッターマシン（大東精機）、自動鋸盤（カスト社）、クリーンカッター（昭和精工）、油圧プレス（200トン、井上油圧）、シャーリング、ベンディングローラー、万能曲機（長鉄工）、各種溶接機等からなっていた。古いタイプの鉄工所の雰囲気が漂っていた。

　製缶から機械加工までの一貫加工をするところが北上周辺にはあまりなく、ユーザーからは歓迎されているようであった。主たる受注先は、北上から一関にかけての機械関係企業が多い。基本的に社内の一貫体制であり、外注は社内にないレーザー加工、さらに忙しい時には機械加工も外注依存していた。

正面旋盤の加工	溶接職場

　東日本大震災時には機械設備が少し動いた程度で被害は少なかった。一時期仕事が止まったが、その後、沿岸方面の仕事が忙しくなっていった。現在の従業員は機械加工部門4人、製缶部門7人、それに間接部門に2人の14人体制であった。古い良質な職場が拡がっていた。

▶残された後継者問題

　創業者は斎藤一雄氏の父、2代目は母の斎藤道子さん、そして、2004年に斎藤一雄氏が3代目社長に就いている。その斎藤一雄氏も2017年には67歳になる。斎藤一雄氏には娘が1人、すでに愛知県に嫁いでいる。家族、親族から後継者は期待できない。また、従業員からも後継が期待できない。

　このような状況の中で、最近、斎藤鉄工と関連のある企業に勤めていた30代半ばの人物を1人、個人企業として斎藤鉄工の中に入ってもらっている。この人は自分で仕事をとってきて各所に手配して回している。斎藤一雄氏はこの人物に後継を期待し、すでに話しもしていた。ただし、まだ結論は出ていないようであった。

　中小企業の後継問題はまことに難しい。家族親族に候補者がいない場合には第三者ということになろうが、中小企業の場合は個人保証の問題もあり、適格者をみつけることは難しい。斎藤鉄工の場合は、この問題はしばらく時間がかかりそうであった。67歳になる斎藤氏は「やれるだけ、やる」と語っているのであった。

(2) 建機、トラックの鋳物切削部品加工に展開
──建機から新たな分野を模索（平野製作所）

　平野製作所は飯豊西部中小企業工業団地内にあり北上金属工業協同組合に所属している。創業以来、建機、トラックの部品の機械加工に従事してきた。コマツ、ティラド（旧東洋ラジエーター）を主要客先とし、着実な発展を遂げてきた。1980年代中頃の売上額8億円から、2008年頃には従業員120人、売上額80億円のピークに達した。リーマンショック後、売上額は一時的に半分程度まで落ちたが、2015年時点では売上額50億円、従業員数90人となっている。社長の平野貴也氏（1973年生まれ）は、「現有の技術を次のステップに向けていく」と語っていた。

　▶創業から黎明期まで

　平野製作所の創業者の平野豊吉氏は北上の農家の次男として生まれ、中国戦線に送り出されていた[4]。その中国で「使用していたもみ摺機精米機が余りにも古いタイプの農機具であったことが、強く印象に残り、農機具を工夫して作れば売れるのではないか」と考えた。戦後の1946年には、農地を分けてもらって稲作に従事するかたわら、製粉精米の賃加工を始めている。その後、各農

飯豊西部中小企業工業団地の平野製作所　　　平野貴也氏

家が農機具を備える時代となり、平野豊吉氏はエンジン修理で手がけていた機械加工に関心を抱き、「これからは工業化」と考えていった。1961年、戦前の後藤野飛行場跡に立地していた岩手富士産業（北上市後藤野）の紹介を受け、ナットのネジ切りをする下請仕事を始める。5反歩（約5000㎡）の田畑を売却し、旋盤2台、従業員2人でスタートした。ティラド関係のトラック、特殊車両の部品であった。

　高度成長期の中、確実に業容は拡大していったが、一時的な経営危機を迎える。2代目社長となる平野豊氏（1943年生まれ、2009年没）は法政大学を卒業、東京で商社に勤めていたが、1967年に呼び戻され、以後、豊吉氏、豊氏は二人三脚で企業経営にあたり、平野製作所の基礎を築いていった。

▶発展期からグローバル展開へ

　客先のニーズを受け、受注拡大し、旧工場が手狭になったため、1981年には現在地の飯豊西部中小企業工業団地に移転（現2カ所、敷地面積1万8150㎡、建物面積6600㎡）した。1982年にはコマツ、1988年には三菱重工との取引を開始し、業容はますます拡大、1993年には秋田県大仙市に秋田平野製作所（敷地6782㎡、建屋1823㎡）を設立した。

　さらに、客先のグローバル展開のニーズを受け、いち早く1988年には台湾企業と技術提携してFC素材調達を開始、1999年からは中国天津NWSよりFC素材調達開始している。そして、2003年には中国広東省東莞市に合弁企業のステンレスロストワックス鋳造の機械加工会社を設立した。その後、2005年には同じく東莞市にアルミグラビティ鋳造の合弁会社を設立、鋳造及び機械加工を開始した。2012年には香港に平野貿易香港有限公司、2013年には東莞市に東莞平野五金貿易有限公司を独資で設立している。日本からは社員が駐在し、合弁企業及び関連企業の技術指導、品質管理に携わっている。

▶社会的なニーズを受け、拡大

　旋盤2台の起業以来、機械設備投資を積極的に進め、MC69台、NC旋盤4台を基軸に、豊富な検査機器なども取り揃えた壮大な規模の機械加工工場とな

トラック用エンジン部品の検査作業

トラック向けインタークーラー

った。取引先は、コマツ関係（栃木県小山工場、コマツカミンズ、ギガフォトン、大阪工場）、ティラド関係（神奈川県秦野工場、滋賀、名古屋）、いすゞ関係、日野自動車関係など20社ほどから構成されている。業界の割合としては、建設機械とトラック向け関連がほぼ半々の構成になっている。

　主要製品は、オイルクーラー、エアーコネクター、インマニホールド、ギヤカバー、インタークーラー、オイルクーラー、ターボチャージャー、さらに、半導体製造装置関係の部品なども手がけている。材質はアルミ、鉄、ステンレスと多岐にわたり、多品種少量生産を得意としている。

　製品の基礎となる鋳物素材の調達は、国内は山形市2カ所、奥州市3カ所、石巻市、八戸市。海外からは、中国天津市、東莞市、大倉市など全体で5カ所を数えるなど、これまで意欲的に調達に取り組み、海外調達率は40％近くを占めている。近年の円安傾向は一時的に逆風となっているが、客先の海外展開は今後益々進展するものと見込まれ、グローバル展開のニーズは高まっている。

▶リーマンショックからのその後

　現社長の平野貴也氏は、日本大学商学部卒業後、主要客先であるコマツに3年勤め、1998年に入社した。リーマンショックの翌年の2009年に2代目の豊氏が病死し、3代目を継いだが、建機、トラックばかりでなく、国内製造業の需要低迷期に入り、次の展開が課題となっている。

　社長就任以来7年、建機で育んだ技術をベースに新たな領域に踏み込んでい

くことが求められるなか、平野貴也氏は「当社は鋳物の加工技術をベースに次の違う業種に向かって行きたい」と語っていた。ハイブリッドカーのモーターケース、風力発電、水力発電の冷却、燃焼関係、そして、今後が期待される水素関係にも関心を寄せていた。

さらに、将来を展望すると「人材の問題」が深く意識されていた。これまで、岩手県立産業技術短期大学校（2年制、奥州、矢巾）から定期的に採用してきた。今後もこのような若い人の採用を重ね、育成していくことを最大の課題としていた。

建機、トラックといった産業用の機械（鋳物）部品の加工により発展してきた平野製作所は、大きな転換点にあるようにみえる。需要が縮小している建機も、数年後には更新需要も期待される。ただし、従来のような拡大は期待しにくく、ユーザーのニーズも多様化していく。また、風力や水素等の新エネルギー関係も少しずつ視野に入りつつある。一定の加工能力と材料の調達能力の備わっている平野製作所は、これまでの主力の建機、トラック関係に加え、新たな領域に踏み込んでいくことが求められているのである。

（3）精密機械加工の非量産部分で歩む
——金型部品、治具・工具、修理などに取り組む（市川製作所）

旋盤、フライス盤等を軸にする機械加工業種は機械金属工業の最も基本的な領域であり、大物から小物、また、旋盤を中心とする「丸物」からフライス盤を軸にする「角物」、さらに、自動旋盤等を多用する量産から、職人技を駆使する一品ものまでなど、実に多様な存在形態がある。そして、機械加工業種の拡がりが、地域の機械金属工業集積の基本を形成していく。

北東北随一の機械金属工業集積を形成している北上市、そこにはこの機械加工業種が幅広く集積し、金型部品、治具、修理などに従事する機械加工企業が存在している。

▶各地で修業し、家業に戻る

市川製作所は戦後直ぐの1947年、現2代目社長の市川雅得氏（1962年生ま

市川雅得氏

飯豊西部中小企業工業団地内の市川製作所

れ）の父が創業している。市川氏の父は高知県生まれであり、鉄道の保線、特に車両の車軸の加工、修理などを専門に行っていた。旋盤と火造りを軸にしていた。岩手県では戦後直ぐから和賀川上流の湯田町（現西和賀町）に湯田ダムの建設が始まり（1953年）、大量の建設関係者が集まってきた。当時20歳の父もその一員としてやってきて一関に間借りしていた。

　その後、一関の女性と結婚することになり、独立創業していく。北上市（当時、黒沢尻町）の貸工場からスタートした。1963年には、北上機械鉄工業団地に移転した。ただし、この北上機械鉄工業団地の周辺は宅地化が進み、操業環境が悪化したため、当時、北上市村崎野で推進されていた飯豊西部中小企業工業団地に1984年に移転し、現在に至っている。敷地面積2128㎡、建物面積586㎡となった。この飯豊西部中小企業工業団地は約20社で構成され、中小企業高度化資金を利用して形成されたものであり、地元中小企業を中心に編成されている。

　2代目社長の市川雅得氏は、黒沢尻工業高校機械科を卒業、仙台の経理専門学校に2年在籍し、岩手に戻り、修業のために一関の金子製作所に半年世話になり、フライス盤を経験した。その後、北上の伊藤技研工作所（現在はない）に半年世話になる。伊藤技研工作所は岩手の代表的な機械系企業であった新興

市川製作所の機械加工職場

研削加工

製作所の出身であり、ここでもフライスを経験した。その後、一旦北上に戻り、さらに神奈川県川崎市の東芝小向工場工機部に入る。ここでも1年ほど世話になり、24歳の時に家業に戻ってきた。当時、市川製作所は旋盤系が中心であり、従業員は14人ほどであった。市川氏が戻ってから、意識的にフライス系の設備を充実させていった。

当時のユーザーは北上工業団地に進出してきた東京製綱スチールコード（現東綱スチールコード）と旧和賀町藤根の東北日発であった。1～2個から多くても50個程度のものを受けていた。なお、現在に至るまで、市川製作所は量産を受けた経験はない。

▶落ち着いた良質な機械加工職場

1970年代初めのオイルショックの頃までは、5～6社のユーザーがあれば会社は回っていた。ただし、オイルショック後は仕事の引き揚げも多く、新たなユーザーを求め、月1社100～200万円の受注で20社ほどの受注先確保を目指していった。1990年前後のバブル経済の頃もあまり大きな冒険はせず、世間の喧騒にも関わらず、売上額も1.5倍ほどにとどめていた。そして、その後、大きな変化もなく推移していた。

ただし、2008年夏のリーマンショックの影響は大きく、国の助成金でしのぎ、1年ほどでなんとかなった。2011年の東日本大震災の直接的な影響はなかったが、物流がしばらく芳しくなかった。むしろ、4月7日の余震の影響が大

きく、停電等により回復には2週間ほどかかった。機械はズレたが、主力の森精機、ファナックは直ぐに駆けつけ、補正してくれた。

　現在の従業員は17人、男性14人、女性3人（事務）であり、男性は市川氏を含めて現場に入っている。1人がCAM担当、もう1人が検査担当であり、その他は機械に張りついている。機械設備は丸物、角物に対応し、MC3台（森精機、マザック、浜井産業）、ワイヤーカット放電加工機2台（ソディック、日立精機）、放電加工機（日立精機）、NCフライス盤3台（森精機）、NC旋盤3台（森精機、津田）、ジグフライス盤等8台、汎用旋盤7台、さらに、今では懐かしい日立精機のターレット旋盤もあった。研削盤関係も、円筒研削盤6台、内面研削盤2台、平面研削盤1台、ジグ研削盤（三井精機）、三次元測定器（ミツトヨ）など、精密機械加工・研削加工の一通りの設備が用意されていた。

▶半導体以後の課題

　現在の受注先は東綱スチールコードが中心だが、その他に30社ほどになっていた。最近のその他の有力なところでは、大阪の大橋金型工業から東洋製缶向けの飲料缶、ペットボトル製作用装置（搬送用）の周辺部分が売上額の15～20％、啓装工業の本社の埼玉工場と山形工場から日本電子向けの電子顕微鏡関連の部品が来ていた（売上額の8～9％）。岩手県の仕事ばかりでなく、かなり遠方からの受注も増えているようであった。地元は、東綱スチールコード、東北日発に加え、シールラベル、タグの製造機械を製作している北上工業団地のサトーから省力機械のメンテを受けていた。

　精密機械加工の場合、熱処理、表面処理の必要性がある。市川製作所の場合は、社内に小型の電気炉はあるものの、大半は外注に出している。これら表面処理は同じ飯豊西部中小企業工業団地の隣に立地するケディカ（本社仙台）、黒染は奥州市の水沢鍛造工芸社に依存していた。また、機械加工の外注先は少ないが、一部を和賀町藤根の大信製作所に出していた。この大信製作所は従業員規模3人ほどだが、腕が良いことで知られている。

　このように、市川製作所は量産物には手を出さず、小ロットの特殊な精密機

械部品、治具・工具等を焦点に落ち着いた展開を重ねてきたのだが、この1～2年、思うような受注を獲得できていない。月に300万円ほど足りないとの判断であった。特に、半導体関連の仕事が少なくなったとしていた。日本の半導体関連は、特に後工程の海外移管が進み、国内の仕事は急減している。

　市川製作所としては、半導体以後のテーマとして、医療機械、ロボット、食品加工機械など、これからも期待できる領域に向かっていくことが必要なのではないか。非量産で特殊な加工を得意としている市川製作所としては、そのような領域での活躍の場は広いと思う。東日本大震災以降、特に福島県のあたりでは、医療機械、ロボット等に関わる事業領域の研究が進み、関連する仕事も始まっている。そうした点に注目し、一歩踏み込んだ営業活動を重ねていくことが求められている。

（4）地域産業の発展と共に進化し、技術を深める
——ユーザーから技術・設備を受け継ぎ育ててきた（北上エレメック）

　日本の地方圏には、地元の有力者や若者が新たな可能性に向き合い、新たな事業を育ててきたケースが少なくない。岩手県北上市、人口10万人弱の地方都市だが、1970年代に入ってから果敢な企業誘致活動を重ね、現在、誘致企業は270社を超える。日本の地方で最も近代工業化に成功した都市とされている。当初、時計部品から始まり、半導体・電子部品、そして、近年はトヨタ系自動車関連産業の集積も進んでいる。このような地域工業全体の歩みに沿う形で、事業内容を大きく進化させてきた中小企業がある。

▶大手から機械設備、工場を引き継ぎ、レベルを上げてきた

　現在の北上エレメック・グループは部品製造の北上エレメック（従業員135人）、金型の北上精密（60人）、設備メンテナンスのNSテクノサービス（2007年に買収、研削盤のメンテナンスが得意。18人、うちキサゲ工2人）の3社から構成されている。これらはクルマで10分圏内に配置されている。グループの最初の出発となったのは北上精密であり、1972年に設立されている。北上エレメックの設立は翌1973年であった。

創業者の菅野羌俊氏（1936年生まれ、現会長）は、北上市生まれ。長じて西和賀町の有力企業で製材、建材販売、ガソリンスタンドを営んでいたスガワラに勤めていた。1972年に企業誘致によりシチズン系の上尾精密（現シチズン時計マニュファクチャリング）が北上工業団地に進出してきた。これをチャンスと受け止め、「やろう」と意識して北上精密、北上エレメックを設立、上尾精密からのシチズン時計用の針の印刷に踏み込んでいる。42歳の頃であった。さらに、1979年になると、隣の金ケ崎町に富士通セミコンダクターが進出してくる。早速名乗りを上げ、半導体の組立事業に参入、そこからプラスチックの射出成形、金型部門へと展開していった。
　この富士通セミコンダクターは2012年にトヨタ系自動車部品メーカーのデンソーに買収され、デンソー岩手に変わっていく。その前後の2011年には、デンソーはカーエアコンのデンソー福島（田村市）を設立、その後の2014年5月、デンソー福島は約87億円を投入して建屋を3倍に拡大、エンジン・クーリングモジュール（冷却装置）の生産にも入っている。2010年代に入り、トヨタ系協力企業の最大手であるデンソーの東北進出が本格化してきた。
　また、1980年代から三菱マテリアルの仕事を受け始め、プレス及び金型部門にも参入、2006年には、三菱マテリアル（岐阜）から金型関連機械設備一式を買取り、ビールなどの飲料用アルミ缶用金型（絞り型）などの生産に入っていく。北上エレメックの工場の一角には、ムーアの治具研削盤、ブラウンシャープの超精密成形研削盤、ユングの平面研削盤、オーバーベックの内弧研削盤等の世界最高レベルの工作機械群が装備されているが、これらは三菱マテリアルから引き取ったものであった。年式は古いが、社内のメンテ技術によって精度更正されて使われていた。東北でこれだけ欧米の最有力工作機械メーカーの機械設備を装備している中小企業をみたことがない。
　また、2014年2月には、日立マクセルの宮城県亘理町の工場を買収、従業員70人のうち40人を引き継いで北上エレメック袖ケ沢工場としている。この工場には金型部門はないが、射出成形機（23台）とプレス（9台）を装備する工場であり、キヤノンの一眼レフカメラの鏡筒部分の製造を行っている。一眼レフの鏡筒部分は以前はアルミのパイプ材の切削によっていたのだが、現在は

菅原康裕社長（左）と菅野羌俊会長　　　時計針の印刷工程

樹脂に変わっている。このように、北上エレメックは大手企業の機械設備や工場の一部を引き継ぐ形で事業領域を拡げてきたのであった。

▶自動車関連部門にも取り組む

　地方都市では珍しく企業立地の進む北上だが、2005年には主力の半導体・電子関連部門は不況に入っていく。他方、北上市の隣の金ケ崎町にはトヨタ系完成車両メーカーの関東自動車工業（現トヨタ自動車東日本岩手工場）が1993年に進出してきた。進出して10年ほどは地元との付き合いがなかったのだが、2000年代の中頃に入ると落ち着き、地元への関心を深めてきた。このような状況の中で、ポスト半導体を視野に入れ、北上エレメックを中心に近くの北上精工（大型プレス、金型）、エレック北上（旧東光、インサート成形）の3社で自動車部品の共同受注グループ「プラ21」を結成、関東自動車工業に営業をかけ、シート周りのプラスチック部品の受注に成功していく。

　2011年7月、トヨタは金ケ崎の関東自動車工業、宮城県大衡村の完成車両メーカーのセントラル自動車（2011年進出、現トヨタ自動車東日本宮城大衡工場）、同じ宮城県大和町のエンジン組立等のトヨタ自動車東北の3社を合併させトヨタ自動車東日本（本社大衡村）としている。二つの完成車両工場で現在の生産台数は年産約45万台であるが、将来的には100万台が期待されている。このような状況の中で、トヨタ系のティア1（一次協力企業）が岩手県から宮城県にかけて集結を始めている。今後、東北はトヨタ系自動車関連企業に

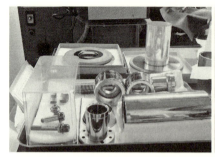
アルミ缶の精密金型

自動車部品（成形品）の生産

よる大きな集積を形成していくことが予想されている。

　このような中で、2次、3次の協力工場の必要性が生じているのだが、東北地方の中小企業はなかなかそれに応えきれていない。加工技術の問題よりも、量産の考え方が浸透していないとされている。半導体・電子部品と自動車部品では「和食と洋食ほど違う」とされ、向かうには大きな障害がある。そのような中で、北上エレメックを中心とする共同受注グループのプラ21は、果敢にトヨタ系企業に接近、一つの成果を上げているものとして注目される。

　▶時計針印刷からスタートし、半導体、自動車、カメラ部品などへ展開
　北上エレメックの売上額推移をみると、10年前の2006年は約3億2000万円。2008年は自動車関連の仕事も増え約8億円と好調に推移したのだが、リーマンショックに遭遇、2009年は半分の約4億3000万円に低下した。その後は回復し、2013年は約7億円。そして、日立マクセルの工場を買収した2014年は約12億円に拡大している。現在の売上額構成は、月の売上額ベースで、金型関係2000万円、射出成形関係6000万円（北上2000万円、袖ケ沢4000万円）、精密プレス関係2600万円（北上600万円、袖ケ沢2000万円）、時計関係800万円、メンテ関係1300万円とされていた。

　主たる取引先は、自動車関係ではエンジン給気系部品はアイシン東北（金ケ崎）、自動車シート周りは建設ゴム（豊田）、自動車ドア内装品はトヨタ紡織東北（北上）あたりである。半導体関連はジャパンセミコンダクター（北上）、

超硬合金・精密金型は三菱マテリアル（東京支社）、時計針印刷はシチズン時計マニュファクチャリング（北上）、ドットプリンタヘッド部品はシチズン・システムズ（西東京）、シチズンセイミツ（盛岡）、光学レンズ鏡筒部品は日立マクセル（亘理）などとなっていた。1972年に進出してきたシチズン系企業の時計針の印刷という女性型の労働集約的事業からスタートした北上エレメックは、このような展開になっているのであった。

現社長の菅原康裕氏（1953年生まれ）は先の菅野会長が若いときに勤めていたスガワラの本家筋、1981年に北上エレメックに入社している。その後は菅野会長と共に歩み、北上精密社長を経て2014年に社長に就いた。グループの株の大半は2人で所有していた。機械設備意欲も強く、先の三菱マテリアルから引き継いだ設備に加え、世界トップレベルの長島精工の超精密成形研削盤、安田工業の立型MC、和井田製作所のプロファイル研削盤、その他、NC放電加工機、ワイヤーカット放電加工機、ガンドリル、測定器類、成形機、プレス機が所狭しと並んでいた。最近は、アジェ・シャルミー（スイス）の五軸加工機を5000万円で導入していた。

会長、社長は口を揃えて、「当面、クルマ関係の小さな部品はできるようになった。大きなものはこれから」と語っていた。北上の工業化の歩みをそのまま受け止め、地場から生まれた中小企業として、北上エレメックは興味深い足跡を記しているのであった。

（5）CNC自動旋盤で、細くて長いものを得意に
——小回りの効く中～小ロット生産に向かう（ウスイ製作所）

自動旋盤といえば、元々、時計部品のような小物の量産のために開発された工作機械であり、機械式の腕時計、アナログのカメラが全盛時代には各地で大規模な生産が行われていた。例えば、1980年代の後半の頃までは、時計、カメラといった当時の精密機械の一大産地であった長野県の諏訪、岡谷のあたりでは、数百台の自動旋盤を並べる工場も少なくなかった[5]。ただし、1985年のプラザ合意以降の円高の中で、その多くはアジア、中国に移管されていった。そのため、現在、国内で数百台規模の自動旋盤を並べている工場をみることは

碓井浩太郎氏

住宅と一緒になったウスイ製作所

なくなった。

　現在、国内で自動旋盤を並べている場合、数十台規模が最大であり、しかも量産を得意とする自動旋盤を使いながら、一個生産の要求にも応えられる形にしている場合が少なくない。細いもの、小さいものにフライス加工や穴あけ加工をワンチャックで旋盤加工していく場合、自動旋盤の強さが指摘されている。

▶北上の工業化の中で生まれる

　北上市郊外の村崎野、工場団地もあるが、住宅と農地の入り交じったところに小さな工場が広く展開している。その一角にウスイ製作所が立地していた。ウスイ製作所は、1974年、現社長の碓井浩太郎氏（1968年生まれ）の父（1939年生まれ）が35歳の頃、JR北上駅前近くの実家の物置を改造して中古の汎用旋盤を導入、1人でスタートしていった。当時はようやく北上への企業進出が進み始めた頃であり、進出企業からの部品加工の仕事が地元に出始めた。そのような状況を受け止めての創業であった。その後、7年ほど経った1981年の頃に現在地に移転、自宅と工場が一体の建物を建設した。当時は、父と母、従兄弟と従業員1～2人の規模であり、黒沢尻工業高校の定時制の生徒がアルバイトで入っていた。

碓井浩太郎氏は一関高等専門学校機械工学科（5年制）に進学、卒業後は富士通に入社、川崎市の中原工場で回路やコネクタの設計に従事していた。大企業の職場の為、やり甲斐が持てずにいた。CADが普及し始めた頃であり、CAD設計会社に転籍しようかと考えているとき、父から「人手が足りない、母も体調が悪く頼りになる者がいない」といわれ、帰郷する。当時は、大手OA機器のプリンターシャフトを大量生産し関東方面に毎日出荷していた。土曜・日曜・祝日も24時間フル稼働生産し、売上げの70％程度をプリンターシャフトに依存して好調だったのだが、1990年代に入ると人件費高騰によりマレーシアに移管されていった。

　プリンターシャフトの仕事がなくなりながらも従業員2人の給料と設備投資の借金はなんとか支払い、両親と自分は給料をほとんど受け取らず、5年間にわたり窮地をしのいだ。この間、碓井氏は2人の社員と仕事が少ないながらも24時間自動盤を動かし、他に収入を得るため飲食業も経営している。開店したお店は繁盛したのだが、本業の部品加工が復活し始めたことから3年ほどで店はたたんだ。その本業の仕事というのが自動車部品であった。依頼先の製造部門では加工困難な部品のため、加工先を探している案件であった。不況の真っ只中、碓井氏は2週間以上をかけて、加工条件や切削工具の改良重ねた。その結果、高精度のまま安定した部品が出来るようになり、かつ加工時間を40％短縮することができた。これを機会に得意先からの信頼を得、その後20年以上にわたり多様な自動車部品を切削加工してきた。この部品の仕事が、そ

所狭しと自動旋盤が並ぶ　　　　　女性が活躍している

の後のウスイ製作所の基礎となっていった。

▶特殊加工、HPの作成、多様な交流の場に参加

1999年、「岩手県内の技術だけで釣り竿をつくりたい」という動きがあり、カーボンシャフト製造の際の芯金となる「マンドレル」の製造依頼を受ける。マンドレルとは釣り竿のカーボンシャフトを製造する際に、カーボンシートを巻き付けるための芯金（金型）である。先端から根元まで歪まずにテーパー加工を行うもので、高度な技術が要求された。ウスイ製作所は半年以上かけて、φ0.4～φ6.0㎜、全長2mのテーパー加工に成功している。このあたりから、ウスイ製作所は細物・長物の特殊加工の世界に踏み込んでいった。こうした特殊加工は、近年、金型部品の近隣の有力企業から注目され、依頼されることが少なくない。

だが、2000年のITバブルの崩壊により仕事はストップ、誰もやりたくない仕事しかこなくなった。この頃にはインターネットが普及の兆しをみせていたため、早い時期からHPを作成していく。特に、2008年のリーマンショック、2011年の東日本大震災以降、HPにお金をかけるべきことを痛感している。リーマンショック直後の2009年1月の加工賃は100万円未満にまで低下、だが、翌2010年には大幅に売上を戻しV字回復をみせた。その後、東日本大震災の影響はあったものの、日本各地からの受注を伸ばしている。2015～16年においては、さらに売上を伸ばし過去最高の水準に達していた。特殊加工への展開、斬新なHPの作成、工場動画の公開、SNSの発信、さらに、碓井氏自身の多様な交流の場への参加などにより、新たなステージをみつけ出したようであった。

▶自動旋盤で新たなステージに向かう

従来は男性6人の正社員にアルバイト2～3人という構成であったのだが、新たな流れがみえ始めた2014年以降、意欲的に従業員の採用を重ねている。特に、女性社員の採用に意欲的であり、現在は女性5人、男性7人の計12人に碓井氏と両親が役員として加わっている。男性は加工専門、女性は検査、材

料仕入、出荷、電話対応等に携わっている。なお、女性は正社員もいるが、各人の子供の都合によるフレックスなパートタイム雇用としていた（9時頃～16時頃まで）。ハローワークの求人では土曜祝日の完全休日のケースは少ない。休日に勤務するスーパーのレジよりも工場勤務を好む女性も少なくない。

　主力の機械設備は、シチズンのCNC自動旋盤8台を中心に、普通旋盤、立フライス盤、横フライス盤などから構成されていた。狭い工場に所狭しと配置されていた。現在の主要な取引先は自動車部品、半導体製造装置部品、医療装置部品、各種精密機械部品関係とされているが、近年は自動車部品の受注量が倍増し、その比重が半数を超えている。量産も少なくない。碓井氏とすれば、偏った受注を危惧しており、特殊品、小ロットの小回りの効く形の維持を求めていた。

　近年の機械金属系のモノづくりの世界では、「全日本製造業コマ大戦」「モノヅクリンクネット」等、中小企業による交流ネットワークが盛んに取り組まれているが、碓井氏はそうした場にも意欲的に参加し、新たな可能性を求めているのであった。

（6）東京三鷹から進出して50年の機械加工企業
──リーマンショック以降の構造変化にどう応えるか（大和製作所）

　昭和40年代以降、大型の工業団地を造成し、積極的に企業誘致に励んできた北上には東京方面からの進出企業が少なくない。そのような進出企業の中でも、1968年に北上市相去町に進出してきた大和（やまと）製作所は、最も早いものの一つであろう。現在は3代目の福岡弘義氏（1979年生まれ）を中心に、マシニングセンター（MC）、タッピングセンター、NC旋盤を装備し、従業員32人で自動車関係、農機関係の仕事に従事していた。

▶早い時期に東京三鷹から進出

　大和製作所の創業は戦後直ぐの1947年、東京都練馬区上石神井でスタートしている。創業者の祖父は、戦前・戦中は三鷹から武蔵野にかけて一大航空機生産拠点を形成していた中島飛行機の下請として、兄弟で部品の組立などに従

福岡弘義氏	主力のタッピングマシン

事していた[6]。当時、三鷹、武蔵野の中島飛行機には約4万人が働いていたとされている。戦後、中島飛行機は解体され、一部が富士重工として残っている。そして、この中島飛行機の解体に伴い、三鷹周辺には数多くの中小企業が生まれていった。

　1947年練馬で創業した大和製作所は、1950年には三鷹の農機関係の企業との取引を開始し、それは現在でも続いている。農機のクランクケースなどの切削加工に従事している。大和製作所は1957年には三鷹市中原に移転している。当時、祖父母は調布市深大寺に居住していた（現在はない）。

　高度成長期の中で拡大し、手狭になったこと、三鷹の宅地化が進み操業環境が悪化したことなどから地方移転を考え、1968年、祖母の郷里であった北上に新工場を建設、1970年には三鷹の工場を閉鎖し、本社も北上に移した。当時の従業員規模は10人弱であった。北上への企業進出としては、東光（現エレック北上）、東北佐竹製作所などに次いでかなり早いものであった。

　1982年には日産系自動車部品との取引を開始している。2008年のリーマンショックの前の頃は、この日産系自動車部品の比重が90%を占めていた。当時、北東北には自動車関連の仕事は少なかったのだが、大和製作所は興味深い取り組みを重ねてきたことになる。

▶リーマンショック後に売上額が激減

　現在の3代目社長の福岡氏は北上生まれ、高校まで北上で過ごし、大学は仙台の東北学院大学経済学部。卒業後は営業職を4年ほど務め、2006年、家業に戻ってきた。当時、従業員は35人ほどであった。経済学部卒、営業職と重ねてきたことから入社後も機械にさわることはなく、営業、経理を担当してきた。なお、当時の主力は日産系自動車部品と農機関係であり、営業といっても行き先は決まっており「配達」みたいなものであった。2010年、2代目社長の後を継いで32歳で3代目社長に就任している。

　2008年夏のリーマンショックの影響は大きく、売上額は半分になった。当時の取引先は10社ほどであった。そのままでは先行きに「不安」が生じ、以後、積極的に販路の拡大を狙い、現在は40数社にまで拡大している。それでも売上額はリーマンショック以前の75％程度であった。自動車の減少は今でも続いている。

　2016年現在の従業員は32人（男性24人、女性8人）であり、機械加工の男性型企業であるが、女性もMC、検査など現場に就いていた。現在、自動車部品の比重は25％程度に減少し、農業機械が20％、さらに、精密装置部品の削り出し（アルミ、ステンレス、銅、インコネル）の仕事も開始している。

　機械設備は、MC3台（OKKの5軸機、オークマ、東洋精機）、タッピングマシン19台（ブラザー、ファナック）、NC旋盤8台（森精機、オークマ、タキザワ）、三次元測定器（東京精密）などが装備されていた。アルミ、ステンレスから鋳物までの切削加工に応えていた。精密機械加工の企業は鋳物の加工は切子が機械に絡むとして避けたがるのだが、大和製作所はそれにも応えていた。70年近くにわたって真摯に機械加工に従事してきたことが伝わってくる。

▶特定大企業依存から「自立」にどう向かうか

　若くして事業を引き継いだ福岡氏は「変化が激しく、どうしてよいかわからない。現在は、来るものは拒まず、単価があえば受ける」としていた。このような事態は、日本の多くの下請的な機械加工などに従事してきた中小企業に共通する問題のようにみえる[7]。国内全体に仕事量が低下し、量の出るもの、簡

易なものはアジア、中国に移管されている。

　このような事態を突破していくためには、慣れた自動車関係を意識するならば、近年、東北に集積しつつあるトヨタ系の仕事に向かうことが考えられ、さらに、近間の東京エレクトロンなどの半導体製造装置、さらに、今後が期待される医療機械、食品加工機械などにも向かっていくことが必要であろう。いずれも精度が厳しく、コストも厳しい。これまでの特定大企業依存の形は維持することは難しく、多様な領域に踏み出し、それに応えられる技術蓄積、事業体としてのあり方を模索していくことが求められているように思う。

(7) 川崎から進出して定着した特殊加工企業
――北上工業集積の中で異彩を放つ（川崎ダイス工業）

　北上南部工業団地の一角に立地する川崎ダイス工業、1990年1月に土地3300㎡を取得して進出していた。私はその年の6月に訪れたことがある[8]。2代目社長の小林勝利氏は「川崎では人が集まらない。有力得意先の東京製綱に紹介され、1985年頃に北上機械鉄工業団地の貸工場で半年ほど実験的に操業してみた。しかし、雪に悩まされて挫折した経験がある。その後、1988年に北上市による誘致で北上南部工業団地を訪れ、インフラも納得できるものであることから進出を決意した。5年後には川崎工場を引き揚げ、北上を生産拠点、川崎を営業拠点にしていく」と語っていた。

　それから四半世紀が過ぎ、北上工場は当初の敷地の第1工場が4棟（総計933㎡）に増え、さらに、道路を挟んだ所に第2工場（敷地7919㎡、工場面積2843㎡）を展開していた。以前は小物の超硬工具を製作していたのだが、現在では大物のセラミックスやガラスの切研削といった特殊な仕事が主力になっていた。

▶川崎から北上に展開

　川崎ダイス工業の創業は1956年、川崎駅前の川崎市幸区である。市内には東芝、東京製綱、明治製菓等があり、これらの企業はいずれも北上に進出している。創業者は東京製綱のOBである。創業当初は東京製綱が使う伸線用ダイ

小林城太氏

特殊な材料を加工する

スの修理を行っており、それが社名の「ダイス」となった。その後、超硬工具の世界に入っていった。製造系各社との交流を重ね、1978年には石原薬品（現石原ケミカル）を通じてアメリカのコーニング社特許の快削性結晶化ガラス（マコール）の加工を全国で初めて手掛けることになる。このあたりから、川崎ダイス工業はガラス、セラミックス等の特殊材の切研削の世界に踏み込んでいった。

　現在の3代目社長小林城太氏（1960年生まれ）は開口一番、「5年ほどで生産は全て北上に移すと考えていたが、それが出来たのは最近」と語っていた。現在の川崎本社（川崎市高津区）は総務、営業に加え、工場も一部残しているが、生産の大半は北上工場に移してある。川崎の従業員は10人、事務関係と汎用機を残してある。20代の事務員1人の他は、60～70代の人びとであった。川崎ダイス工業の定年は60歳だが、65歳までは雇用が継続され、65歳以上の希望者は残し、70歳以上の人はアルバイトとして時給で受け入れている。70歳以上が3人を数えており、最高齢は74歳であった。汎用機で細々とやっているが、会社としては「出来るところまで、やってもらう」構えであった。

　現社長の小林氏は、創業者の長男。大学卒業後は精密機器メーカーに修業に出て、ソフト開発（ファームウエア）に携わっていたが、1989年に家業の川

崎ダイス工業に入社している。中学生の頃には夏休みに汎用機で手伝い、大学時代には川崎ダイス工業の協力商社（相洋工業）でもアルバイトをしていた。入社したのは北上工場建設の頃であり、1990年には北上に着任し、現在は北上市内に居を構えている。「ここはパラダイス。1日のうちに渓流釣り（夏は鮎）、スキー、温泉を回れるし、食べ物も酒も美味しい」と語っていた。

▶特殊なセラミックス、新素材に向かう

2008年7月に3代目社長に就いた小林城太氏は「こちらに来た頃には、汎用機中心であり、グラインダーセンター（MC）が1台設置されていた。このような仕事をできるところがないため、他社との差別化を図り設備を増やしていった。1991年の横浜のセラミックショーに出展したところ評判を呼び、全国的に口コミで仕事が増えていった」と語っている。その後、九州に本社を構える大手セラミックスのメーカーからの引き合いなどにより、第1工場の敷地に4棟まで増設し、2003年には隣地鉄工所の土地、建物を買取り、第2工場としている。第1工場は小物中心だが、第2工場は大型の研削盤を展開、北上工場の従業員は41人の規模となっていた。

主要製品としては、磁性、非磁性材及び、快削性結晶化ガラス（マコール）の精密加工、各種半導体部材等の新素材類の加工としている。特徴としては、大きなものから小さなものまで社内で加工が可能、小さいものは焼結も可能、多種少量の短納期が可能としていた。マコールをはじめ、アルミナセラミック

大型の住友重機製平面研削盤　　仕上は手作業

ス、ジルコニアセラミックス、窒化珪素セラミックス、炭化珪素セラミックス、マセライトSP、ホトベール、シェイパルM、超硬材を手掛け、現在ではタングステンも扱っていた。

現在の取引先は100社前後にのぼるが、主力は東京豊洲の商社のA社（約25％）、神戸に本社を置くB社（約10％）、茅ヶ崎のC社（約10％）が中心であり、地元の北上地域では奥州や花巻などからの特殊な依頼が来る。この領域での同業は仙台のD社、その子会社のE社（本社愛知県瀬戸、金ケ崎にも進出）、大手陶業系のF社あたりしかない。E社とは協力関係にあり、川崎ダイス工業第2工場の3分の1ほどを貸していた。川崎ダイス工業は焼く前の加工の一部をE社に出し、社内では焼いた後の削り出しを行っている。

2008年9月のリーマンショック直前に社長に就任した小林城太氏は「2008年11月頃から受注が40％減少した。現在ではほぼ回復し、以前と同等の売上額で推移している。これ以上できない上、あまり必要がないのでHPを出していない」と語っていた。川崎からほぼ完全に移転した企業が、特殊なセラミックス、新素材の領域を視野に北上の地に定着しているのであった。

4. 製缶、プレス、鈑金の中小企業

機械金属工業の体系の中で、製缶、プレス、鈑金は独特な位置を占めている。製缶は厚物の鉄板を切断、溶接し、鉄骨などの鋼構造物、容器、機械の架台等を作るものであり、いわゆる鉄工所として古くから成立していた。戦前からの町の鍛冶屋から発展してきた場合も少なくない。多種少量生産を特徴としている。

プレスは金属部品の量産に使われるものであり、金型により鉄板の曲げ、穴あけ、切り落としを行い形状を作るものである。量産の思想が基本にある。電子部品、半導体、自動車、建築金物等に広く用いられている。また、プレスは金型とプレス機を必要とするが、金型製作とプレス加工を一つの事業所が行っている場合と、それぞれ専業化している場合とがある。第2章3でみた企業群の多くは、半導体、電子部品の領域で精密金型、精密プレス加工を行っていた。

なお、北上においては、金型専業、プレス専業のケースはみあたらない。

鈑金はかつては薄板による雨樋、屋根等の建築金物の領域で手加工によって行われていたものだが、1970年前後以降、ターレットパンチプレス、プレスブレーキ、レーザー加工機等が登場し、全く新たな領域として急速に普及してきた。これは、プレスほどの量産を必要としない薄板加工に用いられている。近年は「精密鈑金」という言葉が拡がっているが、これは1970年代以降に生まれた言葉である。この領域の機械設備は金属加工機械といわれ、先の工作機械とは一線を画している。世界的にはドイツのトルンプ、日本のアマダが先端を走っている。NC化は当然進み、近年はロボット化も推進されている。

北上の場合、製缶溶接の領域はそれなりに拡がり、金型・プレスは半導体・電子部品関連では国内でも有数のものだが、最近進められている自動車関連では、誘致企業の第5章3のケー・アイ・ケー以外には存在していない。特に、金型については半導体・電子部品関連の小物向けは得意だが、自動車向けの大中物の金型は皆無に等しい。このあたりは今後の課題とされる。また、精密鈑金については、地場のナガソノ、キクホー、そして誘致企業のエヅリコエンジニアリングがある。自動車関連金型、精密鈑金の拡がりは、北上の今後の課題であろう。

(1) 水輸送用大口径パイプ等の生産に従事
——仕事は縮小、更新需要がメインに（北上鐵工）

一般にはなかなかみえないのだが、大都市の地下に埋設されている鋼鉄製水道管、発電所のボイラーを冷却するための取水用の大口径パイプなどを生産する事業がある。製缶業でも特殊なものであり、全国で10〜15社程度とされている。輸送の問題もあることから、ある程度地域的に分担されている。北上工業団地の一角に　1972年に北上鐵工が設立されていた。千葉県松戸市本社の福本鐵工の現地法人であり、北上工業団地進出第7号の企業であった。

進出当初は松戸から3人が赴任してきた。現北上鐵工代表取締役社長の眞島義範氏（1946年生まれ）もそのうちの1人であり、当初単身であったが、翌年には家族を呼び寄せている。「居心地が良く、家内も納得して来てくれた」

と話す。子供2人も高校まで北上で育った。2013年に、眞島氏は本籍も北上に移した。眞島氏はそろそろ北上在住45年になる。

▶千葉県松戸、福島県いわき、岩手県北上に配置

　親会社の福本鐵工は、1959年、機械加工技術者であった先代社長の福本健一氏が東京都江東区で創業している。当初はコンクリート二次製品向けの型枠などを製造していた。その後、業容が拡大したことから、1963年には千葉県松戸市の松飛台工業団地に6000㎡の用地を取得し、全面的に移転している。

　1969年には、水道用鋼管、異形管、水管橋の専業化を目指し、日本水道協会検査工場の認可を取得した。1972年には東北地方の拠点として岩手県北上市の北上工業団地に2万1766㎡の用地を取得、北上鐵工を設立した。北上は東北の中心という認識であった。さらに、1983年には福島県いわき市の小名浜工業団地に1万3818㎡の用地を求め、海上輸送を視野に入れ大型製品製造を意識した福本臨海鐵工を設立した。ただし、2004年には福本鐵工が吸収合併し、現在では福本鐵工の「臨海工場」となっている[9]。

　この結果、福本鐵工グループは、松戸の福本鐵工（従業員28人）、いわき市の臨海工場（23人）、そして、北上鐵工（47人）の3工場体制となっている。

眞島義範氏

ベンディングローラーの作業

なお、北上鐵工は独自に営業部隊（4人）を持っているが、臨海工場は営業部隊を持たず、本社営業（2人）からの仕事を受けている。ある程度分担しているが、福島あたりの仕事では、臨海工場と北上鐵工とはぶつかることもある。

▶大口径鋼管の製造

福本鐵工グループ全体がそうなのだが、主たる事業は、①上下・農・工水道用各種鋼管、水管橋、異形管の設計、製作、施工、②圧力容器、熱交換器、地下タンク、高架水槽等の設計、製作、施工、③コンクリート二次製品用各種鋼板製型枠の製作、④各種鉄鋼製品のショットブラスト、塗覆装、ライニング、コーティング等の各種防蝕加工、及び現場施工、⑤極厚鋼板の長尺曲げ加工、長尺巻加工等である。

最終ユーザーは各地の農政局、水道局等である。東北の場合、水道管の仕事はあまりなく、農業用水用のパイプの仕事が多い。東北6県の農業用水用パイプの80％は北上鐵工が供給した。主材料の鋼板は、独自に仕入れ、細いパイプ（直径1m以下）、タンク等のフランジ、鏡板等はJISで標準化されていることから購入品を使っている。それらの既製品の大半は大阪から仕入れている。このような領域の標準品は大阪が得意としており、関東に比べてかなり安い。

北上鐵工の最大の特質は、大型のベンディングロール、溶接技術により鋼板から最大直径3.5mの鋼管を製造できるという点であろう。ユーザーから図面が来た後、材料手配し、切断、開先加工、ロール加工、組立、溶接、品質検査、

異形管の製造　　　　　　　　塗装された完成品

ショットブラスト、塗装、品質検査、出荷となる。なお、陸送の場合、道路交通法により運べる大きさが限定される。高さが4.1m、長さ25mに制限されていることから、口径は3.5mが限度となる。口径4.5mなどの大きな鋼管については、3.5mサイズに巻き込み、施工現場で拡げて溶接していくことになる。3.5mに巻き込んだものを4.5mに復元しても、真円度がとれることがノウハウとされている。

▶「縮小」「更新」の中でのあり方

　北上鐵工の従業員は47人（男性42人、女性5人［事務］）、男性の大半は現場で働いている。現場は大きく製缶部門、塗装部門から構成されている。平均年齢は37歳。地元の黒沢尻工業高校からはインターンシップを受け入れており、毎年採用している。通例、3人ほど採用するのだが、2016年は2人であった。定着は良い。

　一物件あたり、加工図が来てから納品までは約40日前後。最近の目立った案件としては、青森県の大間原発の循環水管（板厚16㎜、直径3.6m）の工事があった。これは福本鐵工臨海工場で対応した。これで大きな新規の工事は終わりとされている。また、主力である水道管については、全国的にほぼ設置済みであり、現在では更新需要がメインとなっている。現在、東京の都心ではパイプ・イン・パイプという方式により、水道管の更新が進められている。この方式は、既設のパイプの中に新たなパイプをはめ込むというものであり、道路を掘り返す必要はない。今後、東京に続いて大阪でも行われる見通しである。全国的な傾向だが、日本は基本インフラの設置はほぼ終わっていて、今後は更新需要がメインになっていく。

　なお、2011年3月11日の東日本大震災では、盛土の部分が若干沈下した程度であったが、翌4月7日の余震の被害は大きく、修復に1500万円ほどを要した。震災関連の復興需要としては、市街地を喪失した岩手県、宮城県沿岸の都市の場合、嵩上げ工事等を経て、ようやく水道の本管の再生が始まる見通しである。その他では、電力自由化に向けて、各メーカーが着手し始めている。例えば、岡山県倉敷市の水島コンビナートの企業が火力発電所を設置すること

になり、そこには循環用の水管（直径 1.7m）が採用されている。このような仕事はこれから発生していくことが予想されている。また、ゼネコンが受注した海外向けの ODA 案件が港渡しで送られていた。

　このように、いくらか仕事は動いているものの、震災以後、あまり仕事がない。といって人は減らせない。この仕事は技能に依存する部分が大きく、養成には少なくとも 3 年はかかる。溶接、クレーン、フォークリフトの免許等が必要とされ、いったん人員を減らせば、次の仕事の時に要員不足が懸念されることになる。

　拡大の時代にはインフラ整備が課題となり、各方面で大きな工事が続いたが、成熟し、縮小の時代に入っている現在、新たな工事は限られてくる。むしろ、主力は更新需要、メンテナンスということになろう。こうした事情は、水道管をメインとする北上鐵工だけの問題ではなく、インフラ関連部門全体の現実であろう。このような事業分野の場合、「縮小」「更新」の中で、新たなあり方を考えていかなくてはならないようである。

（2）製缶溶接業として多方面に展開
──機械設備等の基礎的部分を担う（富士善工業）

　建築等に使われる鉄骨、機械設備のフレームなどを製作する製缶溶接業。このような、いわゆる鉄工所は全国に拡がっている。大物で輸送費もかかることから地域需要をベースにしていることが少なくない。建築等を中心に近年、全国的には市場が縮小気味なのだが、東北地方はトヨタ系自動車関連事業が拡大傾向にあり、北上に所在する製缶溶接業が興味深い足取りを示していた。

▶大田区北糀谷で修業し帰郷、創業

　富士善工業の創業者で現社長の千田富士夫氏（1945 年生まれ）は、北上市郊外の岩崎生まれ。8 人兄弟の 5 番目の次男であった。地元中学校を卒業後、集団就職で東京都大田区北糀谷のキュービクルなどを製造する「盤屋」の富倉製作所に就職する。従業員 100 人ほどの中小企業であり、寮に入り、鉄板担ぎから始まり、溶接を経験した。

千田富士夫氏

架台の製作

　6年ほどで帰郷し、自宅の農業に入り、近くの重機屋の修理なども手伝っていた。その頃、大田区蒲田で修業してきた友人が帰郷して旭製作所（市内蒲谷地地区）を創業したことから、手伝いで溶接などを手掛けていた。弟の千田善三氏（1949年生まれ）も合流してきた。1971年に兄弟2人でなんとなく独立創業することになる。旭製作所の一角を借りての創業であった。社名の「富士善」は兄弟の名前をとって組み合わせた。

　その頃、北上工業団地に東京製綱スチールコードが進出してきて、機械の架台などの仕事が来るようになった。ここで溶接を中心とした機械的モノづくりを覚えた。この経験がその後の富士善工業の基礎となっていった。

　1973年には現在地（鬼柳町）を取得、本社を建設する。さらに、2005年には北上南部工業団地の土地（3300㎡）を取得、南工場を建設する。現在、富士善工業は2工場体制となっていた。従業員数はメインの本社・西工場が60人、自動車関連の設備製作を中心とする南工場20人の計80人（男性70人、女性10人）体制であった。女性のうち4人が現場で作業していた。従業員が友人を連れてきてここまで増えたとしていた。居心地の良い会社ということであろう。

溶接工程	組立

▶切断、加工から組立までの一括受注

　主要な取引先は、東北精密（北上）が30％、共立精工（花巻）が30％、東京エレクトロン東北（奥州）10％、それにトヨタ自動車東日本（金ケ崎）10％などが中心だが、その他には、北上鐵工、キンレイ、シチズンマシナリー等数十社に上る。さらに建築金物などもあり、地元から全国にまで拡がり始めていた。共立精工の仕事は液晶の半導体関連の機械部品、フレームの製作、東京エレクトロンはステンレスの半導体熱処理部品、チャンバー真空配管、また、トヨタ自動車東日本は生産ラインの一部などであった。特に、トヨタ自動車東日本の場合は1993年に関東自動車工業として金ケ崎に進出してきた際、豊田通商を通じて手すり等の問い合わせが富士善工業にあり、それがキッカケとなってラインのマイナーチェンジ等にも応えていた。建築金物関係は、仙台の安部日鋼工業（本社岐阜）から受けていた。また、最近では、東京の商談会の際に、三井造船（千葉）から焼却炉の熱交換用パイプの仕事受けることになり、この仕事も全国的に拡がり始めていた。

　仕事の流れとしては、図面が色々な形で来るが、それを受けて材料の手配を行い、加工に入っていく。切断、機械加工、曲げ、組立（溶接）、仕上げ、さらに場合によると現場施工もある。鈑金のターレットパンチプレス、プレスブレーキ等の機械は、半導体関連の参入の話があったことから導入したが、その後、この精密鈑金の仕事は継続的に来ていた。

　なお、機械加工の社内設備は少ないため、北上市内の業者を協力工場として

組織していた。社内の主力設備は、レーザー切断機3台（日酸TANAKA2台、日平トヤマ）、NCターレットパンチプレス（アマダ）、シャーリング3台（相澤鉄工所等）、プレスブレーキ8台（アマダ3台、相澤鉄工所等）、溶接機約90台、旋盤、フライス盤等が設置されていた。これらを含めて、自社の特徴を「切断から加工、組立の一括受注対応。単品生産からロット生産まで正確、迅速、安価、短納期対応」としていた。

▶市場も拡がり、リーマンショック以前を超える

2008年夏のリーマンショックに際しては、一時期、売上額が半分になり、半年ほど助成金でしのいだ。現在では売上額はリーマンショック以前の110%水準となっている。元々は鉄材を扱う切断、溶接中心の鉄工所的な形であったが、東京エレクトロンの仕事などを通じて精密鈑金の力を蓄え、難度の高いステンレスの半導体関連、真空関連の仕事もできるようになっていた。一般的には、製缶溶接と精密鈑金は別の世界を形成している場合が多いのだが、富士善工業の場合は、それらの両方に携わっていた。そのような意味では相当に幅の広い機能を身に着けている中小企業といえる。

社長の千田氏には4人（2男、2女）の子供がいるが、長女（総務）と次男（27歳）が会社に入っていた。後継に不安はないようであった。

近年、日本国内では新たな設備設置等は少なくなっており、設備系の事業者は縮小しているが、トヨタ自動車東日本の東北進出・拡大に伴い、関連企業の進出も多く、北上周辺では新たな設備投資もそれなりに行われている。そのような中で、幅広い力をつけてきた富士善工業は、地元ばかりでなく、全国的な展開にも踏み出しているのであった。

(3) 金型・プレス企業が農業法人も兼営
　　——釜石市の津波被災地で菌床シイタケ栽培に乗り出す（オーテック）

岩手県釜石市、2011年3月11日の東日本大震災津波により、甚大な被害を被った。その津波で流失した片岸海岸で大規模な菌床シイタケ栽培計画が推進されている。太陽光とガレキによるバイオマス発電を組み合わせ、雇用100人

を意識していた。その担い手が北上市の金型・プレス企業のオーテックであった。金型・プレスと菌床シイタケ、それに太陽光、バイオマス発電、それらにより、釜石の産業復興、雇用拡大を目指す事業のように思えた。

社長の小原勝久氏（1960年生まれ）の名刺には、金型設計製作、金属プレス事業、バイオマス事業、菌茸事業、農業生産法人とあり、グループ企業として㈱ビー・エス・ティー、㈱アグリ釜石と記してあった。

▶人と人の関係で入社、社長になる

このオーテックの足取りはまことに興味深い。オーテックの創業者は小原公二氏（1942年生まれ、2002年没）、20代の頃には花巻の親戚の機械加工屋でアルバイトを重ね、結婚して子供ができた頃には、東京に出稼ぎに出て昼間は町工場、夜は居酒屋などいろんな仕事を掛け持ち、漁船にも乗っていたとされている。その頃、知り合った経営者から「岩手に戻らないのか。資金を貸すから何かやれ」といわれ、土地、建物代2000万円を借りて、1976年、北上市和賀町横川目で金型・プレス加工を開始する。この時に借用した2000万円は20年をかけて返済している。

現社長の小原勝久氏は黒沢尻工業高校機械科を卒業後、北上の自動車販売店

小原勝久氏

オーテックのプレス職場

に入り、営業職に就いていた。小原公二氏のところにも営業に通い、親しくなっていった。なお、両氏は縁戚関係にはない。そのうち、小原公二氏から「今度、新しいワイヤーカット放電加工機を購入するけど、研修にいってみないか」と誘われた。小原勝久氏は「そのまま、ズルズルと入社してしまった」と振り返っている、小原勝久氏32歳の頃であった。

　オーテックはこの間、1979年には北上市内の堅川目工業団地に移転、1990年には遠野工場を新設、2000年には現在地の北上市滑田に移転している。小原勝久氏の入社した1992年の頃には、従業員十数人、錠前の美和ロック（盛岡、本社東京）の仕事が中心であった。

　1990年代の中頃には、美和ロックとアルプス電気（岩手県西根）を中心にしていた。美和ロックの仕事は順調であったのだが、アルプス電気の仕事は激減、ゼロになっていく。当時、アルプス電気はパナソニックに誘われ、大規模な中国展開を開始している頃であった[10]。アルプス電気に代わるものとして自動車アンテナの原田工業（一関）との取引を開始、当初、仕事は増えていったのだが、2000年代中頃からはこれも減少に転じていく。この間、住宅関連、自動車、弱電など色々な分野を手掛けていった。

　創業社長の小原公二氏は、生前「60歳で社長を辞める。そこで交代したい」と語っていた。その小原公二氏は2002年、59歳で他界した。小原勝久氏の心の準備はできておらず、小原公二氏夫人に「4年間猶予が欲しい」とつなぎの社長を頼み、経営の勉強を重ねる。当時、北上工場の他に遠野工場もあり、仕

アマダのプレス機　　　　　プレス作業をする女性従業員

事が減少していたことから、2003年には遠野工場を閉鎖している。その頃の従業員は40人ほどであった。

▶菌床シイタケ事業と釜石市での展開

　先代の同級生が和賀町で菌床シイタケ事業を営んでおり、その影響を受けて先代は亡くなる1年前から裏の林を造成して菌床シイタケの栽培に踏み込もうとしていた。この事業も継承し、JAいわて花巻に売先を紹介してもらい、年間1200万円ほどの売上額となった。ただし、当時、ハウス暖房用の灯油の値段が高騰し、バイオマス・ボイラーに関心を抱き、その導入も図った。この事業は2009年には農業法人化している。

　その後、この菌床シイタケ事業に対して、2011年1月には、農水省の補助金申請が通り、これから拡大して行こうと考えていた。その直後に東日本大震災津波となった。被災後には、木質ガレキをバイオマス・ボイラーで燃やすことも考え、釜石市に出向き、片岸地域に立地していくことになる。しかし、放射能の問題等で、ガレキを調達することができずに頓挫するが、2013年には経済産業省の補助事業で、菌床シイタケ栽培用のハウス4棟（各60坪）と菌床製造の施設（80坪）を設置した。太陽光パネルと断熱性の高いシラスバルーンを壁材として用いた。

　シイタケ栽培は、特に震災被災地では復旧しておらず、まだ生産量は少ない。また、東北には大規模生産者もいない。JAいわて花巻、野菜等の全国展開している総合問屋からは「いくらでも引き受ける」といわれている。ただし、自分たちだけでは資金力に乏しいことから、大手建設業者などからの出資も取り付けている。釜石市片岸町には、別会社のシイタケ栽培の㈱アグリ釜石、さらに、インドネシアにパームオイルの搾りかすから飼料を取り出す事業（㈱ビー・エス・ティー）を設立している。ビー・エス・ティーは国内でバイオマス・ボイラーを生産していく計画になっていた。

　2016年1月現在、林野庁の委託事業と絡めた釜石の菌床シイタケ事業は、ハウスが12棟になり、雇用は10人強（パートタイマー）を数えている。今後、徐々に増やし、ハウス100棟、雇用100人を目指していた。

▶二つの事業に取り組む

　この間、本業の金型・プレスの部分は従業員40人で推移していた。現場をのぞくと、金型部門は、ワイヤーカット放電加工機3台（ソディック、アマダ、三菱電機）、MC6台（日立精機、URAWA、吉良）、平面研削盤3台（岡本、ニッコー）、三次元測定器（ミツトヨ）などが装備されていた。プレスの職場は、プレス機械が36台（アイダ、アマダ、ドビー等）の他に、プレスロボット、プレスブレーキ2台、タッピングマシン4台（ブラザー等）などを設置していた。

　この金型・プレスの部分の現在の受注先は、大井電気20％（関西電力のスマートメーター関係）、オーチスエレベーター（成田）、パナソニック（ホームエレベーター）などとなっていた。大井電気は減少する見通しだが、その他は増加が期待されていた。

　このように、オーテックの場合は創業の経緯、事業承継の経緯も独特のものであり、また、金型・プレスと菌床シイタケ事業、さらに、バイオマス事業と幅広い展開になっている。一つの事業領域に集中しがちな北上の事業者の中では、独特な展開といえそうである。日本の置かれている新たな構造条件の中で、金型・プレス事業も厳しい状況にある。また、期待される新たな農業部門も、具体的な成果を得るには多くの障害がある。小原勝久氏には、新たなタイプの事業経営者として、これらを突破し、新たな成果を獲得していくことが期待される。

（4）プレスから精密鈑金に転換し、能力を高める
──地場の加工業として展開（ナガソノ）

　機械金属工業の要素技術の中で、精密鈑金は比較的新しい技術領域として知られている。プレスのように金型で大量に生産するのではなく、ターレットパンチプレス、レーザー加工機、プレスブレーキ等を駆使し、多種小ロット生産に対応している。小物の薄板部品から、大物の筐体までとその範囲は広い。

　比較的新しい機械金属工業の集積地である北上の場合、集積の担い手は外部からの進出企業という場合が少なくない。当初は大規模な電子系の企業の組立

型の地方工場という場合が多かったのだが、その後、多様な要素技術が必要になり、メッキ、治工具、精密鈑金等の機能が育っていった。精密鈑金については、谷村電気精機、ツガワ等の中堅企業が内部化しているが、専門の加工企業としてはここで検討するナガソノ、そして、キクホーが知られている。隣の花巻市を含めると、及川製作所もその代表的なものとなろう。

▶義理の息子が引き継ぎ、プレスから精密鈑金に

ナガソノの創業者は、現社長の武塙玄平氏（1960年生まれ）の義理の父であり、北上から東京に出て、路線バスの運転手をしていた。その後、運転手を辞め、足立区のあたりでケトバシプレスを入れて兄弟数人でスタートしている。電気部品の加工に入っていった。だが、事業的にはうまくいかず、整理して北上の実家（花園町）に戻っている。そして、1965年1月に実家の一角でプレス加工を再開している。翌1970年10月には市内村崎野の倒産物件（プレハブ）を買取り、移転拡大していった。

1970年代に入ると北上で住工商が混在している市街地からの域内再配置型の工業団地計画が起こり、1980年には北上金属工業協同組合の当初のメンバーとして参加していった。翌1981年8月には現在地である飯豊西部中小企業

武塙玄平氏

アマダの複合機

工業団地に移転している。ただし、この頃から創業者は病床にあり、同年、他界した。その2代目の後継者としては義理の母が就いた。当時は宮城県のアルプス電気の仕事がメインであり、プレス加工、金型製作に従事していた。

現社長の武塙氏は北海道函館市の出身、東北学院大学を卒業して札幌の医療機器・理化学機器の営業職に就いていた。1987年には創業者の次女と結婚した。義理の母からは「跡を継ぐ」ことが条件とされた。結婚後、北海道に住んでいたのだが、1988年3月、義理の母が倒れる。家族会議で後継に武塙氏が就くことになった。1988年6月には北海道の会社を退職、病床の母を社長にしたまま、武塙氏がナガソノ（当時は長園製作所）の専務取締役に就いた。当時はバブル経済の絶頂期であり、武塙氏は「なんだかよくわからなかったが、黙っていても売上が上がった」と振り返っている。バブル期のピークの売上額は8億円に達した。従業員も73人を数えた。

だが、1992年にはバブル経済が崩壊、1993年の売上額は4億8000万円となり、赤字を経験している。プレスから出発したナガソノは、1980年からアルプス電気を主力にしていたが、1985年から北上工業団地のハンドラベラーのサトーの仕事を意識して精密鈑金に踏み込み、むしろ、精密鈑金を主力としていった。バブル経済当時は、アルプス電気とサトーの2社で売上額の80%を占めていた。バブル経済崩壊後は売上は低迷し、さらに、主力のアルプス電気からのコストダウン要請が厳しく[11]、1990年代末には取引を停止していった。武塙氏は「もうプレスはダメかな。精密鈑金をメインに」していくことを意識

アマダのプレスブレーキ　　　　　塗装工程

していた。

▶東京エレクトロンとの付き合いでレベルを上げる

その頃、飯豊西部中小企業工業団地の東北精密から奥州市江刺の東京エレクトロンの仕事を紹介され、少しずつ取り組んでいった。東北地方の精密機械加工や精密鈑金部門は東京エレクトロンとアルバック（旧日本真空技術、八戸市）の厳しい要求に応えながら技術レベルを上げていったとされるが、ナガソノもそうした影響を濃厚に受けている。いったん、東京エレクトロンの仕事は途絶えたのだが、その後、回復、対応できるようになり、仕事量も増えていった。現在では小物ばかりでなく大物の筐体の仕事も増えていた。現在では売上額の40～50%は東京エレクトロンとなっていた。北上地域の中では、東京エレクトロンの仕事に応えられているところは、精密鈑金ではナガソノとキクホー、機械加工、溶接組立では東北精密とされていた。

この他に現在の主力となるのは、血液分析装置等の医療機器のエイアンドティ（本社横浜、工場奥州市）であり、現在では売上額の20%ほどを占めている。このエイアンドティとは東芝メディカル（東京都府中市）から独立創業した企業であり、現在ではトクヤマの傘下にある。この仕事は岩手県の中小企業振興公社から紹介されて始まった。

この間、プレスの仕事は縮小し、金型も外注している。むしろ、精密鈑金の設備の充実が著しい。看板はアマダの複合機（EML3610NTP/TK［4000W］板厚6mm/1500mm×3000mm）であり、2012年に導入していた。その他には、炭酸ガスレーザー加工機（三菱）、NCターレットパンチプレス（アマダ）、各1台。プレスブレーキはアマダ製が7台導入されていた。その他には多様な溶接機24台が置かれていた。現在の従業員数は61人（女性11人）であった。なお、アマダの巨大な複合機は背が高く、当初、建屋に入らず、一部を増設して入れていた。武塙氏の精密鈑金にかける意欲が伝わってきた。

2016年の北上地域では人材採用が非常にタイトになっている。そのような中でも、ナガソノは2016年4月には高卒1人募集で1人採用、2017年4月分については2人採用が決まっていた。ただし「溶接の経験者を募集しても来な

い」とされていた。4代目を期待される武塙氏の子息は、2016年3月に大学を卒業し、当面は東京で就職していた。後継問題はこれからになりそうであった。

　機械金属工業の中でも、量産のプレスは次第に国内では少ないものになり、板物の加工に関しては精密鈑金が主流になっている。この領域、近年、技術革新が進み、機械の高額化も著しい。さらに、溶接技術の高度化も要請され、技能者の養成、獲得も課題とされる。ナガソノはそのような枠組みの中で、興味深い取組みを重ねているのであった。

（5）石川県から北上に第2工場を展開
──ステンレス継手から特殊塑性加工を究める（永島製作所）

　企業誘致により壮大な工業集積を形成してきた北上市、当初の誘致企業は半導体・電子部品関連などが多かったのだが、近年は自動車関連の進出が続いている。そのような中で、石川県のステンレス素材の塑性加工で著名な中小企業が進出してきた。しかも進出はごく最近の2016年春のことであり、また、ステンレスの特殊な塑性加工といった北上周辺ばかりでなく東北には珍しい加工業種であることからも注目されている。

▶ステンレス製特殊配管部品に展開

　永島製作所の創業は1970年、現社長の永島剛士氏（1956年生まれ）の父が金沢市の北隣の津幡町で金属加工業を始めた。父は勤めていた工業用配管の会社で開発に携わっていたのだが、金属加工に関心を抱いていた。オイルショックの1970年代の頃までは化学プラント向けの厚物の加工に従事していたのだが、世間の重厚長大型産業から軽薄短小型産業への転換を意識し、ステンレスなどの軽量な素材を使う食品、医薬品関連部門に向かっていった。受注先も大幅に変わり、国内大手ビール工場の仕事などにも従事していった。この領域は鋼管よりも軽量なステンレス管が用いられていた。

　永島製作所の事業内容は、「バイオテクノロジー用ステンレス配管部品、建築、水道用配管部品、装飾配管用部品の製造販売業務、ビール工場・飲料・医薬工業配管付属品継手、並びに加工管、及び金属塑性を利用した加工品」と記

永島剛士氏

パイプからの塑性加工と熱処理で成形

されている。これだけでは永島製作所の特徴はわかりにくいが、軽量で薄くても強度のあるステンレスの特徴を活かして、プレス加工、曲げ加工、バルジ加工、それに熱処理を重ね、複雑な形状でも一体型構造による切削不要の製品を作り出している。

これまでの採用実績をみても、日揮の原子力用継手（1977年）、ヤマサ醤油向けエルボの納入（2001年）、東京ミッドタウン住宅棟のUGFロック・システムの採用（2005年）、南極昭和基地のUGFロック・システムの採用（2007年）、東京国際空港（羽田）国際ターミナル新築工事の継手の採用（2008年）、東京スカイツリーの継手の納入（2010年）などを重ね関係者の間で注目されてきた。なお、このUGF（Urbane Groove Fitting）ロック・システムとは、耐久性の高いステンレス鋼配管で、ガスケットを取り付け、ハウジングのボルトを2本締めるだけの溶接要らずの簡易配管とされる。

なお、永島製作所の粗利益率はものによっては30％の場合もあるが、多くは60％前後であり、利益率は極めて高い。塑性加工をベースにしている中小企業としては際立った高付加価値型企業といえそうである。

▶石川県から北上南部工業団地に進出

　この間、永島製作所は 1982 年には、津幡町の住宅化が進んだことから、少し郊外の能登半島の付け根の部分にあたる現在地の羽咋市に移転している。現在の羽咋市の工場は従業員 54 人の規模で展開していた。また、先の事業実績をみても関東地区の仕事が多いことから東京営業所（中央区銀座 6 丁目）を置き対応していたが、仙台あたりからは「遠い」といわれており、東日本の生産拠点の必要性が生じていた。また、石川県のあたりではモノづくり人材が不足しているが、東北、特に工業化の進んでいる北上は「汗をかくことに抵抗の少ない場所」との認識であり、知り合いの国会議員を通じて北上市役所企業立地課と接触していった。当時、工業専用地域の北上南部工業団地に 1ha の土地が空いており、一気に進出が決まっていった。隣地はセブンイレブンの惣菜等の工場が展開、反対側には東北 KAT（小島プレス）が立地している。2015 年末に着工、2016 年 3 月末に竣工、2016 年 4 月にスタートしている。建築面積は 3071 ㎡であった。

　なお、永島製作所は竣工 2 年前から従業員を北上地区で採用しており、事前に 11 人を石川県に研修に出している。そして、2016 年 4 月には新たに新卒を 6 人採用し、石川県のメンバー 3 人を合わせた 20 人でスタートしていった。20 人のうち大卒は 9 人、女性は 6 人（うち大卒 3 人）と学歴が高く、女性の多い構成となった。

　北上工場の主要設備は、パイプ切断機、プレハブ加工機、プレス機、各種溶接機、ノーラーマシン、真空炉、長尺物酸洗浄場、全自動脱脂洗浄装置、全自動仕上洗浄装置などから構成されている。さらに、最新の公害対策設備が設置されていた。なお、北上工場のプレハブ加工管製作能力は、ステンレス管では、加工可能径・最大長さは φ17.3〜406.4、4500 ㎜、溶接方法は自動・半自動による Tig、Mag 溶接などとされている。

　また、北上工場にも営業部門を置いてあり、東日本全体を視野に入れ、食品、薬品関係に営業をかけていく構えであった。2018 年の売上額は 5 億円が目標とされていた。

北上工場のプレス職場

パイプ溶接の検品

▶立ち上がりの流れを作る時期

　なお、2代目社長の永島氏は石川県育ち、大学は東京都市大学（旧武蔵工業大学）の経営工学の出身、鉱山会社の日鉱系の会社に3〜4年勤めた後、家業に戻っている。会社では営業、工程管理等を重ね、2008年に社長に就いた。初代は2012年に他界されている。永島製作所は2000年代の中頃から活動が活発化しているが、それは2代目の永島氏が牽引してきたのであろう。

　また、永島氏の関心の幅は広く、東京営業所の他に、沖縄にも駐在所を設け、さらに、2014年にはスリランカに営業拠点を設置している。スリランカからマレー半島、中東までが意識されていた。これらの展開はステンレス管の事業ばかりでなく、社内にアジアビューティ研究会を立ち上げ、飲料、健康食品、美容関連品など、価値のある本物にこだわった商品開発も進めている。永島氏の関心の幅は広い。

　永島氏は通常、石川の本社と東京の営業所に半々の比重で動いているが、北上工場が立ち上がったばかりの現在、一つの流れを作っていくために、月初めには北上工場に詰めることにしていた。北上工場は若い人びとが多く、新たに飛躍していく中小企業を予感させるものがあった。

5. 表面処理、その他のサービス機能

　機械金属工業には、先にみた素形材、機械加工、製缶溶接、金型、プレス、

鈑金等に加え、さらに多様な分野が拡がっている。特に、メッキ、熱処理といった表面処理は欠かせない。ところが、これらメッキ、熱処理は際立った装置型の受注産業であり、自動車関連の系列企業などを除くと、幅広い受注先が見通せないと専業としては成り立たない。このような事情から、メッキ、熱処理の専業の企業は規模の大きな工業集積地以外では発達しにくかった。例えば、壮大な工業集積を形成した京浜工業地帯あたりでは一時期は2000を超えるメッキ企業が存在していた。ただし、1970年代以降の工場公害問題の中で、大都市のメッキ企業はその焦点となり、操業環境が悪化、作業も3Kといわれ、一気に衰退、減少していった。

　他方、北上のような後発の工業集積地の場合、メッキの必要性は極めて高いものの、時代状況からして新規に始めることは難しかった。機械金属工業の集積が進むものの、メッキがなければ集積上、次のステージには向かえない。そのため、北上市は果敢にメッキ企業誘致に向かった。このような取組みは全国的にも前例のないものであった。1981年には仙台からケディカ、1984年には川崎から薄衣電解工業、横浜から後藤製作所、さらに、1994年には大田区から大森クローム工業の誘致に成功している。このような北上市の取組みが、その後の機械金属工業企業の誘致に効果的に働いたことはいうまでもない。現在では、北東北の中で「メッキは北上」といわれるほどになっていった。北上に進出してきたメッキ企業はいずれも北上を中心に数百の受注先を抱えているのである。

　この点、熱処理については、長い間北上には専業の企業がなく、熱処理を必要とする有力企業は内部に設備して対応し、あるいは、外注が必要な企業は奥州、一関あたりの熱処理設備を保有している企業に依存していたのだが、2012年に北上産業業務団地に熱処理専業の武藤工業（神奈川県大和市）が立地、事態の改善が進んでいる。

　また、これら公共財に近い表面処理に加え、産業集積の厚みが出てくると、その他の多様なサービス機能も集積してくる。材料、工具、運輸などに加え、エンジニアリング企業も登場してくる。そして、これらのコンプレックス、連携により産業集積はより豊かなものになっていくのである。

(1) 仙台から進出してきたメッキ企業
　　──北東北のユーザーに対応（ケディカ）

　北上が企業誘致を軸に近代工業化を開始した1960年代の頃は、機械金属工業の基盤技術にみるべきものはなかった。そして、誘致を進めていくうちに工業集積上、基盤技術、特にメッキ等の表面処理技術の必要性を痛感していく。また、その頃にはメッキは工場公害の典型的なものとされ、メッキ工場を誘致するなどは考えにくかった。そのような中で、北上市は果敢にメッキ工場の誘致に向かい、結果的に1980年代に3社のメッキ工場の誘致に成功していった。ここで検討するケディカ（仙台市）に加え、後藤製作所（横浜市）、薄衣電解工業（川崎市）の3社であった。

　メッキ過疎地域とされていた北東北の地に優れたメッキ工場を3社誘致できたことは、その後のハイテク企業の進出に重大な効果を発揮していく。東北に進出を考えていた企業は、北上市の取組みに注目し、その後の一大集積のキッカケになっていったのであった。

▶ケディカの輪郭

　ケディカの創業は1946年、仙台市南小泉（現若林区）であり、共和メッキ工業所の名称でスタートしている。当初は自転車部品へのメッキが意識されていた。その後、仙台市内でいくつか移転、新設を重ね、1985年に現在の本社のある仙台市泉区の泉パークタウン工業団地に着地していく。この間、1970年には東北日本電気、東北リコーより認定工場の認定を受け、その後、東北の有力企業からの認定を重ねていった。「ケディカ」への名称変更は1992年に行われている。なお、ケディカ（KEDC）とは、Kyowa（共和、創業の精神）、Electroplating（電気メッキ）、Development（開発）& Dream（夢）、Corporation（協同体）を意識して命名された。

　仙台の本社工場はほぼ隣接して本社、北工場、東工場、南工場の3工場から編成されている。本社は総務部門に加え研究開発部門から構成されている。本社部門の従業員は約20人（開発要員は5人）、北工場（約30人）はリードフレームのメッキ工場であり、短冊形のリードフレームに錫などをメッキする。

東工場（約10人）はアルミ導体への錫メッキであり、ケーブルとされる。南工場（約50人）は小物の電子部品が多く、バレルメッキの比重が高い。メッキ方法も貴金属メッキから一般メッキまで種類が多い。

なお、現在の経営者は創業者の孫にあたる直系3代目の三浦智成氏（1973年生まれ）であり、商社に3年ほど勤務した後に入社、各工場を経験し、2015年4月に社長に就任した。北上工場にも8年ほど勤務していた。なお、前社長は会長職に就いている。

また、ケディカは海外展開も意欲的であり、2004年には電子部品などのユーザー3社を意識してフィリピンに進出している。当初はフープメッキであったのだが、停止し、現在はHDDやプリンターのシャフトなどをメッキしている。事業的には順調であり従業員200人規模に達している。日本人駐在は3人であった。

▶北上への進出

北上への進出は1982年、ケディカの主力受注先である東北日本電気が一関にあること、また、富士通関係の受注先も岩手県に多く、古川のアルプス電気も考慮し各地を検討、立地条件、物流条件、仙台との距離感等を考慮し、北上

飯豊西部中小企業工業団地内のケディカ

進出を決定した。なお、北上市からは、市が設置した市内工場の域内再配置用の飯豊西部中小企業工業団地を紹介された。この団地にはパンチ工業、ツガワ等の誘致企業も含まれているが、岩手県は中小企業高度化事業の対象企業としてこれら誘致企業にも低利長期の資金を貸し付けている。中小企業高度化資金の要件には、地元での事業実績1年以上という内規があるのだが、岩手県は果敢に誘致企業にも貸付を行っていった。当時、全国的にこのようなケースはなかった。こうした点も、誘致に大きく影響したことはいうまでもない。

1982年に進出して以来、ケディカ北上工場は工場建屋を増築している。1989年には秋田県横手市の厚木自動車部品(現日立オートモティブシステムズ)のステアリング部品の亜鉛メッキに参入するための建屋・設備の設置、2006年にはやはり日立オートモティブシステムズを意識した電着塗装用の建屋を建設している。当初、自動車部品は日産系が多かったのだが、岩手県金ケ崎町と宮城県大衡村に展開するトヨタ自動車東日本の生産拡大により、近年はトヨタ系の仕事も増えていた。全体として60%は自動車関係であった。残りの40%は電気・電子関係、計量器関係、医療機器関係であった。北上工場の現在の得意先の数は約150社、岩手県内が30%、秋田〜宮城〜福島の範囲で70%とされていた。最大は秋田の日立オートモティブシステムズだが、比重は20%弱とされていた。北上工場の営業は2人、仙台本社(3人)と協力してことにあたっていた。

特に、平成に入った頃から自動車の比重が増え始め、2012年からトヨタのアクア関連のメッキ、電着塗装が増えている。トヨタの場合は、地元の企業の調査を重ね、具体的には一次協力企業(ティア1)から声がかかってくる。

▶ケディカの重要な要素技術

ケディカの営業品目は、「メッキの品種」としては銅、ニッケル、亜鉛クロム、半田、金、銀、ニッケル亜鉛合金、「表面処理品種」はノンクロム、鉛フリー、化学メッキ、アルマイト、抗菌メッキ、各種研磨、複合・合金メッキ、化学処理、黒化処理、カチオン電着塗装、「処理対象素材」としては銅・銅合金、ステンレス鋼、アルミ及び合金、セラミックス、樹脂、チタン、ガラス、

吊るしメッキの工程　　　　　　　メッキライン

　焼結合金、磁性材料、難素材としていた。北上工場の従業員数は約50人、全て地元の人であった。男性30人、女20人から構成されていた。

　北上工場としては日産系の厚木自動車部品と付き合い始めて、生産管理を厳しく指導され、さらに、トヨタ自動車東日本と付き合うようになってから「在庫は悪」と指導され管理体制を大きく変えてきた。特に、東日本大震災以降はトヨタ自動車東日本から継続的に指導を受けていた。

　2011年3月11日の東日本大震災では一部の建物、設備が損傷し、回復には1000万円ほどの経費がかかった。従業員は無事であったが、1人の従業員の実家が津波で流された。主力の日立オートモティブシステムズ（横手）には問題なく、10日ほどで仮復旧した。完全復旧には3週間ほどかかった。ただし、4月7日には大きな余震があり、またダメージを受けたが翌週には回復した。

　メッキ不毛の地とされてきた東北、北海道の範囲でのメッキ業者は約40社、一般メッキは縮小気味だが、機能メッキは残っている。東北の場合、かつては電気・電子関係が多かったが、近年は自動車の比重が大きくなってきた。また、量的には亜鉛メッキが多い。東北の産業構造も少し前の電気・電子・半導体の時代から自動車に大きく変わりつつある。そのような事情から、今後もそうした傾向が続くものとみられる。

　北上工場の当面の課題としては「採用」の難しい点が指摘されていた。それでも2016年4月には高卒の女性2人を採用できていた。定着は非常に良く、この5年退職者はいない。人材育成を最大の課題としており、厚労省の技能検

定を積極的に受けさせていた。高卒3～4年で2級を目指していた。すでに従業員の70％は1級、2級を取得していた。

このように、ケディカは北上に進出して33年、地元の重要な基盤技術の工場として成長し続けているのであった。

(2) 全国730社の受注先を抱えるメッキ企業
―― 川崎から創業者の故郷に近い北上に進出（薄衣電解工業）

機械金属工業集積において、とりわけメッキ技術の集積の意味は大きい。メッキがなければ、部品、製品として完結できない場合が少なくない。他方、メッキ工場が成立していくためには、まずかなり大きな初期投資が必要であり、一定の地域の中にかなりの数の受注先が拡がっていることが基礎的条件になる。さらに、近年においては、環境問題への対応が基本的なものになり、そのための投資も大きい。全般的な傾向として、メッキ工場が住民等に歓迎されることは少なく、その存立基盤は徐々に縮小している。事実、この30年ほどの間にメッキ工場は激減し、また、新規の創業はみられない。

この点、かつては機械金属工業不毛の地とされていた北上の著しい工業集積を促した一つの大きな要素として、メッキ工場の誘致が指摘される。近代工業化に向かった北上市はメッキ工場の必要性を痛感、果敢に誘致を進めていった。その結果、近年では北上周辺には5～6のメッキ工場が集積し、北東北でほとんど唯一のメッキ工場集積をみせ、北上工業集積に重大な役割を演じてきたのであった。このような北上のメッキ工場の代表的なものとして、北上工業団地に立地する薄衣電解工業がある。

▶受注先が多く、メッキの種類も多い

薄衣電解工業の創業は1958年、川崎市でスタートしている。現在の2代目社長薄衣敏則氏（1946年生まれ）の父が創業した。この川崎時代には水晶振動子を中心に多様な受注先に対応する形を模索していた。また、東芝に近いことから半導体のメッキも手掛けてきた。1980年代に入ると周辺の宅地化、環境問題から川崎地区のメッキ事業拡大が難しいものになり、地方進出を模索、

| 部品のラックかけ作業 | 伝統的なメッキ工程 |

　1985年、創業者夫妻の出身地の東和町（現花巻市）の近くの工業団地である北上工業団地に進出していった。敷地面積1万6308㎡、建物は増設を重ね、現在では第4工場にまで拡大している。

　2016年7月現在の従業員数は72人、男性50人（平均年齢42.7歳）、女性22人（40.6歳）の構成になっていた。女性は主として検査などの軽作業に当たっていた。1990年代の初めの頃までは川崎工場の比重が高かったのだが、1995年の頃には逆転し、川崎工場は2009年に閉鎖、現在は本社、営業所となり、社長と営業所長の2人が常駐しているにすぎない。ほぼ完全に北上に移行したといってよい。

　薄衣電解工業の最大の特徴は、受注先が多いことと、メッキの種類が多いということであろう。受注先は全体で約730社、東北から北海道の範囲で430社、北関東が95社、首都圏が180社、西日本が22社の構成となっていた。最大取引先でも売上額の10%未満であり、上位18社で50%、上位100社で90%の構成であった。月の伝票の発行枚数は8000～9000枚にのぼる。東北の北上に軸足を移したものの、従来からの東京～神奈川あたりからの仕事も少なくない。

　もう一つの特徴はメッキの種類が多いという点である。メッキ液では、亜鉛、ニッケル、クロム、錫、アルマイト、金、銀、銅、パラジウム、低温黒色クロム、パーカー処理など、方式別には、従来からの引っかけメッキ、バレルメッキに加え、フープメッキ、半導体外装メッキなどに至る。特に、薄衣電解工業の特徴としては薄膜の低温黒色クロムメッキが注目される。このメッキ法は薄

フープメッキを見守る西谷重夫氏

低温黒色クロムメッキ製品

膜でも耐食性が高く、乱反射防止性に優れ、高い密着性を持ち、クリーンルームでの使用が可能とされており、半導体・液晶機器、光学関係検査機器、デジタルカメラなどに用いられている。これらを反映して、全社で11種類、50槽（特に電子部品向けの錫メッキが16槽）を展開していた。まさにメッキのデパートということであろう。

また、2002年には上海市宝山区で磁性流体の応用製品のフェローテック等と共に上海普林客（プレーティング）国際貿易有限公司を設立、フェローテックが設置していたメッキ設備を使い、30%出資の薄衣電解工業がオペレーションしていた[12]。ただし、この上海プレーティングは2010年には合弁を解消している。現在、薄衣電解工業の製造事業所は北上のみである。

▶東北、北上の産業構造変化にどう取り組むか

このように、多くの受注先を抱え、多様なメッキの要求に応えてきたのだが、この5年ほどは半導体部門の縮小に悩まされてきた。半導体関連のメッキは従来は年2億5000万円ほどあったのだが、ほぼ5年で5分の1の5000万円にまで落ちている。日本国内の半導体産業の状況を大きく反映していた。2015年度の全体の売上額は約6億7000万円ほどであった。2016年度は7億円が見込まれていた。

このような半導体の縮小は痛いが、薄衣電解工業の場合は多様な業種等との付き合いを拡げており、また、全国的にメッキ工場が減少している中で、受注

の地域的範囲も拡がっている。特定受注先、特定業種に限定されないあり方を採ってきたことから、極端な落ち込みにはならなかった。今後も、北東北の最有力のメッキ工場として幅広い機能を提供していくことが望まれる。

　また、北上の事情の中で一つ問題になっているのが人手不足である。進出以来30年を重ねる薄衣電解工業の場合は、地元の県立黒沢尻工業高校の材料技術科から毎年1人を採用してきた。このような事情から1人は確保できるのだが、その他の採用が難しい。とりわけ中途採用が厳しいようであった。なお、薄衣電解工業では従業員の資格取得に意欲的であり、厚生労働省の技能検定である電気めっき技能士1級9人、2級25人をはじめ多様な資格取得が奨められている。そうした中から、常務取締役北上工場長の西谷重夫氏（1949年生まれ）は、2013年度の厚生労働省の「現代の名工（卓越した技能者）」として顕彰された。薄衣電解工業の技術、技能への取組みの成果というべきであろう。

　2代目社長の薄衣敏則氏はそろそろ70歳、後継者としては営業所長であり、娘婿の大森薫氏（1974年生まれ）が予定されていた。北上の地に着地してから30年、東北地方を中心に受注先を全国にまで大きく拡げてきた。今後、半導体・電子部品で来た東北も自動車産業への転換が予想されている。多種少量、小物で来た薄衣電解工業がどのような道を歩むのか。地域の産業集積に重大な影響を与えるメッキ工場として、今後の歩みが注目される。

(3) 工業集積地のエンジニアリング企業
――地域の生産現場の多様なニーズに応える（鬼柳）

　工業集積の進んでいる地域には、材料商、工具商が成立し、あるいは工作機械メーカーの代理店などが設置され、集積全体を支える多様な役割を演じていく。地域工業集積を研究対象とする研究者からしても、地域に幅広いネットワークを拡げている材料商、工具商から有益な情報を得ることが少なくない。北上地域には「技術の総合力でものづくりの未来を創出」するとして鬼柳が立地していた。

鬼柳裕氏

北上市の鬼柳本社

▶工具、機械商社の鬼柳の成立

　鬼柳は1961年、現社長の鬼柳裕氏（1952年生まれ）の父が鬼柳機工の名称で北上市でスタートしている。鬼柳家の本家が鉄工所の営業、資材調達をしており、それを手伝いながらの独立創業であった。当時は西和賀（旧湯田町）に湯田ダム（1964年完成）が建設される頃であり、ダム工事関係の仕事を中心に周辺の鉄工所が主たる取引先であった。その後、1965年には三菱製紙の北上工場が開業し、その関係の仕事も増えていった。また、北上市街地のプラザホテルのあたりに木工団地（現在はない）があり、そのあたりの仕事もしていた。

　この北上では、北上工業団地（127ha）という大型の工業団地を1966年から分譲開始しているが、特に東北自動車道（1977年開通）、東北新幹線（1982年、盛岡〜大宮間開通）がみえ始めた1970年代に入ってから企業進出が活発化し、鬼柳の活躍する場面が拡がっていった。鬼柳の営業目標と内容は「機械工具、産業機器、住宅機器の販売、住宅建設、土地分譲、各種プラントの各事業と前項に附帯する一切の事業、アパート経営の事業」とされている。北上を母体にする工具、産業用機械の商社というべきは、鬼柳は唯一のものであり、仙台を本社にする商社の支社が4軒、北上に立地しているのみである。

鬼柳本社の FA ギャラリーの展示

▶北上の工業集積と鬼柳

現社長の鬼柳氏は地元の黒沢尻北高校を卒業後、東京の大学（文系）に進むが、卒業しないままに北上に戻ってきた。鬼柳自身は北上の本社の他に岩手県大船渡市にも営業所があり、当初、大船渡営業所に赴任した。当時の鬼柳は従業員が10人ほど、うち3人が大船渡営業所に詰めていた。大船渡には太平洋セメント、木工団地、さらに水産加工企業も多く、それらに資材、機器類を提供してきた。鬼柳氏は2年ほど大船渡に勤め、次は一関営業所に3年ほど在籍している。なお、一関営業所は1977年に東北自動車道が通じたことから閉鎖していった。その後、北上の本社に戻った。

北上の工業集積はその後も一段と拡大深化していく。1990年前後のバブル経済の頃は人手不足が深刻なものになり、北上の工場の多くは自動化、省力化に向かった。鬼柳は大きく拡大していく。ただし、1992年にはバブル経済の崩壊となり鬼柳の仕事は縮小していった。その後、回復をみせたのだが、2000年前後のITバブルの崩壊、さらに2008年のリーマンショックと続き、その度に大きな変動に見舞われた。従業員も最大18人となっていたのだが、現在の従業員数は15人（うち、大船渡営業所は3人）に縮小している。この間、鬼柳裕氏は2007年に社長に就任している。先代は2008年に他界されている。

なお、鬼柳本社のユーザーは約150軒、大船渡営業所のユーザーは40～50軒とされていた。

　2011年3月の東日本大震災後については、特に大船渡周辺の復興需要が大きく、2年ほどは特需となった。この間、やはりリーマンショック、東日本大震災と続く中で、北上の工場群も大きく揺り動かされている。生産の海外移管が進み、また、北上の工場の中身が変わりつつある。全体的には縮小傾向は否めない。鬼柳も海外展開を検討したのだが、経験もなく、当面、身の丈に合わないと判断していた、また、北上でもまだやれるとの判断であり、事業展開の方向も再検討していった。

▶北上の工業集積ネットワークの形成の課題

　鬼柳の取り扱い主要商品のカテゴリーは、軸受、直動システム、モーター、工業用材料、伝導用品、機械要素といった「動力伝導機器」、油圧・空圧・真空機器、センサー、スイッチ、コントローラー、プロセス用計装機器、計測機器といった「制御・計装機器」、物流・運搬機器、ホイスト・クレーン、梱包システム、計量・検査システム、ロボットシステム、自動省力化システムなどの「マテハン・FAシステム機器」、継手、バルブ、配管資材、流体コントロール機器、粉体機器、ポンプ、ファンなどの「流体制御機器」、コンプレッサー、空調機、集塵機、洗浄機、水処理機器、産廃資源処理機器、クリーンルーム機器、HACCP、衛生関連機器などの「環境・省エネ・ユーティリティ機器」の五分野からなる。その取り扱いメーカーは多岐にわたる。また、主たる納入先は北上地域の製造業事業所となる。

　このような事情の中で、鬼柳の新たな方向は「既存取引先のネットワークをベースに、課題解決型のエンジニアリング企業」がイメージされていた。鬼柳のリーフレットでは、「『課題探求―設備導入―運用―保全』といった改善サイクルに対し、生産技術的課題への提案と製造設備の問題・課題を解決します。商品、情報、サービスの提供だけにとどまらない、多彩なエンジニアリング力と豊富な経験に基づくソリューションビジネスを行っていきます」としていた。

　さらに、北上の工業集積に関しては「まだまだ魅力的」とし、今後の課題と

して、さらに「中小企業が技術を高め、どこにでも通用する集積を作り、仕事をとってくる仕組み」を考えていた。すでに鬼柳の周辺には地元の中小企業からなる「鬼柳ネットワーク」が形成されており、システム（3社）、加工（16社）、修理（6社）、配管（4社）、移設（5社）、設計製作（1社）、電気配線（2社）、建設（1社）、その他（1社）が組織されていた。

　北上地域は1970年代後半の頃から企業誘致が進み、現在でも企業進出がみられる。この間、地元企業も登場し、北上は北東北最大の工業集積を形成することに成功している。ただし、集積の歴史が比較的浅く、企業間の連携がそれほど密なものになっていない。今後は、北上の中小企業の技術のいっそうの高度化の推進、事業機会の拡大を意識し、幅の広いネットワークを形成していくことが肝要であろう。そのような課題に対する主要な担い手として、工具・機械商社から課題解決型のエンジニアリング企業として変容していこうとする鬼柳に期待される点は大きい。

6．基盤技術部門の拡がりと課題

　半導体、電子部品に加え、近年は自動車産業という二つの大きな産業を柱として、北上の産業集積が形成され、そのボリュームは北東北一といわれてきた。東北全体をみても、八戸、いわき（小名浜）といった新産業都市の指定を受け、臨海型素材産業を集結させた工業集積地はあるものの、内陸の加工組立型産業集積地としては、北上の存在感は大きい。製品開発型企業から、受託組立型企業といった地域産業、中小企業を牽引していく企業群が存在し、特に集積の早かった半導体、電子部品関連では、金型、精密プレス等で日本でも有数の中小企業集積を形成した。この点、自動車関連は最近のことであり、集積はこれからが期待されている。

　このような基本的な枠組みをベースに基盤技術部門の集積と中小企業の事情をみていくと、幾つかの課題を指摘していかざるをえない。その場合、北上の産業集積が本格的に始まったのは1980年代中頃であったという点が指摘される。この1980年代の中頃という時点は、日本の事業所数、工場数が減少局面

に入った頃であった。この頃から、日本は新規創業の進まない、退出ばかりが目立つものになっていった。

　それは、戦後復興、高度経済成長期という奇跡的な経済発展の中で、成熟感が拡がっていったこと、さらに、世界の戦後体制の基本であった米ソ対立の「冷戦」が終了したことによる部分が大きい。象徴的であるのは、1985年にはプラザ合意が行われるが、以後、対東側を意識した円安構造が停止され、一気に円相場が急上昇したことが指摘される。さらに、この時期を境に特に中国をはじめとする東アジア諸国が一気に国際経済社会に参入してきたことが大きい。繊維、日用品、電子部品等、付加価値の低い、労働集約的な部分は、一気にアジア、中国に生産移管されていった。

　そのような時代に、北上の産業化、企業誘致活動が積極的に推進されていったのであった。当時、国内生産にこだわっていた製造業事業所は、北上に新天地を見出したのではないかと思う。この点、北上側としてはメッキなどの基盤技術部門を果敢に誘致していくが、このことは、進出してくる企業にとって力強く思われたに違いない。

▶新たな時代の基盤技術部門集積の意味

　ただし、新たなグローバル化の時代、国内的には縮小に向かう時代に、一部の有力半導体、電子部品メーカーに加え、高度な精密プレス加工などの中小企業が進出してきたものの、幅の広い基盤技術部門を惹きつけ、さらに、内部から生み出していく契機を見出すことが難しかった。戦後から高度経済成長期の頃のように、若者が次々に機械加工部門、鈑金加工部門等の基盤技術部門で独立創業し、しのぎを削っていくことはできなかった。また、このような基盤技術部門で首都圏から中小企業を大量に惹きつけていくことも難しかった。それでも、本章でみたように、北上の産業集積の中で、メッキ、機械加工、鈑金加工部門等で、興味深い誘致企業、地場から発展した企業があることは、大いに注目される。

　このような結果、現状の基盤技術部門においては、幾つかの重要な領域で企業が育っていないことが指摘される。鋳造、鍛造、熱処理といった素形材部門

は乏しく、機械加工部門、特に金型部門は半導体に関連する企業はあるものの、自動車関連に対応できる企業が乏しいことも指摘される。先の図5—1で示した「機械金属工業の相互連関図」からもわかるように、基盤技術部門で欠落している機能はかなり多い。また、それらの機能の多くは機械設備等の初期投資が大きく、北上の地で新たに創業していくことも難しい。また、後継者難等で疲弊している首都圏周辺の基盤技術中小企業を呼び込むことも、市場的な拡がりからしてなかなか難しい。このような状況が北上産業集積形成の現段階なのであろう。このテーマについては、北上がより密度の濃い機械金属工業集積を目指していくならば、今後も長期にわたって取り組んでいく必要がある。

　このような長期の課題に加え、当面、取り組むべきは、北上川流域、あるいは、もう少し広い範囲（例えば、HYKK［由利本荘市、横手市、北上市、釜石市］）での連携を深め、機械金属工業の基盤技術集積に新たな光を与え、幅の広い濃密なネットワークを形成していくことであろう。さらに、現在から将来にかけて大きな存在になっていく自動車関連部門への本格的な取組みが求められる。半導体、電子部品部門から自動車への展開には大きな障害があるが、金型などは特にそのような取組みが必要であろう。そして、もう一つのテーマとしては、次世代産業とされる自然エネルギー、航空宇宙、さらに医療・福祉関連の領域にも踏み込んでいくことが必要であろう。

　優れた基盤技術の集積とは、このような時代的な変遷の中で、新たな産業を支えていく。戦後日本の基幹産業は、当初の繊維、石炭から、鉄鋼、造船、電機、自動車、半導体と目まぐるしく変ってきたが、厚みのある基盤技術の部分がそれを支え、新たな展開を可能にしたのであった。日本全体の基盤技術の部門が希薄化、脆弱化している現在、地方産業集積として目覚ましい成果を上げてきた北上においてこそ、そのような課題に応えていく必要があろう。

1）　機械金属工業の構造的な特質、連関構造等については、関満博・加藤秀雄『現代日本の中小機械工業』新評論、1990年、関満博『空洞化を超えて』日本経済新聞社、1997年、を参照されたい。

2) 東京大田区の中小機械金属工業の集積については、関満博「東京城南地域における中小機械金属工業の新たな展開」(『社会科学』同志社大学人文社会研究所、第36号、1985年3月)、関満博・加藤編、前掲書、を参照されたい。
3) 大都市産業集積と地方圏産業集積の比較分析は、関満博『地域経済と中小企業』ちくま新書、1995年、同『地域産業に学べ！――モノづくり、人づくりの未来』日本評論社、2008年、を参照されたい。
4) 「新鋭機とTQCで飛躍をはかる――株式会社平野製作所」(『岩手経済研究』1984年11月) を参照。
5) 長野県岡谷の工業展開については、関満博・辻田素子編『飛躍する中小企業都市――「岡谷モデル」の模索』新評論、2001年、を参照されたい。
6) このような三鷹、武蔵野に展開していた中島飛行機と、その後の事情については、関満博『現代ハイテク地域産業論』新評論、1993年、を参照されたい。
7) このような問題の構図については、関満博「中小製造業の存続条件『小さな世界企業』を目指せ」(『日本経済新聞』「経済教室」2016年2月18日) を参照されたい。
8) 1990年の頃の川崎ダイス工業の事情は、関満博・加藤秀雄編『テクノポリスと地域産業振興』新評論、1994年、第5章を参照されたい。
9) 福本鐵工臨海工場については、関満博『地域産業の「現場」を行く　第9集』新評論、2016年、第264話を参照されたい。
10) 当時の状況については、河北新報社編『むらの工場』新評論、1997、を参照されたい。
11) 日本の電子部品メーカーの代表的な存在であるアルプス電気は、1990年代中盤から一気に中国進出を重ね、国内は縮小していった。この間の事情については、関満博『上海の産業発展と日本企業』新評論、1997年、関満博・範建亭編『現地化する中国進出日本企業』新評論、2003年、を参照されたい。
12) 上海プレーティングの事情については、関満博編『メイド・イン・チャイナ』新評論、2007年、第3章を参照されたい。

| 第6章 | トヨタ自動車東日本の進出と自動車関連企業 |

　1993年に横須賀の関東自動車工業(現トヨタ自動車東日本岩手工場)、2011年に相模原のセントラル自動車(現トヨタ自動車東日本宮城大衡工場)が進出して以来、東北、さらには岩手県の北上川流域のあたりは、自動車関連部門の進出も相次ぎ、自動車産業不毛の地とされていた東北、岩手県北上市周辺も沸いている。

　この自動車産業、国内ではかつては中京地区、関東地区に大きな拠点を形成していたのだが、1990年代初めの日米経済貿易摩擦の対象となり、その後、一気に海外移管が進んでいった。世界的には自動車の市場は大きく拡がり、生産も大きく拡大しているものの、日本の国内生産は1992年の約1340万台をピークに現在は900～1000万台程度に縮小している。この間、海外生産は急拡大を示し、1000万台を超える自動車が日本メーカーによって海外で作られている。

　このような大きな枠組みの変化の中で、国内の自動車関連産業の地域的な配置が興味深いものになりつつある。従来の中京、関東中心の構図から、この20～30年ほどの間に九州、東北、北海道に新たなうねりを生じさせている。ここでは、自動車産業不毛の地とされた東北、中でも北上を中心とする岩手県北上川流域に注目し、新たなうねりの意味するもの、そして、今後の課題と可能性をみていくことにしたい。

1. トヨタの進出と東北・北上の自動車産業

　なかなか福島県白河を越えることのなかった自動車産業も、1990年代に入ってから新たなものになってきた。その大きな転機となったのは、神奈川県横須賀に立地していたトヨタ系完成車両メーカーである関東自動車工業が、1993

年10月、横須賀事業所を岩手県金ケ崎町に移転させてきたところから始まる。福島県白河以北における初めての完成車両工場であった。そして、東日本大震災の年である2011年には同じ神奈川県の相模原に立地していたトヨタ系完成車両メーカーのセントラル自動車が宮城県大衡村に移転してきた。

現在、東北以北における完成車両工場は、このトヨタ系2工場のみであり、2012年7月にはトルクコンバータ、アクスル等のトヨタ自動車東北（宮城県大和町）との3社合併により、トヨタ自動車東日本（本社、宮城県大衡村、東北3工場で従業員4600人。その他に旧関東自動車工業以来の東富士工場［約2900人］を含む）となっていった。自動車不毛の地とされていた東北にようやく新たなうねりが生じてきたのであった。

(1) 自動車生産をめぐる基本的条件

モノづくりには多くの場合「量産効果」があり、生産量が増えるに従い生産物あたりの平均費用は小さくなっていくことが知られている。ただし、ある一定の量に達すると、他の要素が加わり量産効果が出なくなってしまうことが従来から指摘されていた。このような中で、イギリスの経済学者マクシーとシルバーストーンは、1959年、自動車生産台数と平均費用の間にはある法則のあることを指摘している。当時の分析では、年産10万台までは明白に平均費用は低下するが、その後はほぼ一定というものであった。この場合は、10万台が最小最適生産規模ということになる。この曲線を経済学の世界では「シルバーストーン曲線」という。

その後、生産方式の改善等も進み、現在では自動車（乗用車）の1プラント（工場）あたりの最小最適生産規模は30～40万台前後とされている。この結果、現在、建設される世界の新たな自動車組立工場の生産能力は1プラント30～40万台とされることが少なくない。また、この公称生産能力30～40万台の自動車工場はフル生産で50～60万台程度は生産可能とされる。

先の関東自動車工業、セントラル自動車の場合、神奈川県の敷地・工場は狭隘であり、工場も老朽化し、いずれも生産能力が乏しかった。また、関東では人材調達難が重なっていた。このような事情の中で、1989年、親会社のトヨ

タ自動車から「国内生産 600 万台」構想が出され、それに応えるために新工場が必要とされた。関東自動車工業の場合は、オールトヨタの 10％ が目指されていた。当時、関東自動車工業の生産台数は 46 万 8000 台であり、老朽化していた既存工場（横須賀工場、東富士工場）では対応できず、関東自動車工業は岩手県金ケ崎町に進出していった[1]。

当初は 13 万台からスタートしたのだが、着地して 25 年近くになる関東自動車工業（現トヨタ自動車東日本岩手工場）の場合は生産能力 30 万台強に拡大され、現在ではフル生産に入っている。この点、スタートして 6 年のトヨタ自動車東日本宮城大衡工場はしばらく 15 万台前後で推移する模様である。

また、年生産能力 30〜40 万台規模の完成車両工場となると、敷地面積は最低で 100ha、本格的なテストコースを付設するとなると 130〜150ha を要する。これだけの敷地を国内で確保することは難しい。国内では九州、東北、北海道ということになろう。

また、関東、中京では人材不足が深刻であり、採用が思うようにいかない。このような事情の中で、少し前までは、九州、東北、そして北海道は採用の余地が大きく、また、中京、関東から移転するだけで平均年齢は 10 歳ほど若返るとされていた。このような点が、近年の国内の自動車の完成車両工場をめぐる基本条件とされていたのであった。

▶関連部門の集積

また、日本の場合、自動車生産は特定要素技術の専門メーカーによる多段階の深い分業組織を基本としている。ティア 1（1 次協力企業）、ティア 2（2 次協力企業）と重なる深い段階を組織して成立している。2011 年 3 月の東日本大震災に直面してサプライチェーンの問題に関心が及び、各社はそれらの実態の調査に入ったが、トヨタ自動車によると 3 次、4 次どころではなく、10 次協力企業まで確認されたことが報告されている。

完成車両メーカーとすれば、安価で広大な敷地、豊富な低賃金の人材の存在が大きな関心事になるが、機械工業・自動車過疎地では基盤技術の協力企業を近間で調達することは容易でない。そもそも、そのような地域では高いレベル

の基盤技術を身に着け、さらに、量産に対応できる企業は存在していない。このような事情を含めて、ティア1、ティア2の協力企業としても、一定の生産台数が見込まれなければ完成車両工場の移転に付いていくことはできない。例えば、エンジン、トランスミッション等の高額な部品（ユニット）の場合、年間十数万台程度の生産では付いていかない。中京地区や関東地区で量産し、それを送り込むことになろう。その方が協力工場を含めて物事がスムーズに進む。

　東北初の完成車両工場である関東自動車工業が岩手県金ケ崎町に着地した二十数年前、歴史上初めての近代工業化のチャンスが訪れたとして東北の地方自治体は一斉にティア1、ティア2の協力企業の誘致に奔走した。エンジン、トランスミッション等の高額で付加価値の高い基幹部品を生産する企業に日参した。ただし、これらの基幹部品は輸送費負担が相対的に小さく、当然ながら十数万台規模の完成車両工場には関心を示さなかった。十数万台規模でも関心を示すのは、シートなどの輸送費負担の大きい付加価値の低い部門なのである。

　このような点を考慮するならば、地元の企業誘致は当初は付加価値の低い部分、輸送費負担の大きなものから始め、系統的に進めていくことが肝要であろう。そして、完成車両工場の生産台数が30〜40万台に近づく頃には、エンジン、トランスミッション等の基幹的な部門も関心を寄せてくる可能性がある。このあたりは自動車産業集積と誘致進めていく際の一つの基本的な条件であろう。

(2) 集積が進み始めた東北自動車産業

　1993年10月に関東自動車工業が岩手県金ケ崎町で操業開始して以降、生産台数が30万台に達するには20年以上の月日がかかった。進出17年を経過した震災前の2010年においても、関東自動車工業の生産台数は30万台には届いていなかった。それでもこの間、岩手県、宮城県のあたりには次第に自動車関連企業の集積が進んでいった。2016年現在、先の二つの完成車両工場で生産台数は約45万台（岩手工場、アクア約30万台、宮城大衡工場、カローラ等約15万台）とされているが、今後の拡大を見込んでか、ティア1の有力企業が進出を開始している。将来的にはこの二つの工場で80〜100万台が期待される

ことになろう。このレベルに達しないならば、完成車両工場が東北に進出した意味はない。その頃にはさらにティア1、ティア2の進出、集積の進んでいくことが期待される。

東北では、これまで部品工場としてはトヨタ自動車東日本のトルクコンバータ、アクスル（その後、エンジン組立）工場である宮城大和工場（宮城県大和町）、トヨタ系ではないが、同じエンジン生産工場の日産自動車いわき工場（福島県いわき市）等が進出している。また、トヨタ系最有力部品メーカーであるデンソーは、2010年代に入り、デンソー福島（田村市、カーエアコン、エンジン冷却モジュール）、デンソー岩手（金ケ崎町、富士通の工場を買収、半導体ウエハ製造）と一気に進出を開始していることも注目される。そして、後にみるように、トヨタ自動車東日本岩手工場が立地する北上川流域には、一気にティア1、ティア2といった関連協力工場が集積を始めているのである。

このように、東北新幹線、東北自動車道に沿うあたりには、ここに来て自動車関連産業集積が形成されつつある。経済産業省東北経済産業局は、東北6県の中でも福島県の自動車関連産業集積は震災前の276件からわずか4年後の2014年には313件に拡大、宮城県は同期間219件から288件、岩手県は198件から254件に拡大したと報告している。2014年現在、主要市別にみると、北から岩手県花巻市31件、北上市60件、奥州市46件、一関市37件、宮城県栗原市29件、大崎市27件、仙台市52件、福島市30件、二本松市39件、郡山市24件、いわき市39件などと報告されている。東北新幹線、東北自動車道に沿ったあたりに大きな動きが観察される。そして、その流れの中にある有力市は、いずれも自動車産業集積を充実させる方向で動いているようにみえる。東北はトヨタ自動車東日本の進出する宮城、岩手を軸に自動車産業集積の新たな時を迎えているのであろう。

このように、少し前まで半導体等の電子部品産業で盛り上がった東北は、それらが一気に中国・アジアに移管されて疲弊しているが、次は自動車関連部門への取組みが課題とされている。ただし、電子関連と自動車関連は「和食と洋食ほどに違う」といわれ、乗り越えていかなくてはならない課題も少なくない。東日本大震災によって被災した東北の各県は、その復興の一つのテーマとして

自動車産業の育成、関連部門の充実を図っていくことが大きな課題となっているのである。特に、電子部門で疲弊している地域中小企業の自動車部門等ばかりではないが、自然エネルギー、医療機器、航空宇宙等の新たな部門への転換が急がれるであろう。

（3）日本最北の完成車両工場の展開
　　──四半世紀をかけて地域に定着（トヨタ自動車東日本岩手工場）

　なかなか福島県白河を越えることのなかった自動車産業も、1990年代に入ってから具体的な動きをみせ始めている。その大きな転機となったのは、トヨタグループの完成車両メーカーであった神奈川県横須賀市の関東自動車工業が、1993年、岩手県金ケ崎町に工場を新設したところにある。白河以北における初めての完成車両工場となった。そして、東日本大震災の年である2011年には神奈川県相模原市に立地していたトヨタ完成車両メーカーのセントラル自動車が宮城県大衡村に移転してきた。

　そして、2012年7月、関東自動車工業とセントラル自動車、さらにトルクコンバータ、アクスルなどの足回り部品等のトヨタ自動車東北（2012年12月よりエンジン組立も追加）の3社統合により、トヨタ自動車東日本（本社：宮

トヨタ自動車東日本岩手工場の正門

城県大衡村、従業員数約7500人、うち、東北地区従業員数約4600人）となっていった。この自動車事業参入により、東北にようやく新たなうねりが生じてきたのであった。

▶関東自動車工業とトヨタ自動車東日本

関東自動車工業の前身は1946年設立の関東電氣自動車製造であり、当時は、中島飛行機出身の技術者たちが、電動バスを生産していたとされる。1949年にトヨタ自動車工業より受託したトヨペットSBP型セダンの生産を開始、1951年以降トヨタ自動車工業（現トヨタ自動車）が資本参加し、トヨタグループとの連携を深めていった。1960年に横須賀工場深浦地区（1960～2000年、横須賀市）、1967年に東富士工場（静岡県裾野市）、1993年に岩手工場（金ケ崎町）を稼働させている。

2012年1月には株式交換により、東証・名証の上場を廃止し、トヨタ自動車の完全子会社となった。関東自動車工業の2010年3月期の売上額は連結で4421億円、従業員数は約7200人を数えていた。

当初から技術レベルの高さが評価され、トヨタスポーツ800、また、近年はレクサスES・IS、センチュリーなど高級車種を生産。2012年7月にトヨタ自動車東日本（資本金68億5000万円）が3社統合によって発足し、岩手工場（従業員約2400人、生産台数約30万台）、本社・宮城大衡工場（約1600人、約15万台）、宮城大和工場（約600人）、東富士工場（約1200人、約6万台）と、開発、生産技術を担う東富士総合センター（約1700人）から構成されている。

岩手工場はアクア、カローラフィールダー、また、2016年12月から生産開始した新型車C—HR、宮城大衡工場はシエンタ、カローラアクシオ、東富士工場はポルテ、スペイド、アイシス、センチュリー、クラウンセダン、クラウンコンフォートの完成車両組立、宮城大和工場はハイブリッド車向けエンジンの組立、トルクコンバータ、アクスルの生産を担っている。

関東自動車工業時代は大型高級車の生産も行っていたが、トヨタ自動車東日本発足以降は、「東北を基盤に世界一魅力のあるコンパクト車をつくる」を目

指す姿として掲げ、「コンパクト車の専門集団」として、①開発〜生産技術〜生産まで一貫したクルマづくり、②トヨタのコンパクトカーを担い、グローバルに開発・生産技術を発信していくとし、さらに、「東北をものづくりの拠点にする」として、①独自のものづくり文化の確立、②地域と一体になったものづくり、③産学官共同研究による先端技術開発の加速、を提唱している。

▶岩手工場と自動車工業集積

　以上のような動きの起点となったのは、1980年代後半、国内需要の拡大により、関東自動車工業も生産台数が増加していたことによる。だが、当時主力の横須賀工場深浦地区、東富士工場は老朽化し生産拡大は難しいものであったことに加え、当時のバブル経済の中で首都圏での労働力確保は難しく、地方立地を検討していくことになった。岩手県が熱心に誘致していたことから、1990年3月、岩手県が造成した金ケ崎町の岩手中部（金ケ崎）工業団地の96万3000㎡の用地への進出を決定していった。

　進出決定直後にはバブル経済が崩壊し、新工場の実現を危ぶむ声もあったのだが、岩手工場は1993年10月に生産がスタート（現第1ライン）し、コロナEXiVがラインオフした。その後、主な生産はコンパクト車となり、そして、2005年11月には第2ラインを竣工し、現在では年間生産台数も30万台強の規模へと拡大している。

　また、岩手工場の敷地内にはサテライトショップが併設されている。構内には、部品を供給する仕入先が入居している。豊田合成東日本（ステアリングハンドル、ドアの外周のゴム、本社愛知県清須市、豊田合成東日本の本社は宮城県栗原市）、豊和繊維岩手製作所（天井の防音材、本社豊和繊維工業、春日井市）、トヨタ紡織東北（内装品、シート、本社トヨタ紡織、刈谷市）、ケー・アイ・ケー（小物鈑金の溶接、本社北上市）、FTS岩手工場（燃料タンク、本社豊田市）が入居している。

　関東自動車工業が岩手県に進出するにあたり、東北現地より直接工場へ部品納入できる一次仕入先はほとんどなく、関東、三河から部品を入れることが多かったが、最近になって、三河地区の一次仕入先、二次仕入先が徐々に進出し

てきている。そして、それらが地元の中小企業に働きかけ、一次仕入先の構成部品を納入する二次仕入先、三次仕入先となりうる企業も増えてきている。アクアが立ち上がった2011年末には、東北仕入先企業の拠点数は約100社に増加し、2016年度末には4割増の約140社になると見込まれている。三河からの進出の場合は、岩手工場と宮城大衡工場の中間にあたる一関周辺に立地するケースも少なくない。関東自動車工業が進出してからほぼ四半世紀、自動車関連産業の乏しかった東北の地でようやく自動車工業集積が形になりつつある。

▶「東北をものづくりの拠点にする」

　東日本大震災の際の岩手工場の震度は5強であったが、迅速な復旧作業によって、震災後3日で工場の稼動再開が可能な状態にまで復旧、4月後半の部品の納入開始と共に生産が再開された。東日本大震災の少し前の2008年6月14日の宮城・岩手内陸地震の際にはラインから車が転落するなどを経験し、対応を重ねていたことが功を奏したとされている。

　また、東北の企業として、地域に根を張るために、行政や地場企業から「生産性を向上させたい」「ものづくりをみせて欲しい」といった要望を受け、自動車関連企業のみならず、水産加工、食品、農業など異業種の地場企業にうかがい、現地現物による相互研鑽による改善活動を行っている。この取組みは東北全体に及び、全体で2012年の活動開始時より、のべ70社ほどになっている。トヨタ自動車東日本側にとっても、「異業種のものづくりを共に学ぶ良い機会」になっており、「自動車メーカーとしては、今まで無かった視点に気付かされることも多い」ことから、「教え、教えられる風土」の醸成、東北の生産性向上の輪が拡がりつつある。

　自動車関連産業の乏しかった東北地方の場合、低価格量産のものづくりの考え方が形成されていない。また、半導体、電子部品で一時代を過ごした岩手県などでは、小物の量産は得意だが、大物の加工に慣れていない。今後の東北の自動車産業の発展への期待、あるいは「東北をものづくりの拠点にする」という課題の中で、地域の企業のあり方と可能性が問われているのである。

2. トヨタ自動車東日本に納入する企業群

　関東自動車工業が岩手県でスタートしたのが1993年10月、東北で初めての完成車組立の完成車両工場であった。周知のように、自動車は多様な技術、部品の集合体であり、ティア1、ティア2以下、多段階の加工組立工程を経ていく。関東自動車工業の岩手進出決定（1990年）以前は、東北、特に岩手県にはトヨタ自動車関連、関東自動車工業関連のティア1は1社も存在していなかった。当面、関東地区、中京地区の部品メーカーから調達してスタートした。

　この関東自動車工業岩手工場のスタート時前後に進出してきた企業は、北上南部工業団地に進出してきた自動車用ラベルの北上槌屋デカル（1992年9月）、足回り、ボデー等の中小物プレス部品のケー・アイ・ケー（1993年）、シートのトヨタ紡織東北（1993年、当時関東シート製作所）に加え、金ケ崎町の岩手中部（金ケ崎）工業団地に進出してきたアイシン東北（1992年10月、電子・駆動・機関・車体系部品製造）、ビューテック（1992年11月、樹脂部品）、トヨタ輸送（1993年9月、完成車・部品輸送）などであった。シート関係、ラベル関係、中小物車体プレス部品、輸送関係であった。その他の部品は関東地区、中京地区から供給されてのスタートであった。

　その後のティア1、ティア2の進出は、北上では、岩手河西（2005年）を引き継いだ内装用射出成形部品の小島プレス工業（2014年、東北KAT）以外にはない。むしろ、早い時期に成立していたばね・シートの東北日発（1971年設立）が2002年にシートフレーム（金属製品）に踏み込み、トヨタ紡織東北に採用されていったことは興味深い。ティア2ということであろう。それまで東北日発はシートフレームの経験はなかったのだが、日発本体はシートメーカーとして展開していた。この東北日発の他には、北上の企業でトヨタ自動車東日本岩手工場のティア1、ティア2になっていった企業はみあたらない。

　一部に踏み込み始めている北上の中小企業としては、東北KATの指導するチーム東北のメンバーになっている樹脂の床下部品のサンケミカル、地元3社で共同受注グループ「プラ21」を結成、シート周りのプラスチック小物部品

の受注に踏み込んでいる北上エレメック、エレック北上（旧東光）、北上精工のケースがある。その他、地元の鉄工所、鈑金加工、機械加工企業にスポット的に修理部品等が降りてくることもある。現状はこのようなものである。

　なお、トヨタ自動車東日本岩手工場の立地する金ケ崎町の岩手中部（金ケ崎）工業団地には、その後、トヨタ系のティア1、ティア2が立地していく。豊田合成（2002年）、豊和繊維（2002年）、トヨタ紡織東北（2002年）、FTS（2005年）、ケー・アイ・ケー（2010年）、デンソー岩手（2012年）などが立地していった。また、岩手県内では、トヨタ自動車東日本の岩手工場と宮城大衡工場の中間に位置する一関、奥州のあたりにもトヨタ系企業の立地が進んでいるのであった。

(1) トヨタが進出する1年前には進出
——自動車用ラベルからバスラッピングまで（北上槌屋デカル）

　自動車周辺には実に多様な機能を担う企業が成立しているが、塗料販売からスタートした愛知県名古屋市の企業が、「さがす」「うむ」「つくる」の三つをつなぐ「多面的創造企業」として興味深い取組みをみせている。関東自動車工業進出の1年前の1992年9月、北上南部工業団地に進出していた。トヨタ系の完成車両工場進出を意識して岩手県に進出した第1号企業であろう。

▶トヨタの進出を意識して拠点展開

　槌屋の創業は1950年12月、名古屋市中区で㈲槌屋として塗料販売からスタートしている。1953年に㈱槌屋（東京）、1955年に大阪営業所、1961年に福岡営業所（1981年に㈱槌屋［福岡］）を設立している。このように営業所を充実させる反面、製造、研究開発にも注力し、1963年東海ケミカル（現槌屋ケミカル）、1971年槌屋デカル工業、1978年研究所（現研究開発センター）設立などと重ねていった。現在の国内の営業拠点は主要都市25カ所、製造拠点は8カ所、開発拠点は3カ所を数えている。また、名古屋の㈱槌屋（本社）をはじめとして、㈱槌屋（東京）、㈱槌屋（福岡）を展開、グループ会社は国内に11社、海外は14社を数える。従業員数は国内約1500人、海外約1700人を数

え、日本人の海外駐在も約40人にのぼる。売上額は国内、海外を含み約1200億円を計上している。非上場の有力企業といえる。創業家は大原家、現在の代表取締役社長は3代目の大原鉱一氏が務めている。

　槌屋グループは「化成品を中心にした製造・研究開発部門を有した専門商社」を中核としており、会社案内によると「豊富なノウハウとネットワークで、数万点を超える商品を扱う。お客様のあらゆるご要望に応えるため、市場にある商品を提案するだけでなく、新たに製品をコーディネートしたり、品質の検査・保証や加工も行います」としていた。仕入先の数は約1000社、塗料、テープ加工品、接着剤・充填剤、潤滑・洗浄製品、遮音・断熱材製品、合成樹脂材料・製品、セラミックス製品、エレクトロニクス関連製品、研磨材製品、安全・環境対応製品など、工業用化学製品全般に及ぶ。また、コア技術としては、コーティング、カッティング、調合・充填、織物、成形(特殊)、自動車用品(自動車のアクセサリー)、画像処理技術とされていた。

　ユーザーは自動車関連を中心に、住宅、航空など多岐にわたるが、グループ全体としては自動車の比重が70%程度を占めている。特に、トヨタ系(トヨタ、ダイハツ、日野自動車)、三菱自工のシェアは高い。日産、富士重工、ホンダ系との取引も創業当初からある。

　特に、トヨタに対しては、中京地区は名古屋本社、槌屋デカル工業、東北地区は槌屋北上営業所、仙台営業所、北上槌屋デカルが対応、九州地区は槌屋福岡を中心に6営業所、福岡槌屋デカルが対応していた。また、海外展開も早く、アメリカ3拠点、カナダ1拠点、チェコ1拠点、中国6拠点(北京、大連、天津、上海、広州、香港)、タイ3拠点、インドネシア2拠点、ベトナム2拠点などが設置されている。いずれもトヨタ等主要取引先の進出に歩調を合わせるものであった。

▶北上に進出する営業所と北上槌屋デカル

　国内製造8拠点(愛知5、岐阜、北上、福岡)の一つである北上槌屋デカルの進出は1992年9月、1993年に金ケ崎町に進出する関東自動車工業に先立つものであった。この北上南部工業団地の北上事業所には槌屋北上営業所(従業

北上南部工業団地の北上槌屋デカル　　　　ストライプテープ

提供：以下4葉、槌屋

員5人）と北上槌屋デカル（72人）が同居している。トヨタ自動車東日本の完成車両工場は岩手県金ケ崎町と宮城県大衡村の2カ所あるが、宮城大衡工場は仙台営業所が担当している。ただし、製品は北上槌屋デカルから供給されていた。なお、「デカル」とは、「デカルコマニア（転写）」から採っていた。

　この北上槌屋デカルの工場の主要工程は、コーティング（スクリーン印刷）とカッティング（抜き）から成っており、それに関連する製版、スクリーンの紗張り、印刷、抜型（カッティング）から構成されている。製品はフィルムをベースにする大型のボデーストライプから、注意書きラベル、粘着系フィルム抜き加工まで多岐にわたる。基本は塩ビ素材であり、金型がなくとも製作可能であり、数週間で作成可能など、イベントなどにも向いている。近年、金属メッキ調仕上げも開発され、柔らかい曲面にも対応できることから、金型を必要とする高級樹脂エンブレムに近いものまで可能になっていた。

▶北上槌屋デカルの機能

　北上槌屋デカルの立ち上げ時には親会社から5～6人が来ていたが、現在の従業員72人は工場長以下全て地元の人で構成されていた。男性60％、女性40％であった。また、営業所の5人のうち、所長は関東出身だが、残りは地元の人（営業職2人、事務職2人）であった。所長は「現地密着で営業活動している」と語っていた。

注意書きラベル　　　　　　　　軟質立体マーク

　この北上槌屋デカルで生産されたものは、国内のユーザーに向けられるが、トヨタ系が90％、その他には三菱自工、いすゞ関係もある。また、一関のヘルメットメーカーであるSHOEIにも供給していた。これらを含めて、北上地区の取引先は、トヨタ自動車東日本、アイシン東北をはじめ、トヨタ紡織東北、デンソー岩手、東北KAT、東北イノアック、ビューテック、ケー・アイ・ケーなどとされていた。トヨタ紡織東北の場合はシートの裏の注意書きラベルに起用されていた。

　このように、槌屋グループは愛知県名古屋市を拠点に主要取引先が進出しているところには国内ばかりでなく、海外にも果敢に進出し、塩ビ素材のシール等の多様な工業用化成品の領域で供給していくことを目指していた。北上槌屋デカルに関しては、当初の関東自動車工業の進出1年前に北上南部工業団地に着地している。そして、トヨタ自動車東日本のもう一つの完成車両工場である宮城大衡工場にも対応しているのであった。

(2) トヨタ車の足回り、ボデーのプレス・溶接部品を供給
　　――北上で操業開始して24年の自動車部品メーカー（ケー・アイ・ケー）

　自動車には実に多様な部品が必要とされ、完成車両メーカーを頂点にティア1、ティア2、ティア3という多段階の重層構造を形成している。トヨタ自動車東日本の場合、金ケ崎の岩手工場と宮城県の宮城大衡工場、そして静岡県の東富士工場の三つの完成車両工場がある。それらを頂点として部品メーカーが

北上南部工業団地のケー・アイ・ケー

ビーム S／A リアアクスル

提供：ケー・アイ・ケー

展開している。この点、北上にはトヨタ自動車東日本のティア1というべき部品メーカーは、シート関係のトヨタ紡織東北、内装用モールド部品の東北KAT（小島プレス工業）、ラベルの北上槌屋デカルに加えて、足回り、ボデーのプレス・溶接部品を提供するケー・アイ・ケーの4社が立地している。これらは、いずれも北上南部工業団地に立地している。

▶トヨタ自動車東日本100％子会社の自動車部品メーカー

トヨタ自動車東日本岩手工場の前身である関東自動車工業の金ケ崎での操業開始は1993年10月だが、それに先立ち、重要保安部品の足回り、ボデーのプレス・溶接部品製造の企業として、関東自動車工業と横須賀時代から関東自動車工業にプレス・溶接部品を提供していた石川工業（横浜、横須賀、現在はない、東富士のワイズになっている）が、1992年7月、共同出資（資本金8000万円）でケー・アイ・ケーを横須賀で設立していた。なお、ケー・アイ・ケーの名称は、関東自動車工業、石川工業、北上の頭文字を採っている。

1993年には北上にケー・アイ・ケーの工場が竣工し、コロナExivの部品生産を開始している。その後、1996年12月にはトヨタ自動車東日本岩手工場内に補給部品供給のために岩手作業所を開設している。1999年3月にはケー・アイ・ケーは関東自動車工業の100％出資子会社となり、2000年1月には本社を横須賀から北上に移転させた。その後、関東自動車工業の生産車種の拡大

に対応してプレス部品を供給し、また、7 次にわたって工場の増築を重ねていった。さらに、2012 年 7 月のトヨタ自動車東日本の発足に伴い、ケー・アイ・ケーはその 100％ 子会社となった。敷地面積 5ha、建物面積 2 万 2000 ㎡ となっている。

主要製品は重要保安部品の足回り部品と車両の骨格となるボデー部品である。Fr サスペンションメンバー、インバータートレイ、Fr ロアアーム、インパネ R/F、エキパイテール、エキパイフロント、ドアインパクトビーム、カウル、エプロンフェンダー、Fr サイドメンバー、センターピラーインナー、ドアロック、ルーフサイドインナー、レールルーフ、ロアバック、リアフロアクロス等である。

当初は 500 トン（2 台、コマツ）、300 トン（1 台、フクイ）の 3 台のタンデムプレス機（1970 年製、東富士工場からの移設）でスタートしたが、その後、600 トン、1600 トン（2007 年導入、コマツ）のトランスファープレスを導入している。プレスは 3 ラインということになる。金型は 110 型程度を保有、静岡、栃木あたりの金型メーカーに設計、製作を依存している。東北地方には自動車用の大型の金型を製作できるところがない。社内では金型の補修を行っていた。コイル材は各メーカーからの支給材であった。

このプレスされたものを溶接（組立）から塗装（電着）までの一貫生産により完成品とし、大半はトヨタ自動車東日本岩手工場に納品される。一部は宮城大衡工場にも入れる。また、三河地区のトヨタのティア 1 からの受注もある。納品については、岩手工場に関しては 1 日 10 トン車 40 便を出し、宮城大衡工場には 24 便を出していた。工場内の現場は 2 直で回していた。

従業員は立ち上がりの前に首都圏で募集し、1 年ほど横須賀、東富士で研修を重ね、当初は 60 人でスタートした。1999 年には 100 人を超え、さらに、リーマンショック直前の 2007 年の頃は 400 人を超えた。だが、その後、調整があり、2016 年 12 月現在では 315 人となっていた。この間、売上額は 2000 年の 50 億円から 2007 年は約 240 億円となったが、2016 年度は 170～180 億円となる見通しであった。

▶東北で成立した自動車部品メーカーとしての歩みと課題

　トヨタ自動車東日本岩手工場の構内では、補給部品作業所に加え、2010年からはサテライトショップにも人を出していた。これらは44人を数えている。なお、トヨタ自動車東日本岩手工場のサテライトショップには、トヨタ紡織東北、豊田合成東日本、豊和繊維、FTSなど5社が入居して、岩手工場への対応を重ねている。

　また、ケー・アイ・ケーとしても、小物プレス部品やメッキ等の外注が必要になるが、小物プレス部品は茨城県つくば市から江刺に進出している広沢製作所（本社は廣澤精機製作所）、栃木から一関に進出している佐藤金属工業、メッキは北上のケディカに依存していた。このような外注先の確保については、当方から探しに行き、品質面の様子をみながら折り合いをつけていた。外注先については地場の企業では難しく、関東などからの進出企業が中心になっていた。この点は、地元の機械金属工業の一つの大きな課題であろう。

　人材調達については、地域貢献の一環として地元雇用を積極的に推し進めてきている中で、定期採用はできているが、かなり厳しい状況になっている。2016年4月は6人（男性）を採用できた。トヨタ自動車東日本の場合、近年、新車立ち上げが多いが、そのための生産要員の確保が難しい。特に、次の新車までのサイクルが2～3年であり、立ち上がりの時期と谷間の時期の調整が難しく、派遣人員に頼ることも少なくない。

　トヨタ自動車東日本の方針として「コンパクトカー」の生産拠点形成を目指しているが、部品メーカーとしては量の確保が課題にされるであろう。

　このような課題はあるものの、ケー・アイ・ケーの場合、24年前に素人集団として北上で成立し、足回り、ボデーの構造部品といった重要保安部品の製造に踏み出し、トヨタ自動車東日本をはじめとする関連部門からの指導を受けながら着実に歩んできた。人材調達の課題はあるものの、自動車関連企業の集積の薄い東北地方で、プレス・溶接の重要保安部品を提供する企業として重要な役割を演じているのであった。

(3) トヨタの老舗部品企業が北上に進出
──部品企業を集め「チーム東北」を展開（東北KAT／小島プレス工業）

　自動車産業不毛の地とされていた東北地方に、完成車両メーカーの関東自動車工業が着地したのは1993年のことであった。さらに、2011年、同じトヨタ系完成車両メーカーであるセントラル自動車も宮城県大衡村に移転し、東北地方は二つのトヨタ系完成車両工場を立地させることになった。このような中で、半導体・電子部品産業で歩んで来た東北地方は、それらの近年のアジア・中国への移管に苦しみ、次の基幹産業として自動車産業集積を目指している。

　ただし、電気・電子産業と自動車産業とは「和食」と「洋食」ほど違うとされ、モノづくり意識の改革が求められ、さらに、広大な裾野を必要とする部品産業の育成に苦慮している。そのような中で、トヨタ系ティア1の代表的な存在である小島プレス工業（本社豊田市）が2014年1月に北上市の南部工業団地に進出、興味深い取組みを重ねていた。

▶小島プレス工業の輪郭

　小島プレス工業の前身の小島商店は、1931（昭和6）年、名古屋市において小島濱吉氏（1891年生まれ、1974年没）によって蚊とり線香、懐炉、懐炉灰の製造販売としてスタートしている[2]。1937（昭和12）年には豊田自動織機製作所自動車部からのプレス部品の受注が始まったが、1945年5月の空襲により工場を失う。だが、早くも1945年8月には家庭用金物、農機具の生産を開始、朝鮮動乱景気などにより復活し、1950年には社名を小島プレス工業所に改称、トヨタのプレス部品協力企業として再開していった。この間、戦中の1943（昭和18）年12月にはトヨタの協力組織である「協豊会」が設立されるが、初代会長にはトヨタ自工副社長の赤井久義氏が就き、副会長には小島濱吉氏が就いた。戦後は1946年から47年にかけて協豊会が改組され、東海地区の東海協豊会会長には小島濱吉氏が就いていた。

　社名からすると金属部品のプレス加工に従事しているようにみえるが、現在の小島プレス工業・グループの事業領域の中でプレスは10%程度に縮小し、むしろ主力は樹脂部品（70%）、さらに電子部品（20%）となっている。これ

らは全てトヨタに供給されている。この樹脂部品に取組み始めたのは1953年、4年の歳月をかけて1956年に第1号製品として、BJ・ガソリンタンク・インレットパイプカバーを完成させた。以来、樹脂製品の比重が大きなものになっていった。

　現在の小島グループは製造会社だけで国内に16社、関連部門を合わせると約35社となっている。商品別に分社化していった。なお、小島グループの会社にはトヨタの資本は入っていない。さらに、海外についても、製造拠点としてアメリカ（2社）、メキシコ、タイ、中国（広東省東莞）が配置されている。グローバルな小島グループの従業員規模は6000人前後を数えていた。なお、国内工場の大半は愛知県、岐阜県といった中京地区にあるが、それ以外としては、長野県上松町に上松電子（自動車用電子部品、樹脂部品、鉄部品、従業員245人）、福岡県小竹町に小竹化成（自動車用電子部品、樹脂部品、233人）、そして、岩手県北上市に東北KAT（樹脂部品、112人）が設置されている。現在の小島グループ各社の社長には全て4代目の小島洋一郎氏（1947年生まれ）が就いていた。

▶東北KATの設立

　関東自動車工業の岩手進出以降、トヨタ系部品企業の進出が期待されたが、小型車生産であり、生産台数もしばらくは10万台強で推移したことから、中京地区からのトヨタ系部品メーカーの進出は限られたものであった。その間、関東地区（神奈川県）から日産、ホンダに納入している樹脂部品メーカーの河西工業が、2005年6月に関東自動車工業向けを意識して北上南部工業団地に岩手河西を進出させていた。ただし、関東自動車工業からの仕事は思い通りにはいかず、小島プレス工業の関東自動車工業向け部品なども受けていた。

　こうした事情がベースにあり、また、関東自動車工業の生産が拡大、トヨタ自動車東日本宮城大衡工場の操業開始もあり、2014年1月、小島プレス工業は河西工業を事実上買収（資本金1億円、出資比率76％）、東北KATを設立している。KATは「小島オートテクノロジー」の略とされている。敷地面積は約3万㎡、建物面積は2016年4月の増設分を含めて1万6433㎡となった。

東北KATの大型射出成形機

トヨタ生産システムの「かんばん」

　この間、大幅な設備更新を実施している。主要設備としては、射出成形機12台（350～1300トン、河西時代に比べ倍増させた）、縦型成形機1台（1100トン）、塗装設備2ライン（外装、内装用）となっている。新会社は約90人の人員を引き継いでスタートしたが、新卒を2015年17人、2016年15人を採用、2016年7月現在、112人となっていた。なお、愛知の小島グループからは5人が出向してきていた。小島グループの東北進出は初めてであった。なお、金型については豊田市の小島プレス工業が手配し、設計は日本の金型メーカー、そして、実際の金型製作は海外（中国）が多い。

　現状、販売先は全てトヨタ自動車東日本であり、岩手工場が70%、宮城大衡工場が30%の比重となっていた。主要製品はベルタ、カローラ、アクア、シエンタ向けの大型樹脂部品であるコンソール、シートサイド、ボックスデッキ、バックドアパネル、ドアアームレスト、カウルルーバー、ロッカーサイドモール等であった。2016年3月期の売上額は16億2000万円、順調に右肩上がりで推移している。工場増設の効果が出てくる2017年度の売上額は倍増の32億円が予想されている。

▶東北地区チーム小島を組織し、レベルを上げる
　なお、自動車部品産業が集積しつつある東北地方において、小島プレス工業は興味深い取組みを重ねていた。「東北地区チーム小島」というものであり、東北の部品メーカー5社を組織し、オール小島の固有技術を移植し、ネットワ

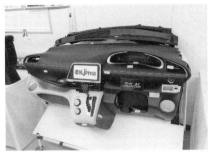
東北地区チーム小島の製品群

外装用の塗装樹脂部品

提供：東北KAT

ークを拡大していくことを狙っていた。このように仕組みは先行する九州において、以前から「九州地区チーム小島」として実績を上げていた。東北地区チーム小島の5社の概要は以下の通り。

　東北電子工業（宮城県石巻市、従業員315人）は、ハイブリット用バッテリーケースの製造。小島グループが最初に接触した東北の自動車部品企業はこの東北電子であり、ここを通じて東北の情報を収集し、東北地区チーム小島の枠を拡げていった。三陸化成（宮城県石巻市、167人）は、インパネ部品のレジスタの製造。緒方製作所（宮城県大崎市、115人）は、車載電子部品の組立（実装ライン）に従事。サンケミカル（岩手県北上市、148人）は、樹脂の大型の床下部品。登米精巧（宮城県登米市、95人）は、金属プレス部品を製造する。なお、各社に対しては、小島グループの各社が指導に当たっていた。電子部品の組み付けの緒方製作所には丸和電子化学（豊田市）、エアコン吹き出し口の三陸化成には豊和化成（豊田市）、ハイブリット用バッテリーケースの東北電子にはハマプロト（みよし市）が対応していた。これら各社は、トヨタ自動車東日本のティア2となろう。

　東北KATを中心に現在はこの5社で東北地区チーム小島を結成し、早くも2012年から年3回の研究発表会を持ち回りで実施していている。各社に対しては、トヨタ生産システム（TPS）の徹底、生産性向上、品質向上、毎年の原価低減（カイゼン）を指導していた。小島プレス工業側の理解では、東北には

樹脂メーカーは多いものの、電子部品、小物が多く、より厳しい自動車関連の考え方とは異なっている。今後はパートナーを増やし、自動車部品集積の充実を目指していた。今後を期待される東北の自動車産業集積に対し、中京のトヨタ系老舗部品メーカーである小島プレス工業は興味深い取組みを重ねていた。

(4) ばねからトヨタ紡織向け車載用シート金属部品に展開
——地場のばねメーカーから出発、日発グループ企業に（東北日発）

　社名に「発条」と記載している有力企業が幾つかあるが、それらは「ばね」屋とされている。特に、ばねを多用するのは自動車関連であり、全国にばねメーカーは約900社とされ、中小企業も少なくない。それらの中でも、日本発条（通称ニッパツ、本社横浜市）、中央発条（本社名古屋市）などが知られている。

　日本発条の創業は1939（昭和14）年、港区芝浦であり、その後、日本の代表的なばねメーカーとして歩んできた。この事業には当時の有力総合商社であった鈴木商店（現双日）が関係していた。現在でも双日は日本発条の株主である。事業的には懸架ばね、自動車用シート、精密ばね、HDDサスペンション、産業用機械の製造販売とされている。国内の主要工場は横浜、滋賀、群馬、豊田、厚木、伊那、駒ヶ根、伊勢原、野州とされ、現地法人として東北日発（北上市）、九州日発（福岡県苅田町）などが配置されている。

　取引先としては、トヨタ、日産、富士重工、ダイハツなど多岐に渡り、特定の取引先に固定されない独立系部品メーカーとされている。海外展開も活発であり、1963年にタイに合弁会社を設立以来、台湾（1969年）、ブラジル（1975年）、アメリカ（1976年）、スペイン（1989年）、マレーシア（1994年）、中国（1995年）、インド（1996年）等と次々に海外工場を進出させていった。シートメーカーは特に完成車両メーカーの近くに立地することが求められることから、完成車両メーカーの展開に沿った形での進出を重ねていった。

　2016年3月期の連結の売上額は6405億円、従業員数は連結で2万0757人、単独で4866人を数えている。売上額の構成は、オールニッパツでみると、シート関係40％強、ばね25〜28％、精密ばね30％程度とされている。「発条」というとばねメーカーと思うのだが、かつてソファーのシート等にばねを入れ

| 北上市和賀の東北日発 | シートフレーム生産工場 |

ていたことから、ばねメーカーがシートのフレーム、さらにシートそのものに展開していった場合が少なくない。

▶この5年ほどで従業員、売上額がほぼ倍増

　この東北日発の歩みはまことに興味深い。創立は戦後の1946年4月とされるが、旧和賀町の有力者であった高橋健一氏が個人事業として開始している。当時の各鉄道局の御用達となり、1952年5月には㈱岩手スプリングを設立している。旧国鉄の椅子のばね、農機用ばね、ソファー用ばねでスタートしている。その後、1962年には巻ばねの生産を開始し、1971年には日本発条が資本参加、社名を東北日発㈱に改称した。日本発条の北の拠点となっていった。その後、次々に、線ばね（1986年）、異形ばね（1991年）、シートフレーム（2002年）などに展開していき、旧和賀町の工場敷地2万4297㎡いっぱいに工場建屋が拡がっている。工場建屋の面積は1万2411㎡にもなり、周囲に塀のない工場とされていた。そして、周辺はいつの間にか宅地化され、住工混在の問題が発生しつつあった。東北日発側でも、これが一つの問題としていた。

　現在の主力製品は「自動車用ばね部門」「精密ばね部門」「シート部門」の大きく三つとされている。

　「自動車用ばね部門」は、懸架ばねが主力であり、熱間、冷間により生産される。納入先はトヨタ自動車東日本、富士重工あたりが多い。日産、いすゞにも供給している。補修用のものも少なくない。この部門が売上額の30%を占

めている。

「自動車用シートフレーム部門」であり、金属製のシートフレーム、ループハンドル、エッジワイヤー等を生産し、トヨタ自動車東日本への直納もあるが、主としてトヨタ紡織東北（岩手工場、宮城工場）向けに生産している。この部門が売上額の60％を占めていた。

三つ目は「精密ばね部門」であり、自動車用各種ばね、住宅用シャッターばね、情報・産業機器用各種ばね等であり、アイシン東北、アイシン精機、カルソニックカンセイ、住宅機器のLIXILなどにも供給していた。この部分が売上額の10％程度を占める。

特に、シートフレームの生産を開始したのは2002年からであり、2011年には東北地区50万台対応の体制を築き上げている。この間、十数年でシート関係の売上額が全体の60％を占めるものになったことが注目される。2010年の頃は従業員150人、売上額30億円であったのだが、2016年は従業員258人（うち正社員175人）、売上額70億円に達するものになった。近年のトヨタ自動車東日本の生産拡大が大きく寄与していることがわかる。

▶急速な売上額増と新たな課題

この20年来、日本のモノづくり企業はグローバル化、国内の人口減少、少子高齢化により疲弊している場合が少なくないが、海外の比重を急速に高めている自動車産業部門で、急速に売上額を増加させている協力企業、特にティア1、ティア2が目立つ。ここでみた東北日発はその典型的なものであり、2002年にシートフレーム部門に進出し、トヨタ紡織東北への納入を開始して以来、急速に拡大してきている。東北も自動車産業を軸に新たな可能性をみせ始めてきたということであろう。

このような事情の中で、幾つかの課題も発生してきているようにみえる。

一つは、北上川流域を中心に人手不足が深刻化している。拡大基調の東北日発においては、2017年4月の採用は、6人募集（高卒）に対して応募は3人しかいなかった。今後ますますこのエリアの人手不足は深刻になることが懸念される。このような事情の中で、東北日発は、巻ばねコンパクトラインを2013

年９月に導入、画期的な生産性の改善を図っていた。また、ここで生産される巻ばねは、トヨタ自動車東日本岩手工場、宮城大衡工場に採用されていった。このような取組みを重ねながらも、人材調達の課題は横たわっている。

　第２の課題は、トヨタ自動車東日本向けのシートフレーム、巻ばね等への意欲的な取組みは、仕事量の増大につながっているものの、反面、利益率は厳しい。トヨタ自動車東日本の目指すところは「世界一のコンパクトカー生産基地」というものであり、低価格製品ゆえに単価が厳しい。このような枠組みでの利益率の確保が課題とされている。いっそうの効率的な生産体制の形成が求められる。

　そして、第３の課題は、すでに敷地は狭く、周囲の住宅化の中で操業環境は悪化している点である。現状、東北日発は24時間操業であり、トラック便が一日中出入りしている。現在地でこの問題を解決していくことは難しい。新たな展開が必要になってきている。

　以上のような課題を抱えながらも、現在の東北日発には発展している企業の勢いがあった。田園にひっそりと立地していた東北日発は、事業規模拡大の方向の中で、新たな環境づくりが求められているのであろう。

3．トヨタ系以外の自動車部品関連メーカーの展開

　トヨタ自動車東日本岩手工場をターゲットとしたトヨタ系のティア１、ティア２の北上進出は以上のようなものだが、そのような動きとは関わりなく、早くから北上に自動車関連の企業が進出している。先のシートメーカーの東北日発は元々、独立系の自動車関連のばねメーカーであり、多方面の自動車メーカーに供給してきた。

　それ以外に北上に早くから進出している自動車関連企業としては、タイヤ用スチールコードの東綱スチールコード（1969年）、いすゞ関連のエンジンブロック鋳造のアイメタルテクノロジー（旧いすゞキャステック［1990年］、旧ジックマテリアル［1994年］）、アルミダイキャスト製品の日立オートモティブシステムズハイキャスト（旧厚和工業、1989年）がある。東綱スチールコー

ドの製品はタイヤメーカーに納品され、トヨタ車に搭載されることもあるが、トヨタ自動車東日本の岩手工場とは直接的な関係はない。アイメタルテクノロジーはいすゞ資本であり、そちらに投入されていく。また、日立オートモティブシステムズハイキャストのダイキャスト部品は、日立オートモティブシステムズに納品され、多方面に供給されていくことになろう。

このような大企業の関連部門の進出が幾つかあるが、地元中小企業で自動車関連の仕事をしているところもある。車載用半導体を生産しているジャパンセミコンダクター（第2章2—(1)）、自動車に搭載されるコンデンサを手掛けているケミコン岩手（第2章2—(2)）、自動車金型の部品として多用されているパンチ工業（第2章3—(6)）、いすゞ系のトラック部品をメインにする平野製作所（第4章3—(2)）、また、ケディカ（第4章5—(1)）、薄衣電解工業（第4章5—(2)）といった表面処理企業も自動車関連の部品のメッキ等を行っている。

このように、30～40年の歴史を重ねる北上機械金属工業は、近年はトヨタ自動車東日本岩手工場を意識しての進出、また、それへの対応という場合が目立つが、それ以外にも、古くから自動車関連の仕事を重ねているところも少なくないのである。

（1）自動車タイヤ用スチールコードの生産
——北上工業団地に2番目に立地（東綱スチールコード）

東京製綱といえば、日本のマニラロープ製造、ワイヤロープ製造の草分けであり、その後は自動車タイヤ用スチールコード等に展開した企業として知られている。近年、北上川流域には自動車関連企業の集積が進んでいるが、タイヤ用スチールコードの専門メーカーである東綱スチールコードの北上工業団地進出は1970年とかなり早いものであり、北上への自動車関連有力企業の進出第1号であった。

▶自動車タイヤ用スチールコード生産の老舗

親会社の東京製綱が東京府麻布で設立されたのは1887（明治20）年、国内

東綱スチールコードの構内　　　　　メッキ工程巻取り

提供：以下4葉、東綱スチールコード

　初のマニラロープの製造を開始している。1996（明治29）年には兵庫工場、1897（明治30）年には東京に深川工場を設置している。そして、1900（明治33）年には国内初のワイヤロープ製造に踏み込んでいった。1920（大正14）年には主力工場として川崎工場（ワイヤロープ、麻ロープ）を設置していった。戦前、戦中期には満州、朝鮮にも工場を設置した。

　戦後は1956年、愛知県に豊川製綱（合成繊維、綱製造）を設立、1960年には青森県八戸に東新鋼業（高級線材の圧延）を設立している。さらに、1970年には世界的な規模の土浦工場を完成させ、川崎工場を閉鎖した。また、同年には岩手県北上の北上工業団地に自動車タイヤ用スチールコード生産の東京製綱スチールコードと機械設備製造の東綱機械製作所（鋼索鋼線製造用機械製作）を設立している。この自動車タイヤ用スチールコードの材料は新日鐵釜石製鐵所（現新日鐵住金釜石製鐵所）の線材であり、八戸の東新鋼業が伸線したものを、さらに北上の東京製綱スチールコードが細くして仕上げていくものであった。北上工場設置には、釜石〜八戸〜北上の物流ラインが意識されていたとされる。

　その後、工場の統廃合が進められるが、現在の東京製綱の国内の主力工場は、1969年設立の土浦工場（ワイヤロープ、ワイヤ）、1970年設立の東綱スチールコード北上工場（スチールコード、ソーワイヤ、ホースワイヤ）、2003年に旧泉佐野工場から移設した堺工場（ワイヤロープ、ワイヤ）の国内3工場に加え、

湿式工程

撚線工程

　海外は中国常州(スチールコード:東京製綱、新日鐵、メタルワンの合弁事業)、中国江陰(橋梁用ワイヤ:東京製綱、新日鐵の合弁事業)、ベトナムホーチミン(ワイヤロープ)にも展開している。東証第一部上場企業であり、2016年3月末の連結の売上額は652億円、連結の従業員数は1756人、単独では507人を数えていた。

　スチールコードに関する国内のライバルは2社、トクセン工業(兵庫県小野)、住友ゴム系の栃木住電であり、タイヤ最大手のブリヂストンは社内(鳥栖)で製造している。世界的にはBEKAURT(ベルギー)、中国の興達(湖北省)、韓国の高麗製鋼であり、キャパシティからすると、東綱スチールコードは第10位ほどに位置している。スチールコードのユーザーはブリヂストンを除いた国内タイヤメーカーの横浜ゴム、東洋ゴム、住友ゴムと海外メーカーではコンチネンタル(独)、正新(台湾)であった。

▶北上に進出して47年を重ねる

　北上工業団地への進出はサトーホールディングスに次いで2番目とされ、工場の敷地面積は17.6ha、建物面積は次第に増加し、現在では7万1600㎡となっていた。スチールコードの生産規模は2000年頃には月5000トンほどであったのだが、現在は縮小させ月4000トンほどに抑えていた。この他にワイヤ製品が月300トンほどとされる。北上工場の従業員は1970年代には1100人を数えたが、現在では400人(派遣人員を入れて)ほどになっていた。

この間、2000年には八戸の東新鋼業を統合して閉鎖している。そのため、原材料の大半が新日鐵住金釜石製鐵所から直接入っていた。また、2007年には東京製綱との合併により東京製綱㈱北上工場となったが、2013年には分社化により、現在の東綱スチールコード㈱となった。なお、同時期、同じ北上工業団地に立地していた製綱機械製造の東綱機械製作所も同じ合併・分社化の歩みをたどっている。現在、東綱機械製作所は東京製綱の設備技術センターとして、グループ内の設備力向上と設備改造業務に従事していた。

　東綱スチールコードの現在の主力製品はタイヤ用スチールコードであるが、その他にホースワイヤ、太陽光発電のシリコンウエハを切断するソーワイヤもある。なお、東綱機械製作所ではシリコンウエハ切断用ワイヤソーマシンを製作していた。

　スチールコードの製造工程であるが、新日鐵釜石製鐵所から直径5mm程度の線材が入り、酸洗した後、一次伸線に入る。次に、熱処理、拡散ブラスメッキ工程があり、熱処理工程として1000℃程度に加熱し、550℃程度で冷却した後、銅メッキ、亜鉛メッキ、熱拡散工程を経て巻き取る。その後、中間検査、最終伸線、そして、数本の鋼線（直径0.175～0.25mm）を撚り線していく。乗用車用は4～5本撚り、バス、トラック用は複撚りされていく。なお、伸線機、撚り線機の90%以上は東綱機械製作所製であった。これらの一連の工程は24時間操業であり、4班3交替で対応していた。そして、最終製品検査を行い、梱包されユーザーに出荷されていく。ラインを止めるのは年に3回、5月、8月、正月であり、全体で18日間だけであった。

　現在、汎用品は海外の安価品の流入が増加しているが、当方としては、新日鐵住金の協力を得ながら、より高度な技術を模索し、軽量化を推進していく構えであった。「より軽く、より安全に、より高性能で安く」が目指されていた。スチールコードは人命に直接関わるものであり、そうした課題に応えていく責務は大きい。

　人員構成は2012年9月にリストラを実施したために歪みが生じ、50代に山があるが、今後、一気に退職していく。そのため、ここに来て採用に意欲的になっていた。これまでは派遣人員からの正社員雇用が中心であったのだが、派

遣社員の採用も困難となって来たため、近年では新卒採用に力点を置き、2016年4月は15人を採用（高卒／技能職）、2017年4月も15人採用を予定していた。人材を求めて北上の地に着地したのだが、近年は人手不足を痛感しているようであった。

　東綱スチールコードの直接の納入先はタイヤメーカーであり、昨今北上周辺に集積しつつあるトヨタ系自動車産業集積とは距離があるものの、自動車産業集積の一翼を担うものとして、その存在感は大きい。自動車を構成する重要保安部品を担うものとして、自動車集積の重要な担い手となっていくことが期待される。

(2) いすゞ自動車のエンジン部品鋳造工場の展開
　　——技術センターも設置（アイメタルテクノロジー）

　近年、北上地域にはトヨタ自動車東日本（金ケ崎町）の完成車両工場をはじめ、デンソー（金ケ崎町）、アイシン（金ケ崎町）、小島プレス工業といったトヨタのティア1が進出し、新たなうねりを形成している。その少し前の1991年、北上市の繁華街・飲食街である青柳町にいすゞの新会社が設立登記され、1994年、いすゞ自動車のエンジンのシリンダーブロックの専用鋳造工場㈱いすゞキャステック、現アイメタルテクノロジー北上工場製造第1部）が北上市の後藤野工業団地で操業開始した。敷地面積44万8440㎡という壮大なものであった。さらに、敷地内には1997年、シリンダーヘッド等を生産する鋳造

シリンダーブロック（製造第1部）　　　敷地内の技術センター

専門工場（㈱ジックマテリアル：自動車鋳物 100％出資子会社、現北上工場製造第 2 部）が操業開始している。そして、この旧 2 社と自動車鋳物㈱が合併し、2007 年 4 月、㈱アイメタルテクノロジー（本社茨城県土浦市）が誕生している。さらに、2013 年にはアイメタルテクノロジーと自動車部品工業㈱、テーデーエフ㈱（旧東京鍛造）の 3 社が共同で持株会社 IJT テクノロジーホールディングス㈱を設立し、その傘下に入った。なお、アイメタルの「アイ」はいすゞの「い」でもある。

▶拠点工場としての北上工場

現在の日本のトラックメーカーとしては、いすゞ自動車、日野自動車、三菱自動車、UD トラックス（旧日産ディーゼル工業）が知られる。このトラック製造の歴史は古く、1922（大正 11）年、石川島造船所と東京瓦斯電気工業（日立精機、日野自動車の前身）により国産初のトラックが製造されている。このような中でいすゞ自動車の前身である東京自動車工業㈱が 1937（昭和 12）に設立されている。前出の自動車鋳物㈱は、この東京自動車工業の要請により、1937 年に鶴見で設立され、1938 年には川崎でいすゞ自動車㈱本体の素形材部門として量産を開始した。

その後、いくつかの変遷を経ているが、いすゞ自動車本体の完成車両工場は神奈川県藤沢に集約され、栃木工場（栃木市）は、大型・中型・小型の商用車

鋳造用「中子」の一部（これが製品の中空部分となる）

「中子」パーツ組付け後

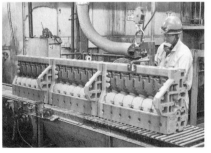

中子の自動セット工程

注湯工程

に搭載するエンジン、建設機械のエンジン・マリンエンジン・動力エンジンや足回り部品（アクスル関係部品）の製造を、またグループ会社のいすゞエンジン製造北海道㈱（苫小牧市）は、ピックアップトラック用及びコンポーネント供給用ディーゼルエンジンを生産している。

このような中で、1967年にスタートしていた川崎工場の老朽化に伴い新展開が計画され、鋳造部門としては最終的に北上市に新工場（㈱いすゞキャステック、設備投資200億円）として移転することになった。

このいすゞキャステックをベースにする製造第1部は建屋面積3万2500㎡、従業員266人（社外工を含む）、大・中・小型シリンダーブロックの生産に従事、年間生産能力は3万7000トンとされている。ジックマテリアルをベースにする製造第2部は建屋面積2万9351㎡、従業員311人、シリンダーヘッド、シリンダーブロック、ブレーキドラム、クランクケース、トランスミッション・ケース、フライホイール、フライホイール・ハウジング等を生産、年間生産能力は4万8000トンとされていた。

さらに、敷地内にはアイメタル全体の技術センター（50人）が2009年に設置されていた。この技術センターは、研究開発（新たな素材）、製品開発（新製品立ち上げ）、鋳造技術（生産設備開発・設置）から構成されていた。地方進出工場の場合には、技術センターの設置は限られているが、いすゞ関連の鋳造部門として、北上工場は量産工場と同時に研究開発拠点としての意味を深めていた。

▶完成度の高い工場の次の課題

　鋳造品の設計は、北上工場の開発部隊も加わり、いすゞ自動車本体で行われ、北上側が「素材図」を作成、いすゞ自動車から認証をもらう。金型については、北上側が関東方面の金型メーカーに発注していく。年間に金型は約 20 型を起こす。北上工場では金型のメンテナンスを行う。金属材料はいすゞ関連のスクラップをメインに市中からも調達していた。主要工程は、「中子工程」「造型工程」といった型の製作、「溶解工程」をスタートに、「注湯工程」を経て、冷却、解枠、ショットブラスト、仕上げ、塗装工程から編成されている。稼働は職場によって異なるが、1 直 8 時間×2 直で運営されていた。年間の稼働日 244 日であった。

　いすゞ関連の世界中のエンジン生産は過去の最大で年間約 120 万台（その内約 80 万台が車両となる）であり、北上工場はその半数 60 万台の素材を担った国内唯一の拠点である。現在は公称能力の 37 万台／年程度で推移している。なお、工場内の製品在庫は 3 日分、それに搬送分が 1 日分あり、いすゞの藤沢工場、栃木工場及びいすゞエンジン製造北海道に送られていた。

　このように、日本の代表的トラックメーカーであるいすゞ自動車のディーゼルエンジンのシリンダーブロック、シリンダーヘッド等の素材を生産する本格的な鋳造工場が北上に展開している。ただし、日本国内のトラック需要は減少気味であり、いすゞ自動車自身、従来の北米市場から、タイ、中国が焦点となりつつある。特に、ASEAN の伸びしろが大きい。このような新たな枠組みの中で、新たな研究開発、技術のいっそうの高度化、低コスト生産が求められている。シリンダーブロック等のトラックの基幹部品の完成度の高い工場となっている北上工場も、より洗練された工場に向かっていくことが求められているのであろう。

アルミダイキャストの製品

主力のステレオカメラの生産

(3) 自動車用アルミダイキャスト製品に展開
——国内外のメーカーに納入
（日立オートモティブシステムズハイキャスト）

　北上市郊外の旧和賀町（現在の北上市和賀町）の後藤野工業団地には、素形材の有力工場が展開している。先のいすゞ系のアイメタルテクノロジー（エンジンブロック鋳造）に隣接してアルミダイキャストの日立オートモティブシステムズハイキャスト㈱が立地している。東北地方は近年、トヨタ系完成車両工場の立地を契機に自動車部品工場が集積を始めているが、後藤野工業団地の2社の立地はそれ以前のことであり、広大な敷地、低地価、人材を求めての立地であった。設立当初は、日立オートモティブシステムズハイキャスト自身、カーメーカー1社への素形材提供であったが、自動車産業をめぐる近年の状況は従来の枠を超えるものとなっており、複数のカーメーカーへ素形材提供を行う新たなステージへと事業を拡大している。

　▶日立オートモティブシステムズハイキャストの成り立ち

　日立オートモティブシステムズハイキャスト（以下、HIAMS-HC）は、2012年に㈱ユニシア厚和と㈱トキコハイキャストが合併して成立している。母体の日立オートモティブシステムズ㈱は、2004年、日立製作所の自動車部門、トキコ、日立ユニシアオートモティブの3社が合併後、2009年に分社・設立され、日立グループの自動車部門を統括している。本社は東京、関係工場

製品の仕上げ工程　　　　　　　金型のメンテナンス

はひたちなか市の佐和事業所や厚木市の厚木事業所となっている。

　HIAMS-HCの事業所は岩手県北上市、福島県棚倉町、神奈川県厚木市に置かれているが、本社は北上市にある。岩手事業所は設立当初から自動車用ダイキャスト品の製造販売を展開してきた。1985年、厚木自動車部品のダイキャスト部門が独立し、厚木市に厚和工業㈱が設立され、1990年には北上市（当時、和賀町）に岩手工場が設置され、1999年には本社も北上市に移転した。2000年にはオイルポンプ、ウォーターポンプのユニシア精工㈱を吸収合併、社名を㈱ユニシア厚和に変更している。2004年には日立の100％子会社となる。

　他方、福島事業所の前身は、1972年、福島県棚倉にトキコの鋳造部門を独立させてダクタイル鋳造をメインとするトキコ鋳造㈱を設立していた。1992年には社名を㈱トキコハイキャストに変更、2004年には日立の100％子会社になっていた。そして、2012年にはユニシア厚和とトキコハイキャストが合併し日立オートモティブシステムズハイキャストとなった。現在のHIAMS-HCの事業所は本社、ダイキャスト部門の岩手事業所、ダクタイル鋳造の福島事業所、厚木事務所（営業・購買）の3カ所ということになる。

▶秋田の有力得意先を視野に北上進出

　岩手事業所の設立は、秋田県横手市の日立オートモティブシステムズ秋田事業所との関係であったとされている。日立オートモティブシステムズ秋田事業

所の前身は厚木自動車部品と自動車機器にある。厚木自動車部品は、1974年、秋田県横手市に秋田工場を設立、パワーステアリングの生産を開始している。1989年には社名を厚木自動車部品からアツギユニシアに変更、さらに、1993年には日本電子機器と合併し、㈱ユニシアジェックスを設立している。HIA-MS-HCの岩手事業所（北上市）の設立当時の頃は、北上〜横手間はクルマで2時間ほどを要したが、現在では高速道路が通じ1時間ほどとなっていた。

▶本格的なアルミダイキャスト工場の展開

岩手事業所は主にアルミダイキャスト部門と機械加工部門から構成されていた。金型は主に日立オートモティブシステムズから支給され、鋳造工場にはダイキャストマシンが800トン5台、350トン19台が装備され、集中溶解炉3基が稼働していた。また、マシニングセンター等の加工機180台、圧入・カシメ・ネジ締等の組立機300台を導入し、素材〜加工〜組立の一貫生産をしていた。

岩手事業所の主力製品はアルミダイキャストのステレオカメラ、ヒートシンク、パワステハウジング、VTCカバー、フロントカバー、ファンカップリング、バランサー、ウォーターポンプ等である。製品の多くは日立オートモティブシステムズに納入されるが、そこから国内外のカーメーカーに納入されていく。今後、本格的なアルミダイキャスト工場として、事業展開を拡大している現在、さらなる成長も期待されているのであった。

（4）自動車内装部品メーカーの設計部門が北上に事務所を開設
　　──設計人材の育成が新たな可能性を（河西テクノ）

トヨタ自動車東日本岩手工場（旧関東自動車工業）の北上川流域への展開以降、自動車部品メーカーの進出が活発化してきた。その中で独立系自動車内装部品メーカーの河西工業㈱の100％子会社である河西テクノ㈱は、設計部隊の拡充のために、2010年4月、北上市に進出し、順調に業容を拡大、2017年5月には北上産業業務団地に新社屋をオープンさせるなど、北上の地で設計業務を着実に発展させている。

その最大の要因は、岩手県と北上市が推進してきた、いわてデジタルエンジニア育成センターによる3次元設計技術者の養成にあった。日本全国、いずれの企業においても設計技術者不足は深刻であり、系統的に3次元設計技術者を養成して世に送り出している岩手県と北上市の取組みが、そのような新たな可能性を導き出している。

▶河西工業の輪郭

　独立系の自動車部品メーカーであり、ドアトリム等の内装部品を展開している河西工業の創業は1912（大正元）年、東京都八王子市内に織物工場を開設するところから始まる。戦後は1946年10月に河西合名会社を河西工業㈱に組織変更し、1949年には日産向けドア用木製品の製造を開始している。1964年には神奈川県高座郡寒川町に本社工場を設置、以来、河西工業の本拠地は寒川町になっている。1954年にはレザー貼ドアトリム、1959年にはウェルダー加工ドアトリム、1971年にはウレタン発泡ドアトリム、1991年には同時成形ドアトリムなど、ドアトリムの世界で地歩を築いてきた。この間、1964年には東証第二部上場、2007年に東証第一部に上場替えとなっている。

　主要製品はドア（キャビン）トリム（金額で約52％）、ヘッドライニングおよびサンバイザー（約21％）、ラゲージトリム（約8％）、その他にダッシュインシュレーター等の防音部品等の車体部品からなっている。2016年3月期の連結売上額は2379億円、従業員数は連結で8361人、単独で1153人であった。2009年の連結売上額は1010億円であったことからすると、7年で売上額は2.35倍となっている。

　得意先別の売上額の構成は、日産圏64.8％、ホンダ圏21.9％、トヨタ圏8.1％、その他5.2％であった。独立系とされながらも関東で育った関係からか、日産圏、ホンダ圏の比重が大きい。また、地域別売上額は、日本25.6％、北米50.7％、アジア16.8％、ヨーロッパ6.9％の構成になっている。近年の日本自動車メーカーの海外生産拡大とともに、河西グループの海外工場の配置が売上げ拡大に大きく寄与している。

　工場の配置として、国内では、河西工業㈱の本社寒川工場、寄居工場（埼玉

県）のほか、子会社として九州河西㈱（大分県）、三重河西㈱（三重工場、滋賀工場）、群馬河西㈱（館林工場、太田工場）、河西サポートサービス㈱（神奈川県）、河西テック㈱（静岡県）からなる。また、海外子会社の工場としては、イギリス（2拠点）、アメリカ（5拠点）、メキシコ（2拠点）、中国（3拠点）、タイ（2拠点）、インドネシア（2拠点）、インド（1拠点）から構成されている。

▶河西テクノの業務

自動車業界の場合、2000年代に入ってきた頃から、設計コストの削減が急がれ、設計部門の切り離し、子会社化が推進されていく。河西工業もその例外ではなく、2007年5月には設計部門の一部が分社化され、寒川の本社地区内に河西テクノ㈱が設置されていった。河西テクノは2007年に10人ほどの陣容により寒川でスタートしたが、その後、2010年4月には岩手分室を設置、さらに、2015年には宇都宮分室も設置している。

仕事の流れは、河西工業の本社で企画、設計されたものの3次元データの作成ということになる。現在の河西テクノの従業員数は全体で60人強、寒川が35人（男性32人、女性3人）、宇都宮3人（男性）、岩手24人（男性21人、女性3人）の構成である。60人の陣容のうち管理部門は社長の時光純雄氏と管理部長の2人のみであり、「基本的な事務は社内で行いながら、税務や労務

河西テクノ岩手分室（北上産業業務団地内の新事務所・イメージ）

提供：河西テクノ

岩手分室の社内　　　　　左から後藤圭太郎分室長、池谷直樹設計課長、時光純雄社長

人事関係などで外部化できるものは外部に出してコストを削減している」と時光氏は語っていた。

2010年4月に河西テクノの岩手分室ができた頃は、岩手河西㈱（現東北KAT）の中に河西テクノ㈱の事務所が入っていたが、2013年12月に現在地の北上市村崎野の貸事務所に移り、2017年5月には、河西テクノ㈱として北上産業業務団地内に新事務所を建設し、稼動開始していく。

▶人材立地による新たな展開

河西工業は、トヨタ自動車東日本岩手工場向けの仕事を開始するために、2005年、子会社として岩手河西㈱を北上市に設立していた。そこで、岩手の人びとの勤勉性と能力の高さを認識し、北上市が推進してきたいわてデジタルエンジニア育成センターによる3次元設計技術者を活用するため、河西テクノでその人材を獲得することになった。岩手河西は、トヨタの調達方針再編の中で将来が不透明になったため、岩手河西の経営をトヨタ系の小島プレス工業に委ねることになり、河西工業は岩手河西㈱の株式の一部を小島プレス工業に譲渡し、岩手河西は社名を東北KAT㈱に変更した。

河西テクノが北上市に分室を設置することになった要因は、北上で黒沢尻工業高校、いわてデジタルエンジニア育成センターの卒業生を獲得できたことが大きい。いわてデジタルエンジニア育成センターの第1期生は2007年に卒業

するが、河西テクノは5人を採用している。その後もいわてデジタルエンジニア育成センターの卒業生に対して、北上勤務の可能性を伝えて募集し、寒川で研修を重ね、2010年4月に北上分室の開室に至った。開室時のメンバーは11人、北上に関係のある人が大半の構成となった。いわば、人材立地による進出ということになろう。

　現在の岩手分室の従業員は24人、全員技術者である。黒沢尻工業高校専攻科、産業技術短大専攻科等の人材を採用し、職業訓練として、いわてデジタルエンジニア育成センターで学ばせながら育成している。黒沢尻工業高校専攻科からは3年連続で採用できていた。また、ネット上でも募集しているが、応募は少なくない。青森あたりの出身者でUターンを希望しても青森には職場がなく、比較的青森に近い北上の河西テクノを探し出し、応募してくる。いずれも若い人材であり、平均年齢は27歳であった。

　このように岩手分室は安定拡大基調にあり貸事務所から出て、北上産業業務団地の中に土地1200坪を取得、2017年4月には建物135坪の第1期工事を完成させ、5月には稼動開始する。第1期工事で70人体制までを想定し、将来的には100人体制までを視野に入れている。地域産業の高度化を目指している北上市にとって、このような設計業務を中心とする企業は重要であり、最大限の支援を行っている。岩手県と北上市の人材育成が新たな流れを引き起こしているものとして注目される。

（5）FRP製品の製造と販売
——北上企業を宮城の企業家が引き継ぐ（ハイプラ化成）

　北上市郊外の村崎野の田園地帯の中にハイプラ化成が立地していた。事前の情報では大型FRP製品の製造、光岡自動車（富山）のボデーの生産、さらに、仮設トイレ等のレンタル事業とあった。機械金属工業の優越する北上には珍しい業種のように思えた。

▶宮城の企業が北上の工場を買収
　ハイプラ化成は、1979年、北上市の高橋氏が創業したものであった。高橋

FRP製品の製造現場長

大型トラック用エアデフの生産

氏は当初教員であったのだが、その後、鉄工所勤務に転じ、さらにFRPの世界に踏み込んでいった。当初は市内の諏訪町でスタートしたのだが、その後、1991年に現在地の村崎野に移転している。このFRPの事業は日本国内では50年ほどの歴史であり、創業が1979年のハイプラ化成は草分けの一つといえそうである。バブル経済の頃までが最盛期であり、その後は落ち込んでいる。特に、一時期までは住宅用のユニットバス、浄化槽等に多用されていたのだが、現在では材質が変わってしまった。

　現在の社長である小山昭彦氏（1966年生まれ）は、宮城県栗原市の出身、父が栗原市で仮設トイレの生産のための宮城化成を創業していた。宮城化成は材料商社からの紹介でハイプラ化成に外注に出していた。その縁から、ハイプラ化成の高橋氏から「高齢になったので、買い取ってくれないか」との打診を受ける。そのため、宮城化成は1997年にハイプラ化成を買収している。小山氏は30歳でハイプラ化成の社長に赴任していた。

▶ハイプラ化成の事業領域

　このハイプラ化成の事業領域は、第1はFRP（強化プラスチック）製品の製造・販売であり、自動車用部品、オートバイ用部品、各種カバー・パネル、タンク、サンドイッチパネル、その他FRP製品全般とされる。第2は建築資材のレンタル・販売であり、仮設トイレ、仮設ハウス、シャワーハウス、イベント用品、足場、備品類とされていた。第3は建築関連工事であり、防水工事、

出荷を待つ大型トラック用エアデフ

シーリング工事、断熱工事、防蟻工事、外壁工事等であった。第4は工業薬品の販売であり、塩酸、苛性ソーダ、次亜塩素酸ソーダ、高分子凝集剤などを扱っている。

　これらの中で自動車のボデー（光岡自動車）、大型トラックの運転台の屋根の上につけるエアデフ（いすゞ）、バンパー（アフターマーケット用）などが主力であり、全体の80%程度を占めていた。特に、いすゞのトラック関係で全体の50～60%を占めている。光岡自動車については、以前は関東のモデル屋が間に入っていたのだが、倒産し、現在では直になっている。光岡自動車の評判になった「大蛇（オロチ）」のボデーもハイプラ化成が製作した。この光岡自動車の売上額は10%程度であった。その他の受注先は、農機のカバー（盛岡市）、遊具などであった。このような事情から地元の仕事はほとんどなく、地元企業との関係は薄い。材料のガラス繊維は商社2社を通じて入れ、樹脂は樹脂メーカー4社から入れている。これらをFRP型に貼り付けながら製造していくことになる。

▶新たな複合素材への関心

　小山氏は1997年にハイプラ化成の社長に就いたが、本体の宮城化成の社長

には 2011 年に就任していた。宮城化成の従業員数は 42 人、ハイプラ化成は 38 人であった。この二つの工場は高速道路で 1 時間ほどの距離にある。小山氏自身の自宅は栗原市にあり、宮城：北上の滞在は 6：4 ほどのバランスとされていた。FRP 製品についての営業部門は宮城化成に置かれていた。北上のハイプラ化成には FRP 製品部門の営業は置かれていないが、防水工事等の建築関係の営業は置かれていた。

　この 10 年を振り返ってみると、2008 年のリーマンショックの際には受注も激減し、リストラも余儀なくされたが、2011 年の東日本大震災後は復興需要として、小型和船（宮城化成対応）、業務用タンク、防水工事等が増加した。現在でも住宅関連部門の仕事はあるのだが、人が集まらない。特に、岩手県、宮城県の内陸ではトヨタ自動車東日本（金ケ崎、大衡）が募集をかけると、他の企業の採用は難しいとされている。

　全体的には、今後、複合材に多様な可能性が開けている。特に、医療機器関係や鉄道用照明器具等ではその可能性が高い。そのような事情の中で、宮城化成では産業技術総合研究所（産総研）との間で素材開発の産学連携に踏み込んでいるのであった。

4．北上自動車関連産業の今後

　1993 年に金ケ崎に進出してきた関東自動車工業の生産も 2010 年代以降、本格化し、さらに、2011 年には宮城県大衡村にセントラル自動車が進出してきた。自動車不毛の地とされていた東北も、ようやく自動車集積を開始し始めている。とりわけ、2000 年代中頃以降、中京地区のトヨタ系部品メーカーのティア 1 に加え、関東地区からもティア 2 となる機械金属工業の要素技術を身につけた中小企業の進出もみられるようになってきた。近年のこのような企業の進出については、宮城県と岩手県の取り合いとされ、また、岩手県内では、金ケ崎を中心に一関、奥州、北上が候補に上がっていく。

　現在、及びこれからの自動車関連企業の進出の多くは、当然、トヨタ自動車東日本の岩手工場、宮城大衡工場の 2 工場を意識するものであり、その間にあ

る宮城県大崎、栗原、岩手県の一関、奥州あたりの立地優位性が高い。ただし、岩手県の北上・金ケ崎から宮城県大衡までは2時間圏であり、一つのまとまりのある自動車産業集積が形成されていくことが期待される。また、北上から奥羽山脈を越えて西に1時間圏である秋田県横手市のあたりにも、ここに来て自動車関連企業の進出が目立つことも興味深い。このようなより広域での立地展開が行われているのである。

▶新たな産業化のうねりに向けて

　以上のような枠組みの中で、半導体、電子部品関連を軸に北東北随一の機械金属工業集積を形成してきた北上は、もう一つの軸として自動車関連産業の集積が期待される。その場合、一つはティア1、ティア2といったトヨタ関連企業、独立系部品企業、さらに、関東圏の要素技術を身につけた加工企業、また、原材料、工具、機械、さらにエンジニアリングなどの周辺的な機能にも注目していく必要がある。このような多様な機能の集積が、北上の魅力を高めていくことになり、単なる生産の現場だけではなく、研究開発部門、技術センター部門の進出、集積を促すことにもなろう。すでに、いすゞ系のアイメタルテクノロジーは北上に技術センターを設置し、河西工業は3次元CAD設計部門の河西テクノを北上に設置しているのである。こうした流れを促すことが必要となろう。

　その場合、最大のポイントは人材の育成、産学官連携などの環境づくりが基本となる。特に、人材に関しては、近年、北上の場合は非常にタイトになっており、この面での環境改善が求められている。都会に流出しがちな若者にとって、魅力的なまちづくり、魅力的な職場の提供などが取り組まれ、若者のUIターン、定住化等を促していくことが求められている。このような点については、第9章でみるように、多様な人材育成の取組みを重ねていくことが求められる。

　また、時代的な流れの中で、これまでの北上産業を牽引してきた半導体、電子部品関連部門が世界的な構造変化に見舞われているが、この部門の新産業への転換を促していくことが課題とされる。特に、第3章でみたように、半導体、

電子部品に関わってきた金型、プレスなどの優れた中小企業が難しい状況に置かれているが、北上地域にとっての新産業である自動車関連、そして、次世代を期待される自然エネルギー関係、航空宇宙、さらには医療・福祉産業への視野を切り拓いていく必要がある。

　一つの産業の成功、一つの時代の成功は、人びとの思考を固めてしまう。だが、北上のこれまでの産業的な成功により、いつの間にか新たな環境が形成されている。例えば、物流条件の劇的な改善により、第 7 章でみるように、北上が北東北の中心になってきたこと、第 9 章でみるように、岩手大学金型技術研究センターの開設、3 次元 CAD 設計者を養成するいわてデジタルエンジニア育成センターなどの設置による高度人材育成なども北上の人材育成の基本となってきた。このような環境変化を受け止め、幅広い人材を養成し、新たな産業化のうねりに応えていくことが求められている。人材がいなければ新たな産業化は起こらない。まさに、「人材立地[3]」の時代が到来している。そのことに最大の関心を寄せていくことが求められているのである。

1）　この間の事情は、岩手工場主査青山茂氏へのインタビュー（2004 年 12 月取材）記事「関東自動車工業株式会社岩手工場——岩手県と金ケ崎町が一体となった企業誘致」『企業立地ナビ』東北電力、による。
2）　小島プレス工業の歩みについては、『あゆみ——創業者小島濱吉より』小島プレス工業株式会社、1980 年、に詳しい。
3）　「人材立地」については、関満博『地域産業に学べ！モノづくり・人づくりの未来』日本評論社、2008 年、を参照されたい。

第7章　多様な事業部門の展開

　半導体、電子部品、そして、それを支える機械金属工業の集積を進めてきた北上だが、それ以外の多様な事業部門も一定程度成立している。特に、現在の北上工業集積の中でも大きな位置を占める三菱製紙系の北上ハイテクペーパー（1963年）、そして、サトーホールディングス（1967年）は、かなり早い時期に北上に進出していた。北上ハイテクペーパーの進出の頃は、まだ工業団地の整備以前のことでもあった。先見的に立地したこれらの企業の場合、資源立地（三菱ハイテクペーパー）、将来的な位置的条件の良さ（サトーホールディングス）が指摘されていた。そして、その後はそのような条件が際立っていくことになる。

　また、旧和賀町に立地する日本重化学工業の場合は、鉱山開発が進んだ和賀川流域開発の一環として戦前の1937（昭和12）年に設立された東北振興化学に遡る。明治以降、東北の内陸は鉱山開発が進み、それに関連する電源開発（水力、地熱）、流域開発が行われていたが、北上の上流地域である和賀川上流沿いには、そのような足跡が残されている。

　そして、近年になると、北上の工業化の進展に伴う事業環境、インフラの充実により、北上の位置的条件の良さが際立ってきた。東北新幹線の北上駅、東北自動車道、秋田自動車道のインターチェンジの展開などにより、物流を重視する事業所の立地が重なっていく。さらに、集積が高まり、事業環境が良くなるというスパイラルな展開により、多様な事業部門が惹き寄せられているのである。

　本章で採り上げる食品加工業の多くは、北上の物流、工業団地の整備を軸にした事業環境整備に高い評価を下しているのであった。また、本書では採り上げないが、2015年に操業開始した北上南部工業団地のセブンイレブン・ジャパンの北東北を視野に入れた惣菜センター（わらべや日洋、ヒガシヤデリカ、

フレッシュ・ロジスティック)、2017年3月にスタートした日本郵便の集配センターも、北上の物流条件の良さに注目しての進出であった。後発の工業地域であった北上は、必死の工業化の積み重ねの中で、興味深い事業環境整備を重ねてきたのであった。

1. 先行的に進出してきた企業群

先の表1—3 (1954年以降) に示してあるように、北上への有力企業の進出は、1963年の三菱製紙 (現北上ハイテクペーパー) を嚆矢として、ニクソンショック (1971年) 直後の1972年の岩手東芝エレクトロニクス (現ジャパンセミコンダクター) あたりまでに一つの山があった。この10年ほどの間に進出してきた有力企業としては、ケミコン岩手 (1966年)、東北佐竹製作所 (1967年)、上尾精密 (現シチズン時計マニュファクチャリング、1969年)、東京製綱スチールコード (現東綱スチールコード、1969年) がある。いずれも広大な敷地と人材を求めてのものであった。

加えて、その頃には工業団地 (北上工業団地) が造成され、北上市の誘致活動が活発化していくことも重要であろう。先の章でみたように、多額の借入金による大型の工業団地を造成したものの、思うような企業進出がない中で、危機感を抱いた当時の斉藤五郎市長を中心に必死の誘致活動を展開していったことが功を奏したものと思われる。

この節では、そのような企業群の中から、北上ハイテクペーパー、サトーホールディングス、そして、旧和賀町時代に進出していた日本重化学工業に注目していく。

(1) 北上地域における最初の有力誘致企業
―― チップ、パルプ、製紙、加工品の一貫工場 (北上ハイテクペーパー／三菱製紙)

企業誘致を基礎に機械、電子産業集積が際立つ北上。その誘致企業群の中の有力企業の第1号進出は、製紙関係の白河パルプ工業北上工場 (現三菱製紙北

上事業本部及び北上ハイテクペーパー）であった。1964年2月に岩手県の誘致決定、8月造成工事開始、1965年11月に竣工している。元々は白河パルプ工業のパルプ工場として設立されたのだが、その竣工直前の1965年10月に白河パルプ工業と三菱製紙の合併調印が行われ、三菱製紙北上工場となっていった。その後、2005年には分社化し北上工場は北上ハイテクペーパーを中心とする幾つかの子会社から編成され、三菱製紙北上事業本部が統括する現在の形となった。

　時代と共に名称の変遷があるが、以下本文中では三菱製紙北上工場、あるいは北上工場と記述する。

　2015年は北上工場操業開始50年となったが、この間、1997年からは家庭紙のティッシュ、トイレットペーパーの生産開始、2001年には三菱製紙中川工場（葛飾区、現在東京理科大学葛飾キャンパス等）を閉鎖してその設備を移管、レジンコート紙（写真印画紙用途の原紙、インクジェット用途の原紙、印刷用紙等）の生産も開始している。その結果、北上工場は原木からパルプ、原紙、レジンコート紙、家庭紙までの一貫生産工場となっていった。

　▶北上地域への進出

　高度成長期の1960年頃、全国の中小製紙工場から安い国産のパルプ材要請が大きなものになり、パルプ専用工場であった福島県の白河パルプ工業には供給能力拡大の必要性が生じてきた。ただし、白河では用水の制約から増産は不可能であり、新工場の必要性が生じてきた。そして、東北各地を調査し北上地域に着目していく。この点、北上川の水量が豊富であること、岩手県の森林資源が豊かであることが注目された。1963年末に岩手県、北上市に陳情を行っている。その後、幾つかの障害はあったものの、1964年2月、岩手県は白河パルプ工業の北上進出を決定していった[1]。

　建設予定地は北上市と金ケ崎町にまたがるエリアであり、北上市と金ケ崎町の両方の開発公社が用地買収にあたってくれた。敷地面積34万9492㎡（工場28万4043㎡、社宅その他6万5449㎡）、建物面積4万2212㎡、竣工は1965年11月となった。なお、この約35万㎡の敷地は北上市、金ケ崎町の双方から

10 トントラックがチップを搬入　　　構内のチップ集積ヤード

「特別工業地域」の指定を受けている。当初の事業内容は、原木、チップの受け入れ、晒クラフトパルプの生産、販売であり、パルプ専用工場としてスタートしている。建設直後は白河から数百人の応援部隊がきていた。

　パルプ生産から出発した北上工場は、その後、ティッシュ、トイレットペーパーといった家庭紙、さらにレジンコート紙の加工まで行う原木・チップから加工品までの一貫工場となっていった。なお、チップの生産工程から出てくる油分（黒液）を回収し、自家発電も行っている。北上工場の電力の40％強が自給されている。また、チップは原木からの加工だけではなく、地元からチップそのものも受け入れている。24時間体制で10トントラック約60台／日を受け入れている。パルプ生産能力は400トン／日、抄紙機生産能力300トン／日、発電能力1万1700kW。また、用水使用量（取水許可量）は5万トン／日である。

　なお、2005年には北上工場は三菱製紙から分社・独立し、北上ハイテクペーパー㈱等となり、2010年には北上サイト（構内）の子会社を統括する三菱製紙㈱北上事業本部を設立している。サイト内の子会社は、主力のパルプ、レジンコート紙の生産を受け持つ北上ハイテクペーパー㈱、原木の集荷、チップの生産・集荷の新北菱林産㈱、家庭紙の生産、レジンコート紙の仕上げ、構内荷役作業、外部業務請負の北菱興業㈱、構内・外部の設備設計・保守・修理の三菱製紙エンジニアリング㈱、家庭紙販売の三菱製紙㈱家庭紙事業室等からなっている。構内には約360人の従業者がいるが、北上ハイテクペーパーは120

原材料タンク群

漂白乾燥されたパルプ／白色度は最高級

人、他の部門は合わせて240人前後である。

▶三菱製紙と北上工場

　三菱製紙は、1898年4月、神戸市三宮のウォルシュ氏兄弟が経営していた製紙会社を岩崎久弥氏が譲り受け、合資会社神戸製紙所を設立していくところから始まる。1901年には神戸から兵庫県高砂市に工場を移転している（現在の高砂工場）。1917年には東京都葛飾区に中川工場（2003年閉鎖）、1944年に京都工場、1965年の白河パルプとの合併により白河工場（現白河事業所）、北上工場（現北上事業本部及び北上ハイテクペーパー）、1966年には青森県八戸市に八戸工場と拡大を重ねてきた。全体の従業員数は約3500人を数える。

　海外展開も意欲的であり、ドイツ2工場、メキシコ（インクジェット用紙などの加工工場）、さらに、2007年には中国広東省珠海でフィルター加工事業にも踏み出している。

▶原木から加工品までの一貫工場

　一貫工場としての北上工場の流れは以下の通り。まず、原木（広葉樹）を調達し、皮（バーク）を剥ぎチップにしていく。また、岩手県を中心に北東北の各地からもチップを購入している。このチップを高温高圧下のアルカリ条件で煮ることにより分離し、繊維質を取り出し、漂白剤で白くしていく。これがパルプとなる。この過程で分離された木の油分を濃縮して燃料とし、自家発電を

行っている。水に分散させたパルプをエンドレスのワイヤー上に均一に広げシート化する。これを大きなロールに挟んでプレス脱水したのちドライヤーで乾燥させ、ロールに巻き取っていく。ティッシュペーパーはこの原紙を折り加工し、箱詰め等を行って完成品となる。レジンコート紙の場合には、原紙の表と裏に用途に合わせて樹脂をコーティングし客先に出荷される。北上工場では、この全ての工程を構内で行っていた。

　したがって、北上工場の販売品目はパルプ（シート状のパルプとして販売）、レジンコート紙、そして家庭紙のティッシュ、トイレットペーパーということになる。これらを合わせて月の生産量は約1万トン、内訳はレジンコート紙50％、パルプは40％強、家庭紙は10％弱程度である。パルプの販売は主に国内の製紙会社向けであるが、一部海外にも輸出している。北上ハイテクペーパーのパルプは漂白方法に特徴があり、白色度が高い（最上級の白色度）ことで知られている。また、写真印画紙等のレジンコート（RC）紙の生産会社は世界では三菱製紙含めて3社のみである。RC紙は、写真用印画紙、インクジェット用紙、昇華熱転写用紙の原紙として各メーカーに納められている。

　なお、家庭紙のティッシュ、トイレットペーパーには「nacre（ナクレ）」の商標が付けられている。これは社内公募して命名したものだが、フランス語で「真珠のような光沢」を表す。東北地方には大手のティッシュ生産メーカーがない。ティッシュ、トイレットペーパーなどの家庭紙は嵩張るため長距離の輸送をすると物流コスト負担が大きいため、東北の中心にある北上工場はコスト的には有利となろう。

　森林資源の豊富な東北の各地には製材工場等も少なくない。その中で岩手県は森林面積が県土の約80％を占めその40％が広葉樹である。森林面積に占める広葉樹比率は全国平均より高く、その豊かな広葉樹の里山を継続的に維持管理していくためにも、広葉樹の原木・チップの受け皿としての北上工場の存在は大きい。現在は岩手県の原木生産量の約80％を北上工場が引き受けている。

　このように、三菱製紙（白河パルプ工業）は用水、森林資源を意識して50年前に北上地域に工場進出したが、その後、東北自動車道、東北新幹線の開通により地域条件は大きく変わり、北上は北東北随一の工業集積、物流基地とな

ってきた。このような事情の中で、北上工場は当初のパルプ専用工場から、その後、家庭紙、レジンコート紙まで踏み込み、一貫生産のできる製紙工場へと発展してきたのであった。

(2) 北上工業団地に第1号で進出した東京の企業
——バーコード事業のトップ企業(サトーホールディングス)

バーコードといえば、店に並んでいる商品ばかりでなく、製造現場、物流、医療関係、図書館など、あらゆる場面で使われている。

このバーコードプリンタ、ハンドラベラーといったハードウエア製品から、消耗品のラベルの領域を切り拓いてきた企業がサトーホールディングス㈱(旧サトー機工㈱、㈱サトー)である。2016年3月期の売上額は連結で1055億円、従業員は連結で4861人となっている。事業内容は、バーコード、2次元コード、RFID(Radio Frequency Identifier)を利用した自動認識システムの提案、ハードウエア、ソフトウエア、およびサプライ品の開発・製造・販売・保守などである。海外進出も多く、連結子会社は国内で13社、海外は36社を数えている。1994年には東証第二部に上場、1997年には東証第一部に上場している。

▶サトーの創業と北上への展開

サトーホールディングス㈱の創業者佐藤陽氏は東京都の出身だが、戦前の1940年に創業し、埼玉県浦和で竹材加工機の製造販売を開始していた。戦後は東南アジアに向けた竹ひご製作用の竹材加工機を戦時賠償の一環として採用され、供給していった。その後、戦時中、銀座のデパートで値札の貼り付け作業の大変さを目にしていた佐藤氏はハンドラベラーを考案、1962年に発売開始したが、当時はスーパーマーケットが爆発的に拡大した時代であり、サトーは急激に成長していった。1964年にはサプライ品のラベルの製造販売も開始している。

1960年代中頃になると工場拡大、人材確保において地方工場の必要性が生じ、1967年には佐藤氏自らが東北地方に工場用地を探しに行っている。その途中に北上市で造成中の北上工業団地を視察、熱心な斉藤五郎市長以下の勧め

北上工場のソフトビル（事務棟）

北上工場の2号館

を受け、北上市進出を決定している。

▶工場進出の決定要因

佐藤氏が北上工業団地を選んだ理由は、以下のように伝えられている
① 5万坪の広大な土地が入手できる。
② 人材が豊富である。
③ 12kmほどのところに花巻空港がある。東京から1時間で来られる。
④ 東北新幹線計画の中で、東北線北上駅か花巻駅に新幹線が停車する。
⑤ 東北自動車道の建設が計画中である。
⑥ 地盤が強固である。

　このようにしてサトーは北上事業所を立ち上げていった。1968年4月から仮事務所でハンドラベラーの生産を開始、12月に北上工業団地内に北上工場の操業を開始している。その後、POSの普及を受けて、バーコード用の電子プリンタの開発が不可欠になっていく。サトーにはメカニクスの技術蓄積はあったものの、電子技術に乏しかったため多くの技術者を採用し、1981年には熱転写プリンタを開発することに成功、一気に世界に拡がっていった。このようにして、北上工場はサトーの開発拠点として重要な役割を演じていくのであった。

▶熱転写プリンタとサプライ品供給でブレーク

　そして、バーコードの普及を背景にこの熱転写プリンタは多様な場面で採用されていく。さらに、機械メーカーとして出発したサトーは、ハードの売上額の比重が80％、サプライ品のラベルは20％の構成であったのだが、この比率を逆転させることに取り組んでいく。現在ではメカトロ機器事業の売上額は39.4％となり、サプライ製品事業が60.6％を占めるものになっているのである（2016年3月期）。

　この間、国内の製造拠点は北上の他に、長岡、東京、名古屋、大阪、福岡の5カ所に製造部を置き、その周辺にはシールとラベル製造の協力工場を編成していった。

　また、海外展開も1986年にマレーシアにハードウエア製品製造工場を設置したのを皮切りに25カ国に拠点を有する。マレーシア、ベトナム、台湾、中国、日本の5カ国にハードウエアの製造工場がある。一方、ラベルの製造拠点は世界28カ国になっている。

　このように、サトーホールディングスは創業から76年で売上額1000億円企業となり、国内、海外に幅広く展開している。その歩みの中で北上工場が果たしてきた役割は少なくない。電子プリンタの開発、サプライ品への展開の中での協力工場体制の開始など、現在のサトーを特徴づけている幾つかの主要な要素は北上工場から開始されている。1968年という早い時期に先行的に北上市に進出してきたサトーは、北上進出企業の一つのモデルとして注目されてきたのである。

（3）和賀川中流域で合金鉄（フェロアロイ）製造、その後、電力事業に
　──構内企業4社に電力供給（日本重化学工業）

　北上市街地から和賀川に沿った国道107号を西に20kmほどたどると、日本重化学工業南岩手事務所にたどりつく。山間部であり、和賀川に沿って敷地が拡がっていた。元々の敷地は72万5000㎡（約72ha）であり、鉄を生産する過程で必要な副原料である合金鉄を製造、最盛期（戦前）には1000人程が働き暮らしていた。近くには社宅や映画館もあったとされる。だが、その後、合

金鉄の製造は海外移管され、また、日本重化学工業は2002年に会社更生法を申請、全体的な事業再編の中で南岩手事務所は電力供給事業に再編され、敷地の中に誘致してきた幾つかの企業に対してのインフラ（土地、電力、工業用水）供給がメインになっていた。敷地にはまだ余裕があり、新たな企業立地を期待していた。

▶日本重化学工業と南岩手事務所の歩み

　日本重化学工業の前身は、1917（大正6）年設立の北海電化工業（旧富山県伏木町、現高岡市）に遡る。合金鉄の生産を開始している。戦後は1951年に東化工に名称を変更、1966年には日本初の商用地熱発電所である松川地熱発電所（2万kW、岩手県八幡平）を運転開始している。この間、いくつかの合併を経て、1969年に現在の日本重化学工業（本社東京都中央区）となった。その後、経営が悪化し、2002年には会社更生法を申請したが、2006年に更生手続きを終結させている。この間、資本金を100%減資し、新資本金を払い込んでいる（資本金68億円から7700万円へ）。更生手続き終結後の2007年には増資し、現在は資本金1億円となっている。2015年度の売上額は約202億円、従業員数は連結で929人、単独で367人であった。

　主要事業は四つ。合金鉄、水素吸蔵合金・非鉄金属、フェライト・セラミックスの生産、そして、地熱開発・自家用電気事業・電力供給とされていた。主要事業所は、高岡事業所（合金鉄、富山県）、酒田事業所（フェライト・セラミックス、山形県）、小国事業所（水素吸蔵合金、金属クロム等、山形県）、南岩手事務所に加え、子会社としては、北上興業（一般建設業、石油類販売等、岩手県）、日重建設（プラントエンジニアリング　岩手県）、さらに、アメリカ、フランス、ブラジルにも子会社がある。

　北上市和賀町の南岩手事務所の前身は、1937（昭和12）年設立の東北振興化学に遡る。1940年には和賀川発電所（水力）をスタートさせ、低燐銑鉄、カーバイトの製造を開始している。1943年には東北電氣製鐵に社名変更[2]、戦後は1967年に東北振興化学に戻り、1970年、日本重化学工業と資本及び技術提携に入り、東北重化学工業に社名変更していった。さらに、1975年には

戦前の東北電氣製鐵。左下は社宅群　　　かつての製品サンプル

提供：日本重化学工業南岩手事務所

日本重化学工業と合併し、和賀川工場と改称している。1976年には3万2000kVAの合金鉄製造電気炉（11号炉）が完成している。この前後が和賀川工場の戦後の最盛期であった。電気炉が11基もあった。

▶電炉の製鉄事業から、発電事業に

　この間、1982年、和賀川工場と肥料製造の花巻工場（現在はデンカ㈱の子会社でデンカアヅミン㈱として分離）と併合し、日本重化学工業南岩手工場と改称している。その後の1983年には構内に産業ガス事業を目的とした北日本酸素岩手工場を設立、1987年にはコンデンサ用アルミ化成箔事業を目的にした日重マルコン岩手工場、1988年には同事業を目的にしたJHC岩手工場を完成させている。また、現在の主力事業であるディーゼル発電所は1995年に運転開始している。合金鉄製造が海外移管されていく中で、雇用を守る目的で広大な敷地に次々と合弁会社を設立していった。

　現在、敷地の中には、管理・発電事業の日本重化学工業南岩手事務所（従業員19人）、北上興業、北日本酸素（大陽日酸との合弁会社）、アルミ化成箔のケミコン岩手和賀工場（旧日重マルコン岩手工場　現在資本関係はない）、日立エイアイシー（旧JHC岩手工場　現在資本関係はない）の5事業所が立地している。なお、ケミコン岩手和賀工場と日立エイアイシーには土地を賃貸していた。

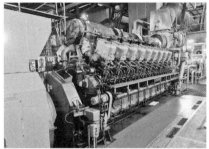
ディーゼル機関（三菱重工製）

廃熱の回収施設

提供：日本重化学工業南岩手事務所

　日本重化学工業としては、戦前から和賀川流域に発電所を設置し、電気炉で硅石を溶解しフェロシリコンを生産していたのだが、製造の海外移管に伴い、構内での新たな事業の展開、敷地の賃貸と構内立地企業への電力等インフラ供給に軸足が移っていった。現在の日本重化学工業エネルギー部電力グループに属する南岩手ディーゼル発電所は、ディーゼル機関（三菱重工製）4基、三相交流同期発電機（東芝製）4基で認可出力は2万2600kWの能力となっている。要員8人で運転し、構内に立地している北上興業、北日本酸素、ケミコン岩手、日立エイアイシーの4社に電気を供給していた。需要が発電能力を超える場合、東北電力からの買電に自動的に切り替わるスタイルになっていた。

▶残された山間地の工業用地

　南岩手事務所のメンバー19人（うち女性4人、事務）のうち8人はディーゼル発電所担当、6人は北日本酸素に出向、そして、その他は工業用水（当楽沢・和賀川）供給、土地の管理等にあたっていた。現南岩手事務所長の高橋出氏（1957年生まれ）は、旧和賀町の出身、県立黒沢尻工業高等学校電気科を卒業後、1975年に日本重化学工業に入社している。入社当時は従業員400人ほどであり、4班3交代勤務であった。5年後には盛岡工業所に移り、地熱開発に従事後、更生計画中の2003年に南岩手事務所に戻った。当時、従業員は20人前後になっていた。

電気炉を中心に合金鉄の生産で栄えていたこの地も、現在動いている事業所は、南岩手事務所に加え、北上興業、北日本酸素、ケミコン岩手和賀工場、日立エイアイシーの5社であり、敷地も約18haが空いている。そして、この構内企業に電力・工業用水を供給し、土地を管理するのが南岩手事務所ということになる。富山県高岡市（旧伏木町）で生まれた日本重化学工業、そして、東北振興を目指して設立された東北振興化学（東北電氣製鐵）が戦後に合併し、旧和賀町の最大企業として存立していたのだが、合金鉄製造の海外移管に伴い、大きく縮小してきた。
　そして、この山間の広大な土地に数社を誘致し、発電事業を維持しながら、残っている土地の利用を期待していた。工業集積で発展してきた北上市にとって、残された重工業系工業用地としてみていく必要がありそうであった。

2．北上に独自に定着している中小企業

　北東北随一の産業集積を形成してきた北上には、大きく三つの出自の企業群が存在している。一つは進出企業、二つ目は地場から立ち上がってきた企業、三つ目は進出企業から独立してきた企業となる。特に、三つ目の進出企業から独立してきた企業としては、本書では、第3章の東北精密、WING、本章の佐々木印刷を採り上げている。また、第4章でみた北上エレメックの場合は、進出企業に触発され、新たな企業として内面の高度化を進めてきた企業として注目される。
　このように、現在の北上に定着している中小企業に多様な出自がある。また、その多様性が地域産業集積を豊かなものにし、さらに、新たな可能性を生み出していくことにもなろう。そのような点に注目し、本節では、早い時期に北上に進出し、材料の加工から製品までの一貫生産体制を形成し、安定的な操業を続けている中川装身具工業（1972年）、進出企業から独立創業し、郊外の中山間地域で独自の道を切り拓いている佐々木印刷（1980年）、そして、同じく中山間地域に新たに進出してきた繊維産業のユーティーオー（2011年）、さらに、大塚製薬の子会社として摂食回復支援食に展開するイーエヌ大塚製薬（2011

年）に注目していくことにする。

（1）装身具リーディング企業の国内生産拠点
——早い時期から北上に進出（中川装身具工業）

北東北を代表する工業集積地となった北上市、その中心的な工業団地の北上工業団地には、電子系を中心とした機械金属工業の集積が著しいのだが、その中に、金属のネックレス用鎖を生産する工場が立地していた。進出時期は1973年3月とかなり早く、40数年の実績を重ねていた。金属製品の製造ではあるものの、一般の機械金属工業とは異なり、独自の世界を形成し、材料の投入、鎖加工、メッキ、組立に至るまでの一貫生産を行っていた。

▶早い時期から海外展開を重ねる

中川装身具工業の創業は戦前の1930年、東京都台東区柳橋であった。創業者は石川県の出身であり、簪（かんざし）職人を目指して上京、花柳界の盛んな柳橋にあった長谷川商店に修業に入っている。その後、長谷川商店の経営者が亡くなり、それを引き継ぐ形で1930年に創業している。1931年にはローザリー（キリスト教宗教用品）の製造を開始、アメリカ、カナダに輸出していった。1932年にはドイツから自動製鎖機を輸入、装身具用鎖製造を開始している。戦時中にはピン止めやヘアピン類の製造を行っていた。1947年には貿易再開とともに輸出を再開、1949年には㈱中川製作所を設立、ニューヨークに総代理店を設

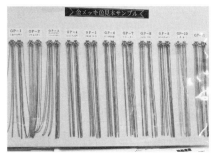

11種類もある金メッキのサンプル

銀線を伸線するところから始まる

置している。この頃は、甲府、大田原、白河に出張所を設置し、周辺の家庭に内職仕事を出していた。

　1953年には市川に工場を建設（1987年閉鎖）、1957年にはニューヨークに出張所を設置、1962年には現在地の台東区柳橋に本社ビルを建設している。さらに、1962年には台湾に合弁会社を設立、1972年にはアメリカに新会社を設立、1973年に北上工場設置、1980年には製造会社をスリランカに設立、1987年には茨城県阿見町に筑波工場を設置している。その他、販売・情報・開発拠点等として、ドイツ（1979年）、香港（1995年）に法人を設立、広東省広州に駐在員事務所を設置（2009年）している。また、2016年にはタイに新たな販売拠点を設けた。タイは欧米ジュエリーメーカー向けの生産拠点である。日本のファッション系企業としては最先端の歩みを示しているようにみえる。

　現在の大まかな拠点は、総務、開発、営業等を担う台東区の本社（約170人）、生産拠点の筑波工場（約130人）、北上工場（約100人）の国内に加え、海外生産拠点はスリランカ（約400人）、営業、情報拠点のアメリカ、ドイツ、香港、広州ということになろう[3]。

▶北上工場の役割

　国内生産拠点の中でも、筑波工場は研究開発、新加工機の設計製造、金、プラチナ等の貴金属の製品の製造に携わり、北上工場は銀、チタン、ステンレス等の貴金属以外の金属をベースにする一般品の製造に従事していた。北上工場

ヨーロッパから輸入した製鎖機

製品の組立工程

には研究・開発機能は置いていない。北上に進出した経緯は、2代目社長の夫人が岩手県宮古市の出身であったこと、また、当時、北上市が北上工業団地を造成し、積極的な誘致活動を行っていたことによる。

　事業の流れとしては、本社営業から北上工場に発注が寄せられ、材料を北上工場が材料メーカーに発注、線材（主に直径2mm）を取り寄せる。この線材を最細0.22mmまでにダイス、伸線機で引き延ばし、それを製鎖機にかけて鎖を製造する。銀の場合は純銀のインゴットを仕入れて銅を混ぜて溶解し、伸線していく。一般的には銀の純度は92.5％とされていた。チタン、ステンレスの場合はメッキしないが、銀製にはロジウムメッキをかける場合が少なくない。そして、この線材を製鎖機にかけていく。製鎖機はヨーロッパから輸入したものも多いが、大半は自社で開発製造されたものであった。また、この製鎖工程の中で、模様付け、潰しなどの加工が加えられていた。

　この段階では鎖は50〜100mの長尺であるが、このままアッセンブルメーカーに販売される場合と半製品として北上物流センター（北上工場内、本社管轄）にストックされていく場合がある。その後、具体的な注文に応じて、必要な長さにカットされ、部品を付けてネックレスに仕上げていく。それを本社に送り、加工賃を得ることもある。ネックレスのチェーンは約3000種類、パーツは3万種類を超える。この業界、常に新製品の開発が求められており、トレンドに素早く応えることが課題とされていた。

　北上工場の従業員約100人のうち、正社員は男性35人、女性10人、パートタイマー約55人の体制であり、工場長以下全てが地元北上の人であった。ただし、正社員の男性は入社後一度は北上事業所以外を経験していた。人材調達については、就業時間が8:15〜17:00に決められており、交代勤務も残業もない。こうしたことから、正社員もパートタイマーも十分に集まるとされていた。

▶安定的なモノづくりの場を形成

　北上工場進出の1970年代の頃は、中川装身具工業のアクセサリー用チェーンの国内シェアは70％とされていたのだが、その後、海外からの安価な製品が大量に輸入されるようになり、現在の国内シェアは20％程度であった。ま

た、日本国内の貴金属ジュエリーの産地は甲府であり、集散地は東京の御徒町周辺である。御徒町周辺には貴金属ジュエリー関係の問屋、小売店の集積していることで知られる。また、国際的にはアジアのアクセサリーの集散地は香港であったのだが、1990年代の後半の頃から、中国広東省広州のあたりに生産地、さらに集散地が形成されるようになり、香港、台湾等の関連企業が一斉に広州に進出していった。現在では広州が世界最大のアクセサリー装身具の集散地となっている。

このような大きなうねりの中で、国内の装身具のトップメーカーである中川装身具工業は、国内生産拠点を北上と筑波、海外生産拠点をスリランカに置き、販売・情報拠点をアメリカ、ドイツ、香港、中国広州、タイに構えている。その中でも、40年以上の経験を重ねる北上工場は、地元の人びとによる落ち着いた安定的なモノづくりの場を形成しているのであった。

(2) 中山間地域の口内町で特殊印刷業を展開
──環境保全、省資源化、作業性改善に取り組む(佐々木印刷)

果敢な企業誘致により北東北最大の工業集積を形成することに成功した北上市、その企業の大半は北上市街地に比較的近い工業団地に立地している。だが、市町村合併を重ねてきた北上市の場合、郊外が広く、その多くは条件不利の中山間地域を形成している。その北上市の東側には口内町が拡がっている。この口内町は北上の中心市街地からクルマでわずか15〜20分ほどなのだが、標高が300〜400mと高く、冬季には積雪に悩まされる。そのため、近年、人口減少、高齢化も著しい。その山間地の口内町に極めて個性的な印刷企業がポツリと建っていた。

▶33歳で帰郷し、独立創業

㈱佐々木印刷の代表取締役社長の佐々木信雄氏（1946年生まれ）は、北上市街地からやや外れた上野町の生まれ育ち。高校卒業後は海上自衛隊に入隊、横須賀、八戸、下総などで3年間勤務し、除隊した。帰郷して北上工業団地に進出していたハンドラベラーメーカーのサトー（現サトーホールディングス）

に入社する。入社後は埼玉県大宮の工場に6年、また1年ほどは北上事業所に勤務していた。

当時、サトーでは労働組合のゼンキンの活動が激しく、ストライキが頻発していた。会社側はそのような事態に対し、会社を30ほどに分割していく。北上事業所も7〜8部門に分割され、希望者に事業（機械設備等）を譲渡していった。そのような中で、近くの運送会社の経営者がサトーから機械設備1台を借り受け、東京足立区にパイオニア印刷を立ち上げていく。佐々木氏はそのメンバーとして誘われていく。関係者3人のスタートであった。ハンドラベルを印刷する仕事を開始した。この事業は好調に推移し、大宮にも工場を作り、6年ほどで売上額が8億円、従業員も80人に達した。佐々木氏は専務取締役に任じていた。ただし、その後、運送会社の社長とは反りが合わなくなり、1980年、33歳で故郷の北上に戻ってきた。そして、上野町の自宅で佐々木印刷㈲を設立、ハンドラベルの生産を開始している。

▶ラベルの世界で次々に新商品を開発

1990年には、現在地の口内町に土地2000坪を取得し、新工場を建設、商号も㈱佐々木印刷に変更している。口内町は中山間地域なのだが、上野町の自宅からはクルマで15分ほどであった。その翌年の1991年に中国に視察に行く機会があったが、その低コストぶりに驚愕する。日本では1円するラベルが中国では10銭で供給されていたのであった。このままでは、中国に負けることが

中山間地域に立地する佐々木印刷

佐々木信雄氏とラベル印刷機

痛感された。ここから、佐々木氏はハンドラベルの世界で次々に新商品を開発していった。

　最初の開発製品は「ハグレス」というものであり、台紙（ハクリ紙）が要らず、また表面をシリコンで加工し、ボールペンで書けるというものであった。ゴミの発生が抑制された。この製品はヤマト運輸などの物流の世界で歓迎されていった。ただし、この製品は付箋の類似品として特許はとれず、類似品を含めて現在では国内で10社ほどが手掛けている。この製品の開発以来、佐々木印刷のテーマは「環境保全、省資源化、作業効率アップ」に置かれ、①ゴミの削減、②作業効率アップ、③資源の削減、④廃棄コストの低減、⑤コンパクト化となっていった。

　ハグレスの次の開発商品はセパレーターのない「連ラベル」というものである。ラベルをロールタイプにするものであり、特許が降りた。ゴミを出さないことを最大限考えての開発であった。

　その次の開発商品は、10年ほど前に中国で起こった「毒入りギョウザ」事件に刺激されたものである。食品に直接貼るラベルの開発となった。用紙はプロピレピレン（PP）系のフィルム台紙を用い、糊は非石油系のゴム系粘着材を採用した。この商品は「菜果ラベル」の商標で売られ、市場では野菜・果物に加え、牛肉にも直接貼られている。

　そして、最近の開発商品は「革新的画面フィルム」というものであり、光触媒チタンアパタイトを使用し、富士通研究所、東京大学先端技術研究所の共同開発により実現された。佐々木印刷が富士通と実施許諾契約書を締結した「光触媒」は太陽光や蛍光灯の光で汚れを分解する材料であり、フィルムに着いた脂や指紋などがいつのまにか分解されて消えていく。消臭、抗菌作用もある。この革新的画面フィルムは、当面、スマホの画面に貼られるようになってきた。このような製品はユーザーが新たな使い方を提案してくることが期待されている。

　このように、この10年ほどの間に佐々木印刷は次々と新商品を開発し、市場に投入してきたのだが、その開発は佐々木氏が担っていた。販売先は全国の代理店であり、200社ほどを数える。社内には営業員は置いていなかった。そ

真摯な仕事が重ねられていた　　　大型のデジタルプリンターも導入

れだけ力のある商品群ということなのであろう。

▶「熱意」をどう引き継ぐか

　現在の佐々木印刷の従業員は24人、男女半々であり、全体的に若い人が多い。工場長は30代前半。最近、地元の北上信用金庫の30代中盤の職員が退職して入社していた。年配者は佐々木氏1人のようにみえた。佐々木氏には娘が2人、下の娘がデザイナーとして入社していた。佐々木氏もそろそろ70代、後継者が気になるところだが、佐々木氏は「会社は一代と考えている。創業者は『熱意』が違う。死ぬまでやるしかないか」と語っていた。若い従業員の中から「熱意」のある次の経営者が生まれてくることが期待される。

　北上市の郊外の中山間地域で個性的な事業を形成してきた佐々木氏は、「新しいものを開発し、提案していかないと。同じことをやっていれば、価格は下がるだけ」「この先の日本では小企業は生き残れない。海外も視野に入れるべき。そのためには、ある程度の規模が必要」と振り返っていた。

　さて、このような課題に次の世代がどのように応えていくのか。アイデア、熱意の固まりでここまでの佐々木印刷を牽引してきた佐々木氏、次の世代に対しては、環境保全、省資源化、作業効率の改善をテーマに、アイデア、熱意、海外まで視野に入れた取り組みを課題として残し、次に向かっていくことを期待しているようにみえた。

(3) 中山間地域でオーダーメイドのカシミヤ製品を製造
　　――人材を求めて進出（ユーティーオー）

　ニット製品といえば、私たちの日常に深く浸透している。下着からTシャツ、セーター、靴下、上着、コート、マフラー等にまで至る。このニット製品が日本に入ってくるのは明治時代以降。特に暖かなウールは、軍人の下着用として採用されていった。ニット製品の発祥の地は東京下町の墨田区から葛飾区のあたり、廃藩置県以降、西村勝三という政商が職を失った下級武士への授産的なものとして開始している。その後、下町の代表的な産業の一つとして、一時期は墨田区だけで1000件以上のニット関連企業が集積していた。当初はメリヤス（莫大小）といわれていた。

　織物は縦糸と横糸を交差させてできていくが、ニットは1本の糸が編まれていく。編方は大きく、セーターなどに用いられる「横編」と、下着やTシャツに用いられる「丸編」があり、一部に30～40年前の女性下着で一世を風靡したシュミーズなどの「経編」製品もある。全体的には生産性が高く、裁断～縫製が可能（カットソー）な「丸編」の比重が高まっているが、高級なセーター、アウターなどには横編が用いられている。この横編の場合は身ごろ、袖などを別々に編み立てし、それをリンキングという工程でつないでいく。かなり手のかかる製造方法である。近年は縫製技術も高まり、横編生地をカットソーで製品化していく場合もみられる。

　東京下町の墨田区あたりで大発展したが、1960年頃からの人手不足、敷地の制約から、有力なニッター（編立業者）は山形県、福島県、新潟県等の東北、あるいは山梨県のあたりに地方工場を展開していった。例えば、山形県あたりでは最盛期には約600のニット工場が展開していた。ただし、現在の山形県には20工場ほどしか残っていない。特に、1990年代に入り、一気に中国移管が進み、現在の日本国内で流通しているニット製品の約96％は中国、東アジア製とされているのである。近年、新規にニット工場を国内に設置する場合はほとんどみられない。

宇土寿和氏

ユーティーオーの北上工場

▶旅行業からニット業界に入り、さらにオーダーニットの世界に向かう

　岩手県北上市、この30〜40年にわたる果敢な工場誘致により、北東北最大の工業集積を形成することに成功した。半導体関連から自動車関連まで、大企業ばかりでなく中小企業の育成にも注力し、国内の「モノづくり産業」が空洞化している現在、ほとんど唯一健闘している工業集積地として知られている。ただし、何回かにわたる市町村合併により市域は拡がり（438㎢）、中心の市街地、工業団地から郊外は広大な豪雪地帯の中山間地域を形成している。その郊外の旧江釣子村の外れに㈱ユーティーオーの北上工場が立地していた。しかも、立地したのは日本のニッターが海外展開に疲弊している2011年のことであった。日本のニット工場の地方展開としては数十年ぶりのことではないかと思う。

　ユーティーオーの創業者は長崎県島原市出身の宇土寿和氏（1950年生まれ）、島原の高校を出てから旅行業に就きたく、神奈川県二宮の日本観光専門学校（2年制）に入る。就職は東京虎ノ門にあった名鉄観光海外旅行センターであったのだが、なかなか海外に行く機会がなく、3年で退職し、東京青山で独立創業した。25歳の頃にはアマチュア音楽家の海外コンサートを企画したりしていた。また、冬季には仕事がなく、山形のニット関係者を組織して、ロンド

ン、パリ、ミラノなどへの研修旅行を企画していた。これが宇土氏のニット業界に入るキッカケとなっていった。

1980年には旅行会社を閉めて六本木にあったアパレルメーカーのレアール（横編中心）の営業職となった。その後、1992年にはアパレルメーカーとして青山で独立創業している。bhf（ビーエッチエフインターナショナル）を名乗った。2000年には現在のUTO（ユーティーオー）に社名を変更している。

ニット業界に本格的に参入してみると、宇土氏によると「大量生産が常識であり、その多ロットと在庫に苦しみ、撤退も考えた」。「どうせ撤退するなら好きなカシミヤだけでもう一度やりたい。それでダメなら諦めるとカシミヤに特化し、業界の非常識のオーダーニットを開始」しているのであった[4]。

▶北上に移転し、「作りながら売り、売りながら作る」

アパレルメーカーはデザイン、企画、販売に特化し、製造を外部に委託することが基本だが、一枚一枚のオーダーメイドに応えてくれる企業はない。そのような事情から自ら編立機を設置することにした。横編生産のコア技術は、編地の設計（プログラミング）、編立て、そしてリンキングにある。当時、山梨県国母に廃業するニッターがおり、専門のプログラマーを確保できることから、編立機（シマセイキ、2台）を購入し、その工場を借りてスタートした。ただし、近くにコア技術の一つのリンキングの加工業者がおらず、苦戦していく。5年間赤字が続き、借金が8000万円にも累積した。

北上工場の内部／若い人たちが多い　　　リンキング工程

2011年6月には、宇土氏は生産からの撤退を意識している。その頃（2011年8月1日）、『繊研新聞』に北上のニット工場が閉鎖される記事が載っていた。電話をしてみると「みに来ないか」ということになり、訪れるとプログラマー、編立て、リンキングの職人が1人ずついた。前経営者からは「この3人を使ってくれないか」と要請された。

　宇土氏は「この3人がいればできる」と判断、山梨を閉鎖し、機械を移動させ、2011年9月に北上市堅川目の工場を借りてスタートしている。さらに、そこが狭くなったことから、2013年6月には現在地の北上市江釣子に移転している。現在の北上工場は従業員3人、工場長（編立て）、パートタイマー2人の6人であり、社長の宇土氏は月に一度ぐらいのペースで北上工場を訪れていた。

　カシミヤはカシミール種の羊の毛である。寒冷地に生息するカシミール種の羊は、厳冬期になると従来の毛の内側にさらに細い毛を蓄積していく。この部分を取り出して製品化していく。世界的にみてカシミヤの本場は中国の内モンゴルの周辺であり、地元の工場が遊牧民から刈った毛（ど毛）を購入し、カシミヤを選別、トップの状態で海外に輸出していく場合が多い[5]。ユーティーオーの場合は、大阪の東洋紡糸がトップの状態で染色し、紡績したもの（26番）を巻き上げたコーンの状態で購入している。

　北上工場では、オーダーがあればコーンを調達し、編立て、ノシ、リンキング、縮絨、セット、仕上げの一貫生産の形となっている。糸や製品の在庫はできるだけ持たず、「作りながら売り、売りながら作る」を原則にしていた。

▶次第にリピーターが増える

　東京青山は本社とショールーム、デザイン、企画、販売に従事している。数人の規模であった。独立した当時は卸売が100％であったのだが、次第にオーダーメイドの部分が増えている。2014年の売上額は約9000万円であり、三越などからのOEM生産が50％、ネットによるオーダーメイド15％、ショールームでのオーダーメイド15％、卸売15％の構成であったが、この1年はネットによるオーダーメイドが4000万円と、前年の約1350万円から大きく伸びて

いる。このような事情からOEMの部分を減らしていた。なお、近年、各地でふるさと納税の返礼品が注目されているが、ユーティーオーのカシミヤ製品は人気の的であり、数カ月のウエイティングの状況になっている。

　このユーティーオーのオーダーメイドはセミオーダーというべきものであり、SSから3Lまでの7型、17色が用意されている。これに加えて、袖や丈の長さ等を調整できる。オーダーの際に全額を受け取る。価格は10万円前後であった。ネットの人は一度ユーザーになると60%はリピーターになっていく。受注から納品までは一般的には1カ月、早いもので1週間とされていた。また、カシミヤは秋冬ものであり、夏対策として麻も手掛けているが、購入者の90%の人はカシミヤのリピーターであった。

　ニット製品は量産の思想が強く（特に、丸編み、カットソー）、コスト要因から、現在ではその生産の大半（96%）は中国、アジアに移管されている。全国の各地に展開していた工場の多くはこの20年ほどの間に一気に閉鎖された。ただし、高級品を求める人も多く、特にカシミヤのオーダーメイドへの関心を深めている人も少なくない。そのような差別化された市場に向けて、丁寧に生産されているユーティーオーの考え方、作り方、製品は魅力的に映る。豪雪の岩手県北上の中山間地域の一角で、興味深い取り組みが重ねられているのであった。

（4）嚙めない人に食事の楽しみを
──摂食回復支援食に展開（イーエヌ大塚製薬）

　「食」に関しては、実に多様な取組みが重ねられている。特に、医療・介護現場の栄養管理は、患者の食事摂取能力により、静脈栄養法、経腸栄養法、経口栄養法が提供されている。これらの中でも、経口栄養法は残存機能の維持・回復や生活意欲向上にとって最も重要な栄養管理法で自分で食べられる機能を維持・回復させるとされている。ただし、現在の経口栄養法の多くはミキサーで溶解したものなどが一般的であり、食事の感覚を得られない。

　そのため、食材の形状を損なうことなく、食べる意欲をかき立てる味、香り、盛り付けで、かつ軟らかく、消化性に優れ、飲み込みやすく調整され、食べる

負担をかけないで適切な栄養が摂取できるものが求められている。このような課題に対して、大塚製薬のグループ会社であるイーエヌ大塚製薬が画期的な商品を開発していた。

▶摂食回復支援食「あいーと」の誕生

摂食回復支援食「あいーと」のさばの味噌煮、筑前煮を試食したが、見た目、香り、味は通常食と変わらず、口の中で噛まなくとも軟らかく溶けていった。不思議な感覚であった。これならば、噛むことができない人びとでも食事が楽しめることが実感された。なお、「あいーと」とは「I eat」、自らが食べるようになって欲しいとの開発者の思いが込められている。

岩手県花巻市にイーエヌ大塚製薬の前身の雪印乳業の岩手薬品工場が設立されたのは1993年、消化態経腸栄養剤「ツインライン」の生産から始まり、1999年から半消化態栄養剤「ラコール」の生産を始めていた。その後、2002年3月には大塚製薬、雪印乳業、大塚製薬工場の3社の共同出資により「イーエヌ大塚製薬」が設立され、2002年6月には雪印乳業より事業を継承し、イーエヌ大塚製薬は、医薬品経腸栄養剤の製造販売の会社としてスタートした。イーエヌ大塚製薬の事業分野は、医療用経腸栄養剤分野、口腔ケア分野、摂食回復支援食・メディカルフーズ分野の三つとされた。

このイーエヌ大塚製薬の摂食回復支援食分野において、形状を損なわずに食材を柔らかくする「あいーと」の開発が開始されたのは2006年。4年の歳月

形状、見た目は通常食と変わらない　　商品化されている「あいーと」

をかけて、花巻事業所の一角でテスト生産をしつつ、2010年10月に試験発売に至った。基盤となった技術は、酵素科学、材料工学、栄養生理、工程開発であるが、酵素科学では酵素のスクリーニング（蛋白、糖質）、浸透・反応失活技術、安全性については試行錯誤され、材料工学的には最適なレオロジー（軟化、形状保持、ゲル物性など）、食品化学的な分野では色調・風味、熱・凍結耐性、安定性が、栄養生理では製品設計、安全性、嗜好性（調味、調香）、工程開発では酵素処理、超軟化調理、量産化、食品衛生などを課題として最適な製法が探究された。

　この結果、生産工程はまず、原料入庫後、肉類、魚類、野菜類は酵素処理・加工を行い仕掛品となり、調味料は秤量、調合されて調味液となる。これらを盛り付けし、最終加熱、除水、急速冷凍、包装などを経て製品となる。

▶北上事業所の展開

　花巻工場がイーエヌ大塚製薬の本社であり、その一角であいーとが誕生したが、本格生産のため、あいーと専用工場探しが始まった。当初から北上川流域の空工場を意識していたが、北上市相去町の北上南部工業団地の一角に空いていた惣菜工場がみつかった。2010年に取得、あいーと工場として改修し、2011年7月に操業をスタートしている。物流条件からしても最適との受け止め方であった。このイーエヌ大塚製薬、本社は岩手県花巻市にあるが、事業所としては営業部門、臨床開発、海外事業部門、経理、法務などからなる東京本

冷凍された食材を計量する　　　　　　ラインで盛り付けされていく

部、医薬品、食品の研究・製造部門の本社・花巻工場、あいーとの製造部門である北上工場から構成され、全体の従業員は約370人ほどであった。

現在の販売のルートは、医薬品、食の卸売業を通じた病院等の施設への販売、一般の食品卸売業を通じた販売、そして、通販となる。通販に関してはインターネット、新聞広告、電話、FAX、病院や訪問看護師からの紹介などがある。

課題は、軟らかくする加熱に時間を要することと、コスト高になる点であろう。現在、ご飯やパンを含めて39品目を提供しているが、一品目あたりの小売価格は480〜600円であり、ご飯とおかず2品となると1200円ほどになる。全食をあいーとだけで食すると月に8〜10万円の食費となってしまう。この点、ライバルのキユーピーやマルハニチロのレトルト品は1品150〜200円とされる。見た目や味などの品質はあいーとが圧倒的だが、価格の壁は高い。病気からの回復期間だけであれば、対応可能であろう。実際、この数年の経験では回復期間だけの需要が多く、また、豊かな高齢者に支持されているようであった。介護の食事、口腔の術後、胃などの術後、嚙むことが難しい人、食事の摂取量が減り続けている人にとって、新たな喜びを提供することになろう。

機械金属工業の集積地で知られる北上の地で、このような事業が推進されているのであった。

3. 北上の立地条件の良さから新たに進出

東北新幹線の北上駅があり、東北自動車道、秋田自動車道が交差し、さらに近くに花巻空港のある北上、北東北、あるいは東北全体を見渡しても、その位置的優位性は大きい。当初は広大な敷地と人材を求めて製造業が進出してきたものだが、近年は物流条件の良さが注目されている。

これまでの北上への進出企業の流れをみても、このような物流条件の良さを受け止めて進出してきた有力企業の実質的な第1号は、1998年に立地した岩手ヤクルト工場のケースであろう。その頃から物流系の企業、食品加工系の企業の進出が目立ってきた。製造業の進出の受け皿を意識していた北上南部工業団地にも物流系に加え、食品加工系企業が進出してきた。そして、2015年に

操業開始したセブンイレブン・ジャパン、わらべや日洋、ヒガシヤデリカ、フレッシュ・ロジスティック、さらに、2017年3月開業の日本郵便の進出は、その象徴的なものであろう。北上からは東北の各地に3時間程度であり、関東にも近いとされているのである。

　また、このような物流条件の良さに加え、モノづくり環境の良さも指摘されている。近年、有効求人倍率が上がり、人材調達難が指摘されているものの、工業都市としての高まりから、モノづくりへの意識が高く、良質な人材が豊富とされている。さらに、後の第9章でみるように、モノづくりへの支援体制が幅広く用意されていることも、もう一つの特徴であろう。このような事情を背景に、多様な事業体が北上への進出を重ねてきたのであった。

（1）北上を中心に、北関東から東北、北海道に出荷
──1日約220万本を生産（岩手ヤクルト工場）

　ヤクルトといえば、日本の乳酸菌飲料の代表的な存在であり、また、ヤクルトレディによる宅配で知られている。このヤクルトの創始者代田稔氏（1899年生まれ、故人）が1930（昭和5）年に乳酸菌「ラクトバチルス　カゼイ　シロタ株」の強化培養に成功、1935（昭和10）年、福岡市で代田保護菌研究所のもとに製造・販売を開始した。この年をもってヤクルトの創業（現本社は東京都港区）とされている。この「ヤクルト」の名称はエスペラント語をベースにしている。

北上南部工業団地の岩手ヤクルト工場

世界のヤクルト製品

▶海外市場が国内市場の 4 倍規模に

　現在、東京にあるヤクルト本社は 1955 年に設立された。そして、1963 年にはヤクルトレディによるお届け（宅配）を開始し、着実に発展、製品事業領域も「食品事業」から「化粧品事業」「医薬品事業」へと拡大してきた。2016 年 3 月期の売上額は連結で 3904 億円、従業員数は単独で 2872 人、連結で 2 万 3192 人を数えている。売上額の構成比は飲料・食品（国内、海外計）87％、医薬品 8％、その他 5％ であった。2010 年の売上額は 2906 億円であることから、この 6 年で約 34％ の伸びを示したことになる。

　海外展開も積極的であり、1964 年には台湾、1969 年には香港で生産販売を開始した。現在、海外展開は北米、ブラジル、ヨーロッパ、オセアニア、東アジア、インド等 32 の国と地域に及び、日本を含めた 1 日の乳製品販売本数は、2000 年の 2400 万本から 2015 年は 3500 万本と約 46％ 拡大している。特に、インドネシア、中国の拡大が著しい[6]。この間、日本の市場は 41％（1 日当たり約 977 万本）から、約 25％（約 891 万本）へと構成比、本数とも減少したが、反面、海外市場は 59％（1434 万本）から約 75％（約 2648 万本）に急激に拡大していった。日本市場は人口減少もあり 900 万本前後でやや漸減傾向で推移しているが、海外市場が急激に拡大していることが読み取れる。海外市場がすでに日本市場の約 3 倍の規模になっている。

　ヤクルトグループの国内乳製品工場は 10 工場を数える。ヤクルト類の生産工程は原料仕込みから始まる培養・配合までの前工程、そして、容器成形、調合、充填、包装から構成される後工程に分かれる。前工程を行っている工場は、福島工場（福島市）、茨城工場（五霞町）、富士裾野工場（静岡県裾野市）、兵庫三木工場（三木市）、佐賀工場（神埼市）の 5 工場であり、岩手ヤクルト工場（北上市）、千葉ヤクルト工場（四街道市）、愛知ヤクルト工場（日進市）、岡山和気ヤクルト工場（和気町）、福岡ヤクルト工場（筑紫野市）の 5 工場は後工程を担うボトリング工場である。国内の最北である岩手ヤクルト工場の場合、原料液を福島工場、茨城工場から入れ、ボトリング後、販売先としては、北関東から東北、北海道までをカバーしている。

　生産ラインは、調合工程（希釈水との混合）、成形工程（容器製造）、充填・

原料液貯蔵のストレージタンク

充填ライン工程

包装工程（ヤクルトの充填、包装）からなる。岩手ヤクルト工場は後工程のみのボトリング工場である。調合室の原料液ストレージタンク（18基）は直径3m、高さ5mであり、貯蔵能力は68万本分となる。原料液に希釈水を混ぜて完成する。容器の成形機は14台（24時間体制）、充填ラインは6ラインであった。充填工程では容器を並べ、ラベルをかぶせて賞味期限を印字、充填、アルミの蓋でシールしていく。そして、包装工程で「Newヤクルト」は5本パックとなり、さらにそれを50本単位で包装していた。

　乳製品の販売数量では約56％がヤクルトレディによる訪問販売、44％が量販店などの店頭販売とされている。日本のヤクルトレディは約4万人。全国各地に103の販売会社があり、さらに各地にヤクルトレディの拠点であるセンターが2500カ所ほど展開している。

▶岩手ヤクルト工場の輪郭
　この岩手ヤクルト工場の前身は、1956年設立の㈱岩手ヤクルト商会であり、盛岡市で30ml瓶（ガラス瓶）の「ヤクルト」をボトリングするところから開始され、さらに、1968年には岩手県内各地のヤクルト販売会社が協同組合岩手県ヤクルト工場を設立、日産約20万本規模であった。当時（1961年）は全国に157の（瓶詰め）処理工場があったとされている。これらは2006年頃までにほぼ整理統合され、現在の全国10工場体制にまとめられた。その後、この協同組合は1980年に㈱岩手ヤクルト工場として改組され、ヤクルト本社の

資本となっていった。

　ただし、この盛岡の岩手ヤクルト工場は狭隘であったことから移転拡大用地を求め、2007年3月、北上市の北上南部工業団地に移転している。北上南部工業団地はインターに近く、秋田方面にも行きやすいこと、東北の各地まで3時間圏内であることが評価された。北海道についても八戸港から苫小牧港までフェリーで運ばれていた。

　敷地面積は3万8456㎡、延床面積8893㎡となった。生産品目はNewヤクルト（65ml）71万本／日、Newヤクルトカロリーハーフ（同）36万本／日、ヤクルト400（80ml）42万本／日、ヤクルト400LT（同）65万本／日、ヤクルトゴールド（65ml）12.5万本／日の5品種である。なお、ヤクルトゴールドは岩手ヤクルト工場のみの生産であり、岩手から全国に出荷されていた。岩手ヤクルト工場は6ラインから構成され、1日約220万本を生産している。全国の約25%の生産ということになる。

　2016年8月現在の岩手ヤクルト工場の人員は119人、要員は社長以下4人が本社から赴任、全体の80%は北上からの採用であり、残りは盛岡工場時代の人が異動してきた。男性70%、女性30%、平均年齢は30歳である。現状、北上地域の雇用情勢は非常にタイトであり、思い通りの採用になっていない。2016年4月には5人を予定していたのだが、3人の採用にとどまった。

　ヤクルトグループの企業理念は「私たちは、生命科学の追究を基盤として、世界の人々の健康で楽しい生活づくりに貢献します」というものであり、「予防医学」と「健腸長寿」を願うものである。したがって、子供ばかりでなく、高齢者も強く意識している。ヤクルトの工場は世界的に見学者を積極的に受け入れているが、岩手ヤクルト工場の場合も見学者に広く開放され、年間2万人を受け入れているのであった。

(2) キユーピーの孫会社の惣菜メーカーが北上から東北全体に供給
　　——365日300品種に対応（キタカミデリカ）

　北上金ヶ崎インターチェンジに直結する北上南部工業団地には、東北全体を視野に入れる企業が立地している場合が少なくない。物流系や鮮度が重要な食

品系企業の立地も目立つ。その北上南部工業団地の一角にマヨネーズ大手のキユーピーの孫会社にあたる惣菜製造のキタカミデリカが立地している。

▶デリア食品について

　デリア食品はキユーピーの日配惣菜部門として、1975 年にキユーピー 100％子会社として設立されている。社名はスペイン語の「毎日」を意味するデアリアに由来している。デリア食品は、さらに、生産部門を子会社化し、㈱イシカリデリカ、㈱キタカミデリカ、㈱旬菜デリ昭島事業所（青梅工場）・五霞事業所・相模原事業所、㈱セトデリカ、㈱ハンシンデリカ本社・綾部工場、㈱トスデリカの全国 6 社 9 工場の体制をしいている。営業部門はデリア食品自体が担い、全国各生産拠点と一体となり、エリア対応を行っている。2015 年度のデリアグループの売上額は 534 億円、従業員は 198 人（デリア食品、その他に各地の現地法人従業員がいる）であった。

▶東北全体を視野に入れるキタカミデリカ

　㈱キタカミデリカはサラダを中心とした惣菜を生産する会社として、2003 年 12 月にデリア食品 100％出資で設立された。翌 2004 年 10 月から北上南部工業団地で操業を開始している。事業内容はサラダ・生野菜サラダ・煮物・カット野菜・その他で、家庭の食卓向けに惣菜を製造している。

　「フタを開けて、即、食べられる」料理を基本にしているため、消費地や産

事務所も衛生管理が徹底

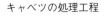
キャベツの処理工程

| カボチャサラダの製造 | スーパー向けに惣菜の盛り付け |

地に近く、物流条件の良い立地が必要であった。北上の立地は東北全体を見渡せる中心にあり、北上市からの熱心な誘致もあり進出した。土地は1ha、建物は約5000㎡となった。得意先の大半はスーパーマーケットであり、全国大手スーパーや地域に根差したスーパーにも納めている。主たる原材料は、ジャガイモ、キャベツ、レタス、タマネギ、ニンジン等で、極力地場の原料を利用している。

最近は産地からの直接仕入れも実施している。消費期限は製造後2日で、今日製造したものは翌朝店舗に並べられ、明後日までに消費される。そのため、365日24時間の製造体制をしいている。特に、東北地方は地域によっても味の好みに特徴があることから、生産品種は1日に300種にものぼる。多品種少量の生産には多くの人の手が必要となっている。キタカミデリカの従業員は320人、外国人も活躍していた。また、デリアグループネットワークで商品情報を共有しながら、キタカミデリカで地域に合った商品開発を行っている。

▶次への課題

近年、北上の有効求人倍率は高止まりし、企業の求人はかなり厳しいものになっている。2015年には近くに大手コンビニエンスベンダーの工場がスタートしたこともあり、生産部門を中心に従業員の採用確保に苦慮している。この傾向は今後も続くと予測されるため、多品種少量生産といえども機械化や自動化に取り組んでいく必要があるように思う。

また、高齢化・個食化・少食化への対応も課題とされる。東北地方のスーパーマーケットでは2人前、3人前が一つの購買単位になっており、量目も多い。今後は高齢化の進展の中で、変化への対応が求められていくであろう。さらには、鮮度維持という惣菜業界特有の課題もある。近年、惣菜の技術革新は著しく、新たな冷蔵法、冷凍法が開発されている。
　付加価値の要素のひとつでもある「鮮度」については、今後も常に取り組んでいく必要があるように思う。

(3) 東日本大震災津波で被災、内陸の北上で新工場建設
——岩手県産材100%使用の合板工場（北上プライウッド）

　1960年代の石炭、薪炭から石油へのエネルギー転換、1970年代以降の外洋材の輸入拡大により、日本の林業は壊滅的な状況になり、林業地域は疲弊していった。林業は40～50年単位で動いていくものだが、その頃から適切な間伐は行われず、森林は荒廃している。また、日本の国土に占める森林率は66%と北欧並みに高く、森林蓄積量は49億㎥にもなり、さらに、毎年1億㎥が蓄積されている。だが、年間の利用量はその5分の1の2000万㎥にしかすぎない。そのため、現在の日本の㎡あたりの森林蓄積量は先進国では最大とされている。そして、そのような森林資源は放置され、森林の荒廃が懸念されている。他方、近年、国内材の利用が徐々に高まり、木材自給率は2000年の18.2%から、2013年には28.6%に上昇、2020年の目標が50.0%とされている。国産材の有効活用が強く意識されるようになってきた。
　このような事情の中で、2011年3月11日の東日本大震災津波で被災した合板工場が、被災地での再開を断念し、岩手県産材利用を視野に入れた合板工場を内陸の北上に設置した。国産材利用の場合、原材料調達の仕組みが不可欠だが、被災後、数年の取組みを重ね、2015年5月に本格操業開始となった。内陸に立地する国産材100%の合板工場としては、岐阜県中津川市の森の合板協同組合に次いで全国で第2番目となった。

北上市後藤野工業団地の北上プライウッド

▶「資源」と「物流」を考慮し、内陸の北上に立地

　北上市の後藤野工業団地で操業を開始した北上プライウッドは、合板最大手のセイホクグループの一員である。グループ売上額約2000億円、従業員約2300人といわれるセイホクグループ（本社東京都文京区）の出資によりスタートしている。このセイホクグループは関連企業を含めて約45社から構成され、国内の合板生産の約55％、販売の約30％を占めているとされる。全国に幅広く合板工場を展開しているが、東北地方に主力工場として、三陸沿岸地域にセイホク・西北プライウッド石巻工場（宮城県）、北日本プライウッド（岩手県大船渡市）、ホクヨープライウッド宮古工場（岩手県）の3拠点と、さらに、日本海側の秋田に秋田プライウッド・新秋木工業と、大きく4拠点を展開していた。いずれも臨海部に立地していた。

　東日本大震災津波では、これらの三陸沿岸の三つの地域の4工場が被災した。宮古工場と石巻工場は完全復活できたものの、大船渡工場の復活は無理との判断になっていった。約3万坪の土地は、一部を地元有力水産加工企業等に譲渡し、残っている約1万坪については、復興資材置き場として提供している。

　被災の頃は、国産材への関心が高まり、山（森林組合等）との原料調達の仕組みを構築している時期でもあった。また、岩手県森林組合連合会（19組合）

から、県産材を利用する合板工場を岩手県内に作って欲しいとの要望もあった。このような事情から、セイホクグループでは、岩手県内各地を検討、最終的に北上市の後藤野工業団地に立地することを決定する。「資源立地」と「物流立地」が条件とされた。

　北上プライウッドの立地する旧和賀町の後藤野工業団地は、秋田自動車道の北上西インターチェンジから4kmの位置にあり、セイホクグループの主力工場のある秋田と石巻、宮古等にも2時間の距離にある。いわば、日本海と太平洋を結ぶ中間に位置している。加えて、東北自動車道を使えば関東にも近い。このような事情から、国産材（岩手県産材）を利用する合板工場が北上に立地することになった。

▶県産材100％、年齢構成を考慮した正社員雇用

　北上プライウッドの工場の敷地面積は8.1ha（工業専用地域）、そこに工場棟、ボイラー棟、事務棟、貯木場を展開、工場棟は長さ273m、幅45mと戦艦大和が入る大きさになった。この工場に直線形で最新鋭機械が配置されていた。天井から自然採光されていた。計画では年産330万枚の合板を生産する。そのための原材料は約10万㎥となるが、岩手県森林組合が県内に8カ所の貯木場を設置し、安定的に供給する体制を用意している。2016年12月現在では120％の稼働率であり、約12万㎥の原木が供給されており、100％岩手県産材が利用されていた。スギとカラマツが半々程度であり、一部に高級品として赤松も利用されていた。丸太一本が製品になるまで45～50分という高速で動いていた。

　なお、北上進出にあたり40人を採用したが、地域で働きたい人に注視し、年齢制限を設けずバランスのとれた年齢構成を目指した。全て正社員とした。応募は100人を超え、4回にわたって面接を実施した。採用人材は18歳から52歳にまで拡がり、50代を4人採用している（男性、正社員）ことも注目される。全体的には平均年齢は37歳であった。40人中70％は転職組であった。特に、50代の人は正規雇用に「涙していた」とされる。その他に、事務要員として女性3人を採用している（正社員）。これらの人びとはセイホクグルー

プの秋田工場、石巻工場、宮古工場の３カ所に分かれて研修している。そして、操業開始にあたっては、秋田と石巻、宮古から技術者が指導にきていた。なお、工場長は石巻工場から赴任していた。

　製品は JAS の規格で、厚さが 12〜28 ㎜、縦横は 1820 ㎜、910 ㎜とされていた。薄いものは壁材、厚いものは床材などに使われていく。製材所などからのプレカット材としての需要が大きい。販売先は東北が 50％、北海道 10％、北関東 40％ の構成であった。稼動開始から１年半、順調な滑り出しとなった。

　▶「結の合板工場」の展開

　このように国産材に注目しながら、森林管理、木材の有効活用等にも深い目配りをしている。特に、県内 19 の森林組合と連携し、８カ所のストックポイントを設置、原材料供給をスムーズにさせているが、原木の有効利用を意識し、Ａ材は製材工場に、Ｂ材は北上プライウッドに、そしてＣ材についてはチップ施設等に振り分けていた。

　また、近くの平泉町とは「世界文化遺産の保全に協力していく協定」に調印し、松食虫被害木の処理にも取り組んでいる。被害木を使用した合板は、林業土木用としての利用、また、ボイラー燃料としての利用に向かっていた。このような意識の下に、多方面のつながりを目指して、工場の名前を「結の合板工場」と命名していた。

　1970 年代からの外洋材の大量輸入により国内の森林は放置され、荒廃している。このような事情の中で、現在、森林管理、国産材の利用の必要性が問われている。山元と製材所、合板工場、工務店、消費市場等といった木材をコアにする連関の中で、新たな仕組みの形成が求められている。その一つの取組みとして、内陸の北上の郊外で希望の抱ける事業が展開されているのであった。

(4) 核医学診断薬のパイオニア
　　——およそ３時間圏内を意識し、全国各地にラボを展開（日本メジフィジックス）

　RI（Radio Isotope、放射性同位元素）を用いた核医学は、戦後、急速に発

サイクロトロン	PETカメラ
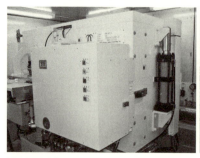	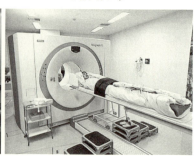

提供：以下2葉、日本メジフィジックス

達してきたが、日本はその放射性医薬品を輸入に頼っていた。そのため国産化の必要性が高く、1973年、住友化学、住友商事、米国メジフィジックスの3社で、合弁企業の日本メジフィジックスを設立している（現在は、住友化学50％、GEヘルスケア50％）。メジフィジックスとは、medicine（医学）とphysics（物理学）を組み合わせた合成語である。翌1974年、商業用としては日本初のサイクロトロン（加速器の一種で放射性同位体を製造する）を稼動させ、SPECT（Single Photon Emission Computed Tomography、単一光子断層撮影法）検査と呼ばれる核医学診断用の放射性医薬品の供給を開始している。

▶PET診断薬分野に進出

さらに、2003年にはより精度の高いPET（Positron Emission Tomography、陽電子放射断層撮影法）検査用診断薬事業への進出を決定、2004年から全国各地に診断薬製造のためのラボを設置していった。このラボはPET検査を実施する医療機関に半減期の短い診断薬をタイムリーに届けるため、大都市を中心に全国を意識して配置されている。2004年には、愛知ラボ（豊田市）、札幌ラボ（札幌市）、京都ラボ（八幡市）、岡山ラボ（岡山市）、福岡ラボ（久留米市）、東京ラボ（江東区）、神奈川ラボ（小田原市）、神戸ラボ（神戸市）、2007年には東北ラボ（北上市）、2014年に北関東ラボ（群馬県藤岡市）が設置されており、さらに、2018年冬には11カ所目となる北陸ラボ（富山県小矢部市）

の設置が決定している。いずれも各エリアの中心的な場所であり、おおよそ3時間でPET検査を実施している医療機関に届けられることをポイントとして選ばれている。

なお、その他に工場が千葉（袖ヶ浦市）、兵庫（三田市）に配置され、画像情報センターが東京（天王洲）、関西（兵庫県尼崎市）にそれぞれ1カ所、研究所（袖ヶ浦市）、支店・営業所が全国主要都市に14カ所配置されている。資本金は31億4578万円、2015年度の売上額は323億円、従業員数は845人（2016年3月末）となっている。

当初の事業はSPECT診断薬の製造・販売の事業であったが、悪性腫瘍などの早期発見に有用とされるPET検査が医療保険の適用を受けたのを機にPET事業に踏み込んできた。核医学検査はごく微量の放射線を出す放射性医薬品を体内に投与し、特殊なカメラで体外から撮影するものであり、悪性腫瘍や脳疾患（脳梗塞や認知症）、心臓疾患（心筋梗塞や狭心症）などの各臓器の機能を調べる検査法である。特にPET検査は、半減期がわずか約110分である放射性同位元素を用いるため、全国各地に製造のためのラボの配置が必要となる。日本メジフィジックスは日本で唯一全国に向けた供給体制を形成している。

▶迅速性を要求される生産、供給の流れ

PET検査は、正常細胞の3～8倍ものブドウ糖を摂取するという癌細胞の性質に注目し、①ブドウ糖に放射線（ポジトロン）を出すフッ素（F—18）を結合させ、放射性医薬品（FDG）となる。②FDGを体内に投与。癌細胞がFDGを摂取する。③PETカメラでFDGの放射線を撮影、画像解析を施し、癌を検出するというものである。

なお、このFDGの半減期は約110分と短く、全国の各ラボでは、医療機関が検査を行わない土曜日、日曜日以外は24時間体制で臨んでいる。

PET診断薬の生産の流れは、サイクロトロンの照射から始まり、FDGを合成、薬剤調整を加え、充填、梱包、出荷となる。なお、この間に品質検査を行い、出荷判定を下す。医療機関への配送は特定の教育を受けた配送業者に委託する。

東北ラボの受け持ち範囲は東北6県のPET検査ができる医療機関となる。全国のいずれのラボもそのような事情を考慮して配置されていた。現在のところ、各ラボでの生産品目はFDGのみである。他のSPECT診断薬等は千葉県袖ヶ浦市、兵庫県三田市の工場で生産されている。なお、全国の核医学診療に従事する医療機関は約1200、PET検査を実施している医療機関は約350あるが、院内でFDGを自主生産している場合もある。

　同業者は日本メジフィジックス以外に1社であるが、FDGについては、2016年12月現在で全国的に供給しているのは日本メジフィジックスのみである。売上額の構成は創業以来のSPECT診断薬等が約200億円、PET診断薬は110億円であった。

▶東北ラボの概要

　東北ラボは2006年に北上市の南部工業団地の土地5219㎡を取得、延床面積は2193㎡である。他のラボもほぼ同様のスケールで設置されている。東北ラボの従業員は正社員十数人（男性）、派遣の事務職員（女性）1人の構成であった。

　現場の操業時間は日曜日の夕方から金曜日の夕方までの連続であり、勤務はシフト制とされていた。月曜日から金曜日までの供給は完全にカバーされていた。なお、各医療機関への納入は1日3回あり、それに合わせた受注生産体制となる。

　このような厳しい供給体制を必要とする場合、東北6県を視野に入れるならば北上の地理的優位性は際立っている。近年、北上には多様な物流企業、鮮度維持が基本となる食品加工業などの進出が多いが、そのような点を評価してのことであろう。このような物流資源も北上の一つの特徴なのである。そうした点を意識するならば、道路交通事情の改善、24時間の仕事をサポートするインフラの改善などが、次の一つのテーマになってくるように思う。工業都市北上は、いつの間にか東北全体の物流拠点となっていたのである。

4. 事業環境の良さがさらに高まる

　企業、あるいは事業所によって目指すものは異なり、必要とする事業環境も異なる。新たな事業を興そうとする場合、あるいは、新たな事業所を設置しようとする場合、立地に関わる諸条件が検討されることになろう。一般的には、気候や地形などの自然条件、交通上の諸条件、敷地や地価、周辺環境、市場的な拡がり、人口構造や人材の調達、関連産業の拡がり、先行企業の状況、さらには地域的な雰囲気、税制や補助金の状況、地元政府や地域社会の受入れ体制なども重要な要件となろう。

　この点、東北の場合は戊辰戦争の影響もあり、全体的には産業インフラの整備は遅れ、近代工業化は地域の資源に着目する鉱業、林業以外にみるべきものは少なかった。長らく、東北は「近代工業不毛の地」といわれてきた。特に戦前の岩手県については、沿岸に地域資源と港湾をベースにする素材型企業がわずかに点在していたにすぎない。釜石の新日鐵住金製鐵所、宮古のラサ工業、大船渡の太平洋セメントが指摘される。戦時疎開に関しても、花巻の新興製作所（旧谷村㈱新興製作所）、由利本荘のTDK以外にあまり見当たらない。

　このような事情の中で、1977年の東北自動車道の開通、1982年の東北新幹線の開通（大宮～盛岡間）は、近代工業化の初めてのチャンスと受け止められた。1970年の前後から、それらが貫通する北上川流域の地域は、工業団地の造成、企業誘致を活発化させていった。とりわけ、温泉観光都市の花巻と物資の集散地であった水沢（現奥州市）に挟まれた北上は、工業立市を意識して必死の誘致活動を重ねていった。東北自動車道、東北新幹線の開通がみえ始めた1970年前後から企業誘致が進んでいった。当時の進出企業の意識には、近い将来における交通条件の改善があり、条件の良い工業団地、広大な敷地、さらに豊富な労働力の存在が視野に入っていた。東北、岩手からやってきた従業員が多かったなども、進出の一つの背景になっていたのであった。

▶優れた事業環境の次の課題

　企業立地は「地元の熱意」とされるが、1970年前後からの北上市の取組みは語り草にもなっている。1980年代に入り、北上への企業立地は進み、北東北随一の産業集積を形成することに成功していく。当初の半導体、電子部品から始まり、金型、メッキ等の要素技術の中小企業が重なり、機械金属工業の乏しかった東北の地で厚みのある集積を形成していった。北上川流域の中で「北上の一人勝ち」ともいわれたものであった。

　さらに、1990年代に入ると東北で初めての完成車両生産工場の関東自動車工業（現トヨタ自動車東日本岩手工場）が北上の隣の金ケ崎に進出してくる。当初は年産10万台強の生産台数であることから、シートなどの物流費負担の大きい企業が進出するだけであったが、その後、生産台数が拡大するにしたがい、ティア1が集まり始め、さらに、地域の中小企業の組織化も進み始めている。まさに、関連産業を含めた自動車産業集積が形成されつつある。北上、あるいは北上川流域は当初の半導体、電子部品集積に、もう一つ自動車産業集積を重ねつつある。

　そして、このような産業集積が進んでいくにしたがい、交通条件、物流条件等の事業環境全体も改善されていく。2000年を前後する頃からは、そのような豊かな事業環境に着目する企業進出も進んでいった。物流企業、食品加工業の進出はそうした事情を背景にしている。まさに、「集積が集積を呼ぶ」ということであろう。

　ただし、このような集積が進んでいくと、この人口減少、少子高齢化の中で、人材調達がタイトなものになっていく。北上の有効求人倍率は周辺に比べても高い。現状では、全日本的な現象なのだが、若者の首都圏への流出は著しい。このような問題に対しては、地域の側としては、若者に地域産業の魅力を伝えていくこと、また、企業側としては、女性、高齢者に注目し、働きやすい職場環境を形成していくこと、さらに、安価な労働力に頼るのではなく、一方では機械化、自動化を進め、他方では仕事全体を付加価値の高いものにし、人びとの関心を惹きつけていくことが必要であろう。

　この点は、北上だけの問題ではなく、人口減少、高齢化が進む日本全体の問

題として受け止めていかなくてはならない。そのような意味では、人手不足が際立つ北上においてこそ、女性や高齢者が働きやすく、また、若者を惹きつける事業のあり方を提案していくことが求められよう。産業集積を構成する事業所がそのような雰囲気を形成していくことにより、新たな事業環境となることが期待される。

1）　この間の事情等については、財団法人日本経営史研究所編『三菱製紙百年史』1999 年、による。
2）　このあたりの事情については、『東北電氣製鐵株式會社二十五年史』東北電氣製鐵株式會社、1964 年、による。
3）　近年、ジュエリー関係の生産拠点、集散地として中国広東省広州市が注目されている。香港系、台湾系の関係企業の大半は広州に軸足を移している。このような事情については、関満博編『中国自動車タウンの形成──広東省広州市花都区の発展戦略』新評論、2006 年、第 5 章を参照されたい。
4）　カシミヤについては、宇土氏による、宇土寿和『カシミヤとニットの話』繊研新聞社、2006 年、が有益である。
5）　中国内陸のカシミヤ生産の状況については、関満博編『中国辺境の地域産業発展戦略──西部大開発と寧夏回族自治区』新評論、2009 年、第 5 章を参照されたい。
6）　中国のヤクルトの事情については、関満博「中国構造転換期の中の進出日系中小企業──長江下流域（上海、蘇州、無錫）の事情」（『明星大学経済学研究紀要』第 48 巻第 1 号、2016 年 6 月）を参照されたい。

第 8 章　北上の「農」と「中山間地域」

　北上市の面積は約 438 ㎢、北上川と和賀川の低位河岸段丘に市街地が形成され、周囲はなだらかな丘陵地帯となり、周辺は中山間地域を構成している。約 690ha とされる工業団地は、市街地に近い部分と、南北の丘陵地帯、そして、西側の旧和賀町あたりに形成されている。低位河岸段丘と西側の丘陵地帯にかけて広く農地が展開するが、その農地の 92％ は水田とされる。圧倒的な水稲地帯といえる[1]。

　当然、減反と転作により、小麦、大豆等の生産が行われているが、工業団地を中心とした近代工業と郊外の水田地帯という構図が浮かび上がる。また、農家における高齢化の進展、担い手不足も指摘される。さらに、周辺の中山間地域では北上市街地への人口移動が進み、人口減少と高齢化が際立ってこよう。

　このような事情の中で、北上では「農」をめぐって新たな取組みが積み重ねられている。一つは、農業の大規模受託経営であり、㈱西部開発農産は約 800ha を集積し、「どんな条件の悪いところでも受ける」という構えをみせていた。さらに、地元の農畜産物に付加価値をつけていくという 6 次産業化の取組みも重ねられていた。

　また、郊外の山間部となる口内町では、早い時期から農林産物直売所をスタートさせていたが、地域の人口減少、高齢化の進展を受けて、買い物弱者対策にまで踏み込んでいる。

　農村地域で近代工業化に踏み込んでいった北上の場合、農家の兼業化、水稲栽培が際立っていく。そして担い手不足が拡がり、離農、あるいは耕作放棄が起こる。このような構造的な問題に対して大規模受託経営が行われ、さらに、市街地と郊外の山間部の格差が拡がり高齢化が進む中で、地域の住民組織が農林産物直売所をスタートさせ、さらに、独自の買い物弱者支援に踏み込んでいるのである。

1. 農業部門の新たな取組み／大規模受託と6次産業化

　小規模農地に制約され、兼業主体の農業となり、高齢化、後継者不足、担い手不足が深まる中で、近年、農業をめぐって興味深い取組みが開始されている。一つは農業そのものに関わるものだが、農地の集約化を進めるものであり、集落営農、大規模受託経営が拡がり始めている[2]。もう一つは、農業経営の複合化、あるいは6次産業化というべきものであり、農産物直売所、農産物加工、農村レストランなどが幅広くみられるようになってきた。

　集落営農に関しては、富山県などの北陸で機械の共同利用から開始された「全員参加型（ぐるみ型）[3]」と、中国山地などの条件不利地域で集落の維持を目的に開始された「オペレータ型」などが知られる。これに対し、個々の農家の経営面積が比較的大きい東北地方では、転作請負のあたりから開始された大規模受託経営が目立ち始めている。

　また、第一次産業の自立的な経営、加工度の向上、高付加価値化は、従来から大きな課題とされていたのだが、1990年代の中頃から各地に一斉に農産物直売所[4]、農産物加工[5]が拡がり始め、農村に新たな可能性を導き出している。それは近年、6次産業化、複合経営などといわれ、全国的な拡がりをみせ始めている[6]。北上も例外ではなく、幾つかの興味深い取組みも開始されている。

　本節では、大規模受託経営の一つのケースとして、全国でも最大級の西部開発農産のケースと、6次産業化のケースとして、桑の加工品に踏み出している更木ふるさと興社、さらに畜産物の加工を展開している北上まきさわ工房のケースをみていく。

(1) 約800haの農地を耕作する日本最大級の大規模経営
　　——どんな条件の悪いところでも引き受ける（西部開発農産）

　比較的耕作農地の規模の大きい東北地方では、近年の高齢化、後継者不足、担い手不足、耕作放棄地の増加といった事情に対して、専業農家、あるいは専

照井耕一氏

西部開発農産の管理圃場と照井渉氏

業農家の集団が転作請け負いなどからスタートし、大規模受託経営に向かっている場合が少なくない。岩手県北上市郊外の旧和賀町後藤に経営規模約 800ha という全国最大級の大規模経営を展開している㈱西部開発農産が立地している[7]。

▶戦後入植し、その後、請負耕作に向かう

　戦後の開拓地が拡がる北上市郊外の旧和賀町後藤に、西部開発農産の拠点があった。事務所の他に、精米施設、駐機場、農機の整備場等が展開していた。私が初めて訪れたのが 2009 年 3 月、創業社長の照井耕一氏（1944 年生まれ）は「2008 年の耕作面積は 488ha、従業員はパートタイマーを含めて 53 人」と語っていた。2016 年 10 月、7 年半ぶりに訪れると、照井氏の次男で常務取締役の照井渉氏（1971 年生まれ）は「現在の耕作面積は 800ha 前後、一部に二毛作を行っているから実質 900ha 前後、従業員は 100 人前後。その他にベトナム人の研修生が 10 人ほどいる」と語っていた。

　照井家は兵庫県の出身、照井耕一氏の父が現在地の旧陸軍後藤野飛行場跡地に入植したのが 1947 年であった。数十世帯が入植してきた[8]。だが、父は耕一氏が 8 歳の時に亡くなり、母が子供 3 人を育て上げた。石ころだらけの土地

を耕し続け、ヒエ、アワ、イモを作っていった。耕一氏は長男であり、北上農業高校（現花巻農業高校）を卒業し、直ぐに就農した。その頃には牛1～2頭を飼い始めた。耕一氏の次男の渉氏は小学校に入学する前から、20頭ほどになっていた乳牛の餌やりを朝夕に担っていた。小学2年生の頃には乳牛から和牛の肥育にシフトしていた。和牛は40～50頭になっていった。黒沢尻北高校に入ってからも朝は牛の餌やりを続けていた。

　渉氏が高校生の頃の1986年に、父は稲作の減反に伴う転作に対応できない農家からの受託の必要性を痛感、受託経営に踏み出し、耕作面積53ha、3人のメンバーで㈲西部開発農産をスタートさせている。「農畜産物の生産販売」「農作業の受託」「農産物の加工販売」「産業廃棄物の収集・運搬・処分」を掲げていた。照井耕一氏は「条件の良くないところを積極的に受けていく」と語っていた。耕一氏の長男の照井勝也氏（1969年生まれ）は花巻農業高校、岩手大学農学部を卒業して家業に入っていった。次男の渉氏は父の帳簿付けの苦労をみていたことから東京の経理の専門学校（2年制）に進学、その後5年ほど東京の会社で経理の仕事に就き、1997年に家業に戻ってきた。その頃には、耕作面積は200haほどに拡大、従業員も30人ほどになっていた。2012年には、代表取締役社長は耕一氏から長男の勝也氏に交代している。2011年には株式会社化している。

　耕地面積は1989年88.6ha、1998年315.0ha、2008年472.2ha、2014年822.7ha、そして、2016年には実質900haにまで拡大していた、農地を買って欲しいと

マッシー・ファーグソンの大型トラクタ　　　　大型精米設備

いう要望も多く、西部開発農産の自前地は約150haに拡大していた。高齢化し、後継者のいない農家からは「やって欲しい」との要望が寄せられる。基本的には「全て受ける」構えであり、現地を確認し、本部から1時間30分以内の場合は全て受け入れていた。機械の入らない圃場に関しては手押し機で対応していた。北上市内全域と隣接市町村の範囲であった。請負料は条件によるが平均で10aあたり1万円、最大で1万5000円、最小で6000円程度であった。

▶大規模経営の中のあり方

　実質耕作面積の内訳は以下の通り。水稲約300haは固定しているが、大豆（約300ha）、小麦（約150ha）、そば（約150ha）はブロックローテーションで回していた。その他に、野菜栽培はアスパラ（3ha）、青ネギ（1ha）、ベビーリーフ（ハウス、1ha）、トマト（ハウス、50a）に加え、繁殖牛100頭、肥育牛150頭を飼養していた。当初は肥育だけであったのだが、子牛の価格が上昇していることから繁殖まで手掛けるようになっていった。その他に味噌の加工、精米、そばの製粉などの加工も行っている。農機に関しては、トラクタ約30台、コンバイン約20台を保有し、数年前からは農機の整備も自前で行っていた。

　従業員は正社員40人、パートタイマー60人であり、男性：女性は6：4ほどの比率であった。岩手大学農学部卒業者が数人在籍していた。季節によっては人員不足が生じるが臨時のアルバイトを募集して対応していた。

　販売先は、全体的には民間の業者（商系等の商社）70％、JA20％、直販（個人、店舗、レストラン等）10％であるが、JA関係には大豆、小麦を中心に一部の米も提供していた。そばは全量を商社に販売していた。加工品については、精米品は直販、そば粉はそば屋などに向けられていた。和牛は市場にかけられることになる。

　このように、西部開発農産の事業は年々拡大傾向をみせている。数年後には1000haに達することが見込まれているが、当面、設備的な制約が懸念されていた。おそらく、今後、事業的には水稲は高品質なブランド米への展開、転作の大豆、小麦は品質の安定化、さらに、多様な野菜の栽培、物流の改善、加工

品の展開などが課題になっていくものと思われる。条件の良くない地域を含めた大規模受託経営に取り組んでいる西部開発農産の取組みは称賛されるべきものである。そして、農産物、農産加工品についてはさらに高品質化、ブランド化が求められている。大規模経営の中で、そのような新たな取組みが求められていこう。

▶ベトナムプロジェクトの展開

　この間、照井耕一氏は2012年にベトナムを初めて訪問、以後、訪問を重ねながら、ベトナムプロジェクトに踏み込んでいった。2013年からはベトナム研修生の受入れ、2014年にはハノイ市近郊のフンエン省で水稲の試験栽培を重ね、2015年2月には現地法人として有限会社西部農産ベトナム（SNVN）を設立している。資本金20億ベトナムドン（約1150万円）、西部開発農産の100％出資で設立した。

　事業内容は、①ベトナム国内での日本米の生産販売、②ベトナム農業の近代化と生産性向上による従事者の所得向上、③農業を通じたベトナムの経済発展への貢献、が掲げられている。

　現状、1haの農地を借りて試験栽培の段階であり、コシヒカリ、ひとめぼれ、あきたこまち等の日本米、また、地元のジャポニカ米を栽培している。これからの取組みとしては、ジャポニカ米の自社生産の規模拡大と栽培技術の普及、進出日系企業・農業法人との連携、ベトナム企業（加工工場、野菜生産企業、肥料生産企業、バリューチェーンの構築）との連携、農業機械による作業請負、農機の修理、販売、農機メーカーなどとの連携、農業コンサルティング事業の展開、研究機関、国際機関などとの協力、そして、ベトナムの気候に合ったジャポニカ米品種の選別と新品種開発が意識されていた。

　西部開発農産がスタートして30年、高齢化、担い手不足で悩む国内で未曾有の大規模受託経営を推進し、農業と農地の保全に重大な役割を演じてきた。その理念は次に発展途上のベトナムにも向かっているのであった。

(2) 地区の総力を上げて桑茶に取り組む
——工業都市北上郊外の農村地帯（更木ふるさと興社）

　岩手県北上市といえば、東北自動車道、東北新幹線の開通が見通せた1970年前後から一気に企業進出が進み、現在では北東北随一の厚みのある工業都市を形成している。当初の半導体部門から、近年では自動車産業関連集積も進み出している。

　この北上市の西の郊外は、農村、稲作地帯であり、中心部の工業化に伴い、兼業農家が増加し、稲作へのいっそうの傾斜、若者の離農が進み、人口減少、少子高齢化も著しい。北上市全体をみても農地の中で水田の占める比重は92％にも及んでいる。兼業が進むと水稲の比重が高まる典型的な歩みを示していた。ただし、米価は低迷し、北上市は工業化の成功の裏面で農業の取り扱いに苦慮しているのである。

　このような北上市の農業をめぐる基本的な構図の中で、1954年の昭和の大合併時に北上市に組み込まれた旧更木村で興味深い取り組みが重ねられていた。

▶桑茶による地域の起業に取り組む

　旧更木村の2015年現在の人口は1187人、北上市郊外に位置するが、市の中心まではクルマで15分程度の位置にある。なだらかな丘陵地帯となり、純農村地帯を形成していた。地元では「北上市の中の在」という言い方をしていた。

　若者の減少、人口減少に悩み、2000年代中頃には「何とかしなければならない」との気運が盛り上がっていった。その頃、2008年1月4日の『岩手日報』に、「桑食文化」と題して、桑に機能性物質が多く含まれ、免疫機能、抗加齢機能があることが紹介されていた。特に地元の岩手大学農学部が取り組んでいることが掲げられていた。

　元々、更木村は養蚕を行ってきた歴史があり、桑の木が残り、養蚕農家も1戸存在していた。その2008年2月1日に一関市において経済産業省の「地域資源活用型研究開発事業」という公開シンポジウムが開催され、桑研究の第一人者である岩手大学農学部の鈴木幸一教授による基調講演も用意されていた。このシンポジウムには更木から十数名が参加し、試食会等もあり、大きな感銘

を受けた。

これに刺激され、2月11日には、「更木桑資源活用研究会」を立ち上げている。早速、北上市の「きらめく地域づくり交付金」を活用し、事業展開の可能性を探っていく。2008年7月には、地元唯一の養蚕家からの提供により、地域の人びと50人による桑葉の採取を2回行い、大船渡農協のお茶加工施設で製品化を試みた。製品として桑茶とパウダー、さらに、更木女性の会ではそれを利用した豆腐ケーキなどを作り、好評を博した。また、地元の製麺家の協力を得て、桑茶うどん、桑茶きしめん、桑茶そばなども試作した。

2009年1月には事業の組織化を図り、4月には、北上市が更木地域資源活用起業化支援事業として取り上げていくことになった。

▶大手食品企業と共同事業に

このような地域資源を見直した地元主体の事業の場合、最大の課題は販売先ということになる。この点、タバコの香料などを手掛ける食品大手の豊玉香料の子会社であるトヨタマ健康食品が、岩手県で桑茶工場建設の計画を持っており、2009年2月には、トヨタマ健康食品と更木桑資源活用研究会は桑資源の活用についての研究会を持ち、4月には業務提携に合意している。

農協の米倉庫を改修した更木ふるさと興社

これを受けて、同年5月22日、発起人5名により農業生産法人㈱更木ふるさと興社を資本金350万円で設立している。6月には町内の40名からの出資により増資を行い、資本金は700万円となった。また、6月にはいわて花巻農協の米倉庫を借用し、改修費用約800万円を投じて加工工場に改修している。桑茶加工用の機械設備についてはトヨタマ健康食品のリース物件とした。6月26日から試運転を開始し、6月29日には荒茶の本格生産に入っている。まことに急ピッチな展開であった。

▶生産と販売

　原材料の桑葉の地元産は少なく、岩手県北の種市（現洋野町）から入れている。南の江刺からも入れたいのだが、東日本大震災後の放射能の風評被害もあり、しばらく入れていない。いずれにしても10トンの材料を調達し、即日ないし翌日に荒茶の段階まで持っていく。加工工程は切断、蒸し、揉み、乾燥というものであり、出来上がった荒茶を常温保管し、通年で製品化していく。トヨタマ健康食品は荒茶年8トンの生産を基準に4トンを購入する契約になっている。

　製品は篩にかけて大きさを整える「リーフタイプ」のものと、粉砕してパウダー状にする「パウダータイプ」の2種がある。リーフタイプは100gで小売価格1000円、パウダータイプは60gで1000円と設定されていた。

　トヨタマ健康食品以外の販売先は、岩手県内のお土産屋、茶販売店、さらに

粗揉機を入れる　　　　　　パウダータイプ（左）とリーフタイプの桑茶

いくつかの代理店とされていた。ライバルは一関にあり、当面、知名度を高めることを課題としていた。この領域、年配の健康食品愛好者がおり、その人たちがリピーターになっていた。

　地区の起死回生を願うこの事業、従業員は常勤役員の3人に加え、正社員2人、パートタイマー（女性3人）のメンバーで取り組まれ、7月から10月の桑葉の収穫期には、さらに地元の人をパートタイマーとして起用していた。

　▶女性グループによる起業に向かう
　このような地域資源を見直した産業化の場合、地元にいかに付加価値を残していくのか、さらにいかに雇用を拡大していくのかが課題にされる。経験を重ねてきた更木ふるさと興社は、2012年4月に新たに加工工場を設置していた。「更木結っこ工房」と称し、地域の女性5人でスタートしている。いずれも兼業農家の女性たちであり、最高齢は60代中盤、以前から行事の時などで一緒に料理や菓子を作ってきた。場所は更木ふるさと興社のすぐ近くの農協の事務所兼ストアのあったところであり、空いていた。そこを改造し、調理室にしていた。

　現在のメインの商品は、「更木アケガラス」という名称の伝統菓子であり、クルミが入っている餅菓子、二つ目は桑葉入りの「トーフケーキ」、三つ目は桑葉入りの「クッキー」であった。これらは地元の農産物直売所や岩手県が東京銀座に展開しているアンテナショップ「いわて銀河プラザ」にも出している。評価は「良い感じ」ということであった。さらに、桑茶を練り込んだ「桑そば」「桑うどん」「桑そうめん」も開発していた。今後の課題としては直営の販売店を持つこと、5人のメンバーで法人化することも意識していた。

　このように、全国の各地で地域資源を見直した事業化が図られている。そして、次の課題は加工度を上げ、付加価値を地元に残し、雇用の拡大につなげていくことが指摘される。そして、もう一つの課題として農村女性起業に期待される点は大きい。農村の女性たちはこれまでもグループを作り、漬物、惣菜、菓子などを生産してきたのだが、これまでは販売先がなく、周囲にお裾分けして終わりというものであった。

だが、近年は直売所があり、宅配便も発達している。このような時代状況の中で、女性による起業の可能性は高くなっている。事実、この縮む日本で起業が活発であるのは、地域資源をベースにする農産物加工の農村女性起業とされている[9]。この更木地区の取組みは、そのような可能性に向けたものとして興味深いものであった。

(3) M&Aにより、事業展開を積極化
──本格的なドイツ風ハム、ソーセージに向かう（北上まきさわ工房）

全国の各地で食に関わる興味深い取組みが重ねられている。そうしたものの一つに本格的なドイツ風のハム、ソーセージの生産が取り組まれている。機械金属工業都市を編成してきた北上市の郊外で、ドイツで技術を学び、岩手産の豚肉をベースに高いレベルのハム、ソーセージが生産されていた。このハム、ソーセージ、周辺では評判になっていたものの、経営的に伸び悩み、事業譲渡による新たな事業経営体制で次のステージに向かっているのであった。

▶北上郊外でスタートし、事業譲渡により新たな展開

2009年に現㈱北上まきさわ工房の取締役会長高橋正幸氏（1945年生まれ）と代表取締役伊勢学氏（1964年生まれ）が、それぞれ600万円、100万円を出資し株を取得、経営に携わっていくことになる。2人とも食品関係の経験が深

北上まきさわ工房の新工場

製品のフランクフルト

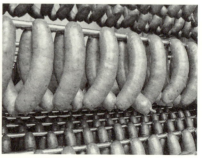

提供：北上まきさわ工房

ソーセージの生産現場

く、TVショッピングや通販系をターゲットにした自社ブランド品のPR、高級外食レストランやデパート、問屋筋等、製造技術を活かしたOEM生産を強化していった。基本的には価格競争に巻き込まれる量販店以外に広く販路を求めていった。なお、また、ドイツで製造技術を学んだ工場長の昆野修氏が生産技術の中心となり、現場の先頭に立っている。

　この北上まきさわ工房のハム、ソーセージの特徴は、以下のように記されている。「㈲ありす畜産（住田町）の契約農場で、最新の設備を使い、一貫飼育された豚を主原料とし、香辛料は本場ドイツから取り寄せ、天然の塩・さとうきび砂糖を使用。保存料・防腐剤等の食品添加物は使用せず、その他の添加物も必要最小限に抑え、肉本来の味を生かすと共に安全な食品の供給に努めている。」「ソーセージは、本場ドイツ仕込みの技術と厳選された素材の融合から生まれた本格的な味。なかでもプレーンウインナーは、1999年ドイツ国際食肉加工品コンテストで金賞を受賞、2000年にも同コンテストで金賞を連続受賞して」きた。なお、最近では、2012年、ドイツ農業協会コンテスト（2年に一度開催）で粗挽きウインナーが金賞、2014年には同コンテストで粗挽きウインナー、プレーンウインナー、焼き豚が金賞を受賞している。

　ソーセージはドイツの場合はプレーンウインナーが好まれるが、日本では食感の強い粗挽きウインナーが好まれる。ドイツの製法と香辛料をベースに、日

本人が食べやすいものにしていた。豚は 170 日（約 70 kg）で出荷される。北上まきさわ工房は週に 50〜60 頭ほど（部位になっているもの）を購入していた。ロースはハム用、モモ、肩（腕）がソーセージ用、肩ロースが焼豚用、バラはベーコン用、ヒレはビアシンケンの赤身肉とされていた。

▶新たな生産拠点を設置し、次に向かう

　事業譲渡された口内町の工場は老朽化し、売上額が伸びて手狭になってきたことから移転拡大を考えていた頃、北上市の企業立地課に相談、北上産業業務団地（オフィスアルカディア・北上）を紹介される。この団地の場合は都市計画上の用途指定が準工業地域であるため、売店を設置することが可能であった。面積約 1141 坪を取得、2016 年 2 月に建物約 314 坪（工場、売店）をオープンさせるに至った。売店は以前の口内工場でも設置していたのだが、ほぼ倍の広さになった。毎週第 3 土曜日を特売日とし、肉や加工品を手頃な価格で販売しており、朝から行列ができ、午前中で大半は売り切れになるほどの盛況ぶりであった。1 回の特売で客数約 300 人、売上額は 150 万円ほどとなっていた。以前の口内に比べて北上市街地に近く、平日客も増えているようであった。

　現在の従業員数は 25 人（男性 10 人、女性 15 人）。取扱商品はウインナー（プレーン、粗挽き、チョリソー他）、ソーセージ（リオナー、ビアシンケン、ミートローフ他）、ハム（ロースハム、ボンレスハム、ペッパーロースハム他）、ベーコン（バラベーコン、ショルダーベーコン）、加工品（焼豚、ポークジャーキー）他とされていた。

　「おいしさ」にこだわり、「創る」にこだわり、「素材」にこだわり、「育てる」にこだわっていた。本場ドイツでも評価される加工技術、手作業で切り分け、時間をかけて丁寧に仕上げ、肉本来の味を引き出す加工に努め、また、豚一頭一頭を大切に育てていた。北上市は郊外が広く、優れた農業、畜産業が展開している。さらに近代工業化により「モノづくり」の気質も育っている。そのような環境の中で、「食」の領域でも興味深い取組みが重ねられているのであった。

2. 北上市郊外の人口減少、高齢化の進展

　岩手県北上市は市をあげての必死の取り組みにより、2016年12月末現在、225社（関連含めて約270社）に及ぶ企業誘致に成功、北東北最大の工業都市を形成、さらに、現在では北東北の物流基地としても発展を重ねている。縮む日本で数少ない発展する人口10万人前後の地方都市として注目されている。従来からの半導体等のエレクトロニクス産業に加え、近年は自動車関連産業の集積が始まり、さらに、2015年にはセブンイレブンとしては最大規模のおにぎり、惣菜、パンの製造・物流基地がスタートした。

　旧黒沢尻町、飯豊町、鬼柳町のあたりが市街地、工業団地を展開させているものの、市域の東側に位置する口内、西側の和賀、岩崎といった旧町村部は広大な中山間地域を形成している。東北で最も成功した工業都市、さらに物流拠点として歩んでいるが、郊外は人口減少、高齢化が進む中山間地域である。そ

表 8—1　北上市地区別人口推移

区分	1990 (人)	2000 (人)	2005 (人)	2010 (人)	2015 (人)	00/90 (％)	10/00 (％)	15/10 (％)
北上市	82,902	91,501	94,321	93,138	93,511	10.4	1.8	0.4
黒沢尻	27,966	30,730	31,309	31,153	32,328	9.9	1.4	3.8
立花	2,184	2,242	2,269	2,113	2,046	2.7	−5.8	−3.2
飯豊	8,792	10,943	12,429	12,699	12,861	24.5	16.0	1.3
二子	3,292	3,453	3,533	3,451	3,363	4.9	−0.1	−2.5
更木	1,550	1,412	1,340	1,256	1,187	−8.9	−11.0	−5.5
黒岩	1,093	1,046	1,044	1,020	939	−4.3	−2.5	−7.9
口内	2,280	2,018	1,925	1,703	1,570	−11.5	−15.6	−7.8
稲瀬	1,044	984	911	854	843	−5.7	−13.2	−1.3
相去	6,436	7,907	8,463	8,247	8,293	22.9	4.3	0.6
鬼柳	4,142	5,206	5,281	5,356	5,466	25.7	2.9	2.1
江釣子	9,346	11,161	11,741	11,809	12,073	19.4	5.8	2.2
和賀	6,276	5,629	5,271	4,830	4,353	−10.3	−14.2	−9.9
岩崎	3,677	3,422	3,285	3,092	2,768	−6.9	−9.6	−10.5
藤根	4,824	5,348	5,520	5,555	5,421	10.9	3.9	−2.4

資料：『国勢調査』各年版

表8—2 口内町の人口動態と将来推計

区分	2000	2005	2010	2020	2030	2040
15歳未満	245	217	157	101	73	45
15〜64歳	1,149	1,035	913	629	457	324
65歳以上	624	674	633	667	574	471
計（人）	2,018	1,925	1,703	1,397	1,103	840
高齢化率（％）	30.9	35.0	37.2	47.7	52.0	56.1

注：2010年までは国勢調査結果。2020年以降は国勢調査結果を用いた平均法で算出。
資料：北上市

の中山間地域の一つである北上市口内町（旧福岡村）で興味深い取り組みが重ねられている。

（1）口内町と農林産物直売所の設置
——住民の出資によりスタート（あぐり夢くちない）

口内町は北上市の東端に位置し、市街地から東に太平洋沿岸の大船渡市に向かう国道107号に出て北上川の日高見橋を渡り、多岐峠を越えたあたりに拡がっている。典型的な中山間地域であり、周囲が山に囲まれ、冬季には積雪に悩まされる。面積は約30㎢、人口は合併直前の1953年には3787人を数えたが、2000年には2018人、さらに、2010年には1703人、2015年には1570人となった。62年間で人口は2217人の減少、減少率は58.5％に上る。この10年をみても、2005年から2015年の間で355人の減少、減少率は18.4％を数える。急角度の人口減少地域といえる。

そして、この口内町では、以下にみていくように、興味深い二つの取り組みが開始されている。一つは農林産物直売所の「あぐり夢くちない[10]」であり、もう一つは、「NPO法人くちない」の取り組みであろう。これらはいずれも人口減少の中山間地域における先駆的なもののようにみえる。

▶旧伊達藩最北の地として小城下町を形成

岩手県は「南部」といわれることが多いが、旧南部藩は青森県東部と岩手県

北部の範囲であり、岩手県南部は旧伊達藩（仙台藩ともいう）が治めていた。廃藩置県後の「県」は旧藩を基礎にした場合が多いのだが、岩手県は旧南部藩と旧伊達藩が切り取られ新たに組み合わされて現在に至っている。その旧南部藩と旧伊達藩の境目が現在の北上市であり、市内にかつての藩境を示す土盛りが一直線に点在している。このように、江戸時代の大藩の藩境という微妙な事情から、北上は最近まで経済発展の契機をつかむことができず、戦後の昭和30年代までは水稲中心の穏やかな農村地帯を形成してきた。

そして、口内のあたりは、伊達藩の最北の地であり、軍事上の要衝とされ、浮牛城が築城されて小城下町を形成、100人ほどの武士団が常駐していた。天明の大飢饉（1782〜1788年）の頃に、武士の内職として口内傘づくりを始め、特産品にもなっていった。戊辰戦争の帰趨を決したとされる白河の戦いに50人の武士団が出陣したが、敗北に終わった。明治維新後、全員が就農土着化していった。

このような歴史的な背景により、この口内町はまとまりも良く、自立的な地区として知られている。明治時代の村制により現在の口内町の一帯が福岡村となり、さらに、1954年の町村合併により北上市の一部（現在の口内町）となった。

浮牛城址からみた口内町の郊外　　　　昆野将元氏

▶地区住民の大半が出資する直売所

　かつては小さな城下町を背景に口内傘、口内下駄等の特産品もあったのだが、戦後の洋風化の中で消えていった。その後は、林業、水稲中心の山間地農業、畜産などに展開しているものの、人口の流出は著しい。北上市街地、工業団地等までは峠を越えてクルマでわずか15～20分ほどの距離であり、通勤可能なのだが、冬季の積雪もあり、人口流出は止まらない。このような事情の中で、1997年12月、地区の人びとの念願であった農林産物直売所の直売センター北上協同組合がスタートしている。

　この口内、林業が盛んであったのだが、1970年代以降、林業が衰退し、農業による地域活性化を意識していく。そのため、山村活性化のための林業構造改善事業を利用して「農林産物直売所」の建設に向かっていった。1991年には口内町自治協議会がまちづくり推進委員会を設置し、「地場産品展示即売所の設置」についての検討をスタートさせ、1992年には林業構造改善事業による産直センターの建設促進を決定していく。さらに、1994年には口内町農林産物販売施設建設準備委員会を設置、1996年には組合員の募集開始をしている。そして、1997年3月には設立発起人会を設置、同年6月には「直売センター北上協同組合」の設立総会の開催にまでこぎつけている。

　当初の組合員は約280名であったが、口内町の世帯のほとんどが1口3万円の出資に応じた。それだけ、地域の人びとの期待を背に船出したということであろう。組合の正式名称は「直売センター北上協同組合」だが、愛称は「あぐ

農林産物直売所「あぐり夢くちない」　　　あぐり夢くちないの店内

り夢くちない」という。全国の農産物直売所の中には、出荷者の出資に基づくものは少なくないが、あぐり夢くちないの場合は、協同組合の形態をとっていること、さらに、出荷意思のない住民までを含んだ幅の広い出資である点で際立っている。住民全体の「もの」としてスタートしたのであった。

▶ミニスーパー、一般商店的な性格を帯びる

1997年10月に着工、1998年11月竣工、同12月5日に営業開始となった。敷地面積2500㎡、展示販売施設307㎡であり、総事業費は1億円、補助金は岩手県60％、北上市25％となり、残りの15％は銀行・農協借入となった。現在の組合員数は約370名、実際の出荷者は約200名である。約170名は出荷していない。施設の構成は農産物、加工品、木工品、林業器具等の直売、それに、口内町内唯一の食堂が付設されている。

なお、施設内を観察すると、精肉、鮮魚、刺身に加え、日常生活用品であるお茶、洗剤、カップ麺、熨斗袋、惣菜、北上市指定のゴミ袋等が置かれている。基本的には農林産物直売所であるのだが、もう一つの顔として「ミニスーパー」的な役割を演じている。この点が、全国の農林産物直売所の中でもあぐり夢くちないのもう一つの際立った特徴であろう。

実質的な初年度である1999年の売上額は6760万円であったが、2011年の売上額は1億3000万円に達した。その後、東日本大震災の影響で2012年度は1億1100万円に低下したものの、2013年度は1億1700万円に回復している。

鮮魚も置いてある　　　　　　あぐり夢くちないの食堂

商品別の売上額構成（2013年度）は、農畜産物58.0％、加工食品12.8％、林産物5.5％、その他23.7％であった。このその他の中には、精肉、鮮魚、刺身、その他の生活用品が含まれている。

買い物客の地域別分布でみると（2013年度）、口内町32.3％、北上市内（口内町は含まない）38.9％、花巻市10.4％、奥州市（金ケ崎町を含む）9.8％が中心であり、その他は釜石市、遠野市などとなっている。口内町内が3分の1を占めているのは、町内で唯一の食品ミニスーパー的な機能も備えているからであろう。この点、少し前の2009年の組合通常総会資料では「JA口内支所の閉鎖に伴い、店舗もなくなりました。地元の方とくに高齢者の方々にとって食料品、日用品の買い物が不便になったことに対し、『あぐり夢』として、できるだけ対応しているのですが、産直としての農産物、林産物のほかに、一般商店的な機能を持っていかねばなりません」と記されている。地元で唯一の食料品店であったJA売店が閉鎖され、あぐり夢くちないは、ミニスーパー、一般商店的な性格をも求められていったのである。

▶共同売店的性格を強める

また、あぐり夢くちないの組合員は、農家ばかりではない。当初から地元の畜産・畜産加工業である北上まきさわ工房も入っており、自家製のウインナーやフランクフルトなどを出していた。当初は畜産品のほかには菓子などが若干置かれていた。そして、その後、口内町の環境が変わり、人口減少、商店の閉鎖などから、あぐり夢くちないが新たな役割を演じていくことになり、北上まきさわ工房も精肉を提供するようになっていく。

さらに、従来、鮮魚の移動販売専業であった千葉商店が組合員となり、鮮魚からバナナ、ミカン等の果実までを入れてくることになる。その後、千葉商店は移動販売を停止し、あぐり夢くちないへの出荷を軸にするものになっていく。この千葉商店の場合は1日に数回出荷してくるのであった。店頭には鮮魚のほかに刺身なども並べられていた。また、お茶、日配品、菓子類、洗剤等は地元の小売店（吉辰商店）、桑茶は更木ふるさと公社（北上市更木地区）が入れてくる。

パン類はオリオンパン（花巻市）、ゴミ袋は市から直接購入、タバコは自動販売機（市街地の小売店が設置）で対応していた。なお、口内町の市街地に酒店2店が残っていることから、酒類は扱っていない。理事長の昆野将元氏 [11]（1948年生まれ）は「いわゆる農林産物の直売は80％、その他の日用品販売が20％ぐらいか」と語っていた。

また、あぐり夢くちないは高齢で直接持ち込めない出荷者に対しては、要請があれば庭先集荷も行っている [12]。商品の配達も必要に応じて行っている。このように、地域の期待を背に農林産物直売所としてスタートしたあぐり夢くちないは、その後、地域の人口減少、高齢化、さらに地元商店等の閉鎖などの中で、地域の人びとの暮らしを支える共同売店 [13]、ミニスーパー、一般商店的な役割を演じていくのであった。

さらに、2012年からは北上の中心市街地の空き店舗を利用し、4月から12月までの毎週2回（水、金）「街なか産直」を実施している。2013年は74回に及び、その売上額は400万円を超えた。また、市内常盤台団地（年3回）、東京都江東区の区民まつり（2日間）にも出店するなど活動の範囲はさらに拡大しているのであった。

（2）買い物弱者支援の取組み
——まちづくりに向かう（NPO法人くちない）

口内町のさらに郊外の中山間地域で展開している「あぐり夢くちない」は、以上のような展開方向にあるが、口内町の中心市街地のあたりの人口減少、空洞化は著しい。スーパーは元々なかったものの、かつてはJA口内支所、JA売店、食料品店6〜7店、ガソリンスタンド2店（1店はJA）などがあったのだが、次第に減少し、現在では、人口1570人の町の中心市街地で目立った施設としては、公民館（口内地区交流センター）、郵便局、酒店（2店）、タバコ・菓子・雑貨店（2店）、理容店（2店）、自動車整備工場以外に見当たらない。どこの人口減少地域でも、最後まで残るのは、酒店、理容店とされている。口内町の市街地もほぼそのような状況になっているのであった [14]。

そして、2007年にJA口内支所が閉鎖され、併設されていた売店もガソリ

ンスタンドも同時に閉鎖された。JAの施設としてはATMだけが残された。郵便局にもATMがあり、口内町ではATMは2台となった。飲食店は現在ではあぐり夢くちないの中の食堂だけとなっているのである。

▶NPO法人くちないとボランティア輸送活動

このような事情の中で、2009年5月、NPO法人くちないが設立認証されていく。理事長には北上まきさわ工房の創業者であった昆野先男氏が就き、副理事長には昆野将元氏が就いている。正会員20人ほどでスタートした。活動目的は「口内町のよさを次世代に伝えるとともに、存在するさまざまな課題を住民自らが解決することにより、口内町の明るく豊かな生活の実現に寄与すること」としている。活動分野は①保健、医療又は福祉の増進を図る活動、②社会教育の推進を図る活動、③まちづくりの推進を図る活動、④環境の保全を図る活動、⑤地域安全活動、⑥子どもの健全育成を図る活動、などに置いている。

この5年ほどの活動の中で目立った事業は、「過疎地・福祉有償輸送」「緊急雇用創出事業（店っこくちない）」の実施であろう。この過疎地・福祉有償輸送事業は、公共交通が衰微し、クルマに乗れない高齢者等が待ち望んでいたものであった。2010年4月に北上市自家用自動車有償運送運営協議会で実施計画が承認され、運輸局東北支局に「過疎地有償運送」「福祉有償運送」を申請、7月5日付けで受理された。そして、9月27日に運行開始している。

この事業は事前に登録された世帯に対して、買い物等の送迎、介護の必要な人の病院への送迎を自家用車でボランティア的に行うものであり、1回あたり100円を徴収していた。登録者は31世帯であった。これらに対して、NPO法人くちないの会員等10人ほどがマイカーで無償で対応していた。

▶「あぐり夢くちない」と「NPO法人くちない」を両輪に

先のJA口内支所と売店の閉鎖により、口内町市街地の買い物は著しく不便になった。そのような事情から、閉鎖された売店の復活が求められ、2012年7月1日から翌年3月11日までの約半年間、緊急雇用の制度を使いながら平日の10時から16時まで開店した。その後、緊急雇用の補助は切れたものの、

口内町の中心市街地にわずかに残る酒店　　旧 JA 売店を再利用した「店っこくちない」

NPO 法人くちないが自主的に開けている。精肉、鮮魚は置いていない。日用品、缶詰、菓子等を置いていた。注文があれば仕入れし、また、配達は3〜4日の余裕をもって無料で対応していた。さらに、店舗の一角に調理場があることから、週に2日は天ぷら等の惣菜をつくり、注文があれば配達していた。ただし、弁当は生産していない。弁当生産には保健所の別の許可が必要とされていた。その他には、高齢者宅の庭の草刈り、家の中の簡単な修理、さらに、冬季には住宅敷地内の除雪なども引き受けていた。

　施設の持ち主は地質ボーリング調査などを事業とする㈱地水であり、地水自体は JA が事務所としていた本館を使っていた。NPO 法人くちないはかつての JA の売店であった部分を格安で借りていた。昆野将元氏は「当面、あぐり夢くちないと NPO 法人くちないの二本柱で行く。NPO は資金的に苦しい」と語っていた。

　このように、人口減少、高齢化の進む口内町では、住民出資の協同組合「あぐり夢くちない」と「NPO 法人くちない」が両輪となり、地元の農産物、加工品の販売、さらに、生活支援のための食料品、生活用品の販売、さらに、ボランティア輸送を手掛けている。そして、これらの担い手の平均年齢は60歳を超えている。まさに、高齢者が高齢者を支える取り組みが繰り広げられているのであった。

3. 工業都市北上郊外の課題と可能性

　中山間地域ばかりでなく、都市部においても「買い物弱者」問題が拡がっている現在、「全国各地の買い物弱者を応援する方法としては、身近な場所に①店を作ること、家まで②商品を届けること、そして、家から③人々が出かけやすくすることが必要[15]」とされている。

　このような点からすると、口内町のあぐり夢くちないと店っこくちないの取り組みは、中心市街地と郊外に店を作るものであり、必要に応じて商品を届け、人びとを外に連れ出す取り組みを重ねていることになる。さらに、農林産物直売所を設置し、地域の人びとの生産物を直売し、勇気を与えていることも重要であろう。そのような意味では、人口減少、高齢化に悩む中山間地域における先駆的な取り組みと評価することもできる。

▶発展する地方都市と周辺の落差

　ただし、口内町の中心市街地の疲弊ぶり、人口の急減と高齢化という現象を眺めると、事態はそれほど単純なものではなさそうである。条件不利の中山間地域の口内町ではあるが、発展する北上市街地との距離は意外に短い。一山越えてクルマで15～20分ほどである。町内に口内小学校はあるものの、かなり前に口内中学校は閉鎖され、現在は峠を越えて北上市立花の東陵中学校に通うことになる。北上市は通学バスを出している。高校は北上市内に県立の普通高校2校、県立工業高校1校、私立高校が1校ある。口内町の子どもたちの大半は北上市内の高校に通うことになろう。

　そして、18歳の春を迎えると、大学、各種学校への進学、就職ということになる。北上には各種学校は幾つかあるものの、大学はない。進学者の大半は盛岡、仙台、東京に向かう。就職については北上は地方都市としては豊富にある。そのような意味では、全国の地方都市のように、18歳の90％が一気に故郷を離れることはなさそうである。さらに、22歳、あるいは30歳でＵターンしても、比較的就職先には恵まれている[16]。

ただし、口内町からの通勤は可能なものの、彼らの大半は北上市街地に住居を求めていくであろう。高校時代から通い慣れており、楽しみ方も知っている。さらに、職場の多くは北上市街地、ないしその周辺である。口内町は北上市街地に通勤のできる距離感の場所でありながらも、若者の流出は進む。この点は、発展する地方都市の郊外を形成する山間地の悩みであろう。口内町の人口減少、高齢化は若者の流出という点からも大きく進行していく。

　高齢者の事情も、この若者たちとよく似ている。近年、北上市街地の発展、整備は著しい。市街地の中心に大型ショッピングセンターやシネマコンプレックスもある。また、近年、中心市街地でマンション建設が進んでいる。洒落た料理店も増えてきた。このような事情の中で、中山間地域の積雪地帯に居住する高齢の富裕層は中心市街地のマンションに移っていく。

　特に北上の場合は、この30年ほどの近代工業化の成功により地元に就業機会が増え、兼業、共働きが進んでいった。そのため、農業は機械化の体系が整っている水稲に傾斜していった。あたかも工業化を背景に兼業、共働き、水稲栽培により豊かになったとされる富山県型の発展のスタイルとなっていった[17]。

　そのような事情を背景に、2000年代に入って10年間で口内町の人口は約15.6％も減少した。全国的にみても、これだけの減少を示したところは数少ない。生活環境が飛躍的に改善されつつある北上市街地と、山間地の口内町はわずか15〜20分ほどの距離のところで隣接している。広大な面積を抱える地方都市で、発展を実感できる空間はわずかなものである。一部の中心市街地だけであろう。この劇的な格差が山間地から市街地へと人口の移動を促していく。市街地と山間地の格差があまりにも大きく、それも時間と共に拡大していく限り、それを実感できる距離にある山間地の人びとは市街地に向かっていく。

　その結果、山間地に残されるのは、多様な事情で移動できない高齢者ということになろう。地元の古いしがらみから残らざるを得ない人びと、農林業等の生業から離れられない人びと、さらに、移転するための資力に恵まれない人びととであろう。北上市全体ではこの50年ほどの間に人口は約1.4倍に増加したが、15〜20分先の一山越えた口内町では、この間、人口は半減したのであっ

た。地方都市の場合、発展過程にあっても、地域内ではむしろ際立った格差が発生することになる。

　そして、このような事情を背景に人口減少、高齢化が重なっていくと、生活を支えるための商店、飲食店、サービス業は事業基盤を失い、閉鎖されていく。口内町の中心市街地の状況はまさにそのようなところにある。人びとの暮らしをどのように支えていくのかが問われているのである。

▶中山間地域の人口減少、高齢化にどのように立ち向かうのか

　中山間地域の地区や集落が人口減少、高齢化のプロセスに入っていくと、地元に買い物の場がなくなっていく。このような事態に対して、一つの方向としては「共同売店」の設置運営、もう一つは「移動販売」の展開がよくみられる。

　また、人口減少と高齢化には大きく二つの時期がある[18]。高齢化率が40％以内の「前期高齢地域社会」と40％を超える「後期高齢地域社会」である。この高齢化率40％あたりを境にして、周辺の景色が大きく変わってくる。

　前期高齢地域社会の場合は、ステークホルダーの年齢は比較的若く、また、まだ一定の市場規模が見込まれ、共同売店の設置に踏み込んだり、移動販売も事業ベースに乗ることが期待される。だが、後期高齢地域社会に入り、人口がさらに減少し、高齢化が進むと、共同売店の運営が難しいものになり、また、移動販売は採算がとれなくなる。買い物弱者問題が際立っていく。食事の用意が難しい高齢者も増えてこよう。

　このような段階になれば、事業ベースでの共同売店、移動販売は難しくなり、公共のサイドの出動が不可欠になる。また、外部からの支援や中間的な存在としてのNPOの活動も期待される。さらに、高齢化し外に出られない人びとに向けての買い物代行、配食サービスも必要になろう[19]。

　私たちの中山間地域のこれからは、このような段階に向かっていく。口内町の現状は、住民出資の農産物直売所が共同売店的なものに進化し、さらに、その活動が母体になって、閉鎖されたJA売店を復活させるところまできていた。また、北上の中心市街地に「攻めの産直」を実施していた。そして、このような意欲的な活動の背後には、昆野将元氏をはじめとする人びとの「地域を豊か

にしていこう」とする個人のボランティア的努力が横たわっている。事業は「人」によって推進されていく。中山間地域の人の暮らしを支えるものとして、それを担う「人びと」の継続した努力が求められている。

　それでも人口減少、高齢化は進む。それをくい止める有効な手段はみつからない。居住環境の整備、地域資源を活かした産業化、場所を選ばないIT産業の誘致、育成による新たな就業の場の創設等により、若者の関心を惹きつけていくことも必要であろう。そのような未曾有の課題を抱えながら、私たちは中山間地域の人口減少、高齢化に立ち向かっていくことが求められているのである。

1）　2010年の北上市の実農家数は4425戸、経営耕地面積は6856ha、1戸あたりにすると1.55haということになる。本州以南では比較的広い。また、販売農家数は3304戸（2005年は4211戸）だが、第1種兼業農家が451戸（13.7％）、第2種兼業農家が2356戸（71.3％）、合わせて兼業農家は85.0％を占める。専業農家は495戸（15.0％）であった。一般に、地域の近代工業化が進み、就業機会が増加すると、機械化の体系が出来上がっている水稲に傾斜していく。兼業で行えるのは水稲ということになる。
2）　集落営農、大規模受託経営等については、楠本雅弘『進化する集落営農』農山漁村文化協会、2010年、関満博『「農」と「食」のフロンティア』学芸出版社、2011年、関満博・松永桂子編『集落営農／農山村の未来を拓く』新評論、2012年、を参照されたい。
3）　富山型集落営農については、関満博「『富山型』集落営農の展開――砺波平野と近代工業都市高岡の兼業農業地帯」（『明星大学経済学研究紀要』第48巻第2号、2016年12月）を参照されたい。
4）　農産物直売所については、田中満『人気爆発　農産物直売所』ごま書房、2007年、関満博・松永桂子編『農産物直売所／それは地域との「出会いの場」』新評論、2010年、を参照されたい。
5）　農産物加工に関しては、関満博・松永桂子編『「農」と「食」の女性起業――農山村の「小さな加工」』新評論、2010年、を参照されたい。
6）　なお、岩手県における「農」をベースにした多様な取組みについては、関満博

『「農」と「食」の農商工連携――中山間地域の先端モデル・岩手県の現場から』新評論、2009年、を参照されたい。

7) 西部開発農産の 2008 年頃の事情については、関、前掲書、Ⅴを参照されたい。

8) 当時の後藤野飛行場跡地の開拓の事情については、街・きたかみ編集委員会㈲みちのく民芸企画編『写真帖きたかみの風雪』トリョーコム、1983 年、がある。

9) 農村女性起業については、関・松永編、前掲書を参照されたい。

10) あぐり夢くちないのスタートの頃の事情と 2008 年頃までの事情は、関、前掲書Ⅱを参照されたい。

11) 昆野将元氏は、元々、酪農と稲作に従事していたのだが、あぐり夢くちないの発起人でないのにも関わらず、いきなり理事長に推され、以来 19 年間、理事長職に就いている。さらに、NPO 法人くちないの副理事長、北上市産直売所協議会会長にも就いている。この間の事情については、関、前掲書Ⅱを参照されたい。

12) 高齢化した中山間地域の一つのテーマとして、庭先集荷が注目されている。直売所等の販売施設側が、中山間地域の奥までクルマで入り、高齢農家のわずかな生産物を預かり、販売するというものである。それは中山間地域の高齢者にわずかな収入をもたらし、また、社会参加する喜びを痛感させることになる。この庭先集荷については、高知県、島根県で取り組みが進んでいる。高知県については、社団法人高知県自治研究センター『コミュニティ・ビジネス研究　2007 年度　年次報告書』2008 年、関満博編『6 次産業化と中山間地域』新評論、2014 年、島根県については、有田昭一郎「中山間地域の農産物直売所」(関満博・松永桂子編『中山間地域の「自立」と農商工連携』新評論、2009 年、第 8 章) を参照されたい。

13) 住民が共同出資して運営するする共同売店については、沖縄 (約 70 店)、奄美大島 (7 店) が確認されている。沖縄の共同売店については、関満博『中山間地域の「買い物弱者」を支える』新評論、2015 年、第 10 章を参照されたい。なお、沖縄の共同売店をモデルに自力で共同売店を展開しているものとして、宮城県丸森町の「大張物産センターなんでもや」(前掲書第 8 章) がある。この丸森のケースは、沖縄、奄美以外では限られたものである。

14) このような中山間地域の事情については、関、前掲書を参照されたい。

15) 経済産業省『買い物弱者を支えていくために～24 の事例と 7 つの工夫 ve2.0 (案)』2011 年 3 月、3 ページ。

16) この点については、関満博「人口減少、高齢化を迎えた地域社会と信用組合」(『しんくみ』第 61 巻第 9 号、2014 年 9 月) を参照されたい。

17) 近代工業化を背景に兼業、共働きが進み、農業が水稲栽培に傾斜し、全体として

豊かになった代表的なケースとして富山県が知られる。この点については、北日本新聞社編集局編『千五百秋に——よみがえれ富山の農』北日本新聞社、2012年、を参照されたい。北上の発展スタイルは、この富山によく似ている。関、前掲「『富山型』集落営農の展開」を参照されたい。
18) 前期高齢地域社会と後期高齢地域社会については、関、前掲「人口減少、高齢化を迎えた地域社会と信用組合」を参照されたい。
19) 中山間地域の買い物代行、配食サービスの展開と意義については、関、前掲『中山間地域の「買い物弱者」を支える』第1章を参照されたい。

【付記】本章のあぐり夢くちない、NPO法人くちないについては、関満博『中山間地域の「買い物弱者」を支える』新評論、2015年、に掲載のものを一部調整し、再録した。

第9章　北上の事業支援機関、人づくり、ネットワーク

　地域産業、中小企業の振興を図っていくものとして、国や都道府県による補助金などの金融的支援、試験研究機関の設置による技術支援などが古くから行われてきた。だが、これまでは、国—都道府県—市町村という階層構造の中で、都道府県や市町村には独自な産業政策を行うことは求められておらず、地域の産業構造の問題を解決し独自に戦略的な産業政策を立案、実施していくことはなかった。戦後に限ってみれば、1960年代の新産業都市建設、1980年代の地方分散化政策、テクノポリス構想などに呼応し、各都道府県はその指定を受けることに奔走するばかりであった。

　このような状況に対し、近代工業化に遅れをとってきた岩手県では、1980年代の頃から企業誘致を軸にした産業発展政策を戦略的に展開、特に自立的、先行的に企業誘致に取り組んでいた北上市に焦点を合わせ、一点突破型の企業立地政策を推進していった。その取組みと成果は本書の各所で取り上げたが、企業立地が進む中で、1990年代以降、さらに、北上市においては、その内面の充実を図るものとして新たな取組みを重ねていったことが注目される。

　企業誘致、良質な事業環境を提供するためのインフラ整備、果敢な支援的な取組み、そして、進出企業へのアフターケア、地域企業への目配り、技術支援、人材育成支援など、実に多様な取組みが重ねられていった。進出企業はいずれも北上への進出とその後の対応に深い感謝を示している場合が少なくない。

　本論の最後の章になるここでは、主として1990年代以降に取り組まれてきた北上市の多様な取組みを振り返り、その意義と今後の課題、可能性をみていくことにしたい。一つは、「地域産業振興の支援機関」、二つに「モノづくり人材の育成」、そして三つ目は「多様なネットワークの形成」ということになろう。

1. 地域産業振興の支援機関

　戦後の地域産業の支援機関としては、都道府県に設置された公設の農業系の試験場に加え、工業技術の普及浸透に重大な役割を演じた工業試験場（工業技術センター等）、さらに、中小企業の経営技術の向上に寄与した中小企業経営指導センター、取引斡旋等を重ねた中小企業振興公社等が上げられる[1]。これらの公設試などにより、技術指導、依頼試験、経営指導、取引斡旋などが重ねられ、経済の高度成長期を通じて、日本の地域産業、中小企業の技術、経営の水準は大きく向上し、地域の産業企業として大きく成長していった。

　そして、このような枠組みに加え、1980年代以降、市町村が自立化を意識し、独自に産業政策を展開し、よりきめの細かい産業支援施設等を形成していったことが指摘される。このような動きの突破口となったのは東京都墨田区の取組みであり、早くも1979年には、全国の区市町村に先駆けて「中小企業振興条例」を制定、1986年には独自の「すみだ中小企業センター」を設立、技術支援、経営指導、取引斡旋などを重ねていった[2]。その後、このすみだ中小企業センターは全国の市町村の注目の的となり、各地で同様の施設と機能が形成されていった。

　この点、企業誘致が優先された北上市については、立地部局を軸とする工業団地の提供、さらに、県の公設試、岩手大学、一関高専などの協力を得ながら多様なサービスを提供してきた。そして、一定程度の企業立地が進んだ1990年代中頃以降、産業集積の内面の高度化を意識した多様な取組みが開始されていった。特に、1993年に北上市が「地方拠点都市」に指定されたことが、弾みになっていった。

　1999年には、その後の北上の中核的な産業振興拠点となる北上オフィスプラザ、北上市基盤技術支援センター、北上市情報センターがオープンしている。さらに、2003年には全国で初めてとなる自治体誘致による岩手大学工学部附属金型技術研究センターをオープンさせていった。これらは地域企業に対する技術支援、さらには次節で検討する人材育成にも大きく寄与していくのであっ

た。

(1) 地方拠点法適用全国第1号のオフィスアルカディア
——研究開発支援、起業支援、交流促進（北上オフィスプラザ）

　日本の戦後の地域産業開発は、1964年の新産業都市建設促進法以後の臨海型の「新産・工特」といわれた基礎資源型工業の拠点開発から始まったが、ニクソンショック（1971年）、第1次オイルショック（1973年）を経た1970年代中盤からは、国土の均衡ある発展を意識して、素材産業中心の臨海型工業集積から加工組立型工業の内陸への誘導を意識する方向に転じていった。工業再配置促進法は1972年に制定されている。さらに、1983年3月には高度技術集積地域開発促進法（テクノポリス法）がアメリカのシリコンバレーの成功に刺激されて成立、北上市を中心とする北上川流域地域も1987年3月にテクノポリス開発計画が策定された[3]。

　当初、テクノポリスは全国2カ所程度とされていたのだが、全国的に関心が高まり、各地が必死の誘致活動を展開、結果的に全国27カ所に拡散していった。それらの中でも、北上川流域地域は機械金属工業の基盤技術形成に意欲的であり、工業団地整備、有力企業の進出もあり、テクノポリス地域指定に加え、1992年施行の地方拠点法（地方拠点都市地域の整備及び産業業務施設の再配置の促進に関する法律）に基づく産業業務施設である「オフィスアルカディア」整備事業の対象となっていった。この地方拠点都市地域は全国で約85カ

北上オフィスプラザ　　　　　北上高等職業訓練校

所が指定されているが、オフィスアルカディア事業に踏み込んでいるところは全国8地域（北海道千歳市、岩手県北上市、宮城県石巻市、富山市、三重県津市、高知県南国市、福岡県久留米市、長崎県大村市）にしか過ぎない。これらの中で、北上市は1993年に指定を受け、1994年には核施設としては全国第1号の㈱北上オフィスプラザを設立していった。

▶㈱北上オフィスプラザの設立と役割

時代は1992年のバブル経済崩壊直後であり、㈱北上オフィスプラザは北上産業業務団地（オフィスアルカディア・北上、36.9ha）における産業業務活動を支援する中核的な役割を担うものとして、1994年4月、資本金17億9100万円、中小企業基盤整備機構（当時は地域振興整備公団）6億円、岩手県3億円、北上市4億円、民間企業89社4億9100万円で設立された。設立の目的は、「同団地の拠点施設として1999年4月に開業した北上オフィスプラザ施設への業務管理機能や研究開発機能の誘致、同団地への立地企業および周辺地域企業の業務活動や研究開発活動に対する支援の取組みにより、北上中部地方拠点地域の産業の高度化を図る」ことが目指されていた。なお、北上産業業務団地の造成は1997年に完了している。

この業務団地の用地はJR東日本の操車場跡地であり、JR東北本線に沿って細長く南北に展開している。この用地を当時の地域振興整備公団が取得し、公団が分譲する形でスタートした。北上市が関与する北上オフィスプラザ施設、北上市基盤技術支援センター分の用地（9949㎡）は北上市が取得した。2016年現在、産業業務団地の分譲率は約70％とされており、2014年3月には、未分譲地18区画（9.5ha）を北上市が中小企業基盤整備機構から買い取っている。その間、2012年2月には、北上市と㈱北上オフィスプラザとの相互の連携と対等な立場での協働を図り、第3セクターが持つまちづくりにおける役割と機能、持続可能で安定的な経営を目指していくために、「北上市と㈱北上オフィスプラザの連携に関する協定書」を締結している。

そして、この㈱北上オフィスプラザの業務は、以下の四つとされている。

① 業務支援

ア）公的産業支援機関等の誘致
　　　イ）既存企業等による新規事業開拓や研究開発、営業拠点等開設のためのオフィスの提供と業務支援サービスの実施
　② 起業家育成事業
　　　インキュベータ室やSOHO室の設置、起業家のための各種情報提供等
　③ 研究開発支援
　　　ア）大学等研究開発機関の誘致
　　　イ）地域企業と大学等試験研究機関との共同研究などのコーディネート
　④ 交流促進事業
　　　ア）セミナールーム、カルチャー室の設置
　　　イ）地域企業との交流や研修を目的とする講演会等の開催など

　現在、北上産業業務団地中央部の「北上イノベーションパーク」とされるエリアには、中核施設の北上オフィスプラザ（1999年4月）に加え、北上市基盤技術支援センター（1999年4月）、岩手大学工学部附属金型技術研究センター（2003年5月）、北上高等職業訓練校（2004年4月）、北上市貸研究工場棟（2006年4月）が集結している。さらに、北上オフィスプラザ施設には、3次元設計開発人材を育成するいわてデジタルエンジニア育成センター（2009年7月）、高度ものづくり技術者の育成を行う日本国内初の岩手大学大学院工学研究科金型鋳造工学専攻北上サテライト（2006年4月）が入居してきた。このように、このオフィスプラザの周辺では、ものづくり関連の多様な機能が集結

オフィスプラザ内のSOHO室　　　隣接する北上市貸研究工場棟

してきているのである。

▶㈱北上オフィスプラザの実績と今後

以上の機関等の具体的な内容は他の節で扱うが、㈱北上オフィスプラザが担う事業は以下のように推進されている。

① 北上オフィスプラザ施設運営事業
    ア）北上オフィスプラザ施設第1期整備
        a　2009年4月第1期開所（建築延面積4213.78㎡）
        b　北上市基盤技術支援センターとの合築
    イ）公的産業支援機能の誘致
        a　岩手大学工学部附属金型技術研究センター（2003年5月）
        b　岩手大学大学院工学研究科金型鋳造工学専攻北上サテライト（2006年4月）
② 業務支援機能
    ア）既存企業等の新規事業開拓や研究開発、営業拠点等としてオフィスの提供、業務支援サービスの実施
        賃貸オフィス　室面積 16.00～176.56㎡（33室）
    イ）各種会議、交流会のためのセミナールーム、面積 257.30㎡
③ 起業家育成事業
    ア）インキュベータ室　室面積 45.34～50.00㎡（6室）
    イ）SOHO室　1ブース面積 4.2～6.0㎡（10ブース）
④ 研究開発支援事業
    ア）研究機関の誘致、地域企業との共同開発などのコーディネート
    イ）北上市貸研究工場棟（4棟）の運営管理
⑤ 情報化提供事業
⑥ 交流促進事業
    ア）会議場施設（セミナールーム［120人規模］、カルチャー室）の設置
    イ）関係機関、各種団体との連携による講座等の開催
    ウ）異業種交流会北上ネットワークフォーラム（K.N.F）との連携

㈱北上オフィスプラザは、以上のような多様な支援的事業に従事している。これらの中で、賃貸オフィス（22社）、インキュベータ室（3社）、SOHO室（9ブース）には計34社が入居している。現在の入居率は81.6％であり、開設以来、ほぼ80％台で推移している。貸研究工場棟の4棟は、当初、出入りが激しかったが、2016年12月末現在では大村技研、北上エレメック、ベスト、岩手大学の四つが研究開発に利用し、安定している。

岩手県の事業であるいわてデジタルエンジニア育成センターは、2016年4月からは㈱北上オフィスプラザの受託事業となった。

また、北上市の直営であった北上市基盤技術支援センターは2017年度から北上市産業支援センターに名称変更し、モノづくり全般から農業、商業・サービス業、観光等の地域産業全体の発展を視野に入れて運営されることになり、㈱北上オフィスプラザが受託し、当該センターの管理運営にあたることになる。現時点では、㈱北上オフィスプラザの社長、専務は市役所OBが就き、プロパーの社員は3人（男性1人、女性2人）に加え、非常勤の産業支援アドバイザー2人の体制で運営されている。

2017年4月から㈱北上オフィスプラザが北上市産業支援センターを管理運営するにあたっては、社員1名と臨時社員（産業支援アドバイザー4人、テクノコーディネーター2人など）を合わせ10人ほどに増員して、地域産業全体の発展を支える体制を整えることとなった。

以上のように、㈱北上オフィスプラザは地方拠点法適用事業の実施主体として、中小企業基盤整備機構、岩手県、北上市、民間企業が出資して設立され、岩手大学等と連携を図りながら、多様な機能を身に着け、北上川流域の工業集積の高度化、人材育成にも大きく寄与しているのであった。

(2) 基盤技術支援センターから産業支援センターへ
　　——農業、商・サービス業、観光も視野に入れる
　　　（北上市産業支援センター）

北上オフィスプラザと合築され、1999年4月に開業した北上市基盤技術支援センターは市直営の産業技術センターとして地域の産業集積形成に重要な役

| 東北最大規模の三次元座標測定器 | 精密測定室の機器群 |

割を演じてきた。そして、開設以来18年が経過した2017年4月、従来のモノづくり系産業の支援にとどまらず、農業、商・サービス業、観光までを含めた地域産業全体の支援を意識する「北上市産業支援センター」に名称を変更、人員を増員し、さらに、運営は北上市から㈱北上オフィスプラザの指定管理となった。

▶地域製造業の高度化を支援

1999年4月に開設された北上市基盤技術支援センターは、北上市の直営として北上オフィスプラザと合築されてスタートした。「基盤技術の向上を目指す試験研究＆総合支援施設」として、地場企業はもとより、誘致企業を含めた北上市内外の企業活動を支援することにより、地域活性化を目指す施設として、北上市が直営していった。

当初は開放利用の精密測定室、環境試験室、セミナー用の研修会議室に加え、CAD室を備えていた（その後、いわてデジタルエンジニア育成センターが開設されたことから停止）。精密測定室には金型産業の振興を意識して東北で最大規模のカールツアイス製三次元座標測定機を導入している。その他の測定試験設備としては、表面形状・粗さ測定機、真円度測定機、測定顕微鏡、電子顕微鏡、デジタルマイクロスコープ、CAD、恒温恒湿室を用意し、テクノコーディネーターが指導し、開放利用に向かった。料金は市価の30～40％に設定されていた。

スタッフは、所長（商工部工業振興課長と兼任）、以下、市職員の所長補佐、主任に加え、産業高度化アドバイザー1人（大企業技術者OB）、試験・測定をサポートするテクノコーディネーター2人、臨時職員（女性）1人の体制で運営してきた。月～土の9:00～21:00まで開館してきた。

　機器の利用状況については、年度で変動はあるものの、年1000回前後であった。2015年度の使用頻度の高い機器は、電子顕微鏡（274回、735時間）、三次元座標測定機（187回、430時間）、恒温恒湿室（121回、1202時間）などであった。研修会議室（定員30人）利用は、75回であった。機器利用の2015年度の回数778回のうち、市内企業の利用は76％、市外企業19％、県外利用5％であった。遠いところでは神奈川県、九州の企業の利用もあった。また、産業高度化アドバイザーの活動は、企業訪問28件、受発注支援12件、補助金相談13件、経営・技術相談14件、会議参加など36件であった。

　また、北上市基盤技術支援センターの事業として注目されるものの一つに、乗用車の解体展示というものがある。2008年に岩手県がトヨタ自動車製のベルタを調達、今後の自動車工業集積を視野に入れ、解体し展示するということが行われている。2010年からはハイブリッド車のプリウスの解体展示が行われている。自動車に参入しようとする中小企業に開放し、希望する企業の技術指導等にも踏み込んでいる。利用者は市内外の中小企業に加え、トヨタ自動車東日本岩手工場の新人研修にも使われていた。このような取組みは東北では初めてであり、周囲から大きく注目された。その後、宮城県も始めている。

解体展示されているプリウス

エンジンブロックも解体展示

▶基盤技術支援センターから広範な産業支援センターに

　このような歩みを重ねてきた北上市基盤技術支援センターは、2017年4月に組織改正され、北上市産業支援センターに衣替えすることになった。北上市商工部資料によると、「現有機能を最大限活用しつつ、産業分野を超えた支援施策活用や、産学官金連携の促進等『オープンイノベーション』な取組みを拡大」していくとされている。特に、「農業、商業、観光業、サービス業等、基本的に産業を問わず支援」「相談窓口を一本化し相談しやすい体制を作る」「産業分野を超えた支援ができ、農商工連携や農観連携などへのつながりが期待される」としている。

　そして、この移行に伴い、北上市の直営から㈱北上オフィスプラザへの指定管理となった。これにより、市職員2人に代わる職員を新たな㈱北上オフィスプラザが2人を雇用する。さらに、産業高度化アドバイザーを1人増員して2人体制となる（すでに、2016年度に先行雇用）。

　このような広範な機能を備えた産業支援センターの場合、スタッフの力量と取組みが成否を決する。設置以来18年、北上オフィスプラザを中心に周辺には多様な機能が集まり始めている。また、北上地域の新産業として自動車関連部門の拡大が予想される。地元企業によっては従来の半導体・電子部品部門から自動車への転換を必要とされる場合も少なくない。さらに、地域資源を見直した新たな地域産業創設の必要性も高い。これらを含めて、新たな発展的な産業集積形成を深く意識し、幅広く、具体的な支援に取り組んでいくことが期待される。

（3）北上市に設置された金型工学専攻の大学院
——21世紀型モノづくり人材の育成（岩手大学金型技術研究センター）

　岩手大学工学部（現理工学部）は、全国の中でも産学連携が密に行われている国立大学として知られている。既に1992年の頃から「岩手ネットワークシステム（INS）」という任意の産学連携組織が生まれ、大学人、企業人、県庁・市町村の産業担当者が自主的に集い、多様な研究組織を立ち上げ具体的な成果を導き出してきた[4]。INSの会員は940人にも及ぶ。かなり前から岩手県

北上オフィスアルカディアに入居する岩手大学金型技術研究センター

では、このような取組みが普通に行われていた。

　他方、北上市は市内企業の技術支援等を意識し、1997年に分譲を開始したオフィスアルカディア内に北上市基盤技術支援センターを設置し、高額な測定器等を用意、市内企業に開放、技術支援を重ねていった。その後、金型企業が多い北上市は、2003年2月、岩手大学に対し、全国初の基礎自治体による工学部金型専攻部門を誘致するという寄附研究の申し出を行っていく。他方、岩手大学工学部は2003年2月、工学部附属金型技術研究センター「基礎研究部門」を設置、さらに、北上市の要望に応じ、2003年5月、北上オフィスアルカディア内に金型技術研究センターのサテライトとして「新技術応用展開部門」を設置していった。「金型技術を通して、地域と大学が協力してその振興を図る」というものであった。

　▶岩手大学金型技術センターのスキーム

　この岩手大学金型技術研究センターは、「基礎研究部門」は盛岡市の岩手大学理工学部に置かれ、「新技術応用展開部門」は北上市に置かれている。その主たる業務は「研究開発」と「人材育成」にある。

　「研究開発」に関しては、理工学部は「金型に関する基礎的な要素研究を実

施」し、北上サテライトは「共同研究を進めることで地域企業における研究開発の推進、地域企業のニーズに合った展開研究を共同で進め具体的商品開発を実施」するというものである。

「人材教育」に関しては、「地域技術者のリカレント教育・先端技術講義」を意識し、技術講演会や大学院レベルの講義をシリーズで展開する。また、「理工学部学生・大学院生の実践的教育の場とし、共同研究のプロジェクトに参画、大学院工学研究科金型・鋳造工学専攻の教育支援」を行うとされている。また、産学連携を目指し、INSいわて金型研究会と連携していくことが示されている。

スタッフはセンター長（理工学部教授）、副センター長（理工学部准教授）が兼任で就き、盛岡の「基礎研究部門」には、解析・設計分野に教授3人、助教の4人、加工・生産管理分野に教授、准教授の3人、表面処理技術分野に副学長、教授の3人、材料及び評価分野に教授、准教授2人、助教の4人を配置している。北上の「新技術応用展開部門」には、特任教授、非常勤の客員教授3人の他に、常勤の技術補佐員（機械加工）3人を置き、その他に非常勤の技術アドバイザー3人、産学連携研究員を置いている。

なお、北上サテライトの現場の柱となる特任教授には亀田英一郎氏（1957年生まれ）が就いていた。亀田氏は埼玉県戸田市の出身、芝浦工業大学機械工学第二学科を卒業、アルプス電気盛岡事業部（1977年開設、熱転写プリンターが主力）に勤務していた。だが、2002年に工場が閉鎖になり、亀田氏はアルプス電気小名浜工場（福島県いわき市）への転勤を断り、誘われたスタンレ

金型技術センターの北上研究室　　　大学院生の開発製品

ー電気（神奈川県秦野市）で精密金型の仕事に就いていった。その後、北上の金型センターサテライトが開設になり、客員教授の公募があり、2003年5月のオープン時に1人採用された。当初は北上市の寄附金によっていたことから「客員教授」の名称であったのだが、その後、北上市からの委託金に変わったため、岩手大学の外部資金ということで名称は「特任教授」に変更になった。亀田氏の仕事は「金型の離型の研究」に加え、金型人材の育成ということになる。また、3人の技術補佐員は、人材育成塾等の実習に際し、大学院生、社会人の実習の補佐ということになる。

▶大学院金型・鋳造工学専攻の構図

　岩手大学は高度技術者の育成を目指し、2006年4月に大学院「金型・鋳造工学専攻」を開設するが、博士前期課程（修士）に金型コース、鋳造コースを置いている。それぞれのコースは北上サテライトである金型技術研究センターと奥州市の水沢サテライトである鋳造技術研究センターを拠点としている。学生定員は計10人、担当教員は教授3人、准教授4人、特任教授・客員教授6人、非常勤講師数人となっている。

　共通科目の技術経営（MOT）、品質工学、計測・分析技術、設計システムは盛岡、金型コース科目の3次元CADによる金型設計／CAM、加工技術、成形技術、金型製作は北上サテライト、鋳造コース科目の鋳造技術、溶解技術、鋳造方案、鋳造造形技術、鋳造材料学は水沢サテライトで開講されている。さらに、6カ月以上の長期インターンシップ（特別研究）、実践的なテーマで連携企業と共同研究が用意され、そして、修士論文を作成していく。対象は大学卒業者、高専専攻科修了者、そして社会人とされていた。課程を修了すれば岩手大学修士（工学）を授与される。

▶21世紀型ものづくり人材／岩手マイスター育成

　また、岩手大学は2007年度から文科省の科学技術振興調整費「地域再生人材創出拠点の形成」「21世紀型ものづくり人材岩手マイスター育成」事業を展開している。このマイスター育成の主要な実施項目は以下の二つとされている。

一つは、大学院レベルの「金型技術コース」「鋳造技術コース」「複合デバイス技術コース」の三つコースの設置、もう一つは、社会人技術者のレベルアップを図るために「短期講習コースと長期講習コースの開講」「『マイスター』称号授与制度の確立」とされている。

　金型技術コース、鋳造技術コースにはすでに北上と奥州に大学院が設置されているが、複合デバイスコースには大学院がない。そのため、このコースについては花巻市の花巻サテライトが対応していく。講座は基本的に岩手大学金型・鋳造工学専攻と理工学部で行うが、大きく、大学院マイスターコースと社会人マイスターコースに分かれる。大学院マイスターコースの院生は通常の金型・鋳造工学専攻の課程を修了すると「金型マイスター補」「鋳造マイスター補」「複合デバイスマイスター補」となり、その後、概ね5年以上の実務経験を踏まえ認定試験を受けてマイスターとなる。社会人の場合は、1講義120分×100ユニットの短期講習、長期講習を受けて金型マイスター補等になり、さらに、50ユニットの短期講習、長期講習を受け、そして、概ね5年以上の実務経験年数を経て認定試験を受けてマイスターに認定されていく。

　社会人でも先の各専攻の大学院生であるならば、年限は2年（最大4年）で授業料は年間約50万円となるが、マイスターの場合には年限はなく、年間の授業料は1万円であった。この両者は一緒に講義、実習を受ける。2007年度から開始された「マイスター」は、毎年20～30人が受講している。修了生の評判も良く、岩手における高度技術人材の育成に大きく貢献している。

　このように、岩手大学理工学部と地域、企業が連携し、興味深い取組みを重ねている。地域の象徴的な産業になってきた金型・鋳造部門を中心に、大学院金型・鋳造工学専攻（修士課程）を北上と奥州にサテライトとして設置し、さらに、地域に拡げた大学院をベースに、21世紀型ものつくり人材、岩手マイスター育成に踏み出しているのであった。

2．モノづくり人材の育成

　北に温泉観光で栄えた花巻、南は物資の集散地として商業機能が集積した水

沢（現奥州市）に挟まれた北上は、19世紀末以来の西和賀の鉱山開発に刺激され、鉱工業化の方向に向かい、戦前の1939（昭和14）年に黒沢尻工業学校（現黒沢尻工業高校）の誘致に成功している。当時の町の歳出の倍に近い地元負担で誘致するものであった。戦後はこの黒沢尻工業高校が工業人材育成の主要な役割を演じ、多くの人材を輩出した。特に、近年は厚労省の技能検定に積極的に参加し、目覚ましい成果を上げている。さらに、2007年度からは岩手県内で初めての専攻科（2年制）を設置し、優れた人材を地域産業に送り出している。

また、近年、設計のデジタル化、3次元化が進んでいるが、北上市は全国に先駆けて、2009年には「いわてデジタルエンジニア育成センター」をスタートさせている。ここで育成された3次元設計技術者は、地元企業ばかりでなく、進出企業にも大きく注目されている。

さらに、人材育成は最大の課題と受け止められ、官民協同による「小中学生から若者までを視野に入れた北上川流域ものづくりネットワーク」を組織し、未来に向けたモノづくり人材の育成に向かっている。

そして、特筆すべきは、これらの人材育成の取組みは、地元企業、産業人と行政が一体となり、企画立案され、具体化していることであろう。これらの事業には、誘致企業の優れた技術者OBなどが参加し、人材育成に取り組んでいるのである。

（1）地域に産業人材を供給する
　　──技能検定で優れた成果を上げ、専攻科も設置（黒沢尻工業高校）

北東北きっての工業都市を形成することに成功した北上市、早い時期から人材育成に取り組んできた。戦前の1936（昭和11）年、当時の黒沢尻町長が周辺町村長の賛意を取り付け、岩手県に工業学校設立の陳情書を提出、1939（昭和14）年4月に岩手県立黒沢尻工業学校をスタートさせている。岩手県内では盛岡工業学校に次ぐ2番目の設置であった。戦後はいくつかの変遷はあったが、1952年には現在の岩手県立黒沢尻工業高等学校に校名を変更、現在に至っている。

この間、2015年3月末までに2万1171人の卒業生を送り出してきた。卒業生の60%程度は県内に活躍の場を求め、北上市をはじめとする岩手県の工業化に大きく貢献してきた。近年は厚生労働省の技能検定で目覚ましい成果を上げ、また、2007年からは専攻科（2年制）を設置し、さらに高度産業人材の育成に踏み込んでいる。

▶岩手県立黒沢尻工業高校の設立

　江戸期には南部藩と伊達藩の境界に位置していた北上から奥羽山系に向かう和賀郡にかけては、産業化の契機を見出せずにいたのだが、1874（明治7）年に湯田町（現西和賀町）で銅を産出する卯根倉鉱山が発見されて以来、次々に鉱山開発が進んでいった。この西和賀の鉱山開発が北上から和賀郡にかけての産業化の起点となっていった[5]。この間、1905（明治38）年、馬による和賀軽便鉄道が開始され、1907（明治40）年、馬車鉄道の黒沢尻〜和賀仙人間が全線開通している。その少し前の1890（明治23）年には東北本線が開通し、黒沢尻駅（現北上駅）が開業している。さらに、1918（大正7）年には北上と秋田県横手市を結ぶ横黒線（現北上線）が起工され、1924（大正13）年には全線開通に至った。

　このような黒沢尻を中心とした交通網の整備を踏まえ、黒沢尻町は「農工併進」の施策をとり、早くも昭和の初めには黒沢尻振興会を結成、企業誘致に邁進していった。併せて人材育成の必要性から、1909（明治42）年には「盛岡の県立工業学校の分校の設立」意見書を提出している。ただし、この工業学校設立は昭和10年代にまで持ち越されていった。

　1936（昭和11）年、当時の沢藤幸治黒沢尻町長が中心になり、周辺16カ町村長の賛成と黒沢尻振興会の決議、さらに和賀郡町村長会の満場一致をもって岩手県に陳情書を提出している。陳情は1938（昭和13）年まで続けられ、12月の県議会で翌1939（昭和14）年4月からの開校が決定されていった。その際、設立に関わる諸経費は約90万円とされ、黒沢尻町側は県の要望通り、敷地1万5000坪（黒沢尻町大字町分第6地割48番地）と建築経費等37万2500円の全額寄付を引き受けている。当時の黒沢尻町の歳出20万2500円のほぼ倍

岩手県立黒沢尻工業高校

専攻科の研究室の掲示

にあたる負担を引き受けて進めていったのであった。それだけ、地元の人びとの思いが深かったということであろう。なお、この敷地は伊藤彬前北上市長の祖父伊藤治郎助氏が寄贈している。

▶地域に産業人材を供給／技能検定も好成績

このように、黒沢尻工業高校の前身である黒沢尻工業学校は1939（昭和14）年4月に開校の運びとなった[6]。開校時は、機械科50人、電気科35人、採鉱冶金科25人の計110人の旅立ちであった。その後は、戦後の1949年には県立和賀高等学校と名称を変更、普通科を新設して男女共学となり、1952年には県立黒沢尻工業高校と改称、普通科を家庭科に改称、さらに、1963年には家庭科の募集を停止し、以後、工業高校として歩んできた。現在地の北上工業団地の隣の北上市飯豊町字村崎野には、1978年に移転してきた。敷地面積16万5094㎡と壮大な規模であり、校舎延面積は1万8553㎡である。ラグビー場が2面、野球場が2面（硬式、軟式）、300mトラックの陸上競技場も備わっている。

この間、時代の変化の中で、「科」の名称変更、新増設等が進められ、2016年現在、機械科、電気科、電子科、電子機械科、土木科、材料技術科の6科体制となり、各科定員40人、1学年の定員240人の工業高校となっている。2015年に在籍している生徒の数はやや定員割れしているものの、1年191人（女性4人）、2年223人（6人）、3年218人（5人）の計632人（15人）とな

卒業研究に取り組む専攻科生

る。生徒の出身中学は、北上市が365人（57.8％）と過半を占めるが、花巻市151人（23.9％）、紫波郡42人（6.6％）、奥州市20人（3.2％）などに加え、西和賀町、遠野市、盛岡市、釜石市、大船渡市、山田町、久慈市などにまで拡がっている。なお、黒沢尻工業高校は課外活動のラグビー、ボート、ボクシング等の強豪校であり、それに惹かれて進学してくる生徒も少なくない。

また、黒沢尻工業高校は2004年から厚生労働省の技能検定に意欲的に取り組んでいるが、その成果は目覚ましいものがある。2015年の卒業生218人のうち、3級技能士（機械保全105人、シーケンス制御41人、普通旋盤36人など）213人を数え（複数取得も少なくない）、さらに、2級技能士（普通旋盤）2人を生み出している。全国的にみても、最も技能検定に意欲的に取り組み、成果を上げている工業高校といえそうである。

その結果、就職率は良く、特に2015年4月の就職者（縁故、自営、進学を除く）176人のうち、58人（33.0％）が北上職安管内、岩手県内では107人（60.8％）を数えた。秋田県や青森県の工業高校生の県内就職率と比較して高い。地域に産業人材を供給するという役割を演じていることになる。

▶専攻科の設置／地域をあげて「ものづくり人材」の育成に向かう

岩手県は2005年4月、「継続的に優れた産業人材を育成していくための新しいしくみ」を検討するため、県内産業界、教育界の有識者による「いわて産業人材育成会議」を設置する。その会議は、2005年11月、『いわてのものづく

り産業を担う人材を育成するための新しいしくみについて』を公表している[7]。この中で県内工業高校の現状を分析し、①工業高校としての専門性が生かしきれていないこと、②ものづくりの技術・技能の習得に向けた体制が不十分であること、③企業との連携が不足していること、が指摘され、「基礎的な学力や技能をしっかりと身に付け、ものづくりマインドの高い人材を輩出するためには中長期の取組みが必要」としていた。

　そして、速やかに取り組むべきこととして、①地域ものづくりネットワークの立ち上げ、②インターンシップの実施、③地域の企業関係者の工業高校への派遣、④優れた技術・技能者の工業高校への派遣の四つを掲げ、さらに、工業高校への「専攻科」の設置を提言していた。

　これを受けて、岩手県の工業に関する専門学科を有する12校（工業高校9校、併設校3校）の中から、2007年4月、黒沢尻工業高校に2年制の「専攻科」が設置されることになった。基本理念は「本県の技術・技能を継承し、ものづくり産業を支えるエキスパートを育成する」と置かれている。コースは「機械加工コース」と「電気・電子コース」の二つが置かれた。各コース募集定員は5～10人とされた。

　2007年度の1回生は12人、毎年10人前後が入学してくる。2015年度修了（8回生）までで83人であった。開設校の黒沢尻工業高校出身者は累計で57人、その他、盛岡工業高校（7人）、花北青雲高校（6人）、水沢工業高校（9人）、一関工業高校（2人）、千厩高校（1人）から来ていた。先の技能検定でも、専攻科修了生は8年間の累計で、2級普通旋盤34人合格、2級NC旋盤18人、2級フライス盤10人、2級機械系保全32人が合格している。また、電気・電子コースからは、財団法人電気技術試験センターの第三種電気主任技術者試験には7人が合格している。このような専攻科の生徒の動きは、高校生にも良い影響を与えていた。専攻科設置後は、特に高校生の技能検定の受検者は増え、合格者も増えていった。

　これまでの専攻科修了生は縁故就職（1人）を除き、全て県内企業に就職した。これまで、この専攻科修了は制度的に「短大卒」扱いにはならなかったのだが、受け入れた地元各社は「短大卒」扱いで処遇していた。なお、2016年4

月から学校教育法一部改正により大学への編入が可能となり、処遇についても正式な扱いとなる。

このように、ものづくり立県を目指す岩手県では、ものづくり人材の養成を県内企業、大学、高専、工業高校も一体となって推進しているのである。

(2) 3次元モノづくり人材の育成に向かう
──日本最初の公的育成施設（いわてデジタルエンジニア育成センター）

近年、モノづくりの世界で3D（3次元）が注目され、大きく普及を始めている。特に、3Dプリンターは急速に普及し始めてきた。このような中で、大手企業では設計の3次元化が急速に進んでいるものの、中小企業、特に地方の中小企業は蚊帳の外に置かれている場合が少なくない。受注先から3次元データが送られてきても、受け取ることができないなどの不都合が目立つようになってきた。その理由は、生データが多様であり、また、ソフトが高額であることから、全てを導入することが資金的に難しいこと、対応できる人材がいないこと、スキルを身に着けるための講習費用が高額なことなどが指摘されている。

世界的には3次元化が急速に進んでいるものの、日本はその潮流から取り残

デジタルエンジニア育成センターの保有設備

提供：いわてデジタルエンジニア育成センター

されつつある。日本人の技能が高いことが、むしろ3次元CADのような革新的な動きに抵抗が大きいのかもしれない。このような状況の中で、全国で初めての公共による高度3次元設計技術者育成の取組みが岩手県北上市でスタートしていった。

▶中国視察で衝撃、3次元設計技術者の養成に向かう

北上市では市の産業視察団を頻繁に海外に出しているが、2005年5月には当時の伊藤彬市長を団長に市内経済人等16人による視察団を中国大連に出した。私はコーディネーターとして同行した[8]。この視察の際に中国ローカルの金型企業を訪れる機会があったが、若い従業員10人ほどが3次元CADを用いて金型設計に従事している場面に出くわした。中国では20大学で3次元CADによる金型設計を教えているのであった。当時、北上地域の中小企業で3次元CADを導入しているところはなく、日本の大学で3次元CADを教えているところもなかった。

こうした事態に直面し、工業集積の高度化を願っていた伊藤市長は、3次元設計技術者の養成の必要性を痛感していく。2006年にはアルプス技研の創業者である松井利夫氏から「産業振興のため」として1000万円を寄附された。松井氏の夫人が北上の出身であり、松井氏自身も北上市の工業振興アドバイザーに就いていた。この資金をベースに、「3次元ものづくり革新事業」として3次元CAD（CATIA3台）、各種設計用ソフトウエア等を購入し、講習環境を地域産業支援施設である北上オフィスプラザの中に整備していった。

2007年からは北上市の独自事業として、毎年1000万円の補助金を付け、地域講師の育成、求職者向け講座、工業高校生向け講座等を開催していった。そして、この年には北日本初の3次元設計能力検定校として認定を受けている。1期生25人が受講、求職者も9人が正規社員として就業していった。2008年には92人が受講、17人が就職、2009年には161人が受講するなど、年々、拡大していった。この間、2008年には日本初のSolidworksの認定試験校として認定されている。そして、このような取組みに注目して、工業立県を目指す岩手県が事業主体として参加してくることになり、「いわてデジタルエンジニア

育成センター」が 2009 年 7 月 3 日、正式に設置されていった。岩手県の予算 (7800 万円) で専用の講習施設を新たに設置、以後、毎年岩手県 4000 万円、北上市 1000 万円の計 5000 円の予算で人材育成に向かっている。

この事業目的は以下のように記されている。「岩手県と北上市による、地域製造業の競争力強化へ向け、3 次元活用技術者育成を目的とした事業施設であり、地域に 3 次元高度技術講師を育成し、企業、学生、求職者の方々へ人材育成活動、企業の 3 次元技術導入、活用課題解決の技術支援、ワンストップソリューションによるタイムリーな支援、受注拡大に貢献する」としている。そして、岩手のこのような動きに刺激され、幾つかの県では 3 次元設計技術者の養成に踏み込んでいくところも出てきている。

▶センターを支える人びと

現在のいわてデジタルエンジニア育成センターのスタッフは、センター長の黒瀬左千夫氏 (1950 年生まれ) 以下 8 人 (女性 3 人) からなっている。このような取組みはスタッフの技量と取組みにかかっている。

センター長の黒瀬氏は水戸市生まれの仙台育ち、大学は東京の芝浦工大金属工学科を卒業している。就職は宮城の東北リコーであり、現場のシステム改善の仕事に就いていた。東北リコーは 1995 年から 3 次元 CAD を導入していくが、黒瀬氏はその虜になっていった。リコー及び東北リコーは 2003 年までに全社的に 3 次元化が進んでいった。ただし、外注にデータを送っても使っても

設置されている 3D プリンター

センターのスタッフ、左から黒瀬氏、小原氏

らえなかった。また、東北の中小製造業者向けに普及活動を重ねたが、集まってもらえなかった。ソフトが高額であり、講習費用も高かった。こうしたことから、民間だけでは無理であり、行政との連携の必要性を痛感していった。2004～05年の頃には、岩手県の北上市、花巻市、一関市の産業支援施設で大きなフェア、セミナーを開催した。いずれも産業振興に意欲的なまちであった。ここで黒瀬氏と行政との間にパイプができた。

2010年7月、黒瀬氏は東北リコーを定年退職する。その9月には3次元設計の普及を目的にした会社㈱DMSを同志5人で立ち上げている。その頃、育成センター長に空きが出て、北上市側からセンター長就任の打診が届いた。黒瀬氏は「夢が果たせる。ありがたい」として2010年12月1日に着任していった。黒瀬氏の自宅は宮城県柴田町、夫人を残して北上に単身赴任していた。この間、3Dプリンターが有名になり、3次元CADソフトの中には学生は無料、企業については月数千円で使えるものも出てきた。黒瀬氏は「日本人は3次元をうまく使える、お家芸になりうる」と指摘していた。

また、センターの副センター長兼主任講師の小原照記氏（1983年生まれ）は北上市出身、岩手大学工学部で福祉機器システムを学ぶ。卒業後はJA北上に入り、力仕事に従事していた。その後、2008年に退職して2期生として育成センターのセミナーに参加してきた。4カ月で400時間のコースであった。卒業後の2008年11月に北上にある河西テクノ（日産系自動車部品メーカーの河西工業の設計部門）に入社し3次元CADの仕事に就いたのだが、勤務が神奈川県になったことから2011年3月に退職、4月からセンターの専任の講師に就任していった。世界一のCADメーカーであるSolidworks社は独自の認定者技術試験を実施している。段階的に教職者、学生向けのCSWA、企業ユーザー向けのCSWP、上級者向けのCSWP（Advanced Specialist）、エキスパートのCSWEがあるが、小原氏はCATIAを含め、3D－CADの資格をすべて取得し、日本で初めて全てをマスターした人材として知られている。このような人びとにより、岩手県と北上市の事業として先鋭的な取組みが行われているのである。

このいわてデジタルエンジニア育成センターは既に10年の実績を重ねてい

るが、修了生の多くは、3次元設計技術者として各社で働いている。採用した企業サイドの評価は非常に高い。また、北上地域の企業の中には、意欲的に従業員を派遣してくる場合も少なくない。北上の高度産業人材育成に大きく寄与しているのであった。

(3) 官民あげてモノづくり人材を育成
——小中学生から若者まで（北上川流域ものづくりネットワーク）

　成熟社会、縮小社会を迎え、全国の各地は地域のあり方を改めて考えるようになってきた。かつてのような一本調子の拡大経済、産業化は期待することはできず、人口減少、少子化、高齢化を踏まえ、地域の人びとが豊かで、生きがいを抱いて暮らしていくことが問われている。このような課題は全国的なものだが、各地域で地域条件を受け止めながら具体的な取組みが開始されている。

　岩手県の北上川流域、この数十年の企業誘致を軸にした近代工業化、モノづくり産業化により豊かな地域を形成してきたとして知られている。それでも人口減少、若者の流出は重なり、また、グローバルな産業構造変化の中で地域産業全体の転換期を迎えている。このような事情の中で、新たな時代に向けた「人材育成」を最大の課題と受け止め、官民をあげて興味深い取組みを開始している。

▶モノづくり人材育成の拡がり

　県都の盛岡から南に花巻、北上、奥州、一関と続く北上川流域は、東北自動車道が開通した1977年、東北新幹線が盛岡〜大宮間が開通した1982年を前後する頃から果敢に企業誘致に踏み込み、また、地域産業の育成を図り、この30〜40年の間に飛躍的な近代工業発展を実現させてきた。それは明治期以来の近代工業不毛の地からの脱却を意味していた。そして、全国で最も遅れていたとされる岩手県は北上川流域を軸に見事な産業集積を形成することに成功していった。

　だが、1990年代初めのバブル経済の崩壊を過ぎ、2000年代に入る頃から事情は大きく変わっていく。グローバルな産業構造転換の動きが北上川流域にも

及び、また、人口減少、少子化が進み、さらに、経済的に豊かになった若者たちは都会に流れていった。このような事情に対し、岩手県の各地域で「人材育成」を軸にした「地域ものづくりネットワーク」という新たな取組みが開始されている。

特に、このような動きが岩手県の中でも条件不利地域の沿岸地域から開始されたことが興味深い。2001年には従来から漁業・水産加工に加え、金型・コネクタ産業の集積に向かっていた沿岸の宮古を中心とする地域で「宮古・下閉伊モノづくりネットワーク」が形成され、官民と地元専門高校（工業高校、水産高校、商業高校）との連携、企業の枠を乗り越えた若手人材の育成が取り組まれていった[9]。

以後、このような取組みは岩手県全域に拡がり、現在では、北上川流域ものづくりネットワーク（2006年5月設立）、釜石・大槌地域ものづくり人材育成会議（2006年12月）、県北ものづくり産業ネットワーク（2008年5月）、気仙ものづくり産業人材育成ネットワーク（2009年3月）と全県に拡がっている。

▶産学官一体でモノづくり人材育成に向かう

この「地域ものづくりネットワーク」は、産学官が一体となり地域の産業人材を育成していこうとするものであり、企業サイドは「企業関係者の学校への派遣」「インターンシップの受入」「工場見学の受入」「教師の現場研修の受入」などを行う。学校サイドは「企業ニーズを踏まえた専門教育の充実」「インターンシップの実施」などを行う。行政サイドは「ネットワークの立ち上げ・運営支援」「企業講師の学校への派遣」「工場見学の実施」などを行う、とされている。

岩手県では、2005年5月に「いわて産業人育成会議」が設置されている。ここには産業界、教育界の有識者約20人が集まった。2005年11月には「地域モノづくりネットワークの立ち上げ」「工業高校の専攻科設置」が提言されていく。そして、北上川流域においては2006年5月に「北上川流域ものづくりネットワーク」が設立されていった。企業会員89名が参集した。当初、事務局は北上市の北上オフィスプラザに置かれたが、その後、奥州市の岩手県県

南広域振興局の中に移された。県の事業として取り組むことが意識された。県職員が4人、コーディネーター1人の陣容で事務局が構成されている。なお、企業会員は年会費3万円を支払う。

　ネットワークが設立された頃は、長引く景気低迷、生産拠点の海外移管による県内モノづくり産業の疲弊に加え、少子高齢化による絶対的な担い手不足が意識され、産業人材の育成、モノづくりの理解促進が目指されていった。その後、企業会員は増加し、2016年10月現在では153会員となっている。これに学校、行政、団体関係などの会員（会費無料）68が加わり、全体は221会員で構成されている。事務局の人件費は岩手県が負担し、工業高校生が使う加工材料、交通費、会場費等は会費、岩手県の補助等でまかなわれる。

　また、このような事業には献身的に動くコーディネーターが必要だが、和賀プレシジョン㈱（セイコーインスツル系）社長に任じていた阿部昌明氏（1944年生まれ）が就いていた。阿部氏は千葉県出身、第二精工舎（現セイコーインスツル）の習志野工場での機械設計を出発に、1987年からは和賀町（現北上市和賀町）の和賀プレシジョンに出向、その後いったん本社（幕張）に戻り、定年を迎えた。和賀町時代から地域産業の振興に意欲的に取り組んでいた。定年後は北上に戻って定住し、地域のモノづくり人材の育成に腐心していた。産業集積の歴史を重ねると、このようなシニア人材が登場してくるのであった。

▶活動と成果

　ものづくりネットワークの活動の幅は広く、企業講師による小中学校への出前授業（年間平均20件、10年間の累積で141件）、小中学生の工場見学の実施（平均40件、累積333件）、高校生の資格取得に向けた実技講習（平均70件、累積609件）、黒沢尻工業高校専攻科（2年制）への県内企業理解のための企業経営者等による講義（地域産業論、半期10回シリーズ、各90分）、企業見学会の実施などが行われている。教員対象としては、小中学校のキャリア教育担当教員を対象にする研修会（講義、工場見学）、工業高校教員を対象にするベテラン教員から若手教員へのスキル伝達を目標とする「アドバンスゼミ」の実施、会員企業に対しては、若手従業員や現場リーダーを対象に「もの

づくりいわて塾」の開催、3S（整理、整頓、清掃）活動の普及を目的に「いわて3Sサミット」の開催などが行われている。さらに、東日本大震災被災地支援、県北・沿岸との連携にまで踏み込んでいた。

　これらの活動の目にみえる成果としては、県内工業高校11校の資格取得者が大幅に増加したことが注目される。県内工業高校の厚労省の技能検定の資格取得者は2005年までは毎年3〜5人であったのだが、2007年には100人を超え、2012年以降は毎年600人を超えるものになってきた。この技能検定に向けては、高校生の実習の受入れ、材料費の提供が行われている。また、県内唯一の高等専門学校である一関高専の卒業生の多くが県外に向かう中で、黒沢尻工業高校専攻科の卒業生は全員、県内企業に就職していったことも注目される。

　このように、北上川流域においては、次の最大の課題を「ものづくり人材の育成」に置き、産学官をあげた取組みを重ねているのである。

3. 事業者の協同組合、新たなネットワーク

　産業の集積地域には、事業者による多様なネットワークが形成されていくことが少なくない。任意の同業者による工業会、商店街の商店会、あるいは、工業団地等に進出するための中小企業高度化事業の借入を目的とした事業協同組合などがあり、近年は連携による新たな事業の創出などを意識した異業種交流組織等も広く形成されている[10]。

　北上の工業界の古くからの組織としては、地元企業の工業団地への進出に伴う公的資金（中小企業高度化資金等）の借入を目指した事業協同組合が存在していた。北上機械鉄工業協同組合（1962年）、北上金属工業協同組合（1980年）が知られている。この事業協同組合の場合、工業団地進出、高度化資金等の借入を目的とするものであり、参加事業者の連帯保証を必要とした。一つの工業団地の中で共存していくことをベースに、事業者間の新たな関係も形成されていった。

　これに加えて、誘致企業により新たな工業集積を形成してきた北上の場合、誘致企業と地場企業との関係の形成などを意図して新たな組織（北上工業クラ

ブ、1988年）も形成されていった。さらに、最近では若手経営者・後継者たちが、ネットなどを媒介に濃密な情報交換を行う新たなネットワーク（北上ネットワーク・フォーラム、2000年）づくりも進んでいる。それは域内ばかりでなく、全国的な拡がりを持ち始めている（モノヅクリンクネット）。「つながり」「ネットワーク」「連携」の時代とされる現在、多様なネットワークの中で、特に若い経営者、後継者は新たな可能性に向かっているのである。

(1) 50年で組合員は20社から5社に減少
──周辺の住宅化に苦慮（北上機械鉄工業協同組合）

中小企業基本法が施行された1963年7月の少し前の頃から、中小企業の集団化事業（工場団地等）が各地で取り組まれてきた。当初は市街地で操業環境が悪化し、あるいは拡大できない中小企業に対し、集団で郊外に移転させるという場合が多かった。その場合、中小企業20社以上で協同組合を作り、組合員が連帯保証しながら国の低利（無利子）長期の資金を借りるというものであった。その後、この事業は中小企業高度化事業という名称になり、工業団地、協業組合（共同工場、共同店舗）、工場アパート、商店街のアーケード等の建設に広く利用されていった。現在、全国各都市の郊外に立地している中小企業の工業団地は、ほぼこの制度で建設されたものであるとみてよい。

北上市についていえば、ここで検討する北上機械鉄工業協同組合（北上機械鉄工業団地）、それと北上金属工業協同組合（飯豊西部中小企業工業団地）がその典型的なものである。そして、全国的にみて早く建設されたところは50年の歴史を重ねており、地域条件が変わり、また、組合員の入れ換え、土地の売却、関連のない業種企業の立地、宅地化などが進み、工業団地として維持していくことが難しいものになってきた。岩手県で第1号の工場集団化事業であった北上機械鉄工業団地はまさにその典型のようにみえる。

▶北上機械鉄工業団地のスタート

当時を振り返って、推進者の一人であった高橋今朝松氏（当時高橋鉄工所社長）は「組合を作ろうという話が出たのは34年（1959年）ですね。斉藤さん

（元斉藤鉄工社長）が先頭に立ち、私と鬼柳さん（元鬼柳工業社長）の3人で吉沢さん（元東邦工業社長、初代理事長）に承認してもらい、具体的に動き出したのは35年（1960年）からです。……通産省の認可を受けたのは38年（1963年）、20社でなければ駄目だということでしたが、15社でもよいということになり発足は15社です。39年（1964年）には20社になりました[11]」と語っている。

用地は北上市の土地開発公社に買収してもらった。戦前の国産軽銀工業の跡地であった。北上市郊外の堤ケ丘2丁目、周囲は田畑であり、近くには北上農業高校（2003年に花巻農業高校に統合）が立地していた。その後の主要な流れは以下のようなものであった。

 1962年4月 組合設立発起人協議会が発足
    9月 組合設立総会開催
   10月 組合の設立認可、登記完了
 1963年2月 団地用地の造成完了
    6月 集団化事業助成団地として指定
 1964年3月 第1回近代化資金の借り入れ。以後1967年まで4回借り入れる
      団地用地を組合が一括買収
   ～12月 組合員11企業が団地に移転。以後、1967年4月までに全体で20社が移転完了
 1977年3月 組合員持分用地の所有権移転登記完了

このようにして、北上機械鉄工業団地はスタートしていった。当初の組合員20名、出資総額約1338万円、建設総経費2億3032万円、団地総面積6万7563㎡であった。そして、この事業に対して、国と県からの融資は、土地、機械設備は2分の1、建築物は3分の1で、融資金はいずれも無利子で1年据え置き、土地については3年、建物、共同施設は5年償還というものであった[12]。この工業団地の都市計画上の用途指定は、準工業地域であった。

なお、この北上機械鉄工業団地の特徴は、以下のように示されている[13]。

(1) 地域的に分散している工場を集団化して公害問題を解決し、有機的な連

図9―1　20周年（1984年頃）の北上機械鉄工業団地の配置図

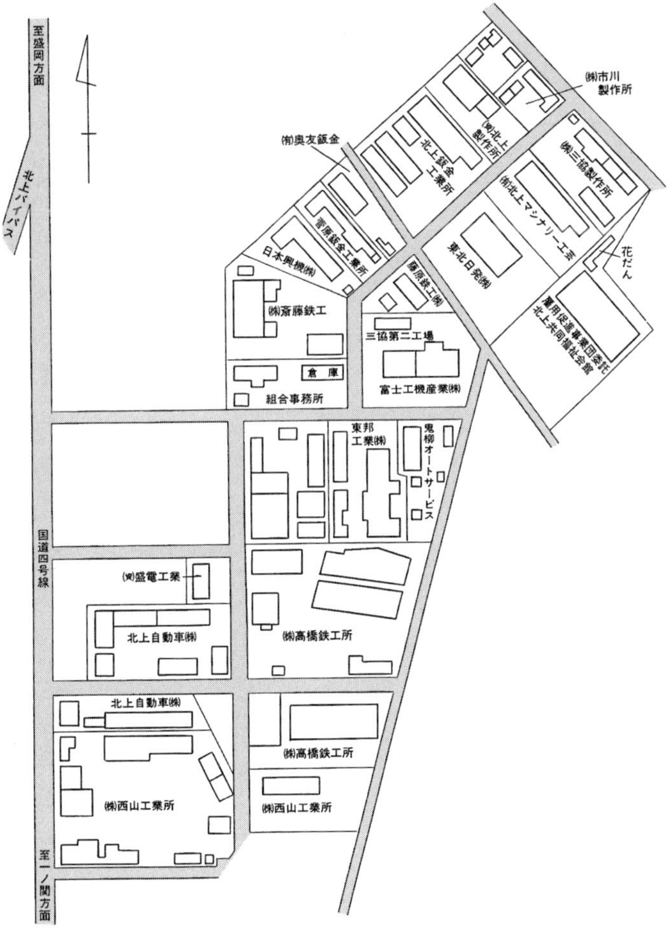

資料：『北上機械鉄工業協同組合・20周年誌』北上機械鉄工業協同組合、1984年。

　　絡と適正な工場配置を行い生産設備の近代化、合理化により体質の改善を
　　図る。
(2)　共同受注・共同購入および金融事業等の共同事業を推進する。
(3)　作業環境・労働条件の改善をはかり福利厚生の充実により雇用の安定確

保をはかる。
(4) 組合事務局を中心とする情報活動と各種講習会によって経営の合理化・技術の向上をはかる。

▶20社の組合員は5社に減少

このような理想に燃えて出発した北上機械鉄工業団地は、その後、大きな構造変化に直面していく。組合員20名で出発したものの、1974年には組合員は18社に減少、30年後には7社に減少[14]、そして、50年以上が経った2016年には5社に減少している[15]。ただし、このことは団地内の企業が減少していることを意味しているわけではない。団地内には正確な把握は難しいが20社以上が立地している。その多くは、その後に進出してきた運送業などのサービス部門などである。

2016年4月現在、北上機械鉄工業協同組合の組合員は、北上自動車㈱、㈲北上製作所、㈱キタバン、斎藤鉄工㈱、富士工機産業㈱北上工場の5社である。その他に組合を脱会しながらも、賛助会員にとどまっているのは東北日発㈱（旧岩手スプリング製作所）、㈱北上マシナリー工業、㈱三協製作所の3社である。この中で、北上機械鉄工業団地内に依然として立地しているのは、北上マシナリー工業、三協製作所の2社であり、東北日発は和賀町藤根に転出していった。

逆に、現在の北上機械鉄工業団地で目立つのはその後に入ってきた岩手中央運輸、パーツ産業などであろう。初期のメンバーは他に移転（東北日発、市川製作所）、倒産、廃業している場合が少なくない。工業団地の西山工業所の跡地はパチンコ店になり、高橋鉄工所の跡地は分譲住宅に変わっているのであった。

▶新たな住工混在問題にどう応えていくのか

現在の北上機械鉄工業協同組合の事務局は、団地内にある元雇用促進事業団による勤労者福祉施設である「ハートパルきたかみ」の中に所在している。この建物は現在北上市の所有になっており、入居している北上機械鉄工業協同組

団地組合が管理するハートパルきたかみ　新たに進出してきた企業の一つ岩手中央運輸

合が指定管理者となっている。主に市民のスポーツ施設として利用されている。北上機械鉄工業協同組合の収入としては、組合員の賦課金、賛助会員の会費、各種事業収入、そして北上市から委託された指定管理料ということになる。かつては共同受注等の共同事業を行っていたのだが、ここまで来ると余力に乏しく、新しいものとしては、子ども向けのイベントである「エコものづくり体験まつり」が行われているにすぎない。

　先に指摘したように、日本の中小企業工業団地の多くは、近代化資金、高度化資金等の公的な資金をベースに建設されている。その場合の団地協同組合は、共同事業、連帯保証と返済のための協同組合である。北上機械鉄工業協同組合の場合は、先にみたように1977年に移転登記も終わり、入居者をまとめていくインセンティブがなくなっている。借入金の償還も終わり、完全に土地建物は個々の企業のものになり、転売も可能になっていったのであろう。

　そして、北上市郊外の住宅化が進み、北上機械鉄工業団地の周辺も宅地化が進んでいくとなると、工業団地を維持していくことも難しい。すでに一部はパチンコ店、住宅街となっている。現在の組合員のキタバンと北上製作所の裏手はすでに住宅街になっており、北上自動車は周囲の苦情に対応せざるを得なくなっている。50年前の郊外の田園は宅地となってきた。改めて新たな住工混在問題が浮上しているということができる[16]。

　集団化事業として機械鉄工業の安住の地を求めたはずの機械鉄工業団地が、50年を経て新たな住工混在問題に直面している。この問題にどのように応え

ていくのか。団地の一部は既に住宅、パチンコ店に転用され、一定の数の事業者が立地しているものの、新たな入居者が多く、従来からの組合のメンバーはむしろ少数派となっている。現状の枠組みでは、新たな入居者が団地組合に加入するインセンティブはみえない。このような事態をどのように受け止めていくのか。工業都市化、工業団地政策で成功したとされる北上市の新たな課題が浮かび上がっているのである。

(2) 有力中小企業が立地する工業団地──35年が経過し、企業間の格差が発生（北上金属工業協同組合／飯豊西部中小企業工業団地）

北上市村崎野に展開する北上金属工業協同組合、団地名は「飯豊西部中小企業工業団地、あるいは飯豊西部工業団地」とされ、北上を代表する中小企業の工業団地として知られる。面積は19.7ha（うち工場用地は14.5ha）、現在の立地企業数は15、団地内で働く人びとは1250人を数える。この工業団地の特色は、一つに北上機械鉄工業協同組合と同様に、中小企業高度化事業の工場等集団化事業によるものであること、もう一つに、当初から首都圏、仙台市などからの誘致中小企業を入居させてきたという点であろう。工場等集団化事業の場合には、地域の域内再配置型の集団化を前提にしており、この北上金属工業協同組合のケースは異例のものである。地元企業と誘致企業が一つの工業団地に

図9—2　飯豊西部中小企業工業団地の配置図の配置図

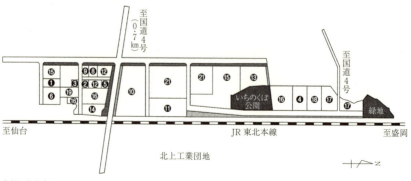

資料：北上市

立地し、切磋琢磨して興味深い成果を上げてきたのであった。

▶中小企業高度化事業（工場等集団化事業）で展開

　この計画は1968年頃、北上市内の製材工場を郊外に移転させようとする団地造成から始まった。ただし、地元製材業にはその機運が盛り上がらず、1978年には市内の住工混在、公害防止を意識して機械金属工業関連の中小企業の移転集約の方向に変わっていった。当初から中小企業高度化事業の工場集団化事業を意識して推進された。なお、当時の工場等集団化事業は、一定の地域内の中小企業（組合員）20社以上の参加が要件とされ、認可されれば、事業費（土地、建物、設備）の65％（もっと多い場合もある）を国県から融資されるというものであった。当時の金利は2.7％（無利子もある。なお、当時の市中金利は7～8％であった）、償還は3年据置、15年の元利均等返済とされていた。当時における工業団地編成、中小企業の移転拡大にとっての最も有利な制度であった。

　1980年9月には10名による組合設立総会が開催され、11月には組合設立認可が下り、法人登記された。土地は北上市の開発公社が造成したものであり、組合が買収していく。ただし、当初、組合員が13名しか集まらず、残りの7名の加入が求められ、首都圏、仙台方面の中小企業の誘致にかかり、1984年、ようやく20名による組合が成立していく。なお、中小企業高度化事業の場合、地域で1年以上の事業実績がないと貸付対象とならないのだが、北上市内で1年以上の実績を作る形で対応していった。当初の域外の7名とは、植松商会（仙台市、機械・工具の販売、製造システム設計施工、店頭公開）、ケディカ（旧共和電化、仙台市、各種メッキ）、ツガワ（横浜市、鈑金、組立）、パンチ工業（東京都品川区、金型部品の製造、東証一部）、メルコジャパン（茨城県日立市、特殊鋼ステンレス素材販売・精密機械加工）、宏栄電子（神奈川県伊勢原市　半導体製造ラインの各種装置　電子組立等）、山下金属（東京都小金井市、非鉄金属販売・加工）であった。

　なお、工場集団化事業の場合、土地、建物、設備は組合所有（連帯保証）とされ、組合員への再譲渡は償還後とされているのだが、この北上金属工業協同

表9－1 飯豊西部中小企業工業団地の立地企業

事業所名	操業開始	親会社所在地	主要製品	従業員数
⑧(有)高勇製作所	1981	本社	電気器具用プラスチック製品	18
⑨(有)滝沢製作所	1981	本社	精密機械部品	3
⑭(株)ナガノ	1981	本社	半導体製造装置の筐体、鈑金、塗装	61
④⑯(株)平野製作所	1981	本社	エンジン部品、半導体製造装置部品	90
⑤⑫東北精密(株)	1981	本社	半導体製造装置、周辺機器の設計、製造	156
②(株)植松商会北上営業所	1982	宮城県仙台市	工作機械、工具等の販売	5
⑥(株)ケディカ北上工場	1982	宮城県仙台市	メッキ	50
⑲メルコジャパン(株)北上事業所	1982	茨城県日立市	ステンレス2次加工品、精密鈑金、レーザー加工	7
⑮バンチ工業(株)北上工場	1983	東京都品川区	金型部品	382
⑩①(株)ツガワ北上工場	1984	神奈川県横浜市	電子機器組立	110
⑰市川製作所	1984	本社	精密部品、治工具	17
⑰(株)マルサ	1984	本社	リサイクル資源の加工	27
㉑合村電気精機(株)	1984	本社	医療機器、省力化機械	230
⑬東北新潟運輸(株)北上支店	1987	新潟県新潟市	運送業	23
⑱(有)マルサ商会	1998	北上市	一般廃棄物、産業廃棄物の収集・運搬	11
③北上金属工業協同組合事務局				

注：①丸数字は，図9－2の地図の中の所在地
　　②事業所名は現在の社名
　　③従業員数は①取材時の情報②北上市企業データベース③北上市企業一覧表④北上金属工業協同組合に加入していない。
　　④東北新潟運輸(株)と(有)マルサ商会は、北上金属工業協同組合に加入していない。

資料：北上市・北上雇用対策協議会『北上市企業一覧表』2010～2011 他

組合の場合は、岩手県の判断の下で、土地は組合所有であるものの、建物は当初から組合員の個別所有とされた。各社の銀行借入等の担保能力を確保するためとされていた。その後は、設備、建物等の補完事業が重ねられ、総投資額は土地 15 億 8145 万円、建物等 54 億 8505 万円、設備リース 22 億 2385 万円、組合共設 4160 万円の計 93 億 3196 万円が投下された。なお、このうち、高度化資金借入は 49 億 4520 万円（約 53％）に上った。また、組合所有であった土地は、1997 年に組合員に再譲渡されている。

▶設立以来の 35 年で大きく発展し、格差も内包

協同組合の設立以来、35 年を経過し、この間、組合員の倒産、撤退、入れ替わり等があり、2016 年 7 月現在の組合員は 13 名となっている。ただし、撤退等により土地等に空きが出た場合、大半は組合員が拡張用として買収し、現在、余剰地はない。組合員の中でも、ツガワ、パンチ工業、谷村電気精機、東北精密等の拡張意欲は強い。

組合がスタートした頃には、共同事業として、金融事業（商工中金の転貸事業、長期の運転資金、0.3％の手数料）、ガソリン・灯油の共同購買（2 円／ℓ）、給食弁当（5％のマージン）等を行っていたのだが、現在では共同金融は季節資金のみ（商工中金）、共同購買はあるものの、むしろ、共同駐車場事業（約 400 台、空いている）と駐車場の一部のコンビニエンスストア（セブンイレブン）への土地の貸し付けが大きい。

組合設立初期の 1981 年時点の組合員は 11 名、総売上額は 75 億円、総人員は 463 人、団地内 246 人から、2015 年は組合員 14 名、総売上額 730 億円、団地内売上額 230 億円、総人員 5200 人、団地内 1250 人へと拡大している。この 35 年で、団地内売上額は 3 倍、団地内人員は約 3 倍になっている。また、団地から岩手県内に 2 次展開している企業として、パンチ工業（宮古市）、ツガワ（二戸市、花巻市）があり、また、海外展開に踏み出している企業としては、パンチ工業（中国大連、無錫、東莞）、平野製作所（東莞）、ケディカ（フィリピン）の 3 社がある。飯豊西部中小企業工業団地をベースにこの 35 年の間に発展していったことがうかがわれる。

このような状況の中で、当面する課題としては以下のような点があげられていた。

第1は、団地内に拡張余地がないこと。数社は拡大意向があるのだが、団地外に求めていかざるをえない。

第2に、経営者の次の世代の問題である。組合員13社のうち4社に後継者がいない。また、経営者、後継者を含めて青年部（おおむね50歳まで）のメンバーが2人（谷村電気精機、平野製作所）しかいない。特に、従業員3～5人規模の組合員に後継者がいない。そのような意味では、この35年の間に一方では大きく発展した企業と、倒産、閉鎖等に加え、縮小し事業承継が難しくなっている企業とに分解していったことが読み取れる。

このような課題を抱えながらも、中小企業高度化事業、工場等集団化事業として推進されてきた北上金属工業協同組合の事業は、新たな局面を迎えているのである。

(3) 誘致企業と地場企業の交流を目的に
　　──テクノメッセで2万8800人を集める（北上工業クラブ）

各地に多様な産業、企業の団体があるが、企業誘致により発展した北上地域には「誘致企業と地場企業の交流」を目指した「北上工業クラブ」が1988年6月6日に設立されている。『北上工業クラブ概要』（2016年4月1日）には、「岩手県北上市は、1960年代から工業団地開発と企業誘致に取り組み、東北有数の工業都市として躍進するなか、誘致企業と地場企業の交流の場として北上工業クラブが発足しました。北上市内の工業集積の状況を市民に公開しようと、翌年（1989年）には、工業展示会（工業匠祭）を開催し、以来、3年に一度の工業イベントを継続しております。平成27年10月開催の『きたかみ・かねがさきテクノメッセ2015』では、28,800人の入場者を記録、北上、金ケ崎エリアの企業集積の状況をPRし、内外の注目を集めました」としている。

▶北上工業クラブの輪郭

岩手県内の「工業クラブ」については、それぞれの地域条件があり目的も異

工業クラブの入る北上市技術交流センター

なっているようだが、県内最初の岩手県工業クラブは1977年にスタートしている。その後、両磐インダストリアルプラザ（1986年、一関）、北上工業クラブ（1988年）、花巻工業クラブ（1990年）、アテルイの星・胆江工業クラブ（1991年、奥州）、盛岡工業クラブ（2000年）と続いて設立されていった。かつて工業不毛の地とされてきた岩手県の近代工業化の動きが読み取れる。

　当初の北上工業クラブは市町村の境のゆるやかなものであり、北上市を中心に和賀町、江釣子村等、周辺の町村までを視野に入れていた。むしろ、このような取り組みが1991年の旧北上市、和賀町、江釣子村の市町村合併に発展していったとされている。事務局は北上工業団地内の北上市技術交流センター内に置かれ、初代の会長は東京製綱スチールコード、その後は岩手東芝が続き、現在では地場企業の谷村電気精機会長の谷村久興氏が会長に就いている。

　北上工業クラブ会則によると、目的は「会員相互の親睦を図り、企業経営の業績向上と工業界の健全なる進展を志向し、もって地域社会の発展に寄与すること」としている。そして、「事業」としては、以下のものが示されている。

① 会員相互の技術、経営等の情報交換
② 産・学・官及び異業種交流
③ 研修、研究、視察会等の実施

④　情報の収集及び提供
⑤　関係官公庁及び団体等への産業振興に関する建議要望
⑥　北上市技術交流センターの管理・運営の業務委託

　また、会員については、正会員としては、北上市及び周辺に事業所を有するもので、工業及びそれに関連する事業者又は団体、賛助会員は本会の趣旨に賛同するもの、そして、特別会員としては、理事会で推薦されたもの、とされている。なお、会費は正会員、賛助会員共に月額 3000 円とされていた。現在の会員数は 122 会員、製造業事業所が約 70％、残りの 30％ は金融機関、マスコミ、サービス業などである。総会が年 1 回、役員会が年 5～6 回とされていた。なお、事務局は 2 人体制であり、専務理事には本館伸也氏が北上市技術交流センター所長兼任で就いていた。

　主要事業としては、工業展示会、社会貢献事業（地域活動支援）、会員研修（労働安全、労働衛生、各種経済研修）、先進地視察等とされていた。

▶最大イベントのテクノメッセ

　北上工業クラブが発足した翌年の 1989 年、会員相互の理解、市民、近隣自治体にも北上企業を知ってもらおうという趣旨で「匠祭をやろう」ということになった。この第 1 回のイベント（工業匠祭）には 52 の団体が出展してきた。その後、3 年に一度の開催となっていった。2013 年の第 9 回からは「きたかみ・かねがさきテクノメッセ」の名称となった。

　第 10 回の開催（2015 年 10 月 3～4 日）となった「きたかみ・かねがさきテクノメッセ 2015」は、出展団体 80、金・土・日の 3 日間の開催としたが、参加者は 2 万 8800 人を数える盛況なものとなった。なお、金曜日は学校見学日とし、小中高校生が見学に来る。出展者は事業者、団体の他に岩手大学、岩手県立大学、県立産業技術短期大学校、北上コンピュータアカデミー、一関高専、黒沢尻工業高校、花北青雲高校なども参加してくる。また、見学に来た学校は 18 校、北上市、金ケ崎町の小中学校、岩手県内の工業系の高校などであり、1700 人を数えた。

　この 3 日間のイベントに関する予算は 1000 万円。北上市が 400 万円、金ケ

崎町100万円、北上工業クラブ100万円、その他、商工会議所、ブースを借りた出展者から資金を集めた。

なお、これまでは3年に一度のため、秋の開催では高校3年の就職内定後の見学となる場合もあり、その前に市内企業の事情を知ってもらいたいということから、2015年から2年に一度開催されることになった。

北上工業クラブ会長の谷村久興氏はテクノメッセを振り返って「工業クラブとして発足した初期の目的は達成できたと感じる。今後は企業間の関係をさらに密にし仕事の融通ができる態勢をつくりたい。一方で子どもたち、保護者、学校に、地元の優れた企業、技術を情報発信し岩手で働く人材確保につなげたい」(『岩手日報』2015年10月4日)としていた。

岩手県内の工業クラブでメッセを定期的に開催しているところは他にない。それだけ力があり、参加意識の高いクラブなのであろう。東北有数の工業都市となった北上において、北上工業クラブは重要な役割を演じているのであった。

(4) 若手産業人が集結・連携し、全国ともつながる
　　——自立的、創造的企業を目指す（北上ネットワーク・フォーラム）

近年、地域の若い経営者、後継者が交流、連携を深め、新たな可能性に向かおうとしている場合が増えている。1980年代に盛んになった異業種交流とはやや異なり、若い人が中心の交流であり、ネットなどをベースに情報交換は活発であり、フットワークも軽い。従来事業のしがらみから脱し、自由に自立的、創造的に活動しているようにみえる。そして、これらの地域のグループは全国的な拡がりをもって活動している。新興の工業都市である北上において、地場の若い経営者による集団、北上ネットワーク・フォーラム（K.N.F）が興味深い取組みを重ねていた。

▶釜石の津波被災企業に工具を大量に寄贈

2011年3月11日の東日本大震災津波により、三陸沿岸地域は甚大な被害を受けた。内陸の北上は震度6弱であり、一部に被害があった。そのような事態の中で、北上市基盤技術支援センターは3月14日の電気の復旧後、三次元座

標測定機等の機材のチェックを行い、直ぐに供用開始している。その後、非常勤職員（企業OB）3人による支援チームを発足させ、地元中小企業の工作機械のレベル（水平）出しに従事した。

　岩手県、秋田県の比較的製造業が発達している秋田県由利本荘市、横手市、岩手県北上市、釜石市の東西に展開している4市でHYKK（Hは旧本荘市、以下、横手市、北上市、釜石市）という横の連携組織が形成され、交流を深めてきた。

　このような事情を背景に、K.N.Fでは会員企業が復旧した5月の初めから「被災した沿岸の中小企業を支援できないか」ということになり、特に交流の深い釜石市に注目していく。「ニーズがわからない。まず現場に行こう」として、釜石市の釜石・大槌産業支援センターと連絡を取り合い、5月25日には会員5人、クルマ2台で釜石に向かい、センターの仲介で地元中小企業2社（三陸技研、釜石内燃機）を訪問する。両社は津波により機械、工具等を流出していた。「機械を直して釜石で復活したいが、そのための工具、測定器がない」というのであった[17]。

　6月1日の緊急役員会で「2社に限定して集中して支援しよう」ということで合意した。6月3日にはK.N.F会員企業に工具、測定器類の提供依頼を出し、1週間ほどで18社2団体から2058点を集めた。それらを磨き、補修して、6月13日には釜石に向かい2社に手渡している。受け取った中小企業は「涙が出るほどうれしい。測定工具等は特にありがたい」と語っていた。

　私がK.N.Fを認識したのは、この時であった。

小原学氏

▶K.N.Fの成立と歩み

　K.N.Fの誕生は2000年3月であるが、その1年前の1999年3月には、地場の有力企

業である谷村電気精機の谷村久興氏（1942年生まれ）を中心に10人ほどが集まり、時代を転換期と見極め「この地域の中小製造業は受注加工型の業態が大半であることから、世界的な生産拠点の再編や長引く不景気などの影響により大変厳しい経営環境を強いられており、このままのあり方では、益々激化する市場競争の中で生き残っていくことは極めて困難であります。そこで、これからは、独自性を作り出し、自立できるような創造性に富んだ企業へと脱皮していかなければなりません。そのためには、常にコストの低廉化を含めた技術革新と新たな時代を見据えた事業展開に挑戦する気概を持たなければなりません[18]」として、(仮称) 北上ネットワーク・フォーラム（K.N.F）の設立に向かっていった。

　当初の会員は75名、2016年12月現在では101名となっている。「会員の会員のためのK.N.F」「会員一人ひとりの発想と行動で躍動するK.N.F」をモットーに、会員が若返った最近は、以下のような事業が推進されている。
① 地域内企業の連携強化
　　工場見学会の開催
② 地域産業の自立化、経営・技術の高度化支援
　　ア）農商工連携による製品開発への協力
　　イ）新事業展開検討会の開催
　　ウ）海外市場開拓セミナー等の開催
③ 研究開発事業の取組み支援
　　ア）北上市産学共同研究補助金の活用支援
　　イ）研究成果発表会の開催
　　ウ）企業グループによる新事業創出支援
④ 産学官・異業種・他地域産業グループとの交流の促進
　　ア）産学官連携フォーラムの開催
　　イ）モノヅクリンクネットの会議への参加
　　ウ）産学民官連携、異業種交流会の開催
　　エ）K.N.F講座の開催（岩手大学等共催）
　　オ）沿岸地域被災企業の復興支援

⑤　各種情報の提供

　このK.N.F発足の当時は、地元の有力企業の年配経営者が多かったのだが、初期のメンバーに当時30歳の小原建設専務取締役の小原学氏（1970年生まれ）が誘われていた。会長には谷村久興氏が就き、2010年に退任してからは小原氏が会長に任じている。なお、このK.N.Fの事務局は発足以来、北上市基盤技術支援センターが担ってきた。また、先のHYKKについても、北上側はK.N.Fが対応している。現在では若手が中心になり、企業見学会、他地域のグループとの交流が盛んに行われているのであった。

▶モノヅクリンクネット（Monozukulink.net）への参加と活動

　このような流れの中で、2013年からは全国的に組織されてきたモノヅクリンクネット（Monozukulink.net）に積極的に参加している。このモノヅクリンクネットは2011年6月に発足したものであり、MDファクトリーHS㈱（墨田区）の川端政子氏が中心になって推進している。会員グループは全国に拡がり、CAD設計サポーター三重（三重県）、㈱大阪ケイオス（大阪）、Go-YEN.netしまね（島根県）、心技隊（神奈川県）、一般社団法人配財プロジェクト（墨田区）、福島県南会津ものづくり企業ネット（福島県）など16の団体が加盟するものになっている。

　年に1回の総会、2回の例会が開催されている（2月、6月、10月）。2013年6月には北上が例会を誘致していた。また、2016年10月にも北上で総会が開催されていた。各グループ共、総会、例会への参加は積極的であり、普段はフェイスブック等のインターネット交流サイト（SNS）を活用した情報交流をベースに、受発注、企業の紹介をしていくなどの新しいタイプの企業間連携を作り上げている。K.N.Fもスタートして18年、メンバーも大きく若返り、興味深い取組みを重ねているのであった。

　従来型の企業連携組織がいま一つ精彩を欠いている現在、若者たちによるしなやかな新たな交流組織が展開されているのであった。

4. 事業活動インフラとしての課題

　ここまで検討してきたように、北上の事業支援、人づくり、ネットワーク化は、企業進出の実績が高まり、産業集積の厚みが実感され始めた1990年代の末の頃から活発に展開されてきた。地方拠点法指定を契機とした北上オフィスアルカディアの設立、北上オフィスプラザ、北上市基盤技術支援センター、岩手大学金型技術研究センターの設置と重ね、産学官民連携、人材育成、そして、企業のネットワーク化、連携が深く模索されてきた。

　また、このような機能は、ハードとしての仕組みだけで効果的に動くものではなく、そこに関わる人びとの熱意と取組みにより意味のあるものになっていく。この点、北上の場合は、北上市商工部の果敢な企業誘致、アフターケアの積み重ねにより、事業、経営に対するに考え方が深く形成されてきた。そして、進出してきた企業も事業環境の良さを実感し、産学官民による産業振興にも深い関心を寄せていった。さらに、進出企業の技術者、経営幹部は北上の産業企業集積、技術集積に深い関心を寄せ、リタイア後も技術支援、人材育成に積極的に関与していった。産学官民連携は北上の一つの地域的な特色ともなっている。また、岩手県の学の中心である岩手大学は、日本の大学の中でも最も産学連携に意欲的であり、早い時期からINSという地域産業企業のネットワークの中心になり、幅広い成果を上げてきた。

　このような長い取組みと産学官民の深い交流により、北上の産業集積は地方中小都市としては前例のないものとして形成されていった。全国の地方中小都市の中でも、北上は依然として企業進出が進み、また、産業集積の厚みを増しているのである。

　ただし、先のいくつかの章でみてきたように、北上に先行的に集積した半導体、電子部品等の領域は、グローバル化の中で現在大きな転換期を迎えている。北上に定着してきた半導体、精密金型等の事業、技術は今後どのようになっていくのか、また、新たな集積を開始している自動車関連産業と地域の中小企業との関わりはどのようになっていくのか、さらに、対外的なグローバル化と国

内的な少子高齢化といった次の時代を規定する新たな構造要因の中で、北上の産業集積のあり方も問われ始めてきている。

このような課題に対して、事業支援のあり方も新たなあり方が問われている。人材育成、ネットワーク、連携のあり方も同様であろう。ここまでの支援のあり方、人材育成、ネットワーク化、連携のあり方をもう一度振り返り、次世代に向けた可能性を提示していく必要がありそうである。

▶新たな時代の支援のあり方

これまでの北上の動きは、企業進出をベースにする産業集積の充実、技術的な側面における充実に関心が向いていた。もちろん、この点は遅れていた地方中小都市の産業化の基本というべきものであろう。この点への関心を抱き続けることは基本であるが、他方で、これまでは販売、自社製品開発、商品開発、新産業の創出、新規創業といった側面では目立った動きは少なかった。とりわけ、日本全体が成熟化し、人口減少に象徴されるように「成熟での縮小」は基本的な構造要因になっている。私たちはこのような条件を深く意識した新たな産業化に向かっていかなくてはならない。

その場合の技術革新の方向、「成熟での縮小」をベースに地域や人びとを意識した新たなサービスの提供が問われている。これらは、拡大基調であった20世紀型のあり方とは異なり、私たち自身が「問題発見」し、その解決のために自ら独自に踏み込んでいかなくてはならないことを意味する。そのような私たちの次の時代を意識した産業化が問われているのである。

そして、こうした課題に対して、地方中小都市として未曾有の発展を手にした北上においてこそ、先駆的に取り組んでいくことが求められる。そして、その新たな産業化の課題に対して、多方面に組立てられてきた北上の事業支援の仕組み、人材育成の仕組み、そしてネットワーク化、連携が関連する人びとの取組みにより新たな可能性を導き出していくことが求められる。地方中小都市の産業化の先端に立ってきた北上においてこそ、そのような課題を認識し、次に向かっていくことが期待される。

1） 公設の工業試験場については、植田浩史・本多哲夫編『公設試験研究機関と中小企業』創風社、2006年、が詳しい。
2） 墨田区の中小企業政策とすみだ中小企業センターについては、関満博『地域経済と中小企業』ちくま新書、1995年、を参照されたい。
3） 北上川流域テクノポリスについては、関満博・加藤秀雄編『テクノポリスと地域産業振興』新評論、1994年、を参照されたい。
4） 岩手ネットワークシステム（INS）については、関西ネットワークシステム編『現場発！産学官民連携の地域力』学芸出版社、2011年、を参照されたい。
5） 以下の北上市の産業化と黒沢尻工業高校の成立の歩み等については、『北上市の工業開発』財団法人北上市開発公社、1984年、を参照した。
6） 以下の黒沢尻工業高校の現状については、岩手県立黒沢尻工業高等学校『平成27年度学校要覧』2015年、を参照した。
7） いわて産業人材育成会議『いわてのものづくり産業を担う人材を育成するための新しいしくみについて』2005年11月4日。
8） この2005年の大連視察の際の訪問企業のケーススタディは、関満博編『メイド・イン・チャイナ』新評論、2007年、第2章を参照されたい。
9） 佐藤日出海「モノづくりが出来る人づくり・寺子屋——新たな産業化の基礎をつくる（宮古市）」（関満博編『地域産業振興の人材育成塾』新評論、2007年、第13章）を参照されたい。
10） 異業種交流の意義等については、中熊祐輔・山際有文・安藤清人『異業種交流』日刊工業新聞社、1984年、が有益である。
11） 『北上機械鉄工業協同組合・20周年誌』北上機械鉄工業協同組合、1984年。
12） 『広報きたかみ』北上市、1963年7月5日。
13） 前掲『北上機械鉄工業協同組合・20周年誌』。
14） 30周年の1994年の頃には組合員は7社、団地に立地する企業は28社を数えており、団地組合では異業種交流の可能性などが議論されていた。ただし、実際にはそのような方向には進まなかった。このような事情については、『北上機械鉄工業協同組合・30周年記念誌』北上機械鉄工業協同組合、1994年、を参照されたい。
15） 50周年の頃の事情は、『北上機械鉄工業協同組合・50周年記念誌』北上機械鉄工業協同組合、2012年、を参照されたい。
16） このような住工混在問題については、関満博『地域産業の開発プロジェクト』新

評論、1990 年、を参照されたい。
17)　この間の事情の詳細は、関満博『東日本大震災と地域産業復興Ⅰ』新評論、2011 年、第 13 章を参照されたい。
18)　『「(仮称) 北上ネットワーク・フォーラム (K.N.F)」経過報告書』2000 年 3 月。

終章　北上地域産業集積の未来

　「北上モデル」とされた巨大な工業団地の開発と果敢な企業誘致により成功した北上市、地方の中小都市の多くが人口減少、少子高齢化、そして、地域産業の停滞に悩んでいる中で、ひとり人口規模を維持、産業基盤を拡大・深化させてきた。地方の人口減少の起点とされる半世紀前の1960年に比べて30%を超える人口増を達成し、製造業の出荷額は100倍に近いものに発展させてきた。北上川流域の花巻、北上、水沢（現奥州市）、一関と連担する都市群の中で最も貧しいとされていた北上は、戦前期から発展の機会をうかがい、戦略的なポイントを工業化に置き、むしろ、そのために周辺町村との合併による「北上市」を成立させ、市制施行後、壮大な工業団地の開発、果敢な誘致活動を重ねてきた。

　「無謀」といわれながら、1960年頃から130ha級の巨大な工業団地形成に踏み込んだ八重樫長兵衛市長（1962～66年）の時代、「夜討ち朝駆け」ともいわれた果敢な誘致活動を繰り広げた斎藤五郎市長（1966～86年）の時代をスタートに、「工業立市」でぶれることなく、戦略的な地域経営、企業誘致を軸にした産業政策を重ねてきた。全国の市町村の中で、自立的に産業政策を推進し、これだけの成功を収めた市はない。

　だが、2000年の頃からは、アジア、中国等の周辺の低開発国地域の工業化の進展、日本企業の海外進出、国内産業の空洞化等にみられるグローバル化、そして、国内的には成熟化、人口減少、際立った少子化、高齢化が進み、人びとの意識も大きく変わってきた。やや死語に近いが、このような現象は日本が躍進過程に入っていた1960～1970年代の頃の、ヨーロッパに蔓延する「先進国病」といわれていたもののようにもみえる。ただ、大きな違いは、日本の場合、近隣のアジア、中国の劇的な発展との相対の中で起こっていること、また、経済的には豊かな社会、そして、際立った長寿社会を形成する一方で、急激な

人口減少、少子高齢化が進む中で生じているという点にあろう。これらの要素が新たな構造条件として、地域の経済、産業社会に深い影を落としている。そのような意味では、私たちは世界で経験のない新たな課題に直面しているということであろう。

以上のような点を意識しながら、本書を締めくくるこの章では、工業団地開発と果敢な企業誘致に象徴される「北上モデル」を振り返り、新たな時代の豊かな地域産業社会を形成していくための課題と可能性をみていくことにしたい。

1. モノづくり産業集積の次の課題

1954年の北上市成立以来の取組みにより、人口は30％増、製造業従事者は5倍、製造業出荷額は表向き100倍にも達するものになった。北東北の中小都市の中でも最も遅れていた都市の一つとされていた北上市は、当初の財政再建団体指定の困難な時期を乗り越え、必死の努力を重ね、現在では北東北で最も発展している中小都市へと大きく変わってきた。郊外の工業団地群は美しく整備され、雇用機会に恵まれた人びとは工業団地に吸い込まれていく。広大な農村地帯を背景にする北上では、少し前には「工場ができたおかげで、農業との兼業が可能になり、家計が豊かになった」と語る人が多かった。遅れていた社会インフラも、1990年代の中頃から一斉に整備され、産業発展、経済発展の果実が拡がっていった。私が通い始めた1990年前後の頃を振り返ると、隔世の感がする[1]。歴代の市長や必死に取り組んでいた商工担当の職員、進出してきた企業、地場から立ち上がってきた企業の方々の顔が浮かび上がる。

▶機械金属系業種の集積で優越

北上の無限かと思われていた工場用地も限られたものになってきた。それでも、企業誘致はコンスタントに重ねられている。この数年をみても、セブンイレブンの北東北を視野に入れた約1200人を雇用するという巨大な惣菜加工センターの設立、これからの日本の課題の一つである国産の森林資源を活用するという最新鋭の合板工場として注目される北上プライウッドの進出、北陸の石

川県から東日本の拠点形成を意識して進出してきた特殊金属加工の永島製作所、3次元設計技術を軸にした設計開発会社の河西テクノの進出など、新しい時代を象徴するかのような企業の進出も絶えない。

振り返ると、1970年代の初めの頃までは、高速道路も新幹線もなく、東北は近代工業不毛の地といわれていた。1970年代後半から1980年代前半の東北自動車道の開通、東北新幹線の開業は、歴史上初めて東北で近代工業化が可能になることを意識させ、宮城県から岩手県にかけての新幹線沿線の都市ばかりでなく、周辺の市町村を騒然とさせた。各市町村は企業誘致に走ったものだが、結果的に「北上の一人勝ち」になったとされている。それは、本書を通じて示してきたように、北上の人びとの思いと戦略的な取組みによるものであった。

当初は、知名度の高い企業に向かっていたのだが、その後、メッキなどの基盤技術の必要性を痛感、幅広く機械金属系業種の中小企業への関心深め、後発ながらも北東北で最も密度の高い工業集積を形成することに成功した。早い時期にメッキに着目したことは炯眼というべきであろう。現在の北東北では、メッキは北上に頼るしかないものになっている。このことが機械金属系企業の誘致に拍車をかけることになっていった。「北上は大丈夫」という判断が進出を考えていた企業に浸透していったのであった。

▶内発的な展開力のある工業集積の形成

だが、本論でも指摘したように、集積の歴史が短く、また、時代状況や人びとの意識も大きく変わり、期待した集積の効果が必ずしも十分に発揮されていない。進出企業はいまだ孤立分散的である場合も多く、進出企業と地場企業の連携も期待するほどには進展していない。さらに、時代状況を反映してか、若者の独立創業が進んでいない。意欲のある若者の独立創業と必死の取組みが集積全体を刺激し、内面の高度化を推し進めていくのだが、そのような流れは必ずしも十分に形成されていない。資金的な可能性と仕事の見通しがなければ若者は創業に向かわない。成熟の時代が、そうしたことを難しくしているのかもしれない。

そのような意味では、東京都大田区や東大阪市などの大都市工業集積[2]に

は遅れながらも、この難しい時代にこれだけの工業集積を形成してきた北上は、新たな角度から北東北ばかりでなく、日本全体の視線を惹きつけ、次の時代に向けた可能性を提供できるものにしていく必要がある。そのようなサイクルが形成されれば、日本に最後に残る内発的な展開力のあるモノづくりを軸にする優れた工業集積となっていくことが期待されるであろう。この北上の地に、モノづくりの国日本の良質な工業集積が形成されていくことを期待したい。誘致の成功の次の課題は、明らかに集積の内面の高度化、起業人材、事業承継者、技術者等を含めた人材の育成、若者の新規創業の活発化、企業間の連携の濃密化等を含めた、幅の広い内発的な展開力の形成と蓄積ということであろう。

▶集積が集積を呼ぶサイクルに

　先に指摘したように、電子、機械金属系の集積から始まった北上への企業進出は、2000年代に入る頃から新たな色合いを帯びるようになってきた。「物流」の要素の強い企業群の集積である。運輸業、倉庫業、北東北全体を視野に入れる食品加工業、その他のサービス業の進出が目を惹く。それは、北上周辺が一気に状況を変えてきたことに起因する。

　現在、各方面で議論すると、「北上は交通条件に恵まれている」と指摘されることが少なくない。現実的には確かにそうなのだが、昔からそうであったわけではない。新幹線が開通する以前は、訪れることも容易でなかった。秘境を訪れるほどの決意を必要とした。その後の高速道、新幹線の開通の少し前から、北東北は騒然とし、各地は必死の企業誘致、近代工業化に踏み込むのだが、先にみたように北上の一人勝ちとなった。この時期は、新幹線、高速道の沿線各都市と条件はほぼ一緒であった。本書を通じてみたように、北上の人びとの戦前から続く工業化への思いと、戦略的な取組みが功を奏したのであった。

　そして、工業集積が重なるほどに、北上の地域条件は改善されていったことに注目すべきであろう。北東北を横断する高速道路は北上を起点にするものになり、岩手県が設置する使い勝手の良い流通拠点も北上に置かれた。一つの成功と事業活動の高まりが新たな機能の集積を呼び起こしていく。北上の工業化への戦略的な取組みと成功は、物流環境整備のテーマに関してもそれを惹きつ

けていったのであろう。

　このようにして、集積は集積を呼び込むのである。その結果、北東北の中で、北上の位置的条件がさらに豊かなものになっていったことはいうまでもない。

▶物流系を含めた新たな集積をどうみるか

　北上工業団地から始まった大型工業団地の形成は、北上南部工業団地、後藤野工業団地、北上流通基地、北上産業業務団地と進むが、北上南部工業団地の形成の頃から、進出企業に幅が出てきた。当初の機械金属系企業、モノづくり系企業から、次第に物流系、食品加工系、サービス系に拡がっていった。進出企業からは「ここからは、北東北の各地が3時間圏内」といわれることが多くなっていった。中軸の東北新幹線、東北自動車道、そして、秋田自動車道がクロスし、将来的には花巻～遠野～釜石を結ぶ釜石自動車道、さらに、八戸～宮古～仙台の三陸道も視野に入る。さらに、秋田自動車道からは秋田港、日本海が、釜石自動車道からは釜石港、太平洋も展望されるであろう。

　そして、物流系企業を想定した北上流通基地は当然のこととして、北上南部工業団地も、当初期待のモノづくり系企業の集積よりは、物流系、食品加工系企業の集積が顕著なものになってきたのであった。このように、現在の北上は多様なモノづくり系企業の集積に加え、物流の一大基地として大きく登場してきつつある。そして、このような物流条件の良さを受け止める必要があり、モノづくり系企業も、視野を北上にとどめるべきではなく、視野を北東北全体から海外までを含めたものにしていく必要があろう。モノづくり拠点と物流拠点が重なり、新たな未曾有の産業集積が形成されていくことが期待される。

　先にも指摘したことだが、成熟化、縮小経済の中で、工業集積も新たなあり方が問われている。北東北の場合、近年の高速交通体系整備の中で、北上を焦点にして各地が3時間圏内となってきた。この圏内には、一定規模の工業集積がある北上川流域の花巻、奥州、一関が展開しており、さらに広域ではTDKをベースに金型、自動機等の機械金属工業の密度の高い集積を形成してきた由利本荘、自動車関連部門の集積が進む横手、新日鐵釜石製鐵所以来の重量級の機械金属関連企業が集積する釜石、さらに、金型、コネクタ関連企業を意欲的

に集積させてきた宮古などがある。

　拠点性を高める北上としては、これらとの濃密なネットワークを形成し、新たな広域的な工業集積を形成していく必要がある。このような仕組みは未曾有のものであり、北東北においてこそ具体性に富むものであろう。それは、場合によると、日本に残るモノづくり拠点の形成を意味することになろう。半導体、電子部品に鍛えられ、現在、自動車との関連が問われ始めている。さらに、次は次世代産業の航空・宇宙、新エネルギー、医療・福祉、人びとの生活の豊かさを実感させる産業と続いている。そうした課題に対し、広域の力を結集し、新たな可能性に向かっていくことが求められる。

　そして、そのためには関係する人びとの意識を拡げ、幅の広いネットワークの形成、モノづくりのオープンイノベーション化が基礎になり、関係する人びとが集まりやすい環境づくりが求められよう。航空路線や宿泊施設、楽しめる施設は当然必要とされるであろうが、何よりも重要なのは、モノづくりを閉じられたものでなく、開かれたものにし、ここで新たなものが生まれていくという仕組みづくりが必要であろう。

　規模の大きな質の高い「モノづくり」「部品展」などのイベントが開催され、新たな「北上モデル」を日本ばかりでなく、世界に向けて発信し、関連する人びとを惹きつけていくことはできないのだろうか。まず、そのためには北上のモノづくり企業が自立し、世界性を意識して仕事を重ねていくこと、人づくりを重ねていくことが基本となろう。モノづくりが地域的な雰囲気になっていくことが求められる。この点、北上の若手経営者、後継者を中心に新たな動きもみえ始めている。日本のモノづくりが縮小気味な現在、北上の地でモノづくりを巡る新たなうねりが生まれてくることを期待したい。

2. 豊かな地域産業社会の形成

　以上の工業集積、産業集積の充実に加え、北上には「豊かな域産業社会の形成」というテーマがある。ここまでの集積により、明らかに人びとの就業の場は拡がり、経済的に豊かになり、まちも整備されてきた。だが、それを基礎づ

けている産業、企業はいまだ個別的な「生産の場」という色合いが強く、必ずしも、新たなものを生み出す創造的、内発的なものにはなっていない。次の課題は創造的、内発的な産業集積の形成、人びとの創造性を刺激し、新たなものを生み出していく活力のある地域産業社会の形成ということであろう。

▶若者が向かいたくなる地域産業社会

　その場合、活力の源泉になるのは、若者であろう。現状の地方都市の場合、18歳の春になると、大半の若者は大都市に向かう。そして、22〜23歳の頃になると、地元に戻りたくとも、戻る場がないとされる。北上のように就業の場が比較的多く、有効求人倍率の高い都市でも、若者を惹きつける職場は乏しい。それは、北上に企業、工場は多いものの、生産の現場的な要素が強く、若者の創造性を発揮できる場が乏しいことによる。産業集積、企業集積の内面が問われることになろう。

　この点、近年、幾つかの変化の方向がみてとれる。アイメタルテクノロジーの技術センターの設置、東北佐竹製作所や多加良製作所のマザー工場化、シチズン時計マニュファクチャリングの世界一の優良なる時計製造工場の実現に向けた取組み、谷村電気精機やツガワの新たな受託開発型企業への展開、東北精密の次世代を意識した技術開発棟の展開、北上エレメックや川崎ダイス工業のような先端を意識した加工業としての高度化、特殊化、また、特殊塑性加工の永島製作所の進出、高度3次元設計人材を軸に編成される河西テクノ、さらに、モノづくり系の若手経営者による新たなネットワークの形成などが注目される。

　そして、このような取組みが増え、それが北上の地域産業集積の創造性、内発性を高めていくならば、若者の関心を惹きつけていくことが期待される。このような動きが地域的な雰囲気となることが若者を惹きつけ、新たな創造性に満ちた地域産業社会を形成していく基本となるであろう。生産の現場から創造性を発揮できる場への進化が求められているのである。

▶高齢者、女性が働きやすい地域産業社会の形成

　元気な高齢者が増え、女性の社会進出も活発化している。このような時代状

況の中で、高齢者、女性が生き甲斐を抱いて働き、暮らせる環境の整備が求められている。本書で採り上げたケースの中にも興味深い取組みがあった。

操業開始にあたり年齢制限をつけずに募集したところ、50代の男性は正規採用に「涙していた」(北上プライウッド)、「できるところまでやってもらうとし、最高齢は74歳の人もいる」(川崎ダイス工業)、「長くやっていると、新入社員の中には祖父や父が勤め、また、親子で働いている人もいる」(ケミコン岩手)、「女性を登用し、さらに、社内に保育所を設置したところ、女性たちに歓迎されている」(シチズン時計マニュファクチャリング)、「子育ての都合を意識し、就業時間をフレックスにしている」(ウスイ製作所)、「大卒女性を積極雇用し、活躍の場を提供」(永島製作所)、「定時に終わるため、特に女性は集まる」(中川装身具工業)など、興味深い取組みも開始されていた。

生産年齢人口が減少傾向にあり、また、高齢者、女性の就業意欲も高まっている。このような社会的な環境の中で、高齢者、女性が働きやすい職場の形成が求められている。それは企業サイドにとっても、働く側にとっても基本的な条件になりつつある。

▶新しい仕事が生まれる地域産業社会

戦後しばらくの間は、経済の拡大の中で新たな事業機会が見通せ、日本は新規創業の活発な国であった。次々と新たな企業が生まれ、切磋琢磨していくことが技術レベルを高め、社会的な有用性の高い事業を生み出してきた。だが、日本は1980年代の中頃以降、経済社会が成熟化し、一気に新規創業の乏しい国に転化していった。この点、世界的には新規創業が進まないと、地域社会は活性化しないとの認識が高まっていった。以来、日本においても、新規創業、起業が社会的な課題となり、政策的にも起業のための支援的な措置がとられているものの、事態は期待するようには進んでいない。

北上においては、1970年頃から企業の進出が進んだものの、この20～30年、新規に独立創業したというケースは非常に少ない。本書で採り上げたケースをみても、進出企業から独立創業したWING、佐々木印刷、また、アパレルメーカーから独立し、北上に進出してきたカシミヤのユーティーオーしかない。

また、経営破綻した企業を引き継ぎ、再生させたケースとしては、東北精密、北上まきさわ工房があるだけである。
　むしろ、中山間地域の人口減少、高齢化を受けて、地域をあげて農産物加工に向かっている更木ふるさと興社、農林産物直売所を設置し、日用品まで取り扱い、NPO法人を設置し新たな社会課題に取り組んでいるあぐり夢くちない、NPO法人くちないなどが注目される。
　経済が縮小している社会では、従来型の新規創業は起こりにくい。ただし、縮小し、少子高齢化、女性の社会進出などが進むと、新たな社会課題も生まれてくる。そこには当然、新たな事業機会も生まれ、また、地域に密着した事業の必要性も大きくなる。このような領域での新規創業、起業が求められているように思う。それが地域の豊かさを深めていくことになる。
　そのような意味で、若者、高齢者、女性を焦点にした社会課題に向かう新規創業、起業が進みやすい環境づくりも必要になってきている。従来型事業の誘致、強力な工業集積の形成に主眼を置いてきた北上は、次の課題として、豊かな地域産業社会を形成していくためにも、若者、高齢者、女性が積極的に関わる新たな事業化を促進していくための取組みが求められているように思う。

▶市内の地域間格差にどう向かうか
　先の第8章の表8—1にみるように、北上市内の地区別の人口動態は相当に跛行性が大きい。中心部への人口集中、郊外の人口減少が際立ってきた。特に、口内、和賀、岩崎、更木といった郊外の人口減少が著しい。これらの地区はいずれも10年間で10%以上の人口減少となった。そして、このような郊外の人口減少は高齢化をいっそう促進していく[3]。近代工業化に成功したとされ、人口規模も維持できている北上市においても、内部ではこのような格差が構造化されているのである。
　まず、このような地域では15歳の高校進学の段階で北上市街地の高校に通い、場合によると市街地に下宿する。そして、18歳になると大半は大都市に向かう。彼、彼女たちは地元の郊外に働く場もないことから、地元に戻ることはない。このような地域では早ければ15歳で若者はいなくなるのである。ま

すます郊外の人口減少、高齢化が進む。
　そのような地域では、次に商店街の中から次々廃業が出てくることになる。これまでの全国の経験からすると、食料品店がなくなり、ガソリンスタンドがなくなるあたりから問題は深刻化する。買い物弱者、ガソリン弱者の問題が発生する。先の第8章2でみた口内はそのような問題に直面しつつあった。そして、口内では住民の意思で農林産物直売所を開設、さらに、その農林産物直売所が日用品も扱い、さらに、NPO法人を組織して高齢者等の足を確保し、市街地に小さなお店も開店しているのであった。
　発展する北上でも、郊外の人口減少、高齢化、そして、買い物弱者問題、ガソリン弱者問題が発生していく。豊かな地域産業社会を目指す北上としては、こうした問題に対して、どのように対応していくのかが問われ始めている。このような課題に対しては、全国、特に西日本で多様な経験が蓄積されている[4]。北上としては、北上らしいやり方で、この問題に応えていかなくてはならない。

　以上のように、大型工業団地を開発し、果敢な企業誘致により、北東北で最も産業化に成功した北上も、新たな段階に踏み込みつつある。これまでの北上産業をリードしてきた半導体、電子関連の事業は一つの盛りを過ぎ、次を期待される自動車産業関連は思うような進展をみせていない。さらに、交通条件が格段に改善され、物流系の企業の集積が著しいものになってきた。このような大きな変化を次にどのようにつなげていくかは今後の大きな課題であろう。特に、モノづくり系産業の内面の高度化は不可避であろう。付加価値の高いあり方の模索、人材育成、ネットワークの拡がりなどが課題とされる。いずれにおいても、自立的かつ内発的な産業展開のあり方が問われている。
　また、地域社会に目を転じると、当面は人口を維持できているものの、高齢化はじわじわ進展し、さらに、就業の場はあるものの、必ずしも若者を惹きつけることはできていない。そして、地域内の格差も際立ち始めている。これらの新たな課題に対しては、地域全体を見通した新たな地域産業社会の形成を意識した取組みが必要とされる。その場合、それらの社会課題に対して挑戦していくという新たな事業意識が不可欠であろう。企業誘致の時代から、現在から

近未来の北上は持続性ある豊かな地域産業社会の形成という新たな課題に応えていかなくてはならないのである。

1）　1990年代前半までの頃の北上の工業化については、『北上市の工業開発』財団法人北上市開発公社、1984年、関満博・加藤秀雄編『テクノポリスと地域産業振興』新評論、1994年、を参照されたい。
2）　東京大田区、墨田区や東大阪市等の大都市にみられた工業集積については、大田区を扱った関満博・加藤秀雄『現代日本の中小機械工業——ナショナル・テクノポリスの形成』新評論、1990年、墨田区を扱った関満博『地域経済と中小企業』ちくま新書、1995年、東大阪市を扱った湖中齊『東大阪の中小企業』東大阪商工会議所、1995年、同『都市型産業集積の新展開——東大阪市の産業集積を事例に』御茶の水書房、2009年、などを参照されたい。
3）　このような郊外、中山間地域の人口減少と高齢化の問題については、関満博『中山間地域の「買い物弱者」を支える』新評論、2015年、を参照されたい。
4）　前掲書に全国の取組みが紹介されている。

巻末資料：北上市の工業の歩み（年表）

区分	歴代市長	工業関連の動き	企業立地動向 ※社名が変わった場合、現在の社名で表記 数は年度でカウント	主な出来事とインフラ関連の動き
1939		黒沢尻工業高校開校（地元の寄付で設置）		
1945		国産軽銀工業岩手工場、空襲で壊滅		
1953		工場誘致促進協議会（1町8ヶ村）		湯田ダム着工
1954		工場誘致条例制定	◆東北石材工業(株)［累計1］	北上市誕生（1町6ヶ村が合併） 及川顕司市政スタート 黒沢尻高校を黒沢尻北高と南高に分離 北上農業高校開校 黒沢尻駅を「北上駅」に改称
1955		食糧難の時代⇒開田の機運		国産軽銀跡地を常盤台と命名 上水道給水開始
1956	1954.4.25 及川顕司	村崎野地区開拓期成同盟結成		地方財政再建促進特別措置適用団体に指定 第1回平和駅伝（北上～湯本）
1957		北上市工業振興協議会設立		夏油温泉の石灰華、国の特別天然記念物指定 黒沢尻工業高校が甲子園大会に初出場 北上学園落成
1958			◆東邦工業(株)◆東洋化成(株)◆ピー・エス・コンクリート工業(株)［累計4］	東北本線複線化（北上～六原）
1959		工場適地調査の地域指定（8地域718ha）	◆中川ヒューム管工業◆昭和石油(株)［累計6］	
1960		工場誘致奨励員会設置		
1961		(財) 北上市開発公社設		北上商業高校が専修大学

406

年				
		立		の付属校となる
湯田ダム完成
1962		低開発地域工業開発地区指定
北上工業団地造成
北上機械鉄工業協同組合設立		八重樫長兵衛市政スタート
地方財政再建促進特別措置適用団体解除
第1回北上みちのく郷土芸能まつり
1963		北上中部地区工業開発促進協議会
北上機械鉄工業団地造成完了	◆北上ハイテクペーパー(株) ◆大昭和製紙(株)〔累計8〕	鍵屋デパート開店
岩手県園芸試験場開設
衛生処理場完成
横黒線に「柳原駅」「立川目駅」開業
1964	1962.4.19
八重樫長兵衛	東北開発促進計画による中規模内陸工業地域指定		市内10農協合併し、北上市農協に
市民憲章制定
市民会館開館
花巻空港開設
1965		竪川目工業団地造成完了	◆原産業(株) ◆丸三ニット(株)〔累計10〕	和賀町内3農協合併し和賀中央農協に
下川岸の大火、全半焼46棟、重軽傷者17人
東北本線仙台～盛岡間電化開通
1966		工業団地特別会計設置
北上工業団地分譲開始	◆(株)協同ライト商会
◆ケミコン岩手(株)〔累計12〕	斎藤五郎市政スタート
横黒線が北上線と改称
1967	1966.4.19
斎藤五郎		◆(株)エレック北上 ◆(株)サトー ◆(株)東北佐竹製作所 ◆東北ユーロイド工業(株) ◆(有)大和製作所 ◆谷村電気精機(株)〔累計18〕	
1968			◆(株)朝比奈製作所
大川鋼板工事(株) ◆東北樹脂(株)〔累計21〕	夏油温泉地域が栗駒国定公園内に指定
東北自動車道施行命令
国道4号北上バイパス一部開通
1969			◆シチズン時計マニュファクチャリング(株) ◆	しみず斎園落成
北上バイパス「わが大

年				
			関金属(株)◆東綱スチールコード(株)◆東北ポール(株)◆雪印種苗(株)［累計26］	橋」完成
1970			◆(株)東綱機械製作所［累計27］	第25回国民体育大会開催
1971		(株)岩手開発設立　北上流通基地建設着手	◆岩手醤油協業組合◆グリンクス(株)◆昭和コンクリート工業(株)◆昭和産業(株)◆日本パーカライジング(株)◆(株)富士商会◆岩手森紙業［累計34］	県内初の公害監視員16人を任命　9市町村が岩手中部地区広域市町村圏に指定　東北新幹線北上駅停車決定
1972	斎藤五郎	堅川目工業団地分譲完了　北上地区広域土地開発公社設立	◆ジャパンセミコンダクタ(株)◆北上鐵工(株)◆ケーデーケー(株)◆光栄工業(株)◆三甲(株)◆(株)多加良製作所◆中川装身具工業(株)◆西山家具工業(株)◆バンビ工業(株)［累計43］	広域土地開発公社設立　北上市立博物館落成　春の高校野球選抜大会に専修大学北上高校が初出場
1973			◆東北共英工業(株)［累計44］	北上市総合開発計画　市庁舎落成　北上操車場造成（〜78年）　北上中央橋完成
1974		飯豊西部中小企業工業団地開発基本方針	◆スリーエムジャパンプロダクツ(株)◆日本電装(株)◆明治製菓(株)(MeijiSeikaファルマ(株))［累計47］	米国コンコード市と姉妹都市提携　東北横断道北上ジャンクション決定　国道4号北上バイパス全線開
1975			◆サント工業(株)◆日本重化学工業(株)［累計49］	
1976		北上中部工業用水道建設に着手　北上流通基地造成開始		北上済生会病院落成　国道107号全線開通
1977		飯豊西部工業団地造成開		北上駅前地区市街地再開

		始		発着手 東北自動車道開通（一関〜盛岡） 北上江釣子インター開設（東北自動車道）
1978		北上工業団地の工業用水道給水開始 北上流通基地完成	◆(株)北関東工業 ◆日本太柄(株)［累計51］	健康管理センター落成 北上ショッピングセンター（エンドー）開店 宮城沖地震発生（被害額6億円超）
1979		北上流通基地分譲開始 飯豊西部工業団地分譲開始		北上商工会館落成 黒沢尻工業高校がラグビー全国大会で準優勝 北上操車場操業
1980		北上金属工業協同組合設立	◆新開(株)［累計52］	宮城県柴田町と姉妹都市締結 黒沢尻工業高校移転 公共下水道事業着手
1981	斎藤五郎		◆(株)ケディカ ◆城南樹脂工業(株)［累計54］	江釣子ショッピングセンター開店 北上農業高校移転
1982			◆北日本酸素(株) ◆三和工機(株) ◆(株)誠和［累計57］	諏訪町商店街全蓋アーケード完成 東北新幹線開業（大宮〜盛岡） 東北新幹線北上駅開業
1983		飯豊西部工業団地分譲完了	◆アジアエレクトロニクス(株) ◆(株)阿部製作所 ◆(株)タムステクノロジー ◆多摩化学工業(株) ◆(株)ツガワ ◆パンチ工業(株)［累計63］	駅前広場横断地下道完成
1984		北上工業団地特定公共下水道完成	◆(株)アジア東芝エレクトロニクス ◆(株)天野精機工業 ◆アルバックサービス(株) ◆(株)薄衣電解工業 ◆(株)エヅリコエンジニアリング ◆東北小旗(株) ◆(株)	東北新幹線上野駅開業

			後藤製作所 ◆(株)鈴木商館 ◆東北化学薬品(株) ◆(株)成田製作所 ◆アサヒスチール(株) [累計74]	
1985		後藤野工業団地分譲開始	◆江本工業(株) ◆(株)コダマ ◆カルソニックカンセイ(株) [累計77]	中国河南省三門峡市と友好都市提携調印 新渡戸観音泉が「いわて名水20選」認定
1986		技術交流センター開所	◆岩手ケミコン(株) ◆カメヤマローソク(株) ◆岩手電気工業(株) [累計80]	髙橋盛吉市政スタート 議会側から三市町村合併に関する提言 北上駅東口開業 北上操車場閉鎖 北上駅前地区再開発ビル完成
1987		北上川流域テクノポリス開発計画承認	◆東北新潟運輸(株) ◆JHC(株) ◆バウアーコンプレッサー(株) ◆(株)サステック東北 [累計84]	公共下水道供用開始 展勝地桜並木「手づくり郷土賞」受賞
1988	1986.4.29 髙橋盛吉	北上工業クラブ設立 北上工業団地分譲完了 南部工業団地事業着手	◆(株)オーム電機 ◆(有)ホクスイ精工 ◆(株)ミスズ工業 ◆(株)ニシキ ◆(株)相田商会 ◆第一運輸(有) ◆(株)アマタケ ◆栗田工業(株) ◆田中産業(株) ◆吉田ビニール(株) ◆東北建設機械販売(株) ◆セイコー電子工業(株) [累計96]	日本現代詩歌文学館建設着手 東北横断道秋田線、全線の事業着手
1989		北上南部工業団地第1期造成開始（～90年） 物流ネットワーク構想モデル地区指定 第1回工業匠祭開催（その後、テクノメッセに）	◆シチズンマシナリー(株) ◆日本通運(株) ◆佐川急便(株) ◆川崎ダイス工業(株) ◆キタカミスズヤス(株) ◆(株)関本組 ◆ピップフジモト(株) ◆コクヨ(株) ◆シチズンテクノ(株) ◆ニチウラ(株) ◆(株)岩	

410

年				
			手セキノ興産 ◆明星電子工業(株) ◆日立オートモティブシステムズハイキャスト(株)［累計109］	
1990		技術研修館開所	◆岩手ヤクルト販売(株) ◆第一開明(株) ◆三星金属(株) ◆(株)ライオン事務器 ◆(株)吉田産業 ◆大喜鉄工(株) ◆上田(株) ◆トヨタ紡織東北(株) ◆富士産業(株) ◆北上槌屋デカル(株) ◆(株)アイメタルテクノロジー［累計120］	三市町村合併協議会設置 北上ケーブルテレビ放送開始 展勝地「さくら名所100選」認証 「カムイ・ヘチリコホ」落成 日本現代詩歌文学館開館
1991	髙橋盛吉	工業振興審議会条例制定 企業立地奨励条例制定 北上南部工業団地第2期造成開始（〜93年）	◆横浜フォームラバー(株)［累計121］	「新北上市誕生」初代市長　髙橋盛吉 東京事務所開設 北上コンピュータアカデミー開校 東北新幹線東京駅開業
1992			◆(株)ケー・アイ・ケー［累計122］	北上ソフトパーク構想 みちのく民俗村が開村
1993		地方拠点都市地域に指定され、産業業務団地を拠点地区に設定	◆東北交通機械(株)［累計123］	地方拠点都市地域に指定され、中心市街地を拠点地区に設定 夏油高原スキー場　オープン 中央図書館新築落成 和賀川ふれあい広場が「手づくり郷土賞」受賞
1994		北上南部工業団地第3期造成開始（〜96年） (株)北上オフィスプラザ設立	◆互交産業(株) ◆(株)アイメタルテクノロジー ◆大森クローム工業(株)［累計126］	和賀有線テレビ放送開局 鬼の館開館 詩歌の森公園完成 北上西インター開設（秋田自動車道）
1995		北上産業業務団地造成着手 (財)北上市開発公社解散	◆日立建機(株) ◆(株)北州ハウジング［累計128］	ふるさと体験館オープン 樺山歴史の広場オープン

年	市長			
1996		北上南部工業団地造成完了	◆(株)山耕 ◆(株)フレッシュハウス ◆いすゞライネックス(株) ◆(株)いすゞテクノサンド ◆キューソーティス(株) ◆東邦特殊パルプ(株) ◆(有)水沢ボデー ◆(株)田口型範 ◆(株)北上製作所 [累計137]	利根山光人記念館開館 サトウハチロー記念館開館 北上金ヶ崎インター開設（東北自動車道）
1997	髙橋盛吉	北上産業業務団地造成完了 地域産業集積活性化法に基づく地域計画承認	◆(株)ネクスコ・メンテナンス東北 ◆服部コーヒーフーズ(株) ◆(株)ヤマガタ ◆北上工機(株) ◆武蔵貨物自動車(株) ◆第一物産(株) [累計143]	北上市が地方自治功労賞を受賞 東北新幹線「スーパーやまびこ」停車 住民登録世帯人口90,000人突破 一般廃棄物最終処分場落成 秋田自動車道全線開通（北上～秋田県男鹿）
1998		東北経済産業局と人事交流開始	◆(株)岩手ヤクルト工場 ◆(株)トータルシステム ◆マルモ通信商事(株) ◆東北メタル(株) ◆熊谷木材(株) ◆バイタルネット [累計149]	総合運動公園陸上競技場・総合体育館落成 展勝地を「みちのく三大桜名所」としてPR 九年大橋・岩崎橋開通
1999		北上市基盤技術支援センター開所 北上オフィスプラザ開所 北上市情報センター開所	◆(株)ケー・エス ◆白金運輸(株) ◆東陵総業(株) ◆(株)アグリシティ [累計153]	伊藤彬市政スタート インターハイ開催（主会場として開閉会式） 市街地再開発が始動 市道飯豊和田線が開通
2000	1999.4.25 伊藤　彬	北上ネットワークフォーラム（K.N.F.）設立 新事業創出促進法「高度技術産業集積地域」計画同意（地域プラットフォーム事業開始）	◆TDK-MCC(株) ◆エバークリーン(株) ◆和泉陸運(有) ◆日本金属(株) ◆(株)マルヤス・セキソー東北 ◆(株)ジェイデバイス [累計159]	総合計画・地域計画（16地区）策定 中心市街地複合ビル「ツインモールプラザ」オープン 南部領伊達領境塚が国指定史跡に
2001		市長等幹部職員による市内企業訪問開始	◆ノード化水(株) ◆グリーンリサイクル(株)	市制施行10周年 岩手大学と相互友好協定

年				
			◆明治商工(株)[累計162]	を締結 生涯学習センター「遊・YOU学園」オープン
2002		工業振興アドバイザー設置 K.N.F.に自動車分科会発足 次世代育成「一石塾」開講(塾頭：関満博氏) 岩手大学地域連携推進センターへ派遣開始 北上雇用対策協議会設置	◆栃木運輸(株)◆(株)忍足研究所◆クボタリテックス(株)[累計165]	県立中部病院が市内村崎野に設置決定 和賀中央橋が完成 東北新幹線八戸駅開業
2003	伊藤　彬	岩手大学工学部付属金型技術研究センター開所 工業振興計画を策定(2003〜10年)北上市中国経済視察(深圳・東莞) 企業立地促進補助金 企業設備投資奨励補助金 産学共同研究補助金 技能功労者表彰	◆わかば食品(株)◆ダイワロイヤル(株)◆(株)キタカミデリカ[累計168]	文化交流センター「さくらホール」オープン 県内初、日本陸上競技連盟公認のフルマラソン大会開催
2004		岩手県工業技術集積支援センター開所 北上高等職業訓練校完成 自動車関連産業参入プロジェクト本格化 北上市中国経済視察(上海・蘇州) NHKスペシャル 63億人の地図「失業率　回復への道」で市の取り組みを紹介 共同通信ジャパントゥデイで「企業のメッカ、岩手県北上市の成功」が世界に配信	◆エフエムレーリング(株)◆(株)倉元製作所◆(株)WING◆井上金属(株)◆(株)共栄テック[累計173]	北上市が地域再生計画の認定を受ける 北上翔南高校開校 国見山廃寺跡が国指定文化財に 西部学校給食センター完成
2005		北上市貸研究工場完成(4棟) 北上市中国経済視察(大連・北京)	◆佐藤商事(株)◆東北KAT(株)◆富士善工業(株)◆北上精工(株)遠藤運送(株)◆(株)三	全国スポーツ・レクリエーション祭開催 ジョブカフェさくら開設 黒沢尻北高校ラグビー部

年	市長			
		子供創造塾事業開始 産業クラスターネットワーク事業	共運輸◆（株）カノークス北上［累計180］	31年ぶり花園出場
2006		岩手大学大学院工学研究科金型・鋳造工学専攻 高度技術者育成補助金 北上川流域ものづくりネットワーク いわて自動車関連産業集積促進協議会 三次元ものづくり革新プロジェクト開始	◆日本メジフィジックス（株）◆（株）メディセオ◆トヨタ輸送東北センター（株）◆エム物流（株）◆（株）東北イノアック◆富士化学塗料（株）◆北東北福山通運（株）［累計187］	交流センター設置（市内16地区） 専大北上高校が甲子園出場 新・北上商工会議所発足 業務改善改革推進運動開始
2007	伊藤　彬	北上川流域地域産業活性化計画（企業立地促進法）が国の第1号認定 経済産業省「企業立地に頑張る市町村20選」に選出 北上市中国経済視察（広州・清遠） 黒沢尻工業高校に専攻科（機械・電気コース）設置	◆杉村塗料（株）［累計188］	さくらホール入館者100万人突破 鬼の館入館者50万人突破 岩手ヤクルト工場の見学コースオープン、半年で1万人来場
2008		2007（平成19）年工業統計調査速報で、製造品出荷額等で4年ぶりに県内トップ 全国若手ものづくりシンポジウム開催	◆スペースエナジー（株）◆（株）小田島◆大陽日酸（株）［累計191］	広域合併進み、新花巻農協、岩手中部土地改良区がスタート 家庭ごみ手数料化スタート 地域貢献活動企業褒賞開始
2009		いわてデジタルエンジニア育成センター開所 北上市情報センター閉所 世界経済の減速（リーマンショック）により、雇用対策本部を設置 NHKクローズアップ現代「失業率悪化　自治体の苦悩」で市の技術者育成の取り組みを紹介	◆富士通アプリケーション開発（株）［累計192］	岩手国体（2016年）の主会場地に北上総合運動公園陸上競技場が決定 岩手県立中部病院が開院 黒沢尻工業高校ラグビー部16年ぶり花園出場 日経新聞「歩いて楽しい桜並木」ランキングで北上展勝地が2位に選出

年		項目	企業	出来事
				広瀬川せせらぎ緑道完成
2010		工業振興計画を策定（2011〜20年）北上市土地開発公社解散	◆(株)アルプス物流 ◆ハイナジー(株) ◆イーエヌ大塚製薬(株) ◆(株)北日本環境保全 [累計196]	いわさき認定こども園開園 西部開発農産が日本農業大賞受賞 北上コロッケB-1グランプリ初出場 東洋経済新報社「住みよさランキング」で県内1位 東北新幹線新青森駅開業
2011		地域人材育成事業により、技術者育成と正社員登用を推進	◆(株)サンケミカル ◆佐藤木材工業(株) ◆大村技研(株) ◆丸一鋼管(株) [累計200]	髙橋敏彦市政スタート 3.11東日本大震災発生 プロボクシング八重樫東選手に市民栄誉賞第1号 インターハイ陸上競技開催 北上みちのく芸能祭り50回目開催 北上市総合計画策定（2011〜20年） 市立公園「展勝地」が開園90周年
2012	2011.4.27 髙橋敏彦	工場立地法地域準則条例 北上川流域地域産業活性化計画を改定 起業塾・ビジネスプランコンテスト開催 後藤野工業団地拡張分（49.2ha）造成開始	◆日吉産業(株) ◆武藤工業(株) ◆(有)山城陸運 ◆司企業(株) ◆ニシオティーアンドエム(株) ◆三井食品(株) [累計206]	市制施行20周年 北上翔南高校鬼剣舞部が高校総合文化祭郷土芸能部門で最優秀賞 2016岩手国体の北上市準備委員会が発足 黒沢尻西部地区土地区画整理事業完了
2013		後藤野工業団地拡張分第1期造成完了 起業家支援事業	◆北上プライウッド(株) ◆(株)高速 ◆東邦ホールディングス(株) ◆(株)あらた ◆(株)セブン−イレブン・ジャパン ◆わらべや日洋(株) [累計212]	北上市自治基本条例・地域づくり組織条例・まちづくり協働推進条例を制定（あじさい都市実現へ） プロボクシング八重樫東選手が2階級制覇
2014		創業支援計画（産業競争力強化法）の認定	◆(株)ヒガシヤデリカ ◆(株)フレッシュロジ	石垣市と友好都市提携 アジアマスターズ陸上開

年	市長			
		北上市産業ビジョン策定 北上産業業務団地の分譲地18区画を中小企業基盤整備機構から取得 全日本製造業コマ大戦に本格参戦	スティック ◆(株)永島製作所 ◆日本梱包運輸倉庫(株) ◆日本郵便(株) ◆日本郵便輸送(株) ◆青森郵便自動車(株)〔累計219〕	催 米国コンコード市と姉妹都市提携40周年 北上ソーラー発電所「かむいソーラー」稼働
2015	髙橋敏彦	北上市地域産業振興基本条例を制定 工業振興アドバイザーを改め、産業振興アドバイザー設置 後藤野工業団地拡張分第2・3期造成完了 テクノメッセ開催（工業匠祭から通算10回目）	◆大橋紙器印刷(株) 大和ハウス工業(株) ◆(株)オクモト ◆根津鋼材(株)〔累計223〕	岩手中部クリーンセンター始動 「日高見の国」定住自立圏形成 国立競技場の座席6,500席を北上陸上競技場の座席に移設 ふるさと北上応援寄附が年額5億円を超える 平成大橋開通（北上工業団地—更木地区間） 九年橋改修工事完了
2016		北上市アジア経済視察（ミャンマー・ベトナム） 岩手労働局と雇用対策協定締結 北上市産業支援センター条例 産業振興アドバイザー設置 新事業創出支援事業補助金 希望郷いわて本社機能移転・拡充促進プロジェクト	◆秋田郵便自動車(株) ◆河西テクノ(株)〔累計225〕	希望郷いわて国体・希望郷いわて大会開催（主会場として開閉会式） 東洋経済新報社「住みよさランキング」で7年連続県内1位 明治神宮野球場で「北上市ふるさと応援感謝ナイター」開催（ヤクルト・巨人戦） ふるさと納税による地域活性化「ふるさとチョイスアワード2016」で大賞を受賞 九年橋歩道橋完成 北海道新幹線（新青森—新函館北斗間）開業

資料：北上市

著者紹介
関　満博（せき　みつひろ）

1948 年	富山県小矢部市生まれ
1976 年	成城大学大学院経済学研究科博士課程単位取得
現　在	明星大学経済学部教授　一橋大学名誉教授　博士（経済学） 岩手県北上市産業振興アドバイザー 岩手県宮古市産業創造アドバイザー 岩手県東日本大震災津波からの復興に係わる専門委員
著　書	『「交流の時」を迎える中越国境地域』（共編著、新評論、2011 年） 『地域を豊かにする働き方』（ちくまプリマー新書、2012 年） 『沖縄地域産業の未来』（編著、新評論、2012 年） 『6 次産業化と中山間地域』（編著、新評論、2014 年） 『震災復興と地域産業　1～6』（編著、新評論、2012～2015 年） 『中山間地域の「買い物弱者」を支える』（新評論、2015 年） 『東日本大震災と地域産業復興　Ⅰ～Ⅴ』（新評論、2011～2016 年） 『地域産業の「現場」を行く　第1～9集』（新評論、2008～2016 年）他
受　賞	1984 年　第 9 回中小企業研究奨励賞特賞 1994 年　第 34 回エコノミスト賞 1997 年　第 19 回サントリー学芸賞 1998 年　第 14 回大平正芳記念賞特別賞

「地方創生」時代の中小都市の挑戦
産業集積の先駆モデル・岩手県北上市の現場から

2017 年 4 月 25 日　初版第 1 刷発行

著　者　関　満　博
発行者　武　市　一　幸
発行所　株式会社　新評論

〒169-0051 東京都新宿区西早稲田 3-16-28
http://www.shinhyoron.co.jp

ＴＥＬ　03（3202）7391
ＦＡＸ　03（3202）5832
振替　00160-1-113487

落丁・乱丁本はお取り替えします。
定価はカバーに表示してあります。

装丁　山田英春
印刷　理想社
製本　松岳社

© 関　満博 2017

Printed in Japan
ISBN978-4-7948-1063-2

JCOPY　〈(社)出版者著作権管理機構　委託出版物〉
本書の無断複写は著作権法上での例外を除き禁じられています。複写される場合は、そのつど事前に、(社)出版者著作権管理機構（電話 03-3513-6969、FAX 03-3513-6979、e-mail: info@jcopy.or.jp）の許諾を得てください。

関満博 緊急現場報告シリーズ完結

東日本大震災と地域産業復興　I
2011.3.11〜10.1　人びとの「現場」から

深い被災の中から立ち上がろうとする人びとと語り合い，
共に新たな世界を創るために。各紙誌絶賛！
　（A5 上製　296 頁　2800 円　ISBN978-4-7948-0887-5）

東日本大震災と地域産業復興　II
2011.10.1〜2012.8.31　立ち上がる「まち」の現場から

復旧・復興の先へと歩み続ける被災地との対話と
協働のために。「3.11 後の現場」からの報告，第二弾。
　（A5 上製　368 頁　3800 円　ISBN978-4-7948-0918-6）

東日本大震災と地域産業復興　III
2012.8.31〜2013.9.11　「人と暮らしと仕事」の未来

震災後 2 年半，課題が山積する中で「希望」を見つめる
「まち」の姿に，地域産業の役割と意義を学びとる。
　（A5 上製　368 頁　3800 円　ISBN978-4-7948-0959-9）

東日本大震災と地域産業復興　IV
2013.9.11〜2014.9.11　「所得，雇用，暮らし」を支える

被災地間の格差，先行き不透明な放射能災害，
人口減少・高齢化…被災後 3 年半の課題に目を凝らす。
　（A5 上製　366 頁　3800 円　ISBN978-4-7948-0987-2）

東日本大震災と地域産業復興　V
2014.9.11〜2016.3.11　福島の被災中小企業の行方

被災地間の復興格差，先行き不透明な放射能災害，
人口減少・高齢化…被災後 3 年半の課題に目を凝らす。

　（A5 上製　464 頁　5000 円　ISBN978-4-7948-1028-1）

＊表示価格：税抜本体価格

好評刊　地域の産業と暮らしの未来を見つめる本

関 満博 編
沖縄地域産業の未来

豊かな自然資源，東アジアの中心的な位置。
本土復帰40年を迎え新たな方向へ向かう沖縄の「現場」。
（A5上製　432頁　5300円　ISBN978-4-7948-0911-7）

関 満博 著
鹿児島地域産業の未来

日本の食料基地がいま，食・農・工の取り組みを深めている。
その瞠目すべき挑戦に地域産業の未来と指針を読みとる。
（A5上製　408頁　5400円　ISBN978-4-7948-0938-4）

関 満博 編
地方圏の産業振興と中山間地域
希望の島根モデル・総合研究

人口減少，高齢化・過疎化など，幾多の条件不利を乗り越え
果敢に進む島根の取り組みを精査。全国の「地域」へのエール！
（A5上製　496頁　7000円　ISBN978-4-7948-0748-9）

関 満博 編
6次産業化と中山間地域
日本の未来を先取る高知地域産業の挑戦

成熟社会の先端県，高知の暮らしと仕事に今こそ学ぶべき時。
訪問事業者100超，6次産業化の多彩な事例満載！
（A5上製　400頁　5500円　ISBN978-4-7948-0970-4）

関 満博 著
中山間地域の「買い物弱者」を支える
移動販売・買い物代行・送迎バス・店舗設置

人口減少・高齢化の中で，「買い物」が困難になっている──
人びとの「普通の生活」を支える持続可能な仕組みを探る。
（A5上製　370頁　5200円　ISBN978-4-7948-1020-5）

＊表示価格：税抜本体価格